Entwicklungslinien der Grundschulpädagogik

Band 8

Qualitative Bildungsforschung im Elementar- und Primarbereich

Bedingungen und Kontexte kindlicher
Lern- und Entwicklungsprozesse

herausgegeben von

Friederike Heinzel und Argyro Panagiotopoulou

Schneider Verlag Hohengehren GmbH

Entwicklungslinien der Grundschulpädagogik

Herausgegeben von:

Ursula Carle, Ilona Esslinger-Hinz, Heike Hahn, Argyro Panagiotopoulou

Titelbild: „Spirale" von Nadja – entstanden im Rahmen eines Kinderkurses im Atelier für Ausdrucksmalen des Kulturzentrums Wilde Rose in Melle

Bibliografische Information der Deutschen Nationalbibliothek

Die Deutsche Nationalbibliothek verzeichnet diese Publikation in der Deutschen Nationalbibliografie; detaillierte bibliografische Daten sind im Internet über ›http://dnb.d-nb.de› abrufbar.

ISBN: 978-3-8340-0707-0

Schneider Verlag Hohengehren,
Wilhelmstr. 13
73666 Baltmannsweiler

www.paedagogik.de

Inhaltsverzeichnis

Vorwort

Einleitung

Konzepte, Strategien und Grenzen qualitativer Bildungsforschung

Forschungsprojekte über kindliche Lern- und Entwicklungsprozesse – vor der Einschulung und in der Grundschulzeit

Vorwort

Obwohl wir alle einmal Kinder waren und einzelne Situationen, Emotionen und Bilder vor unserem geistigen Auge rückblickend auftauchen, ist unsere Erinnerung an unsere Kindheit rudimentär; auch wie Kinder heute sich selbst und die Welt sehen, empfinden, erleben und deuten, können wir nicht sagen. Das 20. Jahrhundert wurde zum Jahrhundert des Kindes erklärt und so hat sich bis zum Beginn des 21. Jahrhunderts unser Bild vom Kind, ebenso wie unser Verhältnis zu Kindern grundlegend gewandelt. Einen wesentlichen Beitrag daran hatten und haben empirische Studien, die sich um eine Annäherung an die Perspektiven der Kinder bemühen. Sie fragen danach, wie Kinder die Welt erleben und sich aneignen, welche Rolle die Eltern, Geschwister, Gleichaltrigen, Medien bis hin zu den pädagogischen Fachkräften als Sozialisations- oder Erziehungsinstanzen spielen, die sich mit den Einwirkungen von Erziehungs- und Bildungsinstitutionen auf Heranwachsende, auch im Hinblick auf die unbeabsichtigten Nebenwirkungen pädagogischer Intentionen, beschäftigen. Diese Studien entstammen dem Spektrum qualitativer Sozial-, Erziehungs- und Bildungsforschung und inspirieren diese zugleich.

Der Elementar- und Primarbereich rückt gegenwärtig in den Fokus der öffentlichen Diskussion und der Forschung, denn die frühe Förderung von Kindern ist nicht nur ganz allgemein betrachtet für deren weitere Entwicklung von zentraler Bedeutung, sondern angesichts von kultureller und sozialer Heterogenität stets auch als ein Instrument zur Herstellung von Chancengleichheit und zur Förderung der Integration notwendig. So steht die Frage im Raum, mit welcher Vielfalt von Lebensentwürfen, Lebenssituationen, Kontexten und Erscheinungen die Einrichtungen im Elementar- und Primarbereich konfrontiert sind und wie man dort mit diesen Voraussetzungen sowie dem gesellschaftlichen Auftrag der Erziehung, Bildung und Betreuung umgeht.

Der Buchtitel „*Qualitative Bildungsforschung im Elementar- und Primarbereich*" umreißt Forschungsgegenstände und Forschungsmethoden dieses Bandes: „*Bildungsforschung im Elementar- und Primarbereich*" widmet sich dem Gegenstand der Bildung der kleinen und großen Kinder, die Kindertagesstätten, Kindergärten und Schulen der Primarstufe besuchen. *Qualitative Bildungsforschung* arbeitet mit Forschungsmethoden, die Annäherungen an die Vielschichtigkeit und Veränderlichkeit ihres Gegenstandes anstreben und Voraussetzungen, Prozesse und Ergebnisse zu dokumentieren suchen. Teilnehmende Beobachtungen in Kombination mit Befragungen und einer ganzen Reihe weiterer kreativer Erhebungsverfahren, die speziell für die Erforschung von Kindern entwickelt wurden, dienen diesem Ziel. Der Ethnographie kommt gerade in diesem Feld eine zentrale Bedeutung zu, um sich der fremden Welt der Kinder und eines Kindes anzunähern und dabei nicht nur die verbalen, sondern gerade auch die sonstigen Informationen, Interaktionen, Situationen und Szenen erfassen zu können. Ein weites Spektrum an Methoden steht für qualitative Forschungsvorhaben zur Verfügung: Dazu gehören die drei klassischen Erhebungsformen Beobachtung (mit und ohne auditive bzw. visuelle Aufzeichnung),

Befragung und Dokumentensammlung sowie zahlreiche Auswertungsverfahren wie zum Beispiel Grounded Theory, qualitative Inhaltsanalyse, Tiefenhermeneutik, objektive Hermeneutik oder Dokumentarische Methode.

Qualitative Methoden in der Bildungsforschung bringen Fallstudien hervor, in denen es um Leben und Lernen der Kinder in lebensweltlichen und institutionellen Zusammenhängen geht. Neben den Kindern und ihren Peers können in den Fallstudien Kontextaspekte und Bedingungen von Erziehung und Bildung zu Forschungsgegenständen werden; so zum Beispiel Familienverhältnisse, pädagogische oder sonstige Kontexte, Bezüge zu anderen Personen, Interaktionsverhältnisse, Erziehungs- und Sozialisationsprozesse in Kindergruppen, in Unterrichtsstunden, in einzelnen Schuljahren, in Schulklassen, an Einzelschulen, didaktische und methodische Inszenierungen, frühpädagogische, sozialpädagogische und schulisch organisatorische Strukturen, Medien, Artefakte, Architekturen, enge und weitere Sozialräume sowie unzählige weitere Ausschnitte der sozialen Welt mit ihren vielfältigen Facetten.

Besondere Potentiale qualitativer Bildungsforschung im Elementar- und Primarbereich liegen in ihren Möglichkeiten der Annäherung an kindliche Perspektiven und kindliches Handeln sowie – in Verbindung damit – des Entdeckens bisher unbekannter Phänomene. Wenn dabei im Sinne der Grounded Theory gearbeitet wird, steigert sich diese Möglichkeit, weil während des Forschungsprozesses immer auch neue Spuren aufgenommen werden. Die Arbeit an der unvoreingenommenen Erhebung kindlicher Bildungssituationen in der Akteursperspektive und dynamischer verbaler und nonverbaler interaktiver Praktiken stellt eine bedeutende Stärke der qualitativen Bildungsforschung dar und begründet ihre Relevanz für das Erziehungs- und Bildungswesen. Aus ihrer ethnographischen Tradition lässt sich die qualitative Bildungsforschung dazu inspirieren, Kinderkulturen in ihrer sich stets wandelnden Besonderheit wie „fremdes Terrain" zu erkunden.

Worin unterscheiden sich die dem qualitativen Methodenspektrum zuzuordnenden Ansätze der Bildungsforschung von der quantitativen Bildungsforschung? Während qualitative Bildungsforschung bei kleinen Fallzahlen multiple und variable Aspekte von Bildungsprozessen erhebt, Sichtbares in Worten zu umschreiben sucht, das nicht Gesagte und Unbewusste sowie neue Phänomene zu erfassen sucht, geht es der quantitativen Bildungsforschung bei großen Fallzahlen um die Untersuchung weniger, vor Erhebungsbeginn festgelegter Aspekte von Bildungsprozessen, die mit numerischen Daten dargestellt werden sowie die Überprüfung von Hypothesen. Beide Forschungsparadigmen sind gerade wegen ihrer jeweils typischen unterschiedlichen wissenschaftlichen Konventionen und Sprachspiele aufeinander angewiesen: Quantitative Bildungsforschung kann die für ihren Forschungsprozess notwendigen Hypothesen auf der Basis von qualitativen Explorationen gewinnen – qualitative Forschung kann Aussagen über die Häufigkeit des Vorkommens der von ihr entdeckten Phänomene anhand von ergänzenden quantitativen Untersuchungen gewinnen oder sich auf diese beziehen. Dabei weist Bildungsforschung in ihrer qualitativen und quantitativen Variante auch Gemeinsamkeiten auf. Stets widmet sie sich der Erhellung jener Ausschnitte der sozialen Wirklichkeit, die mit Bildung bezeichnet werden. Fast immer intendiert sie, das Wissen, das sie gewinnt, im Interesse der Lernenden zur Optimierung pädagogischer Praxis zur Verfügung zu stellen. Grundsätzlich zeichnet sich Bildungsforschung unabhängig vom gewählten methodischen Zugang auch dadurch aus, dass sie nicht nur in einer wissenschaftlichen Disziplin zu Hause ist, sondern in erziehungswissenschaftlichen, soziologischen, kulturwissenschaftlichen, psychologischen, historischen und anderen Perspektiven auf Bildung praktiziert werden kann. Für die Rezipienten der Forschungsbefunde der qualitativen Bildungsforschung im Elementar- und Primarbereich, in frühpädagogischer und schulpädagogischer Praxis, in der Bildungspolitik und in der Wissenschaft gilt, dass sie auf beides angewiesen sind, auf die qualitative Ausleuchtung und Deutung komplexer Einzelfälle ebenso wie auf das quantitative Auszählen und In-Beziehung-Setzen von Häufigkeiten. Weil diese Zusammenhänge so wichtig sind, wird vermehrt auch auf die Triangulation qualitativer und quantitativer Verfahren gesetzt.

Indem der vorliegende Band die Aufmerksamkeit auf neue Weise auf das aktuelle Profil qualitativer Bildungsforschung im Elementar- und Primarbereich richtet, so hat dieses Vorgehen zugleich eine lange, teilweise wenig beachtete Vorgeschichte, die bis zur Phase der Entstehung moderner Bildungssysteme zurückreicht. Akribische Dokumentationen durch externe Beobachter und langzeitliche Entwicklungsberichte liegen schon seit dem 18. Jahrhundert – in den Sprachspielen der jeweils zeitgenössischen Epoche – vor und geben Einblicke in Bildungssituationen zu anderen Zeiten und an anderen Orten. Einige dieser Studien sind gerade deshalb zu Klassikern geworden, die bis heute rezipiert werden.

Wir wünschen diesem Buch, dass es dazu beitragen möge, dass die vielfältigen Erkenntnismöglichkeiten der hier präsentierten qualitativen Ansätze weitere Forschungen inspirieren, die Befunde ein interessiertes Publikum erreichen, um Innovationen anzustoßen und nicht zuletzt, dass die Bedeutung einer frühen Förderung der Potentiale aller Kinder in so vielfältiger Weise sichtbar wird, dass diese Befunde die aktuellen bildungspolitischen Debatten erreichen.

Dezember 2009   *Barbara Friebertshäuser & Annedore Prengel*

Argyro Panagiotopoulou & Friederike Heinzel

Qualitative Bildungsforschung im Elementar- und Primarbereich: Konzepte und Projekte

1 Gegenstandsbereich und Ertrag qualitativer Bildungsforschung

Im Jahre 2002 erschien in der „Zeitschrift für qualitative Bildungs-, Beratungs- und Sozialforschung" (ZBBS) ein Heft mit dem Themenschwerpunkt „Bildungsforschung". Die Herausgeber, Winfried Marotzki und Peter Alheit, haben in ihrer Einführung quantitative von qualitativen erziehungswissenschaftlichen Forschungsbereichen unterschieden: Bildungsforschung, die „durch das quantitative Paradigma geprägt ist", untersuche demnach in der Regel Lernleistungen und Bildungsabschlüsse und damit zusammenhängende Faktoren wie das Geschlecht, die Herkunft der Lernenden oder die Qualität der Bildungsinstitution. Um über derartige Zusammenhänge generalisierende Aussagen treffen zu können, muss diese statistisch fundierte Forschung „notwendigerweise von den individuellen Untersuchungspersonen [abstrahieren]" und damit „vom persönlichen Kontext ihrer Lern- und Bildungserfahrungen [absehen]". Demgegenüber sind eben diese persönlichen Kontexte und Erfahrungen der Untersuchungspersonen für das qualitative Paradigma zentral: Für die qualitative erziehungswissenschaftliche Bildungsforschung stehe demnach das konkrete, individuelle Lern- und Bildungsschicksal einer Person, im Kontext „ihrer Biographie und ihres Milieus" und das heißt „jenseits statistischer Zusammenhänge", im Mittelpunkt[1] (vgl. Marotzki & Alheit 2002, S. 185f).

Auch wenn Marotzki & Alheit in ihrem genannten Heft den Begriff *erziehungswissenschaftliche Bildungsforschung* durch ein „Übergewicht der universitären Bildungsforschung (über 50% der Gesamtbildungsforschung) und der erziehungswissenschaftlichen Bildungsforschung (70%)" quantitativ legitimierten[2], war zu jenem Zeitpunkt sowohl die Bezeichnung *erziehungswissenschaftliche Bildungsforschung* als auch die Beziehung zwischen Erziehungswissenschaft und Bildungsforschung noch nicht etabliert oder geklärt.

So stellte Rudolf Tippelt im selben Jahr in der Einleitung des Handbuchs „Bildungsforschung" fest, dass es sich hierbei um einen sehr weiten Forschungsbereich handelt, der einerseits von anderen Bereichen „nur unscharf abzugrenzen ist" und andererseits „keineswegs allein von der Erziehungswissenschaft bearbeitet wird" (Tippelt 2002, S. 9).

Darüber hinaus war zu jenem Zeitpunkt auch der von der Erziehungswissenschaft erwartete Beitrag zur Weiterentwicklung einer erziehungswissenschaftlichen Bildungsforschung noch nicht deutlich definiert. Dies lässt eine neuere Veröffentli-

---

[1] Die hier ausgeführte Definition bezieht sich vorrangig auf den Bereich der Biographieforschung, zu deren wichtigsten Vertretern Winfried Marotzki und Peter Alheit zählen.
[2] Mit einem Verweis auf Zedler (2002) stellen Marotzki & Alheit (ebd., S. 185) fest, dass „zu Recht von einer erziehungswissenschaftlichen Bildungsforschung gesprochen werden" kann.

chung aus dem Jahr 2006 erkennen, die eine zu diesem Thema durchgeführte Tagung der Deutschen Gesellschaft für Erziehungswissenschaft dokumentiert (vgl. Merkens 2006a). Das Anliegen der Tagung, die der programmatischen Frage nachging, „was unterschiedliche [erziehungswissenschaftliche] Disziplinen, die hier nicht einmal alle vertreten sind, zu einer neuen Bildungsforschung beitragen können", wurde durch den Herausgeber Hans Merkens ausführlich dargestellt (vgl. Merkens 2006b, S. 10). Dabei greift diese „neue" und zukünftige Bildungsforschung und die damit verbundene Frage nach ihrem Ertrag die viel ältere und noch nicht beantwortete Fragestellung des Deutschen Bildungsrates aus dem Jahr 1974 auf – „wo denn ein möglicher Beitrag der Erziehungswissenschaft zur Bildungsforschung gesehen werden könnte" (vgl. ebd.). Im Rahmen der genannten Tagungsdokumentation waren die erziehungswissenschaftlichen Disziplinen der Frühpädagogik sowie die Elementar- und Grundschulpädagogik nicht vertreten; diese werden im vorliegenden Sammelband berücksichtigt.

Im Zuge der „qualitativen Wende" in den Sozialwissenschaften stieg in den letzten zwanzig Jahren das Interesse an empirischen Studien zur Bildungsforschung, die mit qualitativen Interviews oder teilnehmender Beobachtung sowie international anerkannten und anspruchsvollen Auswertungsmethoden (Grounded Theory, dokumentarische Methode etc.) gearbeitet haben. In Folge von neueren internationalen Schulleistungsstudien (TIMSS, PISA, PIRLS/IGLU) hat es aber teilweise eine unerwartete Wende gegeben: Der Begriff empirische Bildungsforschung wurde oft ausschließlich für solche Forschungsdesigns reserviert.

Und während in einschlägigen Veröffentlichungen der letzten Jahre der „klassischen" Gegenüberstellung der qualitativen und quantitativen Forschungsmethoden eine besondere Bedeutung beigemessen wurde, vgl. exemplarisch die Beiträge von Seel (2002) und Garz & Blömer (2002) im Handbuch „Bildungsforschung"[3], schien sie in der bereits erwähnten DGfE-Tagungsdokumentation zur „Erziehungswissenschaft und Bildungsforschung" kein zentrales Thema gewesen zu sein. In diesem Rahmen standen eher zwei methodisch übergreifende Forschungsrichtungen im Mittelpunkt; man unterscheidet in Anlehnung an die Definition des Deutschen Bildungsrates aus dem Jahr 1974 zwischen Bildungsforschung „im weiteren und engeren Sinne".

„Bildungsforschung im engeren Sinne" meinte in diesem Zusammenhang die (quantitative und qualitative) Unterrichtsforschung, während *„Bildungsforschung im weiteren Sinne"* Forschungsarbeiten betraf, die sich auf das gesamte Bildungswesen „im Kontext von Staat und Gesellschaft" sowie auf schulische und außerschulische Bildungsprozesse beziehen (vgl. Merkens 2006b, S. 10). Etwas verkürzt kann man – laut Merkens (ebd., S. 12) – zwischen „der Systemebene (Bildungsforschung im weiteren Sinne) und der Ebene des konkreten operativen Handelns (Bildungsforschung im engeren Sinne)" unterscheiden.

---

[3] Hrsg. von R. Tippelt im Jahr 2002, eine 2. Auflage ist 2009 erschienen.

Demgegenüber möchten wir die Forschungsarbeiten, die im vorliegenden Band dokumentiert werden, einer *qualitativen Bildungsforschung im engeren und weiteren Sinne* zuordnen. Denn sie fokussieren in der Regel sowohl die Person- als auch die Systemebene, um sie, je nach Fragestellung und Forschungsdesign, bereits im Forschungsprozess systematisch auseinanderzuhalten oder in Beziehung zu setzen. „Die Konzentration auf das Subjekt und seine Entwicklung" schließt – auch in Anlehnung an Garz & Blömer (2002, S. 444) – „eine Bildungsforschung in einem erweiterten Sinne" und eine „Ausweitung der Fragestellung von der Mikro- auf eine Meso- und Makroebene" nicht aus.

Ein zentrales Anliegen des vorliegenden Sammelbandes ist es also, *qualitative Forschungsarbeiten* zu präsentieren, die personale und interpersonale, wie auch individuelle und kollektive bzw. gemeinsam geteilte Erfahrungen von Kindern im Vorschul- und Grundschulalter, im Kontext von konkreten Einrichtungen und in Auseinandersetzung mit Rahmenbedingungen des Elementar- und Primarbereichs untersuchen.

Die Bezeichnung *qualitative* Bildungsforschung und die damit vorgenommene (implizite) Differenzierung soll dabei nicht etwa die bekannten Differenzen zwischen dem qualitativen und quantitativen Paradigma erneut unterstreichen, sondern *spezifische* Forschungsgegenstände, -zugänge und -ergebnisse mithilfe aktueller Forschungsprojekte vor- und zur Diskussion stellen.

Es handelt sich dabei um erziehungswissenschaftliche und interdisziplinäre Forschungsarbeiten aus dem deutschsprachigen Raum, die sich teilweise erheblich unterscheiden. Einen ersten Überblick über diese Vielfalt geben wir im Folgenden mittels einer bewusst knapp gehaltenen Vorstellung der dokumentierten Konzepte und Projekte.

2   Aufbau und Inhalt des Sammelbandes

Vor dem Hintergrund der zunehmenden Bedeutung frühkindlicher und grundlegender Bildung im deutschsprachigen Raum möchten wir mit dem vorliegenden Sammelband der Frage nach dem spezifischen Beitrag qualitativer Bildungsforschung zur Erforschung kindlicher Bildungs- und Lernerfahrungen nachgehen. Dies geschieht einerseits auf der konzeptionellen Ebene anhand ausgewählter forschungsmethodologischer Reflexionen und unterschiedlicher Forschungsstrategien. Andererseits geschieht es durch die Dokumentation aktueller Forschungsprojekte, die im vorschulischen und schulischen Kontext angesiedelt oder deren Erkenntnisinteresse mit strukturellen oder curricularen Bedingungen der beiden Bildungsbereiche unmittelbar verbunden sind. Damit soll dieser Sammelband zu einer exemplarischen Verdeutlichung des spezifischen Ertrags *institutionsbezogener qualitativer Bildungsforschung* beitragen.

Der vorliegende Band ist dementsprechend in zwei übergreifende Kapitel gegliedert: Im Kapitel I. wurden Beiträge gesammelt, die methodologische Fragen und unterschiedliche Forschungszugänge im spezifischen Bildungskontext des Elementar- oder Primarbereichs thematisieren. Chancen und Grenzen der interpretativen Unterrichtsforschung, der ethnographischen Forschung und der Videographie in Verbindung mit der Dokumentarischen Methode werden erörtert. Zudem werden grundsätzliche methodologische Probleme wie die Reifizierung von Differenz, die Deutung von Kinderaussagen, Herausforderungen interdisziplinärer Ansätze oder die Frage des Theoriebezuges reflektiert.

Die Beiträge im Kapitel II. betreffen ausgewählte Forschungsprojekte, die auf das jeweilige Bildungswesen, auf konkrete strukturelle und curriculare Bedingungen fokussieren – etwa in den Studien zum Elementarbereich in England, Finnland, Luxemburg oder zur Ganztagsschule in Deutschland. Darüber hinaus geht es um Projekte, die schulische und außerschulische Lern- und Bildungserfahrungen sowie Lern- und Entwicklungsprozesse von Kindern – beispielsweise im Rahmen von Wochenplanarbeit, Rechtschreibförderung oder der praktizierten Schuleingangsdiagnostik – erforschen.

2.1 Konzepte, Strategien und Grenzen qualitativer Bildungsforschung

Natascha Naujok zeichnet in ihrem Beitrag mit dem Titel *„Interpretative Unterrichtsforschung in der Grundschule"* die Entwicklung des interpretativen Paradigmas im Zusammenhang mit der interaktionistischen Perspektive nach. Dabei fokussiert sie auf fachliche bzw. mathematische Lernprozesse in der Grundschule, da die Interpretative Unterrichtsforschung in Deutschland bisher besonders systematisch in fachspezifischen Forschungsprojekten im Bereich des Mathematikunterrichts realisiert wurde. Die besondere Bedeutung des interpretativen Paradigmas für aktuelle und zukünftige Bildungsforschung, auch über den mathematischen Lernbereich hinaus, wird im vorliegenden Beitrag ebenfalls angedeutet.

Birgit Brandt geht als eine weitere Vertreterin der Interpretativen Unterrichtsforschung in ihrem gleichnamigen Beitrag auf *„[r]ezeptionstheoretische Einsichten in Interaktionsprozesse[n] beim Gruppenpuzzle im Mathematikunterricht der Grundschule"* ein. Die Unterrichtsform „Gruppenpuzzle" wurde im Rahmen eines BLK-Projektes zusammen mit Studierenden und einer Klassenlehrerin als Teil einer Unterrichtseinheit geplant, durchgeführt und videographiert. Die ausgewählte Kooperationsform wird im Beitrag nicht etwa als Unterrichtskonzept evaluiert, sondern sie dient „vor allem als methodologisches Instrument" mit dem Ziel, „kontrastreiche Interaktionsprozesse" rezeptionstheoretisch zu analysieren.

In ihrem Beitrag *„Handlungspraxis im Fokus: die dokumentarische Videointerpretation sozialer Situationen in der Grundschule"* stellt sich *Monika Wagner-Willi* spezifischen Fragen einer videobasierten qualitativen Grundschulforschung, die in der Phase der Erhebung und Analyse von audio-visuellen Daten aufgeworfen werden. Sie stellt die dokumentarische Videointerpretation vor, skizziert das methodologisch Spezifische des videographischen Materials und veranschaulicht anhand ihrer Studie zu Ritualen in der Grundschule die dokumentarische Interpretation von Videoszenen aus dem Schulalltag. Monika Wagner-Willi betont, dass die Videographie und ihre Verbindung mit dem praxeologischen Ansatz der Dokumentarischen

Methode für die Erforschung der Grundschule neue Wege bietet, um dem Spannungsverhältnis von Peerkultur und Unterrichtsordnung auf die Spur zu kommen.

Dem Ertrag ethnographischer Forschung im Kontext von Institutionen frühkindlicher und schulischer Bildung ist der Beitrag von *Christina Huf* und *Argyro Panagiotopoulou* mit dem Titel *„Ethnographische Forschung im Elementar- und Primarbereich europäischer Bildungssysteme"* gewidmet. Der Fokus liegt hier auf methodologischen Schwerpunkten und interessanten Ergebnissen aktueller Forschungsarbeiten aus England, Dänemark, Finnland und Italien sowie auf ihrer spezifischen Relevanz für den Elementar- und Primarbereich. Darüber hinaus soll der Beitrag das Erkenntnispotential vergleichender Betrachtungen auf der Grundlage von „crosscultural" und „longitudinal ethnography" verdeutlichen.

Isabell Diehm, Melanie Kuhn und *Claudia Machold* behandeln in ihrem (selbst-) kritischen Beitrag *„[d]ie Schwierigkeit, ethnische Differenz durch Forschung nicht zu reifizieren"*. Wie auch der Untertitel *„Ethnographie im Kindergarten"* verrät, greifen die Ausführungen der Autorinnen auf konkrete Erfahrungen im Rahmen ihres eigenen ethnographischen Forschungsprojektes im Elementarbereich zurück. Gleichzeitig betreffen die thematisierten Dilemmata allgemein die methodologische und forschungsethische Dimension des „Reifizierungsproblems" im Rahmen (qualitativer) Kindheits-, Geschlechter- oder Migrationsforschung.

Andreas Brenne beschäftigt sich in seinem Beitrag *„‚Resonanzen' – Qualitative Forschung im Spannungsverhältnis zwischen Kunst und Pädagogik"* mit der Forschung im Zwischenraum dieser beiden Bezugssysteme. Beginnend mit der Darstellung des fachwissenschaftlichen Diskurses skizziert er verschiedene kunstpädagogische Forschungsfelder und stellt exemplarisch vier Studien vor, die sich qualitativer Forschungsmethoden bedienen. Es folgt eine Analyse ästhetischer Rezeption und Produktion von Karnevalsbräuchen im Kunstunterricht der Primarstufe mittels der Grounded Theory, bevor abschließend die Chancen und Grenzen der qualitativen Forschung im Bereich der Kunstpädagogik erörtert werden.

In ihrem Beitrag *„Forschungswerkstatt ‚Theologische Gespräche mit Kindern'"* thematisiert *Petra Freudenberger-Lötz*, wie mit Hilfe qualitativer Forschungsmethoden Kompetenzentwicklungen im Religionsunterricht sichtbar gemacht werden können. Anhand der Analyse von Unterrichtsprotokollen geht die Autorin zum einen der Frage nach den Deutungskompetenzen von Kindern nach, um im Anschluss den Gewinn von qualitativen Forschungswerkstätten für eine Professionalisierung der Lehramtsausbildung darzulegen. Der Beitrag schließt mit Forderungen an die zukünftige Lehrerbildung.

Friederike Heinzels methodologischer Beitrag *„Theorieorientierte und theoriebildende qualitative Grundschulforschung"* erörtert die Frage, welche Rolle der Theorie in qualitativen Forschungsprozessen eigentlich zukommt. Nachdem sie allgemein die Differenz zu quantitativen Verfahren markiert hat, verdeutlicht die Autorin, dass das Verhältnis von Methode(n) und Theorie im Spektrum qualitativer Forschungsansätze kein einheitliches, sondern ein divergentes ist; abhängig jeweils von der

Spezifik der Forschungsstrategie. Im Anschluss werden drei solcher Methoden-Theorie-Verhältnisse vorgestellt: ein theorieorientiertes, ein theoriebildendes und ein theorieanwendendes. Zwei Studien qualitativer Grundschulforschung veranschaulichen abschließend die zuvor beschriebenen Verhältnismöglichkeiten zur Theorie.

2.2 Projekte über kindliche Lern- und Entwicklungsprozesse – vor der Einschulung und in der Grundschulzeit

Helga Kelle und *Julia Jancsó* stellen in ihrem Beitrag *„Kinder als Mitwirkende in medizinischen Vorsorgeuntersuchungen. Zur Enkulturation in entwicklungsdiagnostische Verfahren"* ein Forschungsprojekt dar, das auf vergleichenden Analysen ethnographischer Feldstudien in unterschiedlichen Kinderarztpraxen basiert und dabei die kindliche Perspektive fokussiert. Bezugnehmend auf Untersuchungssituationen, die körperliche Voraussetzungen für kindliche Entwicklungs- und Bildungsprozesse begutachten sollen, rekonstruieren die Autorinnen den Prozess der Enkulturation und damit „einen Sozialisations- und Bildungsprozess der Kinder zu Untersuchungskindern". Auf diese Weise verdeutlichen sie zugleich die Relevanz des untersuchten Feldes, der Vorsorgeuntersuchungen für die qualitative Bildungsforschung.

Der Beitrag von *Christina Huf* mit dem Titel *„,Let's make a sentence with all of these!' Soziale Praktiken englischer SchulanfängerInnen im Umgang mit den Vorgaben ihrer Lehrerin"* geht auf ein ethnographisches Forschungsprojekt zurück, das die Autorin in einer Londoner Bildungseinrichtung durchgeführt hat. Diesen Forschungskontext, inklusive der zugrunde liegenden methodologischen und erkenntnistheoretischen Bezüge, skizziert sie zunächst, bevor sie konkrete Forschungsergebnisse und Interpretationen ausgewählter „Schlüsselszenen" vor- und zur Diskussion stellt. Die Ausführungen fokussieren einerseits soziale Praktiken der an der Feldstudie beteiligten Kinder am Übergang von einer Institution der frühkindlichen Bildung und Erziehung in die Grundschule und thematisieren andererseits die Bedeutung der für den Übergang relevanten Kontexte für die Kinder selbst.

Im Beitrag von *Anna Cuhls* und *Argyro Panagiotopoulou* mit dem Titel *„Umgang mit Heterogenität und Förderung von Literalität am Schulanfang in einer finnischen Einheitsschule"* wird zunächst die Konzeption eines Forschungsprojektes vorgestellt, das auf der Grundlage vergleichender Ethnographien in Einrichtungen frühkindlicher und schulischer Bildung in verschiedenen europäischen Ländern durchgeführt wird. Daran anschließend wird mittels ausgewählter Protokollauszüge aus der ersten Feldphase des Projektes die spezifische Alltagspraxis einer finnischen Anfangsklasse thematisiert, analysiert und aus der Perspektive der an der Studie beteiligten Schulanfängerinnen und Schulanfänger kritisch hinterfragt.

Wiebke Hortsch thematisiert in ihrem gleichnamigen Beitrag – auf der Grundlage ethnographischer Feldforschung – *„Angebote zur Sprach(en)bildung für Kinder mit Migrationshintergrund in einer finnischen Vorschule"*. Einerseits werden die die Institution betreffenden strukturellen und curricularen Bedingungen, im Rahmen derer auch Kinder mit Migrationshintergrund berücksichtigt werden, dargestellt. Andererseits werden Beobachtungen aus dem pädagogischen Alltag der an der Studie beteiligten Vorschule fokussiert. Die Autorin stellt ausgewählte Protokollauszüge und Interpretationen vor, die sie dann mit den beschriebenen Rahmenbedingungen verbindet und dadurch Charakteristika der beobachteten vorschulischen Bildungsarbeit aufzeigt.

Nadine Christmann und *Kerstin Graf* behandeln auf der Basis zweier ethnographischer Feldstudien – wie auch der Titel ihres Beitrags verrät – den Bereich *„Sprachliche Förderung für Vorschulkinder mit Migrationshintergrund in Deutschland und Luxemburg".* Zunächst werden die beteiligten Forschungsfelder und die entsprechenden Rahmenbedingungen zum Umgang mit Heterogenität und Mehrsprachigkeit in Luxemburg und Rheinland-Pfalz vorgestellt. Im Anschluss daran werden Alltagsszenen zur Sprachförderung in den beobachteten Vorschuleinrichtungen vergleichend analysiert. Die Autorinnen konzentrieren sich dabei auf festgestellte Unterschiede und stellen jeweils zwei Schlüsselkategorien vor, die den beobachteten Alltag widerspiegeln und auf unterschiedliche Konsequenzen für das Lernen der Kinder hinweisen.

Mit ihrem Beitrag *„Hypothesen über Schrift von in Frankreich aufgewachsenen marokkanischen Grundschulkindern"* geht *Constanze Weth* auf die Bedeutung der familiären schriftkulturellen Hintergründe für den schulischen Schriftspracherwerbsprozess mehrsprachiger Kinder ein. Ihre Ausführungen basieren auf Ergebnissen einer ethnographischen Feldstudie, die sie in einer Kleinstadt im Süden Frankreichs durchgeführt hat und dabei ausgewählte Kinder aus Migrantenfamilien marokkanischer Herkunft begleitet hat. Über die in ihrem familiären Alltag beobachteten Schriftpraktiken hinaus analysiert die Autorin auch Schreibungen der Kinder auf Marokkanisch und Französisch und fragt nach der Relevanz der erfassten Erfahrungen, Praktiken und Strategien der Kinder für ihre schulischen Lern- und Bildungsprozesse.

Sandra Bußmann geht in ihrem entsprechend betitelten Beitrag auf *„[l]iterale Lernprozesse von Vorschul- und Grundschulkindern im Alltag ihrer so genannten benachteiligten Familien"* ein. Sie stellt dabei erste Ergebnisse ihrer Studie vor, in der sie die Bildungs- und Sozialisationsbedingungen im familiären Kontext und in der Zeit des Übergangs vom Kindergarten in die Grundschule mittels Fallstudien untersucht hat. Im Mittelpunkt der Betrachtung steht die Rekonstruktion der familiären Alltagspraxis, der Handlungsstrategien und -muster sowie die Perspektiven der beteiligten Familienmitglieder, der Schulanfängerin Katja und ihrer Mutter beim Erledigen von Hausaufgaben. Den kindlichen Lernprozessen wird dabei – wie die Autorin exemplarisch an den ausgewählten und analysierten Situationen und Schreibprodukten verdeutlicht – eine besondere Bedeutung beigemessen.

Norbert Kruse und *Anke Reichardt* beschreiben in ihrem Beitrag *„Rechtschreibförderung im sozialen Raum der Klasse – Ergebnisse eines Lehrforschungsprojekts mit Studierenden"* ein Förderprojekt an einer Grundschule, das zugleich eine Ausbildungs- und Fortbildungsfunktion hat. Dabei gehen sie der Frage nach, unter welchen Bedingungen schwache Rechtschreiber in der Grundschule rechtschriftliche Lernprozesse als bedeutungsvoll für ihr schriftliches Handlungsvermögen erfahren. An-

hand einer Einzelfallanalyse zeichnen die Autoren die Lernentwicklung eines Schülers nach, von der ausgehend sie dann Bedingungen für erfolgreiche rechtschriftliche
Lernprozesse formulieren.

Sabine Dorow und *Georg Breidenstein* untersuchen in ihrem gleichnamigen Beitrag
die *„Praxis der Wochenplanarbeit an einer Freien Schule"*. Die Besonderheit ihres
Forschungsgegenstandes liegt darin, dass im Rahmen einer starken Öffnungskon-
zeption des untersuchten Unterrichts die Kinder ihre Wochenpläne selbst schreiben.
Im Kontext einer Fallstudie zu zwei jener Kinder gehen die Autoren der Frage nach,
welche Bedeutung der Wochenplan für diese selbst hat und inwieweit er das individuelle Lernen und Arbeiten beeinflusst. Als „allererste, vorsichtige Überlegungen"
möchten Dorow und Breidenstein ihre Ergebnisse verstanden wissen, die zum einen
bedeutsame Unterschiede der Wochenplanarbeit zwischen den beiden Kindern aufzeigen, als auch Gemeinsamkeiten sichtbar werden lassen.

Mit ihrem Beitrag *„Freizeit in der Schule ist doch gar keine freie Zeit – oder: Wie
nehmen Kinder ihre Zeit in der Ganztagsschule wahr?"* heben *Doreen Weide* und
Sabine Reh hervor, ein Forschungsdesiderat hinsichtlich des Wissens über Ganztagsschulen zu füllen. Die Perspektive von Schülerinnen und Schülern, die Ganztagsschulen besuchen, fehle demnach den bisher vorhandenen empirischen Untersuchungen und legitimatorisch-programmatischen Überlegungen. Daher werden in
diesem Beitrag genau auf diese Perspektive hin zwei Gruppendiskussionen analysiert. Die ausführliche Interpretation führt im Ergebnis zu zwei wesentlichen Feststellungen darüber, wie die Kinder die spezifische Zeitstruktur des Ganztagsschulta-
ges sowie die als frei verfügbar deklarierten Zeitabschnitte wahrnehmen.

3 Dank

Wir danken allen Autorinnen und Autoren für die gute Kooperation während der
Arbeit an diesem Buch und für die Geduld bei der Fertigstellung, die sich zu lange
hinausgezögert hat. Unser Dank gilt weiterhin unseren Mitarbeiterinnen Sarah Ale-
xi, Petra Gouverneur, Wiebke Hortsch und Uta Marini, die an der Manuskripterstel-
lung mitgewirkt haben.

Unser besonderer Dank gilt Petra Gouverneur für ihre umsichtige Mithilfe bei den
vielfältigen Redaktionsarbeiten und der sorgfältigen Erstellung der Druckvorlage.

Barbara Friebertshäuser und Annedore Prengel danken wir dafür, dass sie ein Vorwort für dieses Buch verfasst haben.

Kassel und Koblenz, Dezember 2009

Friederike Heinzel & Argyro Panagiotopoulou

14

Literatur

Garz, Detlef / Blömer, Ursula (2002): Qualitative Bildungsforschung. In: Tippelt, Rudolf (Hrsg.): Handbuch Bildungsforschung. Opladen: Leske & Budrich, S. 441-457.

Marotzki, Winfried / Alheit, Peter (2002): Einleitung in das Themenheft: Qualitative Bildungsforschung. In: ZBBS. Zeitschrift für qualitative Bildungs-, Beratungs- und Sozialforschung, 3. Jg. H. 2/2002, S. 185-189.

Merkens, Hans (Hrsg.) (2006a): Erziehungswissenschaft und Bildungsforschung. Wiesbaden: VS-Verlag.

Merkens, Hans (2006b): Bildungsforschung und Erziehungswissenschaft. In: Merkens, Hans (Hrsg.): Erziehungswissenschaft und Bildungsforschung. Wiesbaden: VS-Verlag, S. 9-20.

Seel, N. M. (2002): Quantitative Bildungsforschung. In: Tippelt, Rudolf (Hrsg.): Handbuch Bildungsforschung. Opladen: Leske & Budrich, S. 427-440.

Tippelt, Rudolf (Hrsg.) (2002): Handbuch Bildungsforschung. Opladen: Leske & Budrich.

Tippelt, Rudolf (2002): Einleitung des Herausgebers. In: Tippelt, Rudolf (Hrsg.): Handbuch Bildungsforschung. Opladen: Leske & Budrich, S. 9-18.

Zedler, Peter (2002): Erziehungswissenschaftliche Bildungsforschung. In: Tippelt, Rudolf (Hrsg.): Handbuch Bildungsforschung. Opladen: Leske & Budrich, S. 21-39.

Konzepte, Strategien und Grenzen
qualitativer Bildungsforschung

Natascha Naujok

Interpretative Unterrichtsforschung in der Grundschule

1   Eine Zwiebel zur Einleitung

Um näher zu bestimmen, was mit *Interpretativer Unterrichtsforschung in der Grundschule* bezeichnet wird oder bezeichnet werden kann, bietet es sich an, die Begriffs-Zwiebel zu häuten. Die äußerste Haut zeigt den Ort bzw. die Institution an, in der geforscht wird: die Grundschule. *Grundschule* wirft in diesem Zusammenhang wenig Fragen auf, sondern ist eher als spezifizierender Zusatz zu verstehen. Die mittlere Haut bildet der *Unterricht* in *Unterrichts*forschung; hiermit wird der lokale bzw. institutionelle Rahmen weiter spezifiziert. Die Knospe – um in der Zwiebel-Metapher zu bleiben – ist also *das Interpretative* bzw. die *interpretative Forschung*. Aber welcher Aspekt der Forschung wird damit näher beschrieben? Handelt es sich um eine spezielle Methode? Und was bedeutet *interpretativ* im Verhältnis zu *qualitativ*?

Der vorliegende Beitrag geht im nächsten Teil der Beantwortung dieser Fragen nach (2); der dritte Teil ist der theoretischen Auseinandersetzung mit dem interpretativen Paradigma in der (deutschsprachigen) Unterrichtsforschung (in der Grundschule) gewidmet, wozu neben dem Einzug des Paradigmas in die Unterrichtsforschung (3.1) die Frage nach dessen Bedeutung für die Untersuchung von Lernprozessen (3.2) sowie die aus ihm resultierenden methodischen Implikationen gehören (3.3); der Text endet mit einem kurzen Fazit (4).

2   Was ist interpretative Forschung?

Interpretative Forschung bezeichnet ein Paradigma der Sozialforschung, das in Abgrenzung zum normativen Paradigma ausgearbeitet wurde. Es handelt sich weniger um eine Methode als um eine Forschungsperspektive – Helga Jungwirth zufolge gar um eine „Weltsicht" (Jungwirth 2003, S. 189). Dass und inwiefern diese Perspektive bestimmte Forschungsmethoden nahelegt, wird weiter unten ausgeführt (s. 3.3).

In Deutschland gewann das interpretative Paradigma in den 1970er Jahren an Bedeutung. Einen wesentlichen Einfluss darauf hatte die Arbeitsgruppe Bielefelder Soziologen, die mit ihrer Herausgeberschaft der beiden Sammelbände „Alltagswissen, Interaktion und gesellschaftliche Wirklichkeit" (ABS 1973) die entsprechende US-amerikanische Forschungsliteratur hier für eine breite Leserschaft zugänglich machte.

Ein kurzer Blick zurück: Im *normativen* Paradigma wird davon ausgegangen, „dass sich Interaktion in einem von den beteiligten Handelnden geteilten System von Symbolen und Bedeutungen vollzieht" und „dass eine feste Verbindung besteht zwischen der Situation eines Handelnden und seinem Handeln in dieser Situation" (Wilson 1973, S. 56). Mit anderen Worten: Ausgehend von unabhängig von der jeweiligen Interaktion existierenden geteilten normativen Bedeutungssystemen werden die Handlungen der Beteiligten in Relation zu diesen Systemen analysiert.

Die Vertreter des interpretativen Paradigmas wenden sich gegen diese normativ orientierte Konzeptionalisierung zwischen Situation und Handeln. Besonders hervorzuheben ist hier die Bedeutung des symbolischen Interaktionismus. In der deutschsprachigen Sozialforschung kommt Herbert Blumers Aufsatz „Der methodologische Standort des symbolischen Interaktionismus" (Blumer 1973), der in einem der oben erwähnten Sammelbände erschien, eine wegweisende Funktion zu. Blumer, ein Schüler des Sozialpsychologen George H. Mead (1934/1968), argumentiert hierin, dass Interaktion symbolisch vermittelt sei und von daher stets der gegenseitigen Interpretation der Beteiligten bedürfe. Bei Thomas Wilson heißt es, dass „soziale Interaktion als ein interpretativer Prozess aufzufassen" sei (Wilson 1973, S. 71f.). Mit der Annahme vom gegenseitigen Interpretieren und vom Prozesscharakter sozialer Interaktionen ist verbunden, dass soziale Situationen nicht „als ein für allemal, explizit oder implizit, getroffen und festgelegt angesehen" werden (Wilson 1973, S. 61), sondern als in der Interaktion gemeinsam hergestellt und stets verhandelbar. Bedeutungen sind nicht gegeben, sondern Ergebnis gemeinsamer Aushandlungen:

> „Für den symbolischen Interaktionismus sind Bedeutungen [...] soziale Produkte, sie sind Schöpfungen, die in den und durch die definierenden Aktivitäten miteinander interagierender Personen hervorgebracht werden" (Blumer 1973, S. 83f.; auch zit. in Krummheuer 1992, S. 29).

Jungwirth formuliert dies wie folgt:

> „Die interpretative Forschung geht kurz zusammengefasst davon aus, dass die Menschen die soziale Welt in ihrem gemeinsamen, interpretativen Handeln zu der machen, die sie für sie ist. Zwei Aspekte kommen hier zusammen: das Interpretieren der Dinge bzw. das Sich-Orientieren an den Interpretationen Anderer sowie das Herstellen der Welt" (Jungwirth 2003, S. 189f.).

Fraglos ist diese Perspektive dem qualitativen Spektrum zuzuordnen. Mitunter wird *interpretativ* sogar mehr oder weniger synonym zu *qualitativ* gebraucht (z.B. in Henkenborg 2002). Meiner Ansicht nach wird mit dem Begriff *interpretative Forschung* jedoch ein anderer Schwerpunkt gesetzt. Zunächst muss festgestellt werden, dass *interpretativ* in unterschiedlichen Kontexten mit verschiedenen Bedeutungen benutzt wird. Das Interpretieren gehört, wenn man es weit fassen möchte, zu jeder Forschungstätigkeit. Selbst in quantitativ angelegten Studien gilt es, die Ergebnisse zu interpretieren. Diese weite Begriffsverwendung ist eher alltagssprachlicher Art und nicht weiter theoretisch oder methodisch spezifiziert. Arbeiten, in denen *auch* interpretiert wird, sind nicht gleich interpretative Arbeiten zu nennen.

An dieser Stelle sollen noch einmal vier wesentliche Begriffspaare zur Charakterisierung von Forschungsarbeiten in Erinnerung gerufen werden, zwischen denen es zwar durchaus Überschneidungen gibt und die sich auch in der jeweiligen Gegenüberstellung nicht ausschließen müssen (so wird in den vergangenen Jahren immer wieder eine Kombination von qualitativen und quantitativen Vorgehensweisen angemahnt), die aber hilfreich sind, um das Wesentliche eines jeden Begriffs zu erfassen:

- *Qualitativ* ist im Kontrast zu *quantitativ* zu verstehen und

- *interpretativ* im Kontrast zu *normativ*,

- *hypothesengenerierend* oder *rekonstruktiv* (s. Bohnsack 1993) im Kontrast zu *hypothesenüberprüfend* und

- *kategoriengenerierend* im Kontrast zu *kategoriengeleitet.*

Vor diesem Hintergrund soll nun das Spezifische interpretativer Forschung hervorgehoben werden. Zum einen zeichnet sie sich durch die von Jungwirth wie folgt formulierte Besonderheit aus:

> „‚Interpretativ' rekurriert stärker auf das Menschen- und Weltbild im Hintergrund, während sich ‚qualitativ' mehr auf die Methodologie und ihre Andersartigkeit im Vergleich zur quantitativen Forschung bezieht" (Jungwirth 2003, S. 189).

Die zweite Spezifizierung gegenüber der qualitativen Forschung liegt darin, dass in der interpretativen Forschung das interpretative Handeln der Beteiligten im Zentrum des Interesses steht und damit auch den Gegenstand bildet, den die Forschenden – wiederum – interpretieren. Das Interpretieren ist in diesem Ansatz also *theoretisch bedeutsam.* Gleichzeitig birgt das interpretative Paradigma der Sozialforschung einige *methodische Implikationen.* Beide Aspekte werden im folgenden Abschnitt noch einmal aufgegriffen.

3   Das interpretative Paradigma in der Unterrichtsforschung

3.1   Der Einzug des interpretativen Paradigmas in die Unterrichtsforschung

Der Begriff *interpretative Unterrichtsforschung* wurde 1978 im deutschsprachigen Raum von Terhart geprägt. Terharts Monografie „Interpretative Unterrichtsforschung. Kritische Rekonstruktion und Analyse konkurrierender Forschungsprogramme der Unterrichtswissenschaft" markiert sozusagen die Ankunft des interpretativen Paradigmas in der Unterrichtsforschung.

Ein Jahr später erschien in den USA Hugh Mehans Klassiker „Learning Lessons", der später in der deutschen interpretativen Unterrichtsforschung große Beachtung fand und bis heute als Bezugspunkt dient (s. z.B. Breidenstein 2002; Naujok, Brandt & Krummheuer 2004; s. auch z.B. Wieler 1989). Mehan nennt den von ihm verfolgten Ansatz „constitutive ethnography" (Mehan 1979, S. 9 u. 16ff.). In diesem Ansatz sieht er die Möglichkeit, Strukturen *und* Strukturierungsprozesse gleichermaßen zu untersuchen. (a.a.O., S. 16ff.) Ein bedeutendes Ergebnis der Untersuchungen, die er im Schuljahr 1974/75 in Zusammenarbeit mit seiner Kollegin Courtney B. Cazden in einer amerikanischen Grundschulklasse durchführte, liegt in der Rekonstruktion der kleinsten Interaktionssequenz in den beobachteten unterrichtlichen Instruktionsphasen: Auf eine Initiierung der Lehrerin folgt eine Erwiderung durch eine Schülerin oder einen Schüler und darauf eine Evaluierung der Lehrerin: Initiation – Reply – Evaluation (I – R – E). Die Lehrerin evaluiert nicht nur die Schülerantwort, sondern die gesamte erste minimale Gesprächssequenz in Hinblick darauf, ob die Schülererwiderung auch den Anspruch erfüllt, der durch die Lehrerinitiierung erhoben oder eröffnet wurde. Wenn auf eine Initiierung nicht unmittelbar eine ‚erfüllende' Erwiderung folgt, werden diese Sequenzen so lange fortgesetzt bzw. so weit ausgedehnt („extended sequences of interaction"; a.a.O., S. 54 ff.), bis dies der Fall ist. Dazu werden von der Lehrperson verschiedene Strategien eingesetzt. In Anlehnung an die ethnomethodologische Konversationsanalyse (Eberle 1997) rekonstruiert Mehan also zum einen Basisprozeduren der Turn-Zuweisung (Zuweisung von Redezügen), zum anderen verschiedene Improvisationsstrategien als Reaktion auf ausbleibende erwartete Schülerantworten. Kompetente Mitgliedschaft in der Klassengemeinschaft setzt sich Mehan zufolge aus zwei Teilkompetenzen zusammen: aus einer akademischen sowie einer interaktiven. Im Rahmen der akademischen Teilkompetenz müssten die Schülerinnen und Schüler auch in der Lage sein, ihr auf die Fachinhalte bezogenes Wissen an- und einzubringen. Die interaktive Kompetenz wiederum besitze eine kommunikative und eine interpretative Dimension. Im kommunikativen Bereich müssen die Schülerinnen und Schüler wissen, mit wem sie wann sprechen können. Interpretationsleistungen sind insofern notwendig, als viele Regeln der Klassenzimmerkultur implizit bleiben und daher in besonderem Maße interpretativ erschlossen werden müssen. Mehan hat mit dieser Arbeit einen nachhaltigen Beitrag zur Weiterentwicklung der an der ethnomethodologischen Konversationsanalyse orientierten Unterrichtsforschung und damit auch für die interpretative Unterrichtsforschung geleistet, wenngleich die interpretative Dimension hier eine vergleichsweise geringe Rolle spielt.

Das interpretative Paradigma wurde in der deutschsprachigen Unterrichtsforschung vor allem in einer Arbeitsgruppe von Mathematikdidaktikern um Heinrich Bauersfeld in Bielefeld aufgegriffen und für die Unterrichtsforschung fruchtbar gemacht. Es wird heute von einer inzwischen etwas angewachsenen Gruppe an verschiedenen Orten weiterentwickelt; auch die oben zitierten Helga Jungwirth und Götz Krummheuer sind hier zu verorten (s. auch Maier & Voigt 1991; Beck & Jungwirth 1999; Brandt & Krummheuer 2000; Maier & Beck 2001; Jungwirth & Krummheuer 2006). Insgesamt gibt es jedoch, wie auch Georg Breidenstein (2002) feststellt, relativ wenige einschlägige Publikationen, die die interpretative Unterrichtsforschung selbst, das heißt forschungstheoretische und methodologische Fragen der interpretativen Unterrichtsforschung fokussieren.

Eine ebenfalls in der ‚mathematikdidaktischen Tradition' stehende, jedoch nicht an bestimmte Unterrichtsfächer oder Fachdidaktiken gebundene, grundlegende Auseinandersetzung mit Fragen der Methodologie und der Praxis von interpretativer Unterrichtsforschung legten Krummheuer und Naujok 1999 mit ihrer Monographie „Grundlagen und Beispiele Interpretativer Unterrichtsforschung" vor. Mit der Großschreibung des „I" heben sie die von ihnen dargelegte Spezifität des Ansatzes hervor. Im Folgenden soll versucht werden, knapp gegenüberzustellen, was für eine interpretative Unterrichtsforschung im weiteren Sinne als kleinster gemeinsamer Nenner gelten kann und wie wir die Interpretative Unterrichtsforschung im engeren Sinne charakterisieren.

Breidenstein (2002) sieht die Gemeinsamkeit von Arbeiten im Rahmen der interpretativen Unterrichtsforschung in ihrem Interesse für das „situierte interaktive Geschehen, das von den Teilnehmern als ‚Unterricht' definiert wird und zwar in seinem alltäglichen Vollzug und hinsichtlich seiner immanenten Strukturiertheit. (...) [Es geht] um die Rekonstruktion von Handlungsabfolgen und immanenten Handlungslogiken" (a.a.O., S. 12). In diesem Sinne zählt er unter anderem die folgenden Arbeiten zur interpretativen Unterrichtsforschung, nicht ohne ausdrücklich auf ihre Verschiedenheit zu verweisen: die oben dargestellte Untersuchung von Mehan (1979); eine linguistische Arbeit aus der Funktionalen Pragmatik von Konrad Ehlich und Jochen Rehbein (1986), in der sprachliche Handlungsmuster des Unterrichts wie das *Rätselraten* oder das *Aufgabe-Lösungs-Muster* herausgearbeitet werden (s. auch Naujok, Brandt & Krummheuer 2004, S. 758ff.); eine an der Objektiven Hermeneutik Oevermanns orientierte, fallrekonstruktive Studie von Arno Combe und Werner Helsper (1994), die auf die Entwicklung einer pädagogischen Handlungstheorie zielt und dabei davon ausgeht, dass „die zentralen Dimensionen pädagogischen Handelns hermeneutisch-kommunikativer, ja moralischer Natur sind" (a.a.O., S. 10; auch zit. in Breidenstein 2002, S. 17) sowie Arbeiten, die Breidenstein „(fach-)didaktisch motivierte Interpretationen von Unterricht" nennt (a.a.O., S. 19ff.) und zu denen er sowohl die in der oben erwähnten mathematikdidaktischen ‚Tradition' stehenden Studien zählt (auf die in dem vorliegenden Beitrag noch näher eingegangen wird) als auch Arbeiten aus dem Bereich der politischen Bildung sowie ethnographische Untersuchungen wie Jutta Wiesemanns „Lernen als Alltagspraxis" (2000).

Krummheuer und Naujok (1999) spezifizieren den Begriff *Interpretative Unterrichtsforschung* stärker. Sie beziehen sich eng auf den symbolischen Interaktionismus. Die damit verbundene Grundannahme vom interaktiven Herstellen von Bedeutungen und sozialer Welt ist folgenreich. Zum einen wird damit in der Forschung eine Fokussierung des Alltags bzw. alltäglicher Unterrichtsprozesse notwendig, denn nur im Alltag werden die Prozesse seiner Herstellung sichtbar. Zum anderen geht damit eine soziologische Schwerpunktsetzung einher. In der Interpretativen Forschung geht es weniger um die Rekonstruktion der Vorstellungen von Individuen als um die Rekonstruktion der gemeinsam hergestellten und als gemeinsam geteilt geltenden Deutungen sowie um die Prozesse dieses gemeinsamen Herstellens. In diesem Sinne unterscheiden Naujok, Brandt und Krummheuer (2004, S. 753) zwei Forschungslinien der Interaktionsforschung hinsichtlich ihrer Fokussierung: Eine Linie fokussiert die den Individuen zuordenbare „actio", die andere die dem sozialen System zuordenbare „*inter*actio". Die (symbolisch-)interaktionistische Perspektive, schreibt Birgit Brandt (2004) mit Bezug auf den erwähnten Beitrag,

> „versteht Interaktion als eine nicht weiter reduzierbare Einheit, die unabhängig von den beteiligten Subjekten zu betrachten ist; die *inter*actio als eigenständiges System ist Mittelpunkt der Untersuchungen und Theoretisierungen" (Brandt 2004, S. 9).

Die Fokussierung der *inter*actio führt zu einer *Soziologisierung*: Mit Bezug auf den Mathematikunterricht schreiben Jungwirth und Krummheuer (2006) pointiert von der „Soziologisierung des mathematischen Lehrens und Lernens durch die interpretative Unterrichtsforschung". Mit dieser Fokussierung wird aus dem interpretativen Paradigma ein interaktionistisch-interpretativer Ansatz, der auf das Interpretieren und auf das gemeinsame Herstellen von Bedeutungen sowie auf die *inter*actio zielt. Dies bringt einige methodische Implikationen mit sich, auf die in Abschnitt 3.3 eingegangen wird. Zuvor soll im folgenden Abschnitt erläutert werden, welche Bedeutung die ‚interaktionistisch-interpretative Weltsicht' für die theoretische Modellierung von Lernprozessen hat.

3.2 Zur Bedeutung des interpretativen Paradigmas für die Untersuchung von Lernprozessen im Grundschulunterricht

In der Interpretativen Unterrichtsforschung werden soziale sowie fachliche Lern- und Lehrprozesse untersucht. Im Folgenden werden die fachlichen Lern- und Lehrprozesse (in der Grundschule) fokussiert, da sie als das primäre Ziel von Unterricht gelten können. Im Zusammenhang mit (schulischen) Lernprozessen kommt die oben dargelegte Verschränktheit des interpretativen Paradigmas mit einer interaktionistischen Perspektive wieder zum Tragen. Der Zusammenhang wird in aller Deutlich- und Ausführlichkeit von Krummheuer herausgearbeitet. In seiner 1992 erschienenen Publikation „Lernen mit ‚Format'" hat er sich explizit der Ausarbeitung von „Elemente[n] einer interaktionistischen Lerntheorie" gewidmet – so der Untertitel.

Aus der Perspektive einer interaktionistischen Lerntheorie ist das Individuum Konstrukteur seines ‚Wissens'. Es kann jedoch nicht nur aus sich selbst schöpfen, vielmehr sind Gespräche für Lernprozesse konstitutiv (s. z.B. Bruner 1996; Wygotski 1969; Miller 1986). So schreibt Krummheuer: „Interaktion ist nicht Medium, sondern Konstituente des Lernens" (Krummheuer 1992, S. 30). Zu diesem Schluss kommt er, nachdem er mit Bezug unter anderem auf Blumer (1973) folgende drei Grundprämissen des interaktionistischen Ansatzes formuliert hat:

> „A) Die Wirklichkeit eines handelnden Individuums ist unausweichlich bezogen auf seine individuelle Interpretation dieser Wirklichkeit.
> B) Doch entwickeln sich diese individuellen Interpretationen in der sozialen Interaktion mit anderen kooperierenden Individuen.
> C) In der sozialen Interaktion werden zwischen den teilnehmenden Individuen Bedeutungen, Strukturierungen und Geltungsnormen ausgehandelt, abgeändert und stabilisiert" (Krummheuer 1992, S. 14f.).

Aus diesen Prämissen leitet Krummheuer dann vier Grundbegriffe des Interaktionismus her, welche die Prämissen noch einmal verdeutlichen. Die Beteiligten nehmen aufgrund ihrer biographischen Erfahrungen „Initialdeutungen", so genannte *Situationsdefinitionen* (1) vor, die prinzipiell veränderbar sind. Diese Situationsdefinitionen müssen in einem Prozess der *Bedeutungsaushandlung* (2) so weit aneinander angeglichen werden, dass der Fortlauf der Interaktion gesichert wird: Die Interaktanten handeln einen *Arbeitskonsens* (Goffman, z.B. 1966) (3) aus. Für Unterrichtsprozesse sei dies mit Rücksicht auf die „konstitutive qualitative Differenz der Deutungskapazitäten von Lehrer und Schülern" als *Arbeitsinterim* präzisiert worden (a.a.O., S. 19). In Situationen, die Stabilität erfordern, erführen derartige Prozesse durch Routinisierungen Stabilität. In diesem Sinne ließen sich aus Unterrichtsinteraktionen bestimmte *Interaktionsmuster* (4) rekonstruieren (a.a.O., S. 18f.). In diesem Zusammenhang stellt Krummheuer fest, dass die interaktionistische Lerntheorie in der Theorie des symbolischen Interaktionismus bereits angelegt sei (a.a.O., z.B. S. 15).

Als ein wesentliches Element der von Krummheuer entwickelten interaktionisti-schen Lerntheorie soll die *formatierte kollektive Argumentation* herausgegriffen werden. Hierin verbindet Krummheuer Jerome Bruners Format-Begriff (Bruner 1987)[4] mit Max Millers Idee, dass Lernprozesse kollektive seien (Miller 1986) und kommt zu dem Schluss: „Es gibt kein schulisches Lernen ohne Partizipation an formatierten kollektiven Argumentationsprozessen" (Krummheuer 1992, S. 175f.). Krummheuer führt dies zwar noch weiter aus; mit Blick auf die Bedeutung des in-terpretativen Paradigmas für die Untersuchung von Lernprozessen scheint hier aber der Blick auf eine Folgearbeit interessanter.

Krummheuer und Brandt (2001) entwickeln die interaktionistische Lerntheorie im Rahmen des empirischen Forschungsprojektes „Rekonstruktion von ‚Formaten kol-lektiven Argumentierens' im Mathematikunterricht der Grundschule" weiter. Die übergeordnete Frage des Projekts zielt auf die „interaktive Bedingung der Möglich-keit des Mathematiklernens in unterrichtlichen Diskursformen" (a.a.O., S. 55). Es gelingt den Autoren ihre theoretisch sensibilisierende Grundannahme, dass es sich bei der gesuchten Bedingung um die Ermöglichung von Autonomiezuwachs der Lernenden in ihrer Partizipation an Formaten kollektiven Argumentierens handelt, empirisch gegründet zu präzisieren und zu modifizieren. Sie arbeiten ein Netzwerk von empirisch gehaltvollen theoretischen Begriffen aus, mit denen die Partizipation an derartigen Argumentationen beschreibbar wird. (Unterrichts-)Interaktionen, an denen mehr als zwei Personen beteiligt sind, werden als polyadische Interaktionen betrachtet. Mit Bezug auf Erving Goffman (1981) stellen die Autoren fest, dass die auf dyadische Interaktionen bezogenen Begriffe *Sprecher* und *Hörer* für polyadische Interaktionen, wie sie für Unterricht typisch sind, zu kurz greifen. Den *Sprecher* ersetzen sie deshalb durch ein komplexes Produktionsdesign, den *Hörer* durch ein entsprechendes Rezipientendesign (Krummheuer & Brandt 2001, S. 16f.). In dem Produktionsdesign, das auf eine Idee von Goffman (1981) zurückgeht, zerlegen die Autoren die Verantwortlichkeit für einen Redezug in drei Teilverantwortlichkeiten:

> „Das Produktionsdesign einer Äußerung besteht aus der Dekomposition dieser Äuße-rung in die akustische Realisierung, die verbale Formulierung und die inhaltliche Funk-tion. Diese drei Bestandteile können in der Interaktion auf eine oder mehrere Personen verteilt werden bzw. sein" (a.a.O., S. 41).

Daraus ergeben sich dann vier mögliche Kombinationen der Verteilung von Ver-antwortlichkeit, die hier jedoch nicht im Einzelnen aufgeführt werden sollen. Dem Produktionsdesign steht das Rezipientendesign gegenüber.

> „Das Rezipientendesign gliedert sich in ein zweistufiges Kategoriensystem. Auf der ersten Ebene wird differenziert nach der Art der Beteiligung des Rezipienten in der Si-tuation (direkt vs. nicht-direkt). Auf der zweiten Stufe wird sodann noch unterschieden nach der Art der Adressierung" (a.a.O., S. 51).

Es ergeben sich somit in Abhängigkeit von der Adressierung vier verschiedene Re-zipientenstatus: Gesprächspartner, Zuhörer, Mithörer und Lauscher. Dabei erfolgt

---

[4] „Ein Format ist ein standardisiertes Interaktionsmuster zwischen einem Erwachsenen und einem Klein-kind, welches als ursprünglicher ‚Mikrokosmos' feste Rollen enthält, die mit der Zeit vertauschbar wer-den" (Bruner 1987, S. 103).

die Zuschreibung der Status nicht aufgrund der Qualität des Zuhörens, sondern über die Art der Adressierung durch den Sprechenden (ebd.) und über die entsprechenden Situationsdefinitionen der Beteiligten (s. auch Brandt in diesem Band).

Mit diesem Begriffsnetz wird es Krummheuer und Brandt möglich, interaktive Bedingungen des Autonomiezuwachses im Rahmen emergierender Argumentationsformate zu rekonstruieren. Das Unterrichtsgeschehen modellieren sie als *interaktionalen Gleichfluss*, in dem es verschiedentlich zu *interaktionalen Verdichtungen* komme. Diese Verdichtungen, die in der Studie noch weiter präzisiert und schließlich auf das Produktions- und Rezipientendesign bezogen werden (a.a.O., S. 56ff.), stellen den Autoren zufolge optimierte Bedingungen der Ermöglichung von Lernen im Unterricht dar.

Brandt (2004) erweitert mit ihrer Arbeit „Kinder als Lernende. Partizipationsspielräume und -profile im Klassenzimmer" die bis hierhin dargestellte Bedeutung des interpretativen Paradigmas für die Untersuchung von Lernprozessen in der Grundschule. In ihrer Arbeit begegnet sie den „Beschränkungen der interaktionistischen Perspektive auf kollektive Lernprozesse […], ohne jedoch diesen Theorierahmen grundsätzlich zu verlassen" (a.a.O., S. 9). Es geht ihr darum, „individuelles Mitwirken zu bestimmten Partizipationsstruktur(ierung)en zu erfassen" (a.a.O., S. 12), jedoch nicht darum, eine Partizipations*typisierung* zu erarbeiten. Am Ende ihrer Arbeit vergleicht sie die für die einzelnen Kinder rekonstruierten Partizipationsprofile miteinander (a.a.O., S. 203ff.). Hierzu nutzt sie die beiden Dimensionen der interaktiven Kompetenz der Kinder: Bei der strukturellen Kompetenz, die vor allem über das Rezipientendesign erfasst wird, ist wesentlich zwischen legitimierten und nicht legitimierten Redezügen zu unterscheiden. Bei der inhaltlichen Kompetenz, die vor allem über das Produktionsdesign erfasst wird, ist wesentlich zwischen einer Handlungsorientierung an Autonomie und einer Handlungsorientierung an Sicherheit zu unterscheiden. Abschließend werden diese alltagspädagogischen Handlungsorientierungen (s. auch Naujok 2000) im Zusammenhang mit den verschiedenen Partizipationsweisen betrachtet; dies wird noch einmal in Hinblick auf die Frage nach Bedingungen der Ermöglichung von Lernprozessen diskutiert.

In den drei dargestellten Arbeiten geht es nicht nur darum, ein Phänomen des Unterrichtsgeschehens im Rahmen des interpretativen Paradigmas zu erforschen, vielmehr wird in allen drei Fällen die Interpretative Unterrichtsforschung (in der Grundschule) wesentlich weiterentwickelt. Besonders in den ersten beiden Arbeiten ist das untrennbar mit einer (Weiter-)Entwicklung im methodischen Bereich verbunden. Dies wird im folgenden Abschnitt im Anschluss an die Besprechung allgemeinerer methodischer Implikationen der Interpretativen Unterrichtforschung noch einmal aufgegriffen.

3.3 Methodische Implikationen im Kontext von Unterrichtsforschung

Oben wurde ausgeführt, dass die Annahmen vom interaktiven Herstellen der Welt und vom permanenten Interpretieren in sozialen Interaktionen eine Fokussierung des Alltags und der Interaktionsprozesse sowie eine Soziologisierung der Perspektive auf Lernprozesse mit sich bringen – wenngleich Brandt (2004) individuelle Partizipationsweisen in den Fokus rückt. Die Alltags- und Interaktionsfokussierung und die Soziologisierung enthalten einige methodische Implikationen (s. bes. Krummheuer & Naujok 1999).

- Notwendig ist ein *rekonstruktives Vorgehen*: Wenn Bedeutungen nicht gegeben, sondern Ergebnis interaktiver Aushandlungen sind, so sind sie samt ihrer Emergenz nur über die Rekonstruktion dieser Aushandlungen zugänglich.

- Hier bieten sich in Anlehnung an die ethnomethodologische Konversationsanalyse *mikrosoziologische Analysen* bzw. *Interaktionsanalysen* im Sinne von Krummheuer und Naujok (1999; s. auch Krummheuer 1992) an. Mit diesen lassen sich sowohl Diskursstrukturen als auch die inhaltliche Dimension von (schulfachbezogenen) Aufgabenbearbeitungsprozessen rekonstruieren.

- Derartige Analysemethoden setzen voraus, dass Interaktions- bzw. Unterrichtsausschnitte videografiert und transkribiert werden.

- Interpretative Unterrichtsforschung zielt auf die *empirisch fundierte Genese oder Weiterentwicklung von Theorieelementen*, z.B. durch Typenbildung (s. z.B. Kelle 1994; s. z.B. Kelle & Kluge 1999).

- Interpretative Unterrichtsforschung betreibt *lokale Theoriegenese* und zielt auf die Erarbeitung von kontextbezogenen (Elementen von) Theorien.[5] Jungwirth weist allerdings darauf hin, dass sich Theoretisierungen „von den direkten Bezügen auf die in sie eingehenden Daten lösen". Typen etwa abstrahieren vom unmittelbar Gegebenen und weisen insofern auch über dieses hinaus (Jungwirth 2003, S. 196).

- Die zugrundeliegende Forschungslogik ist die *Abduktion*: Die Ergebnisse erschienen hier „in Form von Hypothesen, die überraschende Phänomene zu erklären imstande sind" (Krummheuer & Naujok 1999, S. 25). Kelle vergleicht das abduktive Vorgehen mit einer „Zangenbewegung":

- „ausgehend von theoretischem Vorwissen einerseits und empirischen Material andererseits werden überraschende und unerwartete empirische Phänomene genutzt, um die theoretischen Vorannahmen weiterzuentwickeln und zu modifizieren" (Kelle 1994, S. 277).

- Schließlich wendet die Interpretative Unterrichtsforschung auch das methodische Prinzip der permanenten *Komparation* an, das allgemein als ein Merkmal für empirisch gegründete Theoriekonstruktion gilt (s. Glaser & Strauss 1967; Kelle 1994, S. 293ff.; Brandt & Krummheuer 2000). „Das Prinzip der Komparation in interpretativer Forschung hebt die empirischen Untersuchungen und Analysen über den Status von Fallanalysen hinaus" (Krummheuer & Naujok 1999, S. 26).

Diese Punkte können als allgemeinere methodische Implikationen einer im engeren Sinne Interpretativen Unterrichtsforschung gelten. Die erwähnte Interaktionsanalyse, der dabei eine zentrale Funktion zukommt, soll hier nicht im Detail erläutert werden (s. dazu z.B. Krummheuer & Naujok 1999). Vielmehr möchte ich, die methodischen

---

[5] Näheres zum Prozess der Kontextualisierung von Theorien lässt sich bei Toulmin (1994) nachlesen.

Ausführungen abschließend, die Weiter- bzw. Neuentwicklung von Methoden im Rahmen der Interpretativen Unterrichtsforschung in der Grundschule skizzieren.

Ausgehend von dem theoretischen Interesse an kollektiven Argumentationen fand Krummheuer (1992) in der Funktionalanalyse von Toulmin (1969) ein geeignetes Instrument zur Analyse von (substanziellen) Argumentationen und führte dies mit der Interaktionsanalyse zusammen, um die situative Emergenz von Argumentations-formaten zu untersuchen. In dieser Kombination mit der Interaktionsanalyse fand die Argumentationsanalyse Eingang in die Interpretative Unterrichtsforschung. Auf der Basis empirischer Argumentationsanalysen und Rekonstruktionen von Argu-mentationsformaten ging es in einem nächsten Schritt darum zu rekonstruieren, wie die Lehrerinnen einerseits und die Schülerinnen und Schüler andererseits an der Entwicklung substanzieller Argumentationen partizipieren. Zu diesem Zweck erar-beiteten Krummheuer und Brandt (2001) ein Netz differenzierter theoretischer Be-griffe, das sich als Instrument zur Partizipationsanalyse eignet und als solches eben-falls Eingang in die Interpretative Grundschulunterrichtsforschung fand. Durch gezielte Komparationen und mit Hilfe des bis dahin entwickelten Begriffsrepertoires ist es Brandt (2004) dann gelungen, einen weiteren substanziellen Beitrag zur Ent-wicklung einer Interaktionstheorie schulischen Lernens zu leisten, indem sie die interaktionistische Perspektive zur Untersuchung individueller Partizipationsprofile einnahm.

Die Anwendung der dargestellten Methoden hat inzwischen in verschiedenen Kon-texten zu interessanten Einblicken in interaktive Prozesse von Grundschulunterricht geführt. So untersucht Naujok (2000) Schülerkooperation im Rahmen von Wochen-planarbeit in der Grundschule und rekonstruiert mit Hilfe der Interaktionsanalyse alltagspädagogische Vorstellungen, Kooperationshandlungen und Kooperationsty-pen; Heike de Boer (2006) untersucht mittels einer Verbindung von teilnehmender Beobachtung mit Interaktions- und Argumentationsanalysen den Klassenrat aus Sicht der kindlichen Akteure; Marei Fetzer (2006) arbeitet heraus, welche Bedeu-tung es hat, wenn man „Schreiben und den Umgang mit Geschriebenem als integrale Bestandteile des Grundschulunterrichts in allen Lernbereichen auffasst" (a.a.O., S. 53) und leistet damit einen Beitrag zu einer Interaktionstheorie grafisch basierten Lernens; und Birgit Brandt (in diesem Band) gewinnt neue Einsichten in die Funkti-on verschiedener Rezeptionsweisen für die Partizipation an Gruppenarbeitsprozes-sen im Mathematikunterricht der Grundschule.

4 Fazit

Der vorliegende Beitrag zeichnet die Entwicklung des interpretativen Paradigmas in der Unterrichtsforschung nach. Dabei wird unter anderem die enge Verschränkung des interpretativen mit einem interaktionistischen Ansatz deutlich. Dass die Darstel-lung hier fast ausschließlich anhand von Studien erfolgt, die im Mathematikunter-richt der Grundschule angesiedelt sind, hat den einfachen Grund, dass der Interpreta-tiven Unterrichtsforschung in diesem Bereich die größte Aufmerksamkeit zuteil wird und dass sie hier besonders systematisch betrieben wird. Gleichzeitig sollte deutlich geworden sein, dass die Interpretative Unterrichtsforschung auch über den

Bereich des Mathematik- und Grundschulunterrichts hinaus vielfältige produktive Bedingungen zu Ermöglichung von Lernprozessen im Rahmen von Forschung bereitstellt.

Literatur

Arbeitsgruppe Bielefelder Soziologen (Hrsg.) (1973): Alltagswissen, Interaktion und gesellschaftliche Wirklichkeit. Bd. 1: Symbolischer Interaktionismus und Ethnomethodologie. Bd. 2: Ethnotheorie und Ethnographie des Sprechens. Reinbek bei Hamburg: Rowohlt.

Beck, Christian / Jungwirth, Helga (1999): Deutungshypothesen in der interpretativen Forschung. In: Journal für Mathematikdidaktik 4, S. 231-159.

Blumer, Herbert (1973): Der methodologische Standort des symbolischen Interaktionismus. In: Arbeitsgruppe Bielefelder Soziologen (Hrsg.) (1973), Bd.1, S. 80-146.

Bohnsack, Ralf (1993, 2. überarbeitete Aufl.): Rekonstruktive Sozialforschung. Einführung in Methodologie und Praxis qualitativer Sozialforschung. Opladen: Leske + Budrich.

Brandt, Birgit (2004): Kinder als Lernende. Partizipationsspielräume und -profile im Klassenzimmer. Frankfurt am Main: Peter Lang.

Brandt, Birgit / Krummheuer, Götz (2000): Das Prinzip der Komparation im Rahmen der Interpretativen Unterrichtsforschung in der Mathematikdidaktik. In: Journal für Mathematikdidaktik. 21. Jg., H. 3/4, S. 193-226.

Breidenstein, Georg (2002): Interpretative Unterrichtsforschung – eine Zwischenbilanz und einige Zwischenfragen. In: Breidenstein, Georg / Combe, Arno / Helsper, Werner / Stelmaszyk, Bernhard (Hrsg.) (2002): Forum Qualitative Schulforschung 2. Interpretative Unterrichts- und Schulbegleitforschung. Opladen: Leske & Budrich, S. 11-27.

Bruner, Jerome S. (1996): The Culture of Education. Cambridge (MA), London (UK): Harvard University Press.

Bruner, Jerome S. (1987): Wie das Kind sprechen lernt. Bern: Hans Huber Verlag (amerikanische Erstauflage: 1983)

Combe, Arno / Helsper, Werner (1994): Was geschieht im Klassenzimmer? Perspektiven einer hermeneutischen Schul- und Unterrichtsforschung. Zur Konzeptualisierung der Pädagogik als Handlungstheorie. Weinheim: Deutscher Studien Verlag.

de Boer, Heike (2006): Klassenrat als interaktive Praxis. Auseinandersetzung – Kooperation – Imagepflege. Wiesbaden: VS Verlag für Sozialwissenschaften.

Eberle, Thomas S. (1997): Ethnomethodologische Konversationsanalyse. In: Hitzler, Ronald / Honer, Anne (Hrsg.): Sozialwissenschaftliche Hermeneutik. Opladen: Leske & Budrich, S. 245-279. URL: http://www.alexandria.unisg.ch/Publikationen/21120.

Ehlich, Konrad / Rehbein, Jochen (1986): Muster und Institution: Untersuchungen zur schulischen Kommunikation. Tübingen: Narr.

Fetzer, Marei (2006): Veröffentlichen im Mathematikunterricht – Ein Beitrag zu einer Interaktionstheorie grafisch basierten Lernens. In: Jungwirth, Helga / Krummheuer, Götz (Hrsg.) (2006): Der Blick nach innen: Aspekte der alltäglichen Lebenswelt Mathematikunterricht. Münster u. a.: Waxmann, S. 53-85.

Glaser, Barney / Strauss, Anselm (1967): The Discovery of Grounded Theory: Strategies for Qualitative Research. New York: Aldine.

Goffman, Erving (1966): Behavior in Public Places. Notes on the Social Organization of Gatherings. New York: Free Press.

Goffman, Erving (1981): Footing. In: Goffman, Erving: Forms of Talk. Oxford: Basil Blackwell, S. 124-150.

Henkenborg, Peter (2002): Interpretative Unterrichtsforschung in der Politischen Bildung. Ansätze, Stand und Perspektiven. In: Breidenstein, Georg / Combe, Arno / Helsper, Werner / Stelmaszyk, Bernhard (Hrsg.) (2002): Forum Qualitative Schulforschung 2. Interpretative Unterrichts- und Schulbegleitforschung. Opladen: Leske & Budrich, S. 81-110.

Jungwirth, Helga (2003): Interpretative Forschung in der Mathematikdidaktik – ein Überblick für Irrgäste, Teilzieher und Strandvögel. In: Zentralblatt für Didaktik der Mathematik. 35. Jg., H. 5, S. 189-200.

Jungwirth, Helga / Krummheuer, Götz (2006): Banal sozial? Zur Soziologisierung des mathematischen Lehrens und Lernens durch die interpretative Unterrichtsforschung. In: Jungwirth, Helga / Krummheuer, Götz (Hrsg.) (2006): Der Blick nach innen: Aspekte der alltäglichen Lebenswelt Mathematikunterricht. Münster u. a.: Waxmann, S. 7-18.

Jungwirth, Helga / Krummheuer, Götz (Hrsg.) (2006): Der Blick nach innen: Aspekte der alltäglichen Lebenswelt Mathematikunterricht. Münster u. a.: Waxmann.

Kelle, Udo (1994): Empirisch begründete Theoriebildung. Zur Logik und Methodologie interpretativer Sozialforschung. Weinheim: Deutscher Studien Verlag.

Kelle, Udo / Kluge, Susann (1999): Vom Einzelfall zum Typus. Fallvergleich und Fallkontrastierung in der qualitativen Sozialforschung. Opladen: Leske & Budrich.

Krummheuer, Götz (2000): Kinder im Unterricht. Ein Blick auf den Unterrichtsalltag aus Sicht der interpretativen Unterrichtsforschung. In: Heinzel, Friederike (Hrsg.): Methoden der Kindheitsforschung. Ein Überblick über Forschungszugänge zur kindlichen Perspektive. Weinheim: Juventa, S. 323-336.

Krummheuer, Götz (1992): Lernen mit „Format". Elemente einer interaktionistischen Lerntheorie. Diskutiert an Beispielen mathematischen Unterrichts. Weinheim: Deutscher Studien Verlag.

Krummheuer, Götz / Brandt, Birgit (2001): Paraphrase und Traduktion. Partizipationstheoretische Elemente einer Interaktionstheorie des Mathematiklernens in der Grundschule. Weinheim u. Basel: Beltz.

Krummheuer, Götz / Naujok, Natalie (1999): Grundlagen und Beispiele Interpretativer Unterrichtsforschung. Opladen: Leske & Budrich.

Maier, Hermann / Beck, Christian (2001): Zur Theoriebildung in der interpretativen mathematikdidaktischen Forschung. In: Journal für Mathematikdidaktik. 22. Jg., H. 1, S. 29-50.

Maier, Hermann / Voigt, Jörg (Hrsg.) (1991): Interpretative Unterrichtsforschung. Köln: Aulis.

Mead, George H. (1968): Geist, Identität und Gesellschaft. Frankfurt am Main: Suhrkamp (amerikanische Erstauflage: 1934).

Mehan, Hugh (1979): Learning Lessons. Social Organization in the Classroom. Cambridge (MA) u. London (England): Harvard University Press.

Miller, Max (1986): Kollektive Lernprozesse. Studien zur Grundlegung einer soziologischen Lerntheorie. Frankfurt am Main: Suhrkamp.

Naujok, Natascha (2000): Schülerkooperation im Rahmen von Wochenplanunterricht. Analyse von Unterrichtsausschnitten aus der Grundschule. Weinheim: Deutscher Studien Verlag.

Naujok, Natascha / Brandt, Birgit / Krummheuer, Götz (2004): Interaktion im Unterricht. In: Helsper, Werner / Böhme, Jeanette (Hrsg.): Handbuch der Schulforschung. Wiesbaden: VS Verlag für Sozialwissenschaften, S. 753-773.

Terhart, Ewald (1978): Interpretative Unterrichtsforschung. Kritische Rekonstruktion und Analyse konkurrierender Forschungsprogramme der Unterrichtswissenschaft. Stuttgart: Klett.

Toulmin, Stephen (1994): Kosmopolis. Die unerkannten Aufgaben der Moderne. Frankfurt am Main: Suhrkamp.

Toulmin, Stephen (1969): The uses of Argument. Cambridge: Cambridge University Press.

Wieler, Petra (1989): Sprachliches Handeln im Literaturunterricht als didaktisches Problem. Bern u.a.: Peter Lang.

Wiesemann, Jutta (2000): Lernen als Alltagspraxis. Lernformen von Kindern an einer Freien Schule. Bad Heilbrunn: Klinkhardt.

Wilson, Thomas P. (1973): Theorien der Interaktion und Modelle soziologischer Erklärung. In: Arbeitsgruppe Bielefelder Soziologen (Hrsg.): Alltagswissen, Interaktion und gesellschaftliche Wirklichkeit. Bd. 1: Symbolischer Interaktionismus und Ethnomethodologie. Reinbek bei Hamburg: Rowohlt, S. 54-79.

Wygotski, Lew (1969): Denken und Sprechen. Frankfurt: S. Fischer Verlag (Lizenzausgabe des Akademie-Verlages, Berlin; russische Erstauflage: 1934).

Birgit Brandt

Rezeptionstheoretische Einsichten in Interaktionsprozesse beim Gruppenpuzzle[6] im Mathematikunterricht der Grundschule

In der mathematikdidaktischen Diskussion wird in den letzten Jahren immer wieder hervorgehoben, dass sich das Mathematiklernen im Zusammenspiel selbstständiger, aktiv-entdeckender und kooperativ-kommunikativer Arbeitsprozesse vollzieht. Es wird dabei betont, dass ein Lernen auf eigenen Wegen mit einem Lernen von- und miteinander verbunden werden soll. Für die Umsetzung dieser Forderung im Unterrichtsalltag werden daher im Mathematikunterricht der Grundschule zunehmend strukturierte kooperative Lehr-Lernformen[7] realisiert. In diesem Aufsatz möchte ich mich mit Interaktionsprozessen befassen, die einer solchen Realisierung im Unterrichtsalltag entstammen. Konkret geht es um den Einsatz der Kooperationsform *Gruppenpuzzle* im Geometrieunterricht einer zweiten Klasse. Mein Fokus ist nicht auf die Evaluation derartiger Kooperationsformen gerichtet, sondern vielmehr dient mir dieses Unterrichtsbeispiel im Sinne der Grounded Theory als kontrastreiches Beispiel für die Untersuchung von Strukturierungsprozessen mathematischer Unterrichtsinteraktion. Die beobachtbaren Gruppenprozesse unterscheiden sich hinsichtlich ihrer Strukturierungen deutlich von den für unsere theoretischen Modellierungen herangezogenen Gruppenarbeitsprozessen (Krummheuer & Brandt 2001; Brandt 2001, 2004; Naujok 2000), so dass Ausdifferenzierungen unserer theoretischen Beschreibungen möglich werden.

1   Einleitung

Gruppenarbeitsformen werden im Elementar- und Primarbereich meist über konstruktivistische Lerntheorien legitimiert; bezogen auf fachliche Lernprozesse dienen die Kleingruppen den Lernenden dabei als Ort, in dem die eigenen, subjektiven Kognitionen auf Viabilität erprobt werden können. Die Kommunikation mit anderen bietet auf dieser Grundlage das Potenzial für kognitive Konflikte, die zu einer Weiterentwicklung der individuellen Kognitionen führen können; Kleingruppenarbeit schafft in diesem Sinne vor allem bessere Lernbedingungen durch verbesserte Möglichkeiten zur tätig-produktiven Partizipation. Meine Perspektive auf Unterrichtsge-

---

[6] Das Gruppenpuzzle wurde in einer Unterrichtseinheit im Rahmen des BLK-Projekts "Netzwerk Wissenschaftliche Weiterbildung für Lehrerberufe" von Studierenden zusammen mit der Klassenlehrerin geplant, durchgeführt und videografiert. An dieser Stelle möchte ich mich sehr herzlich für die engagierte Mitarbeit bedanken. Die kooperative Unterrichtsform *Gruppenpuzzle* (Jigsaw) wurde von Elliot Aronson konzipiert und ist seitdem vielfach erprobt und erforscht worden (Aronson & Patnoe 1997, Kronenberger & Souvignier 2007, Huber 2007). Es handelt sich um eine Form wechselseitigen Lehrens und Lernens, bei der sich die Lernenden zunächst in Expertengruppen ein Teilgebiet des Unterrichtsthemas erarbeiten und dann dieses eigenständig erarbeitete Expertenwissen in Stammgruppen gegenseitig vermitteln. Die Stammgruppen setzen sich dabei aus Lernenden zusammen, die zuvor unterschiedliche Teilgebiete erarbeitet haben.

[7] Bei strukturierten Lehr-Lernformen werden die Lernenden durch gezielte Kooperationsvorgaben in ihrer Zusammenarbeit unterstützt (Lerntempo-Duett, Partner- und Gruppenpuzzle etc. und fachlich eingebunden im Grundschulunterricht z.B. Schreib- und Rechenkonferenz).

schehen ist eine interaktionistische, in der die Interaktion als Ort der gemeinsamen Bedeutungskonstruktion dient. Die individuellen Situationsdefinitionen eines Individuums beziehen sich dabei auf den gemeinsamen Aushandlungsprozess; sie sind prozesshaft und besitzen eine „'interaktive' Orientierung" (Krummheuer & Fetzer 2005, S. 17). Die individuelle Kognition ist somit an die Partizipation an kollektiven Prozessen der Erzeugung *als geteilt geltender Deutungen* gebunden[8]. Aus dieser Perspektive sind auch rezeptive Aspekte der Interaktion von fundamentaler Bedeutung und Gegenstand für die fachdidaktisch orientierte empirische Unterrichtsforschung. Entsprechend haben wir in unserem Forschungsprojekt „'Formate kollektiven Argumentierens' im Mathematikunterricht der Grundschule" (Krummheuer & Brandt 2001) produktive und rezeptive Aspekte der interaktionalen Unterrichtsstrukturierung in den Blick genommen. Unterricht lässt sich demzufolge beschreiben als ein Ineinandergreifen eines interaktionalen Gleichflusses, der ökonomischen Gesichtspunkten der Konfliktminimierung in der Kommunikation unterliegt, und interaktionaler Verdichtungen, die optimierte Ermöglichungsbedingung für (fachliches) Lernen bieten (vgl. ebd., S. 56). Die interaktionalen Verdichtungen unterscheiden sich vom interaktionalen Gleichfluss einerseits hinsichtlich der Komplexität und Explizitheit der hervorgebrachten Argumentationen, andererseits hinsichtlich der Einbindung der Zuhörenden in diese Argumentationen und den Anforderungen an einen Wechsel von einer zuhörenden zu einer sprechenden Partizipation am Aushandlungsprozess. Diese beiden Aspekte haben wir als das Produktionsdesign und das Rezeptionsdesign der Argumentationsprozesse beschrieben.

In Tisch- oder Gruppenarbeitsphasen sind interaktionale Verdichtungen *stabile kollektive Bearbeitungsprozesse*, in denen Lernende vorübergehend in wechselseitig aufeinander bezogenen Redebeiträgen gemeinsam eine Aufgabenstellung fokussieren (vgl. Krummheuer & Brandt 2001, S. 56). Diese stabilen Bearbeitungsprozesse haben wir über ihre Einbindung in das Gesamtgeschehen, insbesondere über die Zugänglichkeit für Außenbeziehungen, genauer erfasst (Brandt 1998, 2001, Krummheuer & Fetzer 2005, S. 109). Entsprechende Bearbeitungsprozesse konnten wir als situative Ad-Hoc-Entscheidungen einerseits eher lehrergesteuert im Zusammenhang mit einem Helfersystem (peer tutoring) für bestimmte Aufgabenstellungen und andererseits eher schülergesteuert im Rahmen der Wochenplanarbeit beobachten. In beiden Fälle ließen sich nur relativ kurze Sequenzen stabiler kollektiver Bearbeitungsprozesse rekonstruieren; diese beobachteten Gruppenprozesse wiesen somit aus unserer Perspektive keine optimalen Bedingungen für die Emergenz interaktionaler Verdichtungen auf. Strukturierte kooperative Lernformen lassen sich in diesem Sinne als der Versuch beschreiben, mehr Gelegenheiten für die Emergenz interaktionaler Verdichtungen als optimierte Ermöglichungsbedingung fachlicher Lernprozesse zu schaffen. In diesem Aufsatz möchte ich diese Optimierungsversuche an-

---

[8] Auch bei Formen des sozialen Konstruktivismus bleibt das Primat der Wissensgeneration beim Individuum, während beim Interaktionismus das Primat der Wissensgeneration in der Interaktion, also in den Wechselbeziehungen zwischen mehreren Individuen liegt. Diese beiden unterschiedlichen Perspektiven lassen sich im pädagogisch-didaktischen Zusammenhang an den lerntheoretischen und entwicklungspsychologischen Arbeiten Piagets bzw. Vygotskys festmachen (zur Diskussion der Abgrenzung bzw. der Vereinbarkeit dieser beiden Positionen vgl. Reich 1998, Sutter 2002, Bauerfeld 2002, Lerman 1996).

hand des Rezipientendesigns untersuchen. Schwerpunkt ist die rezeptionstheoretische Binnenstruktur einer Gruppeninteraktion, die sich über das Ansprechen und das Angesprochenwerden im Interaktionsprozess beschreiben lässt. Die Außenbeziehungen der einzelnen Arbeitsgruppen und damit die Verknüpfung zu einem Gesamtgeschehen im Klassenzimmer bleiben zunächst weitgehend ausgeblendet.

Im folgenden Abschnitt werde ich zunächst die Begrifflichkeiten des Rezipientendesigns vorstellen, die im dritten Abschnitt zur rezeptionstheoretischen Analyse von Interaktionsprozessen herangezogen werden. Abschließend werde ich eine Ausdifferenzierung der von uns bisher erarbeiteten rezeptionstheoretischen Beschreibungen interaktionaler Verdichtungen in Gruppenarbeitsprozessen diskutieren und somit den Artikel unter der angekündigten forschungslogischen Perspektive beschließen: Mir dient das kooperative Lernarrangement in meinen Analysen nicht als zu evaluierendes Unterrichtskonzept, sondern vor allem als ein methodologisches Instrument, kontrastreiche Interaktionsprozesse in den Blick zu nehmen. Die ausgewählte Realisierung der Kooperationsform Gruppenpuzzle wird im Sinne der komparativen Analyse in seiner Spezifität zu fassen versucht (vgl. Krummheuer & Brandt 2001, S. 82). Die damit in den Blick kommenden Kontraste beziehen sich einerseits auf die bisher von uns analysierten Interaktionsprozesse, andererseits zeigen sich zwischen den einzelnen Phasen des Gruppenpuzzles deutliche Differenzen, die ausdifferenzierte Beschreibungen der Binnenstruktur interaktionaler Verdichtungen in der Gruppenarbeit ermöglichen.

2   Theoretische Grundlage: Das Rezipientendesign

Gespräche im Unterricht weisen eine grundsätzlich andere Interaktionsstruktur(ierung) auf als dyadisch organisierte Face-to-Face Gespräche, egal ob es sich um lehrerzentrierte Klassengespräche oder um Partner- oder Gruppengespräche unter Schülern handelt. Alle Gespräche im Unterricht sind vielmehr polyadisch[9] strukturiert: Das lehrerzentrierte Unterrichtsgespräch lässt sich nicht als Dialog zwischen einer Lehrperson und den Lernenden als homogenem Gegenüber beschreiben und auch Zwiegespräche finden in der durch den Klassenraum bestimmten Öffentlichkeit statt und weisen Merkmale auf, die der Einbindung in das Gesamtgeschehen dieser Öffentlichkeit geschuldet sind (Brandt 1998, 2001). Jutta Wiesemann und Klaus Amann verweisen ebenfalls auf dieses schulische Interaktionsphänomen: „Wenngleich es sich bei Schulräumen nicht um öffentliche Plätze handelt, zu denen beliebige Personen Zutritt haben, so ist doch das Interaktionsformat dadurch bestimmt, dass die Beteiligten ihre Beiträge wechselseitig nicht ausschließlich aneinander als Einzelne richten" (Wiesemann & Amann 2002, S. 151).

In Schulräumen ergibt sich also die Möglichkeit, als Sprechender Einzelne durch eine entsprechende Adressierung aus der Vielzahl der Zuhörenden hervorzuheben. Dabei geht es nicht darum, das Gesamtgeschehen im Klassenzimmer in verschiedene, gleichzeitig stattfindende Kommunikationsstränge zu unterteilen und für diese

---

[9] Zum Begriff der Polyade im Vergleich zur Dyade siehe Krummheur & Brandt (2001, S. 16); vgl. mit dem Begriff multi-party-interaction im englischen Sprachgebrauch, etwa Sacks (1998, S. 532).

dann wieder die dyadische Differenzierung in ‚Sprecher' und ‚Hörer' vorzunehmen. Diese beiden „Ethnokategorien" (Goffman 2005, S. 43) sind dyadischen Konzepten verhaftet und für die Analyse polyadischer Interaktionsräume unzureichend, wie dies Erving Goffman bereits 1981 in seiner Kritik an der ‚herkömmlichen Gesprächsanalyse' bemerkt: „Die herkömmliche Analyse des Sprechens und dessen, was gesprochen wird, scheint unausweichlich dem folgenden Paradigma zu gehorchen: Zwei und nur zwei Individuen sind daran beteiligt. [...] Auf dieses Paradigma treffen auch die Begriffe ‚Sprecher' und ‚Hörer' voll und ganz zu." (Goffman 2005, S.42f).

Für eine soziolinguistische Analyse des Gesprächs in polyadischen Interaktionsräumen mit mehr als zwei beteiligten Individuen fordert Goffman daher die Dekomposition dieser Alltagsbegriffe in analytisch genauere Elemente. Mit der Aufhebung der dyadischen Einschränkungen der Begriffe lassen sich in einem polyadischen Interaktionsereignis wie Unterricht einerseits die Beziehungen verschiedener Kommunikationsstränge untereinander besser beschreiben, andererseits auch die Binnenstrukturen einzelner Kommunikationsstränge aufzeigen (vgl. Goffman 2005, S. 47). In unserer eigenen Forschungstätigkeit haben wir die von Goffman angeregte Dekomposition aufgegriffen und zu einem Begriffsnetz zur Beschreibung unterrichtlicher Interaktionszusammenhänge weiterentwickelt. Ausgangspunkt ist dabei die einzelne Äußerung bzw. Handlung, die eine bestimmte Reichweite hat; die Zuschreibung einer bestimmten zuhörenden Rolle erfolgt also nicht aufgrund der Qualität des Zuhörens, sondern über die Art der Adressierung durch den Sprechenden (Krummheuer & Brandt 2001, S. 51).

Zunächst ist in größeren Gesprächsrunden ein Teil der Personen im Rahmen der Reichweite der Äußerung unmittelbar am Aushandlungsprozess beteiligt, die Worte und Handlungen sind an diesen Personenkreis gerichtet. Innerhalb der direkten Beteiligung können einzelne Zuhörende durch Namensnennung, Personalpronomen oder auch durch Gestik und Mimik exklusiv hervorgehoben werden (vgl. Szene 1, Abschnitt 3.1: *ähm Jamal warum hast du jetzt da drauf gemalt/*). Diese exklusive Rolle wird als *Gesprächspartner* bezeichnet und ist z.B. mit einem besonderen Rederecht für den nachfolgenden Turn verbunden, aber auch mit einer gewissen Verpflichtung, auf den aktuellen Redebeitrag zu reagieren. In kleineren Gruppen kann auch allen Rezipienten der Status Gesprächspartner zugewiesen werden. Zu unterscheiden ist davon der Status des *Zuhörers*, der gleichermaßen Zugang zur Rezeption der Aushandlung hat, jedoch nicht unbedingt zu einer über Hörersignale hinausgehenden Reaktion verpflichtet ist. Idealtypisch sind im traditionellen Seminarvortrag alle am Seminar teilnehmenden Zuhörer; der Status Gesprächspartner entfällt hier in der Regel, kann aber durch Zwischenfragen aus dem Zuhörerstatus evoziert werden. Es ist also auch aus diesem Status heraus möglich, unter situationsspezifischen Einschränkungen den nächsten Turn zu ergreifen. Insbesondere bei größeren Runden, etwa im Klassengespräch, werden spezielle Regeln notwendig, diese Turnübernahme zu koordinieren. Im Klassengespräch lässt sich die Differenzierung zwischen Gesprächspartner und Zuhörer z.B. in der engeren Beziehung zwischen der Lehrperson und dem gerade aufgerufenen Schüler finden – der Rest der Klasse ist häufig als

Zuhörerschaft konzipiert. Auf diese Zuhörer kann jedoch zurückgegriffen werden, wenn bei dem exklusiv angesprochenen Gesprächspartner die Reaktion ausfällt oder als unzureichend empfunden wird. In schwierigen Situationen ist dies als Improvisationsstrategie ohne weitere namentliche Aufforderung der Lehrperson möglich (Mehan 1979, S. 56).

Gerade in öffentlichen Räumen sind meist über die Gesprächspartner und Zuhörer hinaus noch weitere Personen im Rahmen der Reichweite einer Äußerung anwesend, die nicht unmittelbar am Aushandlungsprozess beteiligt sind. Auch diese Rezipienten lassen sich weiter unterscheiden, und zwar in *Mithörer* und *Lauscher*. Das Mithören wird von den direkt Beteiligten durchaus geduldet; Mithörer haben jedoch kein Anrecht, Details zu erfragen, die einen *verstehenden Zugang* zum Aushandlungsprozess ermöglichen; wird auf entsprechende Nachfragen eingegangen, erfolgt damit eine Verschiebung im Rezipientendesign (vgl. Brandt 2001). Mithörer werden bei der Wortwahl bedacht, etwa in der Auswahl der verhandelten Themen oder durch den Grad der Indexikalität. Der Status Lauscher wird vom Sprechenden durch Körperhaltung, Stimmlage und/oder auch durch einen unzugänglichen Sprachcode angezeigt; die verstehende Rezeption der Äußerung wird damit erschwert bzw. verwehrt. Lauschen ist in diesem Modell eine Zuweisung, die durch die sprechende Person und ihre unmittelbaren Gesprächspartner erfolgt, etwa wenn Kinder im Unterricht von der deutschen Unterrichtssprache in ihre Herkunftssprache wechseln und damit einzelne Anwesende von der verstehenden Rezeption ausschließen

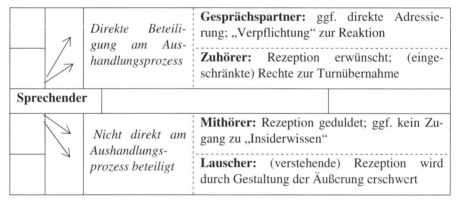

		Gesprächspartner: ggf. direkte Adressierung; „Verpflichtung" zur Reaktion
	Direkte Beteiligung am Aushandlungsprozess	
		Zuhörer: Rezeption erwünscht; (eingeschränkte) Rechte zur Turnübernahme
Sprechender		
	Nicht direkt am Aushandlungsprozess beteiligt	**Mithörer:** Rezeption geduldet; ggf. kein Zugang zu „Insiderwissen"
		Lauscher: (verstehende) Rezeption wird durch Gestaltung der Äußerung erschwert

Nicht immer sind diese Kategorien trennscharf; insbesondere innerhalb der jeweiligen Oberkategorien gibt es Grauzonen der Adressierung, die durch die nachfolgenden Gesprächszüge geklärt werden können; z.B. kommt eine sehr hohe Indexikalität schon einem unzugänglichen Sprachcode nahe und verwehrt ebenfalls eine verstehende Rezeption. Im lehrerzentrierten Klassenunterricht ist eine deutlichere Unterscheidung zwischen dem Status des Zuhörers und des Mithörers erst in der interaktionalen Verdichtung mit ihrer engeren argumentativen Beziehung zwischen den einzelnen Beiträgen zu erkennen. Der Status Lauscher tritt im Klassengespräch in der Regel nicht auf. In Gruppenarbeitsprozessen können alle Rezipientenstatus auftreten. Dabei sind Gesprächspartner und Zuhörer zunächst der Binnenstruktur einer interaktionalen Verdichtung zuzuordnen, während Mithörer und Lauscher unterschiedliche Außenbeziehungen darstellen (vgl. Krummheuer & Fetzer, S. 109). Erfolgt ein Wechsel aus dem Mithörerstatus zum Zuhörer oder sogar Gesprächspartner, kommt es zu einer Veränderung der Gruppenzugehörigkeit (vgl. Brandt 2001, S. 65f). Innerhalb einer durch einen kooperativen Arbeitsauftrag definierten Gruppe können aber auch Mithörer und Lauscher auftreten. Der Status Lauscher stellt dabei eine Ausgrenzung innerhalb der Gruppe dar. Bei Gruppen mit vier und mehr Kindern kann es zu parallelen interaktionalen Verdichtungen, also unterschiedlichen wechselseitigen Gesprächspartnerschaften und thematischen Fokussierungen kommen und der Mithörerstatus relevant werden. Im folgenden Abschnitt werde ich nur auf die Binnenstruktur der beobachteten Arbeitsgruppe eingehen. Die ausgewählten Szenen weisen insgesamt kaum direkte Kontakte nach außen auf; lediglich die Lehrpersonen werden gelegentlich hinzugezogen. Es lassen sich weiter keine Bemühungen erkennen, andere an der Rezeption zu hindern; die anderen Kinder im Klassenraum sind also als Mithörer zu bezeichnen, sofern sie im Bereich der akustischen Reichweite sitzen und arbeiten.

3 Das Interaktionsbeispiel: Baupläne zu Würfelbauten

Die Unterrichtseinheit wurde in den normalen Unterrichtsalltag eingebunden und durch zwei Videokameras dokumentiert. Die Kooperationsprozesse von zwei Expertengruppen und je einer dazugehörenden Stammgruppe wurden videografiert und für die Analyse Ausschnitte daraus transkribiert. Die Klasse hatte zuvor Erfahrungen mit der Realisierung der Kooperationsform Gruppenpuzzle im Sachunterricht gesammelt; komplexere Kooperationsaufgaben im Mathematikunterricht wurden noch nicht bearbeitet. Die Lernenden sollten in den Expertengruppen gemeinsam ohne individuelle Vorbereitungsphase Möglichkeiten finden, dreidimensionale Bauwerke aus Holzwürfeln auf Papier festzuhalten. Als Einstiegsproblem hatte die Lehrerin ein konkretes Würfelgebäude vorgegeben (siehe Abb. 1). und in eine kleine Geschichte eingebunden. Es gab für die Expertengruppen verschiedene Hinweise, die zu folgenden Ziellösungen führen sollten:

1. Zeichnungen der verschiedenen *Seitenansichten* (vorne, hinten, links, rechts),

2. verbale Ausformulierung einer Bauanleitung in einem *Baudiktat* und

3. Notation in *Bauplänen*, wobei die Gebäudehöhen in einer (quadratischen) Matrix festgehalten werden (vgl. Reinke 2006; siehe Abb. 1).

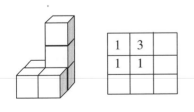

Abb. 1: Würfelgebäude und erwartete Lösung im „Bauplan"

Die hier fokusierte Expertengruppe (Charline, Jamal, Jens und Nele) sollte sich mit der dritten Lösungsmöglichkeit beschäftigen, also mit der Notation im Bauplan. Dazu hatten die Kinder auf dem Arbeitsblatt eine 3x3-Matrix als Vorgabe, verbunden mit dem Hinweis: *Dieser Platz reicht aus* und dem Tipp: *Stellt die Würfel auf den Plan und umfahrt sie mit einem Stift.* Die folgenden Situationsbeschreibungen dieser Kooperationsgruppe beruhen auf einer ausführlichen, Turn-by-Turn organisierten Interaktionsanalyse, die auch das Rezipientendesign umfasst (Details zum Analyseverfahren siehe Brandt 2004, S. 40f).

3.1 Sequenz 1: Gemeinsame Lösungsfindung in der Expertengruppe

In der ersten Arbeitsphase geht es um die kollektive Lösungsfindung in den Expertengruppen; in der beobachteten Gruppe sind alle vier Kinder aktiv-produktiv beteiligt. Als Ausgangspunkt für die Gruppenarbeit baut Nele das abgebildete Gebäude auf dem noch leeren Bauplan und umfährt es mit dem Stift. Sie setzt damit den Lösungshinweis in konkrete Handlung um und formuliert schließlich die Frage: *ja und wie wir des hochbaun müssten/ [Stimme wird leiser] wüsste ich auch nicht/*. Sie fokussiert damit das auch durch den Tipp nicht gelöste Problem, die dritte Dimension (*hochbaun*) auf der zweidimensionalen Vorlage festzuhalten. Alle anderen Kinder der Gruppe sind von ihr gleichermaßen als Gesprächspartner adressiert und könnten den nächsten Turn ergreifen. In den nächsten zwei Minuten werden in der Gruppe drei verschiedene Möglichkeiten zur Darstellung der dritten Dimension gefunden.[10] Die gesamte Szene lässt sich im Anschluss an diese „themeninitiierende Äußerung" (Goffman 2005, S. 213) als eine Verkettung interaktionaler Verdichtungen beschreiben, die auf das Problem Hochbauen fokussieren und damit die von Nele an alle als Gesprächspartner gerichtete Frage abarbeiten. Zunächst zeigt Jamal auf, wendet sich mit *ich weiß es* an Nele und folgt ihrer Aufforderung (*wie/*), den Vorschlag zu erklären, zunächst verbal. Später zeichnet er auf das vor ihm liegende Blatt für den Turm konzentrische Quadrate, mit Höhenlinien vergleichbar (s. Abb. 2.). Allerdings fühlt sich Charline nicht verpflichtet, seinem Vorschlag ebenfalls als Gesprächspartnerin aufmerksam zu folgen, sondern ist vielmehr bemüht, mit wiederholten *guck* und Bauaktivitäten auf dem Bauplan, der direkt vor Nele liegt, deren Aufmerksamkeit als Gesprächspartnerin zu gewinnen, was ihr schließlich auch gelingt. Ihre Lösung lässt sich als Versuch interpretieren, Grundriss und Aufriss des Gebäudes aufzuzeichnen. Diese Lösung wäre weiter ausdifferenziert unter mathematischen Aspekten durchaus richtig, ist aber nicht mit dem Hinweis *Dieser Platz reicht aus.* (s.o.) vereinbar; Nele kommentiert den Vorschlag entsprechend: *ja- aber dafür haben wir nicht genug Platz/*. Sowohl von Jamal als auch von Charline wird somit Nele, bezogen auf ihre Ausgangsfrage, als Gesprächspartnerin für mögliche Lösungen angesprochen, während die anderen Kinder nur als Zuhörer beteiligt sind bzw. sich als Zuhörer

Abb. 2: Jamals Skizze und Lösung der Gruppe

angesprochen fühlen und somit keine Verpflichtung zur Stellungnahme empfinden. Diese Interpretation wird auch dadurch bestärkt, dass Jamal seinen Blick schließlich auf die Aushandlung zwischen Charline und Nele richtet und an einer ihm geeigneten Stelle Nele seine fertige Zeichnung präsentiert (*also so*). Allerdings nutzt Jens

---

[10] Keine der Möglichkeiten entspricht der durch den Lösungshinweis anvisierten Ziellösung, was einerseits ein Kennzeichen für eine echte Problemaufgabe ist und andererseits von einer hohen Kreativität der Kinder zeugt.

fast zeitgleich die Gelegenheit, ihr seine Lösung anzubieten (*oder wir zei das ginge auch/ wenn wir/*). Er macht zwar deutlich, dass er die anderen Vorschläge akustisch wahrgenommen hat, bindet seinen Beitrag aber argumentativ nicht an die von Jamal und Charline präsentierten Vorschläge an. Vielmehr scheint er diese beiden Lösungsvorschläge thematisch zu übergehen und nun als Sprechender direkt auf Neles Ausgangsfrage zu reagieren – dies entspricht dem Zuhörerstatus für die vorhergehenden Antworten auf die Initiationsfrage.[11] Dass auch er sich an Nele als Gesprächspartnerin wendet, während den beiden anderen zunächst der Zuhörerstatus zugewiesen wird, lässt sich beispielsweise an folgender Sequenz ablesen, in der er, ungeachtet der kurzen Aushandlung zwischen Charline und Jamal, seinen eigenen Lösungsvorschlag weiter vorträgt:

<Jens	*oder wir zei das ginge auch/ wenn wir/ < ähm das alles bauen auf dem/*
<Charl	*< ähm Jamal warum hast du jetzt da drauf gemalt/*
>Jens	*und dann > ähm die Steine/ zum Beispiel verschiedene Zahlen geben*
>Jamal	*> oh[radiert seine Zeichnung weg]*

Charline reagiert hier nicht auf Jens Beitrag sondern auf Jamals Zeichnung und adressiert dafür Jamal explizit als Gesprächspartner; ihrer Situationsdefinition zufolge ist sie berechtigt, ein „Byplay" (Brandt 1998, S. 315) zwischen Zuhörern aufzubauen und sie wird darin durch die Reaktionen der anderen bestärkt. Gleichwohl reagiert sie kurz danach als erste bestätigend auf die von Jens skizzierte Lösungsidee, die seine Gesprächspartnerin Nele hingegen nicht verstanden hat: *das habe ich irgendwie nicht gerafft.* Dieser unspezifischen Frage nachgehend klären Charline und Nele in einer wechselseitigen, dyadisch orientierten Gesprächpartnerschaft, wie Jens Lösungsidee zu verstehen sei; Jens ist dabei lediglich als Zuhörer eingebunden (*und dann meint er so/*). Am Ende ergreifen Jens und Jamal jedoch den Turn und klären, in welches Feld die Ziffern 5 und 6 einzutragen seien (Abb. 2). Damit wird die Lösung insgesamt als Gruppenlösung akzeptiert und die Grenze zur Zuhörerschaft der anderen Kinder hin zur allgemeinen Gesprächspartnerschaft innerhalb der Gruppe wieder aufgelöst. Nach einer weiteren kurzen Klärungssequenz, die insbesondere zwischen Nele und Jamal ausgehandelt wird, verkündet schließlich Jens: *wir ham wir hams rausgefunden\.* Erstmals sind mit diesem Sprechakt Personen außerhalb der Arbeitsgruppe als Gesprächspartner angesprochen, vornehmlich wohl die Lehrpersonen. Der erste interne Lösungsprozess wird damit auch nach außen sicht- bzw. hörbar abgeschlossen.

---

[11] Ein ähnliches Rezeptionsmuster lässt sich im lehrerzentrierten Klassengespräch finden: Hier können im interaktionalen Gleichfluss Beiträge anderer Lernender für die thematische Anbindung übergangen werden, wenn im eigenen Redebeitrag die ursprüngliche Initiationsfrage der Lehrperson beachtet wird.

3.2 Sequenz 2: Vortragvorbereitung in der Expertengruppe

Nach einer Intervention durch die Lehrperson hat die Gruppe schließlich auch die vorgesehene Lösung „gefunden" und dazu einige vorbereitete Zusatzaufgaben gelöst. Als nächster Arbeitsschritt ist auf dem Arbeitsblatt nun vorgegeben: *Erklärt euch noch mal gegenseitig, wie ihr vorgegangen seid.* In dieser Arbeitsphase erklären Nele, Charline, Jens und Jamal nacheinander in der aufgezählten Reihenfolge, wie sie die Lösung gefunden haben. Bemerkenswert ist, dass alle Kinder zunächst als die Ausgangssituation von der Lehrerin eingebrachte „Problemgeschichte" aufgreifen. Weiterhin weisen die Kinder die verschiedenen Lösungsansätze aus der ersten Phase immer einzelnen Lernenden zu: Die Idee, die Würfel zu nummerieren, wird durchgängig Jens zugeschrieben, die Ziellösung im Bauplan hat den Kindern zufolge Charline entdeckt. Jamals Lösungsidee wird nie erwähnt. Dieses Vorgehen wird zwar von Nele kritisiert (*ja das find ich irgendwie dumm\ weil dann merken die oh die Nele und der Jamal haben ja gar nicht mitgedacht\ die sind auf gar nichts gekommen*), aber schließlich entscheidet die Gruppe, Charline und Jens weiter explizit zu erwähnen. Die Kinder „erzählen" sich gegenseitig, wie sie bei der Lösung vorgegangen sind (vgl. zur Narration im Lernprozess Krummheuer 1994) und entscheiden, dieses Vorgehen auch in den Stammgruppen zu übernehmen. Rezeptionstheoretisch sind die einzelnen Erklärungen dadurch gekennzeichnet, dass jeweils ein(e) „Hauptsprechende(r)" einen Probevortrag präsentiert und die anderen Kinder als Zuhörer adressiert. Dieser Zuhörerstatus nimmt in einer Rahmenverschiebung (Goffman 1974) die spätere Situation in der Stammgruppe vorweg und kann relativ reibungslos von beiden Seiten in Richtung Gesprächspartnerschaft aufgelöst werden. In folgender Sequenz wendet sich Charline zu Beginn ihres Probevortrags fragend an Nele:

Charl.	*Lia und wie heißt die noch mal/ [schaut zu Nele] Max und/*
Nele	*Sina*
Jamal	*Genau*
Charl.	*Max und Sina sollten sich da hier merken/ da hat kamen kamen wir erst mal also der Jens kam erst mal auf die Idee (...)*

Sowohl Nele als auch Jens reagieren auf diesen Rahmenwechsel, den Charline in ihrem nächsten Redezug gleich wieder zurücknimmt. Allerdings wird der Rahmenwechsel von *gespielten Vortragssituation* hin zur *Metakommunikation* über diesen Vortrag auch von der Zuhörerseite vollzogen, beispielsweise um die Ausführungen der Vortragenden zu korrigieren (Nele kritisiert Charline, die in ihrer Erklärung über die für das Gebäude benötigten sechs Würfel hinaus zählt: *geht doch gar nicht/ weil ne Sieben gibt's doch gar nicht wenn da nur bis sechs*). Diese Einwürfe werden von den Vortragenden aufgegriffen, der Probevortrag entsprechend korrigiert und somit auch die Legitimität der Einwürfe angezeigt.

Der Disput über die Zuschreibung der Lösungen zu einzelnen Personen hebt sich deutlich von diesem Rezeptionsmuster ab; hier sprechen sich die Kinder jeweils als Gesprächspartner an, wenn auch in wechselnder Gruppierung (z.B. Charline: *habt ja auch selbst was gesagt\ aber was habt ihr noch mal gesagt/* und die Reaktion von Nele: *nur ihr habt was gesagt*). Diese Sequenz wird in der Interaktion als separate Metakommunikation durch eine öffnende Äußerung von Nele markiert (*okay/ jetzt mag ich aber mal Widerwort geben/*) und schließlich von Jens wieder beendet, der im Anschluss seinen Probevortrag präsentieren möchte (*[seufzt] jetzt bin ich ne/ [baut das Model auf]*). Damit unterscheidet sich diese metakommunikative Sequenz, die eher das Gesamtgeschehen der Gruppenarbeit reflektiert, auch auf der rezeptionstheoretischen Seite von den in den einzelnen Vorträgen eingebundenen metakommunikativen Anmerkungen.

3.3 Sequenz 3: Neles Vortrag in ihrer Stammgruppe

In der Stammgruppe wird nun der Vortrag zur Ernstsituation, dessen rezeptionstheoretische Regeln gleich zu Beginn geklärt werden:

Nele   *Max und Sina/ die waren zum Spielen verabredet\ und da hat die Mutter gerufen/*   *< dass Max gehen muss*

<   *[im Flüsterton zu Pia, die mit Würfeln hantiert] < hör auf*
Ma
ya

Nele   *und die ham ne total schöne Burg gebaut\ und die wollten sich das irgendwie merken\ (...)*

Nele als Sprechende erzählt, wie in der Expertengruppe geübt, den Lösungsprozess und beginnt auch hier mit der Geschichte der Lehrerin; Pia und Maya sind ihre Zuhörerinnen. Maya kritisiert Pias Verhalten und erinnert sie damit an ihre Rolle als Zuhörerin für Neles Ausführungen. Ein ähnliches Hantieren mit Würfeln ist in der ersten Phase der Lösungsfindung nie kritisiert worden; eventuell, da es durchaus noch legitim war, sich im Zuhörerstatus gedanklich mit einer eigenen Lösung zu beschäftigen, während ein anderes Kind schon mal einen Lösungsvorschlag präsentiert. Die Einbindung dieser Ermahnung als ein Gespräch zwischen Zuhörerinnen in den Vortrag (als Byplay, s.o.) wird von Maya durch den Flüsterton kenntlich gemacht. Nele lässt sich nicht irritieren und geht schließlich zur „Geschichte" der Expertengruppe über *und dann haben wir überlegt/ wie die sich des merken können\ da haben wir ganz doll überlegt und überlegt.* Es schließt sich eine lange Erklärung an, in der Nele die konkreten Würfel eindringlich als Argumentationsmittel einbezieht und in der Pia und Maya lediglich durch Hörersignale (Blickkontakte und bestätigende *mmh*) deutlich machen, dass sie den Zuhörerstatus noch aufmerksam wahrnehmen. Erst nach fast zwei Minuten adressiert Nele die beiden wieder als Gesprächspartnerinnen mit einer Äußerung, die nach Kronenberger und Souvignier, (2005, S. 95) als „helfende Frage" zu bezeichnen wäre *habt ihrs verstanden/*. Neles didaktisches Agieren zeigt sich auch im anschließenden Austeilen der Übungsaufgabe *okay\ dann hab ich jetzt noch Arbeitsblätter für euch*, ein aus dem lehrerzentrierten Klassenunterricht bekanntes Interaktionsmuster.

4 Vergleichende Zusammenfassung der drei Szenen

In diesem Abschnitt möchte ich nochmals vergleichend auf die drei dargestellten Szenen eingehen und sie dabei mit unseren bisherigen rezeptionstheoretischen Überlegungen in Beziehung setzen.

Insgesamt zeichnen sich alle drei Szenen als stabile kollektive Bearbeitungsprozesse aus, in denen über relativ lange Zeit eine thematische Fokussierung verfolgt wird, auch wenn es innerhalb der Szenen zu Verschiebungen kommt (alternative Lösungsidee; metakommunikative Anmerkungen und Einschübe). Diese thematische Konstanz wird unterstützt durch die Einbindung in ebenfalls relativ stabile Rezeptionsstrukturierungen, die sich jedoch szenenübergreifend deutlich voneinander unterscheiden lassen. Die erste Phase der gemeinsamen Lösungsfindung ist gekennzeichnet durch die enge Verflechtung interaktionaler Verdichtungen mit jeweils dyadischer Unterstruktur (Nele als Gesprächspartnerin durch themeninitiierende Äußerungen). Dabei lassen sich die drei konkurrierenden Lösungsvorschläge als Verschiebungen in der thematischen Fokussierung ausmachen, die argumentativ nicht direkt miteinander verknüpft sind, auch wenn die vorhergehenden Vorschläge wohl durchaus wahrgenommen werden und vermutlich auch Spuren hinterlassen. Erst durch die Einigung auf eine gemeinsame Lösung löst sich diese Binnenstruktur zu einer allgemeinen Gesprächspartnerschaft innerhalb der Gruppe auf, wodurch diese Lösungsidee als Gruppenlösung akzeptiert wird. Die zweite Szene ist gekennzeichnet durch die Verabredung, dass sich die Rezipienten in die Rolle der späteren Zuhörer versetzen. Die/der Vortragende formuliert für noch nicht Informierte; d.h. in dieser Situation nehmen die Zuhörenden in Kauf, (1.) über Dinge „informiert" zu werden, die sie kennen (Redundanz im Gespräch) und (2.) Berichte über die eigene Person in der 3. Pers. Sing. zu erhalten. Diese Situation lebt somit gerade von den Verschiebungen zwischen der gespielten Rolle als Zuhörer für den Vortrag und der Rolle des Gesprächspartners für eingeschobene metakommunikative Anmerkungen. In der dritten Szene sind die anderen Lernenden schließlich ganz deutlich im Zuhörerstatus, der Vortrag ist nun nicht gespielt, sondern „echt"; die Nähe zum Lehrervortrag im Klassengespräch wird durch die Ermahnung innerhalb der Zuhörerinnen und den sich anschließenden Arbeitsauftrag deutlich betont. Der rezeptionstheoretische Unterschied zu den anderen Szenen wird nicht nur durch die Rezipientenstatus deutlich, sondern auch quantitativ an der geringeren Häufigkeit des Sprecherwechsel und der unausgewogenen Länge der individuellen Redezeit.

Deutlich lassen sich Unterschiede zu den bisher von uns untersuchten Gruppenarbeitsprozessen erkennen. In unseren bisherigen Beobachtungen im Unterrichtsalltag haben wir derart stabile kollektive Bearbeitungsprozesse vor allem als Partnerarbeit beobachten können, die rezeptionstheoretisch in der Binnenstruktur gänzlich über die wechselseitige Gesprächspartnerschaft beschreibbar sind (vgl. Goffman 2005, S. 43; s.o.) und die dann für Außenstehende nahezu unzugänglich waren (Brandt 2001,

S. 67). Gruppenarbeitsprozesse mit mehr als zwei Lernenden zeigten sich in den von uns beobachteten Klassenräumen instabil in der Gruppenzugehörigkeit, die Grenzen der Arbeitsgruppen waren nicht so deutlich rekonstruierbar und mit dieser Instabilität in der Gruppenzusammensetzung waren auch stärkere thematische Umfokussierungen im Interaktionsprozess verbunden (ebd., S. 65f). Musterhafte Rezeptionsstrukturierungen, die über die Beobachtung dieser „Instabilität" hinausgehen, werden erst durch die Stabilität der in diesem Aufsatz vorgestellten kollektiven Bearbeitungsprozesse rekonstruierbar, wie oben beschrieben.

In enger Zusammenarbeit mit dem Projekt „Argumentationsformate" (Krummheuer & Brandt 2001) hat Natascha Naujok Schülerkooperation in Wochenplanarbeit untersucht und dafür die Kooperationstypen *Nebeneinanderher-Arbeiten, Helfen und Kollaborieren* herausgearbeitet (vgl. Naujok 2000, S. 172f.). Auch hier werden für die Kooperation im Gruppenpuzzle Modifikationen erkennbar. Die beiden ersten Szenen aus der Gruppenpuzzlearbeit lassen sich mit dem Kollaborieren vergleichen, das Naujok als Interaktionen mit einer symmetrischen Beziehungsstruktur und einer thematischen Fokussierung auf eine gemeinsame Aufgabe beschrieben hat. In der ersten Szene der gemeinsamen Lösungsfindung lassen sich auch die von Naujok diesem Kooperationstyp zugeordneten Handlungstypen *Erklären, Vergleichen, Erfragen und Metakooperieren* (vgl. ebd., S. 181f) wiederfinden. Das Üben der Präsentation in der zweiten Szene lebt von den Verschiebungen zwischen Erklären und Metakooperieren, ist aber in der engen Verknüpfung dieser beiden Momente wohl eher als eigene Kooperationshandlung zu beschreiben. Die dritte Szene lässt sich in die von Naujok entwickelte Typologie für Schülerkooperation nicht einordnen; die Beziehungsstruktur ist zwar asymmetrisch wie beim Helfen, eine häufig in der Wochenplanarbeit zu beobachtende Schülerkooperation. Die thematische Fokussierung wird jedoch nicht durch die Aufgabe des Hilfe-Empfängers bestimmt, sondern von Nele als Expertin, also der potentiell kompetenteren Interaktantin. Diese Form der Kooperation ist eng mit der Organisation des Gruppenpuzzles als Wechsel zwischen Lehren und Lernen verknüpft; die *Wissensvermittlung* unter Peers in der Stammgruppe ist in der hier realisierten Form des Monologs bzw. Vortrags nicht allein mit der Kooperationshandlung *Erklären* beschreibbar – auch wenn der eigene Lösungsprozess sehr ausführlich dargelegt wird; die von Nele praktizierte Form der „Schülerunterweisung" (ebd., S. 176) entspricht eher einem narrativ geprägten *Dozieren*.

5 Abschließende Diskussion

Abschließen möchte ich meinen Beitrag mit einigen Bemerkungen zur Emergenz optimierter Ermöglichungsbedingungen für fachliches Lernen in den hier vorgestellten Interaktionsprozessen. Interaktionale Verdichtungen als – potentiell – günstigere Ermöglichungsbedingungen für fachliches Lernen lassen sich in allen drei Szenen nachweisen. Aufgrund der Häufigkeit und Intensität der emergierten Verdichtungen konnte eine stärkere Ausdifferenzierung der Binnenstruktur dargelegt werden als es uns in unseren bisherigen Arbeiten möglich war. Somit lassen sich die hier analysierten Realisierungen der Kooperationsform Gruppenpuzzle im partizipationstheoretischen Modell des interaktionalen Gleichflusses und der interaktionalen Verdichtungen als optimierte Lernsituationen – zumindest für einzelne Beteiligte – beschreiben, ungeachtet eines *messbaren Lernerfolgs*. Dabei ist allerdings zu bedenken, dass die hier ausgewählten Sequenzen *Glücksfälle* gelungener Kooperationen darstellen und die „Glückungsbedingungen" (Goffman 2005, S. 199) weniger der strukturierten methodischen Vorgabe Gruppenpuzzle geschuldet sind als vielmehr der durch die Beteiligten hervorgebrachten Interaktionsdynamik. Den Kooperationsvorgaben lassen sich sicherlich vorstrukturierende Momente zuschreiben, sie können aber nicht im Interaktionsprozess strukturierend wirksam werden. Jeder Lernende bringt ganz individuelle Orientierungen in die Kooperation ein, der Gruppenarbeitsprozess ist ein Partizipationsspielraum, der durch das Zusammenspiel individueller Partizipationsprofile (Brandt 2004) geprägt wird. Eine wesentliche „Glückungsbedingung" der obigen Kooperationsprozesse ist wohl in Neles moderierender Partizipation zu sehen - entsprechend der sich ebenfalls günstig auf studentische Arbeitsprozesse auswirkende Rolle des „collaborative evaluator" (Tatsis & Koleza 2006). Inwieweit allerdings diese individuellen Orientierungen und die sich in Gruppenarbeitsprozessen daraus entwickelnden Dynamiken methodisch kontrollierbar werden, ist – wenn überhaupt möglich – wohl mehr als nur eine Frage des Arbeitsmaterials, der Aufgabenstellung oder einer über Frageverhalten trainierbaren kommunikativen bzw. kooperativen Kompetenz.

Literatur

Aronson, Elliot / Patnoe, Shelly (1997): The jigsaw classroom. Building cooperation in the classroom. New York, NY: Longman.

Bauersfeld, Heinrich (2000): Radikaler Konstruktivismus, Interaktionismus und Mathematikunterricht. In: Begemann, Ernst (Hrsg.): Lernen verstehen – Verstehen lernen. Zeitgemäße Einsichten für Lehrer und Eltern. Frankfurt a. M.: Peter Lang Verlag, S. 117-145.

Brandt, Birgit (1998): Recipients in Elementary Mathematics Classroom Interaction. In: Schwank, Inge (Hrsg.): Proceedings of CERME 1. Osnabrück, 27.-30.8.1998, Universität Osnabrück, URL: fmd.uni-osnabrueck.de/ebooks/erme/cerme1-proceedings.html.

Brandt, Birgit (2001): Handlungsstränge im Wochenplanunterricht. In: Roßbach Hans-Günther u.a. (Hrsg.): Forschungen zu Lehr- und Lernkonzepten für die Grundschule. Jahrbuch Grundschulforschung, Bd. 4. Opladen: Leske+Budrich, S. 63-69.

Brandt, Birgit (2004): Kinder als Lernende. Partizipationsspielräume und -profile im Klassenzimmer. Frankfurt a. M.: Peter Lang.

Goffman, Erving (1974): Rahmen-Analyse. Ein Versuch über die Organisation von Alltagserfahrungen. Frankfurt a. M.: Suhrkamp.

Goffman, Erving (2005): Rede-Weisen. Hrsg. von Knoblauch, Hubert u.a. Konstanz: UVK Verlagsgesellschaft.

Huber, Anne (2007): Wechselseitiges Lehren und Lernen als spezielle Form Kooperativen Lernens. Berlin: Logos Verlag.

Kronenberger, Julia / Souvignier, Elmar (2005): Fragen und Erklärungen beim kooperativen Lernen in Grundschulklassen. In: Zeitschrift für Entwicklungspsychologie und Pädagogische Psychologie, 37. Jg., S. 91-100.

Krummheuer, Götz (1997): Narrativität und Lernen. Mikrosoziologische Studien zur sozialen Konstitution schulischen Lernens. Weinheim: Beltz – Deutscher Studien Verlag.

Krummheuer, Götz / Brandt, Birgit (2001): Paraphrase und Interaktion. Partizipationstheoretische Elemente einer Interaktionstheorie des Mathematiklernens in der Grundschule. Weinheim: Beltz Wisenschaft.

Krummheuer, Götz / Fetzer, Marei (2005): Der Alltag im Mathematikunterricht: Mathematik Primar- und Sekundarstufe. Beobachten - Verstehen – Gestalten. München: Spektrum.

Lerman, Stephen (1996): Intersubjectivity in mathematics learning: A Challenge to the radical constructivist paradigma. In: Journal for Research in Math. Education, 27 Jg., S. 133-150.

Mehan, Hugh (1979): Learning Lessons. Cambridge u.a.: Harvard University Press.

Naujok, N. (2000): Schülerkooperation im Rahmen von Wochenplanunterricht. Analyse von Unterrichtsausschnitten aus der Grundschule. Weinheim.

Reich, Kersten (1998): Die Ordnung der Blicke. Perspektiven eines interaktionistischen Konstruktivismus. Bd. 1: Beobachtungen und die Unschärfen der Erkenntnis. Neuwied: Luchterhand/Beltz.

Reinke, Tanja (2006): Baupläne von Würfelbauten. In: Grundschule Mathematik, H. 10, S. 14-15.

Sacks, H. (1998, 3. Aufl.): Lectures on Conversation. Malden, MA: Blackwell..

Sutter, Tillman (1994): Entwicklung durch Handeln in Sinnstrukturen. Die sozial-kognitive Entwicklung aus der Perspektive eines interaktionistischen Konstruktivismus. In: ders. / Charlton, Michael (Hrsg.): Soziale Kognition und Sinnstruktur. Oldenburg: Bibliotheks- und Informationssystem der Universität Oldenburg, S. 23-112.

Tatsis, Konstantinos / Koleza, Eugenia (2006): The effect of students' roles on the establishment of shared knowledge during collaborative problem solving: A case study from the field of mathematics. In: Social Psychology of Education, 9. Jg., S. 443-460.

Wiesemann, Jutta / Amann, Klaus (2002): Situationistische Unterrichtsforschung. In: Breidenstein, Georg u.a.: Forum Qualitative Schulforschung 2. Interpretative Unterrichts- und Schulbegleitforschung. Oplade: Leske+Budrich, S. 133-156.

Monika Wagner-Willi

Handlungspraxis im Fokus: die dokumentarische Videointerpretation sozialer Situationen in der Grundschule

Die Grundschule hat es mit Kindern heterogener sozialer und kultureller Zugehörigkeiten in institutionalisierten, von PädagogInnen arrangierten Bildungs- und Erziehungsverhältnissen zu tun. Ihre sozialen Handlungsräume sind, da kindliche Akteure sie ko-konstruieren, durch eine ausgeprägte Performativität gekennzeichnet, d.h. durch ein dramaturgisches Zusammenspiel von Körper und Sprache, Bewegung, Territorien, Expressivität und Materialität.

Forschungsmethoden, die neben der sprachlichen auch die körperlich-visuelle Seite sozialer Handlungsräume in den Blick nehmen, halten innerhalb der Erziehungswissenschaft auch und gerade im Bereich der qualitativen (Grund-)Schulforschung Einzug. So hat die Ethnographie mit dem für sie charakteristischen Verfahren der Teilnehmenden Beobachtung für den Diskurs zum differenzierten „Sinn-Raum" (Helsper 2000) Schule an Bedeutung gewonnen. Insbesondere die innerschulische Peerkultur (vgl. u.a. Krappmann & Oswald 1995; Breidenstein & Kelle 1998, Tervooren 2001) und zunehmend auch der Unterricht (vgl. Beck & Scholz 2000, Kalthoff & Kelle 2000) stehen im Fokus von Ethnographen (vgl. Zinnecker 2000). Innerhalb der ethnographischen Forschung wiederum hat sich in den letzten 20 Jahren ein Zweig etabliert, der die Videogestützte Beobachtung als primäres Verfahren einsetzt (vgl. für die erziehungswissenschaftliche Forschung z.B. Erickson 1992; Wulf et al. 2007).[12] Diese Entwicklung ist durch den technischen Fortschritt, der die audio-visuelle Aufzeichnung und den Umgang mit entsprechenden empirischen Daten auch für die Forschung zunehmend handhabbar macht, begünstigt worden. Der Bedeutungszuwachs ethnographischer Zugänge und der (qualitativen) Videoanalyse ist jedoch vor allem der neuen Betonung des *performativen* Charakters von Handlungen und sozialen Situationen innerhalb der qualitativen Sozialforschung geschuldet, einem Perspektivenwechsel, der die methodologische Position der Textförmigkeit sozialer Wirklichkeit sowie die mit ihr verbundene Dominanz textinterpretativer Verfahren aufgebrochen und die visuelle Sozialforschung gestärkt hat (vgl. Bohnsack 2003a; Knoblauch et al. 2006). Dieser Perspektivenwechsel wurde von den Kulturwissenschaften, die hier einen entscheidenden Beitrag geleistet haben, unter dem Begriff des „performativ turn" proklamiert (vgl. Fischer-Lichte 2000). Mit ihm ist eine „Verlagerung der Analyseeinstellung" verbunden, wie sie

---

[12] Hubert Knoblauch hat für diese Form der Ethnographie, die im Vergleich mit der klassischen Ethnographie durch kürzere Feldaufenthalte, den Einsatz technischer Aufzeichnungsgeräte und die extensive Analyse reproduzierbarer Daten ausgezeichnet ist, den Begriff der „fokussierten Ethnographie" geprägt (vgl. Knoblauch 2001) und damit einen lebhaften Diskurs ausgelöst (vgl. Breidenstein & Hirschauer 2002). Wenn auch der Begriff der fokussierten Ethnographie streitbar und missverständlich ist, so stimme ich mit Knoblauch darin überein, die Videographie als Verfahren ethnographischer Forschung anzuerkennen. Die Ethnographie spielt gerade auch für den Performative Turn eine bedeutsame Rolle und bereits frühe Arbeiten anerkannter Ethnographen (Bateson, Mead) weisen eine Hinwendung zu visuellen Dokumenten auf.

bereits von Ralf Bohnsack im Anschluss an Karl Mannheim im Rahmen der praxeologischen Wissenssoziologie und der mit ihr verbundenen „genetischen Einstellung"
grundlegend ausgearbeitet worden ist: „Es ist dies der Wechsel von der Frage danach, *was* die Bedeutung einer Handlung und Äußerung *ist*, zur Frage danach, *wie*
diese Bedeutung *hergestellt* wird" (Bohnsack 2004, S. 82).

Die Hinwendung zur Videographie in der qualitativen Schulforschung (vgl. Kauke
1995; Krummheuer & Naujok 1999; Wagner-Willi 2005; Wulf et al. 2007) steht
also im Kontext des performativ turn und einer Hinwendung zum Praxeologischen.
Eine videobasierte qualitative Grundschulforschung kommt dabei nicht umhin, sich
den spezifischen methodologischen Fragen, die die Erhebung und Analyse von audio-visuellen Daten aufwerfen, zu stellen. Der methodologische Diskurs zur Videoanalyse steht jedoch erst noch am Anfang, wie ein Blick auf die internationale Literatur zum Thema deutlich macht (vgl. Knoblauch et al. 2006).

Im vorliegenden Beitrag wird es darum gehen, die dokumentarische Videointerpretation als praxeologisches Verfahren mit Bezug auf das Feld der Grundschule vorzustellen. Zunächst wird das methodologisch Spezifische des videographischen Materials kurz skizziert, um dann anhand einer Studie zu Ritualen in der Grundschule
(vgl. Wagner-Willi 2005) die dokumentarische Interpretation von Videoszenen aus
dem Schulalltag exemplarisch zu veranschaulichen. Eine Zusammenfassung des
methodischen Vorgehens schließt den Beitrag ab.

1   Herausforderungen der Videographie

Es stellt sich die Frage, was die Videographie gegenüber anderen qualitativen Erhe-
bungsverfahren überhaupt auszeichnet. Zunächst weist die spezifische Qualität der
Videographie einige Reduktionen dessen auf, was die ForscherInnen in der For-
schungssituation vorfinden: Der Raum wird auf die zweidimensionale Fläche redu-
ziert, in unterschiedlicher Intensität werden die Farben und Formen verzerrt. Der
Ton und die Akustik werden in einer Weise verändert, dass manche sprachlichen
Interaktionen nur durch zusätzliche technische Vorkehrungen, z.B. durch externe
Mikrofone, rekonstruierbar werden. Gerüche und andere Wahrnehmungsqualitäten,
z.B. taktiler Art, werden überhaupt nicht aufgezeichnet. Die Videographie „bildet"
die soziale Wirklichkeit also nicht „ab" und sie ist, wie andere qualitative Verfahren,
sowohl durch den Standort des Forschers wie durch sein Erkenntnisinteresse mitbe-
stimmt (vgl. hierzu auch Huhn et al. 2000, S. 87ff.). Sie bewahrt jedoch umfassend
einen bislang auch in der Grundschulforschung unterbelichteten, grundlegenden
Aspekt sozialer Situationen: ihre Simultanstruktur – und genau hierin unterscheidet
sich das videographische Material sowohl von Protokollen aus teilnehmender Beobachtung als auch von auditiven Gesprächsaufzeichnungen. Was ist genauer mit
diesem Begriff gemeint? Wenn Menschen in eine gemeinsame Praxis eingebunden
sind, so geschieht dies nicht nur – prozesshaft – über eine sequenzielle Abfolge-
struktur, sondern immer auch in einer Struktur der Gleichzeitigkeit, der Simultani-
tät. Formal lassen sich die *soziale Situation* von der *sozialen Interaktion* (vgl. Goff-

man 1981)[13] und dem *individuellen Agieren* unterscheiden. Die ersten beiden Ebenen können, so etwa bei einer Elternsprechstunde, zusammenfallen. Sie müssen dies jedoch nicht: So haben wir es z.B. in der Situation einer schulischen Hofpause mit einem *Nebeneinander* von zahlreichen, voneinander unabhängigen Interaktionen zu tun. Die Ebene der sozialen Interaktion wiederum ist durch eine körperliche, gestisch-mimische und sprachliche *Abstimmung* der Akteure *aufeinander* charakterisiert. Die Ebene des individuellen Agierens kennzeichnet eine Simultaneität im Sinne einer *körperlich-räumlichen Koordination*. Simultaneität finden wir also im Hinblick auf die sich zugleich, mit- und manchmal auch gegeneinander vollziehenden Aktivitäten vor. Sie beruht auf der Körperlichkeit, Materialität und Bildhaftigkeit als wesentliche Elemente des Performativen sozialer Wirklichkeit (vgl. Wulf, Göhlich & Zirfas 2001).

Soziale Situationen weisen die ineinander verwobenen Strukturen der Sequenzialität und Simultaneität auf. Für die sozialen Handlungsräume in der Grundschule kann dabei festgehalten werden, dass die Struktur der Simultaneität vergleichsweise stark ausgeprägt ist. So trifft man dort häufig auf gleichzeitig ablaufende unterschiedliche Aktivitäten und Interaktionen an verschiedenen Orten im Raum (z.B. Aktivitäten im Tafelbereich gegenüber jenen an den Schülertischen) und auf verschiedenen Raumebenen (z.B. ober- und unterhalb des Tisches) – selbst dann, wenn z.B. die Aktivitäten im Klassenraum einer starken Reglementierung ausgesetzt sind. Wie noch zu sehen sein wird, ist die spezifische performative Ausprägung der Simultanstruktur in der Grundschule nicht nur der Quantität der Akteure (eine Vielzahl an Kindern mit einzelnen erwachsenen Pädagogen), sondern vor allem dem Spannungsverhältnis zwischen Peerkultur und Unterrichtsordnung geschuldet.

Die besondere Qualität des videographischen Materials, die Verschränkung von Sequenzialität und Simultaneität auf den genannten drei Ebenen wie in keinem anderen empirischen Material konservieren zu können, ist es zugleich, die die ForscherInnen vor eine besondere Herausforderung stellt: der Transkription und Analyse einer Fülle an Handlungs- und Interaktionselementen. Diese scheint zunächst derjenigen zu gleichen, mit der auch der teilnehmende Beobachter im Feld konfrontiert ist. Bei ihm bilden jedoch die erfahrungsgebundenen Wahrnehmungen und Beobachtungen vor Ort die Grundlage des retrospektiv erstellten *empirischen* Materials, das bei der interpretativen *Textebene* ansetzt (Notizen/Beobachtungsberichte). Demgegenüber ermöglicht die audio-visuelle Aufzeichnung die *Trennung* von „Grunddaten" und Interpretation bzw. die wiederholte Beobachtung dessen, was sich im Feld „abgespielt" hat. Dies birgt nicht nur die Chance eines erhöhten Detaillierungsgrades bei der Beschreibung (ebd., S. 210), sondern auch die Möglichkeit der Beobachtung simultaner Aktivitäten und Geschehnisse. Die mit der Videographie einhergehende Reproduzierbarkeit der Grunddaten bezeichnet der Erziehungswissenschaftler Frederick Erickson (vgl. 1992, S. 209) als die zentrale Innovation der Methode. Denn diese ermöglicht eine (für den teilnehmenden Beobachter kaum erreichbare) Mikroanalyse (vgl. ebd.), die, so möchte ich anfügen, nicht nur, wie bei textinterpre-

---

[13] Diese beiden Ebenen entsprechen Goffmans Unterscheidung von *social situation* und *encounter*.

tativen Verfahren, auf die Prozessstruktur, die Sequenzialität, sondern *auch* auf die mit der Performativität sozialer Wirklichkeit einhergehende Simultanstruktur bezogen ist und diese damit methodisch kontrollierbar macht.

2 Ritualstudie in der Grundschule

Im Rahmen meiner Studie zu Ritualen bei Kindern einer Grundschule habe ich Videoaufzeichnungen im Klassenraum gemacht, die ich mit der von Ralf Bohnsack (vgl. 2003b) entwickelten und von mir an die audio-visuelle Qualität des Materials angepassten *Dokumentarischen Methode* mikroanalytisch interpretiert habe. Das Forschungsprojekt war in die seit 1999 unter der Leitung von Christoph Wulf laufende Berliner Ritualstudie eingebettet[14]. Im Zentrum meiner Arbeit stand die Rekonstruktion der Rituale, die Kinder der 4. und 5. Klasse beim täglichen Übergang von der Hofpause zum Unterricht hervorbringen.

Die Untersuchung nahm Bezug auf zwei metatheoretische Konzepte: dasjenige des *konjunktiven Erfahrungsraums* des Wissenssoziologen Karl Mannheim und dasjenige des Ethnologen Victor Turner zu *Übergangsritualen.*

Konjunktive Erfahrungsräume sind „dadurch charakterisiert, dass ihre Angehörigen, ihre Träger durch Gemeinsamkeiten des Schicksals, des biographischen Erlebens, Gemeinsamkeiten der Sozialisationsgeschichte miteinander verbunden sind" (Bohnsack 2003b, S. 111). Sie entstehen in der gemeinsamen Praxis, z.b. der Familie oder der Peer Group, oder durch strukturidentische Erfahrungen, wie sie in gleichartigen sozialen und kulturellen Milieus möglich werden. Das in solchen Erfahrungsräumen in der kollektiven Handlungspraxis erworbene konjunktive bzw. *„atheoretische"* Wissen und Denken (Mannheim 1964, S. 97ff.) ist ihren Angehörigen so selbstverständlich, dass sie sich darüber nicht explizit verständigen müssen. Es ist ein habituelles Wissen, das das Handeln von Menschen wesentlich bestimmt. Dabei ist zu beachten, dass wir alle durch unsere Sozialisation *verschiedenen* Erfahrungsräumen angehören, wie z.B. einem spezifischen Gro□stadtmilieu, dem männlichen Geschlecht und der Generation der Anfang der 1970er Jahre Geborenen.

Vom *konjunktiven* Handeln und Erleben zu unterscheiden ist dann noch eine ganz andere Form der Sozialität: diejenige der „in wechselseitiger Interpretation sich vollziehende ‚kommunikative' Beziehung" (Bohnsack 2003b, S. 60). *Kommunikative Beziehungen* entstehen überall dort, wo Menschen mit unterschiedlicher konjunktiver Erfahrung interagieren, wie etwa in der durch rollenförmiges Handeln konstituierten Institution Schule. Während die innerschulischen Peergroups, die sich vor allem in der Hofpause entfalten, als konjunktive Erfahrungsräume gefasst werden können, ist die Sozialität, die den Unterricht konstituiert, durch eine kommunikative bzw. *überkonjunktive* Beziehung gekennzeichnet.

Übergangsrituale sind rituelle Verläufe, die den Übergang von einer sozialen Gruppe zu einer anderen ermöglichen. Sie gliedern sich in drei Phasen: die Ablösungs-,

---

[14] Die Ritualstudie ist ein Teilprojekt des an der Freien Universität Berlin angesiedelten Sonderforschungsbereichs *Kulturen des Performativen.* An der Arbeitsgruppe *Rituale in der Schule* war damals v.a. auch Michael Göhlich beteiligt.

die Schwellen- und die Angliederungsphase. Turner (1989a, 1989b) fokussierte in seiner Forschung die Schwellen- bzw. die *liminale Phase* und konnte zeigen, dass sie durch Spontaneität, Unmittelbarkeit und Gleichheit geprägt ist und kreative Kräfte freisetzt. Gegenüber der strukturierten, zumeist hierarchisch gegliederten Gesellschaft, in der die Menschen spezifische Positionen innehaben, bildet das Liminale eine „Antistruktur" (Turner 1989a, S. 3). Dieser Begriff meint die zeitweilige Befreiung der „kognitiven, affektiven, volitionalen, kreativen usw. Fähigkeiten des Menschen von den normativen Zwängen (...)" (Turner 1989b, S. 68).

Auf den hohen Stellenwert, den Rituale und Ritualisierungen des Übergangs im *Alltag der Schule* haben, hat bereits Jürgen Zinnecker 1978 im Rahmen einer Untersuchung zur *Hinterbühne* (Goffman 1969), zur Subkultur von Schülern hingewiesen: „Um die Unterrichtsordnung zu schützen, nimmt sich das pädagogische Personal ganz besonders der Übergangssituation zwischen Vorder- und Hinterbühne an. Umfangreiche Rituale regeln, in welcher Art und Weise die Schüler in das Schulgebäude und in den Unterrichtsraum eintreten und wie sie diese wieder verlassen sollen" (Zinnecker 1978, S. 103).

Meine Studie richtete das Erkenntnisinteresse auf das *Wie* der rituell-interaktiven Formen, die nicht nur die Lehrpersonen, sondern insbesondere die Kinder beim Übergang von der Hofpause zum Unterricht zeigen – einer Phase der institutionell erwarteten Ablösung von der Peergroup und der Übernahme des rollenförmigen Handlungsmodus des Schülers. Es ging also bei der Untersuchung um das für Schule m.E. konstitutive Spannungsverhältnis von Peerkultur und Unterrichtsordnung. Da der Fokus dabei auf dem Performativen von Ritualen in ihren Mikroprozessen lag, schien es sinnvoll, Videoaufzeichnungen heranzuziehen.

Für die Videographie der Übergangssituationen in drei Klassen wählten wir[15] einen fixen Standort. Mit Bezug auf die zentral interessierende Schwellensituation wurde die Kamera so positioniert, dass neben einem möglichst breiten Raumausschnitt auch der räumliche Schwellenbereich der Tür mit in den Kamerablick kam. Dem Einsatz der digitalen Videokamera ging eine explorative Phase der Teilnehmenden Beobachtung im Unterricht voraus.

3 Videoszenen aus alltäglichen Schwellenphasen

Ich möchte nun am Beispiel zweier Videoszenen des Übergangs von der Pause zum Unterricht aus einer 5. Klasse einen Einblick in das Spannungsverhältnis der kommunikativ-generalisierten Unterrichtsordnung und der durch Mehrdimensionalität gekennzeichneten Peerkultur einerseits sowie in das Verfahren der dokumentarischen Videointerpretation andererseits geben.

Zum Kontext der folgenden Videoszene: In der Klasse hat jeweils ein Schüler eine Woche lang „Schlüsseldienst", in dessen Rahmen er den Klassenraum am Ende der Pause aufschließt. Es sind bereits mehr als die Hälfte der Kinder der Klasse anwe-

---

[15] Michael Göhlich und die Verfasserin.

send, nicht aber der Lehrer. Die Garderobe für die Außenkleidung befindet sich an der Hinterwand im Klassenraum.

Eintritt und Gang zur Garderobe

> Emin kommt durch die Tür, den Anorak halb von den Schultern gezogen, und geht zum Mittelgang. Bei Jeanette, die schreibend an ihrem Tisch sitzt, bleibt er stehen und spricht mit ihr, während er den Anorak ganz auszieht. Kurz nach Emin betritt Dursun den Raum. Er verharrt einen Moment in der Türschwelle, blickt nach draußen, wendet sich dann zur Klasse um und geht gemächlich die Türwand entlang, während Carlos den Klassenraum betritt. Dursun trägt einen sportlich-schwarz-weißen, geöffneten Anorak, den er im Gehen auszieht; in der Rechten hält er eine Wollmütze. Als er hinter seiner bereits sitzenden Tischnachbarin Dija vorbeigeht, schlägt er, auf sie blickend, im Seitenbereich ihres Kopfes die Wollmütze schnell nach unten. Dija, die gerade über einige Meter hinweg mit dem an ihrem Platz stehenden Mädchen Madeleine redet, reagiert nicht darauf. Dursun geht weiter und verlässt das Kamerabild, in einigen Metern Abstand gefolgt von Carlos, der im Gehen den Reißverschluss seiner Jacke öffnet und sich umblickt. (Klasse 5x, Videopassage vom 24.3.99, 12h16m10s-16m25s)

Wenn die Kinder nach Ende der Hofpause das Klassenterritorium betreten, so finden sie zunächst einen Raum vor, der durch sein Arrangement – Tafel, Lehrerpult, Schülertische (Sitzordnung), Garderobe etc. – spezifische institutionelle Erwartungen performativ zum Ausdruck bringt. Diesem szenischen Arrangement ist eine entsprechend spezifische rituelle Praxis eingeschrieben. Zu den hier bei den Jungen beobachtbaren Mikroritualen zählen: Eintritt in den Klassenraum, Aufsuchen der Garderobe und Ablage der Überkleidung: Es wird ein spezifisches, funktional der institutionellen Sozialität *Schulklasse* zugewiesenes Territorium, der Klassenraum, zu vorgeschriebener Zeit betreten. Mit der Überjacke wird ein Requisit, das auf den Außenraum und Aktivitäten außerhalb des Unterrichts bezogen ist und zugleich äußere Schutzhülle wie auch stilistischer Markierer der sozialen Identität eines Peers sein kann, an dem offiziell dafür vorgesehenen Ort (der Garderobe) abgelegt. Schließlich zeigen die Mädchen Dija und Jeanette die Ruheposition des Sitzens an einer bestimmten, durch die Sitzordnung zugewiesenen Position im Raum; ein Ritual, mit dem die Minimierung der eigenen Körperbewegung im Hinblick auf den bevorstehenden Unterricht einhergeht. Diese rituelle Übergangspraxis setzt die soziale Identität (Goffman 1980, S. 9f.) des Schülers in Szene und ist zur Etablierung einer Unterrichtsorganisation unverzichtbar. Solche *kommunikativen Rituale*, die der Herstellung einer überkonjunktiven, von den spezifischen konjunktiven Erfahrungsräumen der Beteiligten abgehobenen Ebene der Sozialität dienen, bearbeiten in der liminalen Phase des Übergangs von der Pause zum Unterricht die Differenz zwischen der Regelstruktur der Peergroup (Pause) und derjenigen der Institution (Unterricht), und zwar in Richtung einer Einpassung der Kinder in die institutionellen Ablaufmuster. Im Vordergrund steht hier das Funktionale, die reibungslose Etablierung der Unterrichtsorganisation, die Hervorbringung eines Schülerhabitus.

Bei Emin, Dursun und Carlos ist darüber hinaus durch die Abnahme der Überjacken *im Gehen* eine Zusammenziehung der Mikrorituale *Aufsuchen der Garderobe* und *Abziehen der Überkleidung* erkennbar. Diese Abkürzung hat jedoch weniger den Duktus einer eiligen Herstellung von Unterrichtsbereitschaft, denn die Jungen lassen zugleich Formen der Verzögerung im Vollzug der Rituale erkennen. Verzögerung zeichnet sich bei Dursun im Verharren auf der Türschwelle ab, im Blick zurück auf den Außenraum, in dem langsamen Bewegungsmodus und in dem beiläufigen, an Dija adressierten Spiel mit der Wollmütze. Dieses beiläufige Spiel hat den Charakter einer provokativen Initiierung einer Interaktion. Dija, die bereits mit einer Mitschü-lerin in Interaktion steht, geht darauf nicht ein und Dursun setzt den Vollzug kom-munikativer Rituale fort. Auch Emin initiiert – ohne das Element der Provokation – eine Interaktion mit Jeanette, die allerdings von etwas längerer Dauer ist.

Alle drei Jungen vollziehen im Vergleich zu ihren Mitschülerinnen spät jene Mikro-rituale, die Unterrichtsbereitschaft herstellen sollen. Denn diese halten sich bereits an ihrem Sitzplatz auf, Jeanette ist gar schon mit Schreiben befasst, während die Jungen den klassenterritorialen Bereich überhaupt erst betreten. Solche Formen der Verzögerung stellen eine *konjunktive Bearbeitung* der institutionell erwarteten kommunikativen Rituale in Richtung einer *Markierung von Rollendistanz* (Goffman 1973, S. 121) dar.

Ähnlich Dija und Jeanette, hat auch Nasir zum Zeitpunkt des Eintretens der anderen Jungen das kommunikative Ritual der Ruheposition des Sitzens bereits in Szene gesetzt. Wie bedeutsam dieses Ritual für die Etablierung der Unterrichtsorganisation ist, macht die folgende Sequenz deutlich:

Zurückweisung Nasirs durch den Lehrer

Nasir sitzt an seinem Platz und blickt auf den Türbereich. Als Carlos den Raum betritt, erhebt er sich schnell von seinem Stuhl und eilt an Madeleine hüpfend vorbei zur Tür. Er hat schwarze Handschuhe in den Händen. An der Türschwelle angekommen, begeg-net er dem just eintretenden Lehrer Maier und bremst seine Bewegung abrupt ab. Herr Maier zieht nun die Türe hinter sich zu, während er mit der Linken den Jungen gestisch zurückweist. Nasir blickt zu dem Lehrer hoch und weicht Schritt für Schritt vor dem vorwärts schreitenden Lehrer zurück. Schließlich bleiben beide im Tafelbereich kurz stehen, als der Lehrer mit der Linken weit ausholend in den hinteren Raumteil (rechte Garderobenseite) deutet und ruft: „Dort!". Nasir wendet den Oberkörper in die entspre-chende Richtung, blickt auf den ausgedeuteten Ort, dann wendet er sich wieder ganz zum Lehrer hin, der gerade an ihm vorbeigeht, und schaut zu ihm hoch. Der Lehrer deutet im entschiedenen Weitergehen auf Nasirs Sitzplatz und ruft laut aus: „Hinset-zen!". Nasir wendet sich nun zur Seite und trippelt eiligen Schrittes zu seinem Kopf an Kopf zum Lehrerpult stehenden Tisch zurück. Der Lehrer geht seinerseits schnurstracks in Richtung Pult. Madeleine setzt sich auf ihren Stuhl, Anita eilt zu ihrem Platz. Die Gruppe von Emin, Uzman und Fuat, die auf dem Gang in der Mitte des Raumes zu-sammenstehen, löst sich auf. (Klasse 5x, Videopassage vom 24.3.99, 12h16m14s-16m28s)

Nasir, der bereits einige Zeit schweigend an seinem Sitzplatz sitzt, ohne in Interakti-onen verwickelt zu werden, ändert plötzlich seine Haltung wieder, als Carlos (und nicht der Lehrer) den Raum betritt. Er steht auf und eilt zur Tür, geradewegs dabei, das Klassenterritorium zu verlassen. Damit weist er nicht nur eine umgekehrte Be-wegungsrichtung gegenüber dem eintretenden Carlos auf, sondern widerruft hand-lungspraktisch seine eigene, zuvor eingenommene Haltung des unterrichtsbereiten Schülers. Dieser Akt macht die Fragilität der unterrichtsbereiten Haltung besonders deutlich. Denn Nasir unterbricht nicht etwa nur seinen Aufenthalt am Sitzplatz oder sein Schweigen zu Gunsten von Interaktionen mit anderen Kindern. Vielmehr unterläuft er eine ganz grundlegende Voraussetzung zur Herstellung einer Unterrichtsbereitschaft: die Anwesenheit im Klassenterritorium. Gleichzeitig macht dieser Akt in seiner Negation ein weiteres Element des institutionellen Ablaufschemas deutlich: das *Warten auf den Lehrer*, das der unterrichtsbereite Schüler rituell vollzieht und das seine Geduld herausfordert (vgl. hierzu auch Jackson 1968, S. 13ff.).

An der Schwelle zum Außenraum trifft Nasir auf den Lehrer Maier. Diese Begegnung führt zum Abbruch seiner exterritorialen Bewegung. Nasir weicht langsam vor dem Lehrer Schritt für Schritt zurück. Die Zeigegeste von Herrn Maier, die anscheinend auf den Ort der Garderobe zielt, dürfte sich auf die Handschuhe in Nasirs Händen beziehen, ein Besitzterritorium, das dieser in Begriff war, in den Außenraum zu tragen. Nasir erhält keine Austrittsberechtigung. Vielmehr wird er auf seinen Sitzplatz und die (erneute) Einnahme der Ruheposition des Sitzens verwiesen. Die kompromisslosen Äußerungen des Lehrers sind knapp und dirigistisch. Die entschiedenen verbalen Handlungsanweisungen werden körpersprachlich unterstützt. Der Imperativ: „Hinsetzen!" wird in einer Lautstärke und mit unmissverständlicher Gestik vollzogen, so dass diese Äußerung rituelle Signalwirkung und den Charakter der Aufführung vor der gesamten Klasse erlangt. Der Lehrer eröffnet damit nicht nur für Nasir, sondern für alle anderen Anwesenden im Raum eine weitere Phase des Übergangs zum Regelwerk des Unterrichts. Das *Setzen* der Schüler (nicht des Lehrers) zeigt sich hier in seiner zentralen rituellen Funktion zur Herstellung einer Unterrichtsbereitschaft. Es enthält gleichzeitig eine situative (kollektive) Vereinzelung der Schülerschaft, welche – im Rahmen einer frontalen Unterrichtssituation – Voraussetzung ist für die Fokussierung auf den Lehrer bzw. für eine asymmetrisch strukturierte soziale Situation. Der performative Sprechakt (Austin 1994) des Lehrers erreicht entsprechend seines generalisierenden Duktus auch andere Schüler, die in der Folge ebenfalls das geforderte Ritual vollziehen: Madeleine und Anita setzen sich, die Gruppe Emin, Uzman und Fuat löst sich auf.

Die Szene lässt also nicht nur Rituale der Schüler in der liminalen Phase des Übergangs (und ihr Zuwider-Laufen) erkennen, sondern auch solche, die der Lehrer vollzieht, um das institutionelle Regelwerk in Geltung zu bringen. Wie angesprochen, sind es zunächst die Interventionen, die er im Hinblick auf Nasir und mit generalisierender Wirkung auf die gesamte Klasse leistet. Herr Maier fordert hierbei rituell den Vollzug eines zentralen kommunikativen Rituals durch die Schüler ein. Er spricht die Kinder funktional, in der sozialen Identität des Schülers an und setzt eine kommunikative, von Heteronomie geprägte Lehrer-Schüler-Beziehung in Szene.

Darüber hinaus handelt Herr Maier, der deutlich den Habitus eines Lehrers zeigt, im Hinblick auf die Territorialität des Raumes: Er schließt die Tür und zeigt so den Anwesenden, dass die Grenze zur ‚Außenwelt', zu anderen Sozialitäten, nicht mehr durchlässig, vielmehr offiziell geschlossen ist. Er geht geradlinig und entschieden zu seinem Lehrerpult und führt damit die Dominanz des Funktionalen mit seiner Körper-Raumbewegung deutlich auf. Schließlich nimmt er, indem er sein Pult aufsucht, das lehrerspezifische Territorium ein und positioniert sich so im zentralen Bereich des Klassenraumes (vor der Tafel). Der Lehrer vollzieht also zum Teil kommunikative Mikrorituale, die denen der Kinder ähnlich sind (Aufsuchen des Pultes/Sitzplatzes), die jedoch zumeist aufgrund seiner besonderen Stellung innerhalb der Unterrichtssozialität eine Abwandlung erfahren. So trägt er auch keine Überjacke mehr, da die für Lehrer vorgesehene Garderobe sich nicht im Klassenraum, vielmehr im Lehrerzimmer befindet. Das kommunikative Ritual der Garderobenablage vollzieht er unter ‚seinesgleichen‘, den anderen Lehrern.

Nun könnte vermutet werden, dass der Lehrer nach Einnahme des Pultes entscheidende rituelle Markierer der Unterrichts*eröffnung* setzt, wie etwa das Bimmeln mit der auf dem Pult stehenden kleinen Glocke, wie es für diese Klasse typisch ist. Der weitere Verlauf der Videopassage bestätigt dies nicht. Denn Herr Meier geht im Anschluss an diese Szene zu Jeanette, die bereits an ihrem Tisch sitzt und schreibt, und führt mit ihr ein Gespräch, während die anderen Kinder auf ihre Weise die liminale Phase mit unterschiedlichen (Inter-)Aktivitäten bestreiten (vgl. Wagner-Willi 2005, S. 126ff.).

Bislang ging es um kommunikative Rituale der *Herstellung von Unterrichtsbereitschaft* und ihre *konjunktive Bearbeitung* durch die Kinder. Deren Rituale in der liminalen Phase sind damit der Struktur nach allerdings bei Weitem nicht erschöpft. Vielmehr zeigten die vielen Videoszenen eine konjunktive Umarbeitung der Schwellensituation, bei der der konjunktive Erfahrungsraum der Peergroup den primären (Deutungs-)Rahmen des aktuellen Geschehens bildete. Die folgende, ebenfalls der 5. Klasse entstammende Videoszene zeigt konjunktiv-rituelle Formen, bei denen eine Differenz zu den „Kleinen“ in der Klasse explizit hergestellt und aufgeführt wird. Wieder ist etwas mehr als die Hälfte der Kinder, nicht aber der Lehrer anwesend. Unter den zu beobachtenden Akteuren ist Dursun, als einer der Ältesten der Klasse, körperlich um einiges größer als Emin und Stefan:

(Selbst-)Präsentation und Degradierung

Ömer läuft an Emin, der sich just von seinem Sitzplatz erhebt, vorbei, auf die Kamera zu und ruft laut aus: „Hallo, mein Name ist Flyer B“ [ausgesprochen: „Bi“]. Er lächelt in die Kamera, MW [die Verfasserin] lacht auf: „Ahaa!“. Er läuft um den hinteren Gruppentisch herum [tritt aus dem Kamerabild]. Stefan steht über den Tisch gebeugt an Hamids Platz und malt auf eine Papierunterlage. Dursun, noch in Überjacke, hält seine Wollmütze in den Händen. Er geht langsam in Richtung Garderobe. Ömer ruft weiter aus: „Und this is Muhammed B“, Stefan blickt sich kurz nach ihm um und malt weiter. Ömer fährt fort, während er zugleich mit der Hand [die in den Kamerablick eintaucht] auf Emin deutet, der lächelnd vor seinem Sitzplatz steht und zu ihm aufschaut: „Und this is Ali B“, Emin reißt die Arme kurz hoch und ruft: „Yeah!“. Ömer ruft nun „Und this is Method Man und this is Fifty B“. Nasir, der von seinem Platz aus nähergetreten ist, deutet lächelnd auf sich und ruft aus: „Was ich?“. Er geht um den Overheadprojektor herum und tritt an den Tisch heran, hinter Dursun, der inzwischen nähergekommen ist. Dursun ruft nun seinerseits aus: „Hey“ – Ömer legt den Oberkörper auf den Tisch und blickt auf – „Das ist“, Dursun nähert sich Emin, „Mesut“, greift in einem Zangengriff in dessen Nacken und schiebt ihn schnell auf Ömer zu, während er ausruft: „Yilmaz“. Emin blickt lächelnd Ömer an, der sogleich auf Dursun deutet, sich erhebt [verlässt Kamerabild] und ausruft: „Und this is (   )“. Dursun, der innehaltend auf Ömer blickt, lacht auf, Nasir lacht auf. Emin blickt zu Dursun auf, lacht, während er zugleich seinen Arm am Tisch abstützt, den Kopf weiter eingezogen. Dursun lässt von Emin ab, schlägt ihm kurz leicht auf die Schulter. Emin zuckt und zieht den Kopf ein. Dursun holt mit der Mütze aus, Emin beugt den Oberkörper herab, wehrt mit dem rechten Arm ab, während Dursun ihm leicht die Mütze auf den Kopf schlägt und lacht. Dann tritt er einen großen Schritt zurück, fasst die Mütze mit beiden Händen an deren Rand und tritt schnell von hinten auf Emin zu, der sich inzwischen erhoben hat und unsicher suchend zur Seite blickt. Lachend zieht Dursun Emin von hinten die Wollmütze ganz über den Kopf. Nasir hat sich wieder abgewandt, Stefan steht wieder an Hamids Platz und malt kleine Kreise. Emin sucht sich zu befreien, tritt zurück, Dursun hält die Mütze fest auf dessen Kopf. Schließlich gelingt es Emin, sich daraus zu befreien. Er ruft Dursun in eindringlichem Ton etwas zu [unverständlich], woraufhin Dursuns Lachen abrupt endet, während er zugleich mit seiner Mütze hantiert. Emin geht um den Overheadprojektor herum zur benachbarten Tischgruppe. Dursun tritt inzwischen erneut an Emins Tisch heran, nimmt eine Schere aus dessen Mäppchen und hantiert mit ihr. Er sagt etwas [unverständlich], geht zu Emin, hält ihm die Schere auf Wangenhöhe gestikulierend vor das Gesicht. Emin blickt zunächst Dursun an, dann auf die Schere, die ihm entgegengehalten wird, lächelt und zieht den Oberkörper etwas zurück. Dursun wendet sich wieder ab, geht zurück zu Emins Tisch, neigt sich darüber hinweg zu Stefan, der noch am Sitzplatz von Hamid steht, klappt die Schere in Höhe von dessen Haaren auf und zu. Stefan weicht sogleich zurück. Dursun wendet sich wieder ab, geht bedächtige Schritte auf dem Gang. Dann blickt er kurz zur Kamera auf, hält dabei die Schere hoch, lässt sie sinken, hebt die Mütze etwas hoch, dann noch mal die Schere. Emin nähert sich langsam wieder seinem Tisch. Dursun legt die Schere zurück ins Mäppchen. Emin geht schnell um Dursun herum und setzt sich auf seinen Sitzplatz, während Dursun Richtung Garderobe geht. (Klasse 5x, Videopassage vom 16.3.99, 10h24m51s-25m56s, SO1)

Zunächst enthält die Szene eine Performance vor der Kamera, bei der Ömer sich selbst und anschließend weitere männliche Peers der Klasse präsentiert. Die Präsentation verläuft über die performative Nennung von Namen, die einzelnen Mitschülern zugeordnet werden. Ömer eröffnet diese Präsentationsreihe zunächst mit einer deutlich an die Kamera, den virtuellen Zuschauer bzw. die Forscher adressierten Selbstvorstellung als „Flyer B". Es folgen die in englischer Sprache eingeführten Namensnennungen („This is"), und zwar eine Kombination von türkischen Vornamen mit dem eingeführten kurzen Nachnamen „B". Schließlich fällt der Name „Method Man" und „Fifty B", letzteres eine erneute Variation zur vorangehenden Namensschöpfung, greift es doch für den Vornamen wieder (wie bei der Selbstnennung) auf die englische Sprache zurück („Flyer" – „Fifty"). Was hat es mit den Namensnennungen auf sich? Zunächst wird hier ein Bezug zur Breakdance- und Hiphopszene hergestellt. So ist „Method Man" eine international bekannte Figur dieser jugendlichen Musik- und Tanzkultur, die mit ihr quasi identifiziert werden kann. „Flyer B" wiederum verweist auf eine türkische Breakdancegruppe aus Berlin, die sich eines über die Stadt hinausreichenden Bekanntheitsgrades erfreut: die *Flying Steps*. Diese 1993 gegründete Gruppe hat einen spezifischen Tanzstil entwickelt, den sie „B-Boying" nennt. Es liegt also nahe, den Namen „Flyer B" als die sprachliche Verschmelzung des Namens der Breakdance-Gruppe mit dem Tanzstil, den sie verkörpert, zu lesen. Die jugendkulturelle Praxis des Breakdance konte bei Schulfesten und in der Hofpause wiederholt beobachtet werden. Dabei fiel gerade *Ömer* im Pausenhof als einer der Hauptakteure auf. Während er dort die kulturelle Praxis des Tanzens selbst in Szene setzt, wählt er im Unterrichtsraum das stilistisch auf die Breakdancekultur bezogene *Sprach*spiel. In seiner Selbstpräsentation durch Namensnennung verweist Ömer auf seine offenbar zentrale Identifikation mit dieser jugendkulturellen Szene. Und er bezieht seine Klassenkameraden hier sozusagen in die Familie der „B"s mit ein, wobei er als „Flyer" sich der Szene als am nächsten darstellt. Hierbei entsteht eine Sprachkombination Englisch-Türkisch – als für die Internationalität der kulturellen Bewegung stehende stilistische Ausdrucksform. Wenn auch unklar bleibt, auf wen Ömer im Hintergrund, außerhalb des Kamerablickfeldes, zeigt, so lässt sich jedoch festhalten, dass er (im Kamerabild) sowohl auf Emin als auch auf Nasir deutet, beides Schüler, die, wie er, türkischer Herkunft sind. Auch im weiteren Verlauf, bei dem Dursun (ebenfalls türkischer Herkunft) Ömer ablöst, wird dieser Bezug zur türkischen Kultur in der Figur des ehemaligen Ministerpräsidenten der Türkei erneut explizit.

Indem Ömer sich und seine Mitschüler im liminalen Raum des Übergangs von der Pause zum Unterricht solchermaßen präsentiert, wird der konjunktive Sinnzusammenhang als aktual primärer Rahmen betont. Dabei verweist Ömer auf zwei konjunktive Erfahrungsräume, die ineinander gelagert sind: denjenigen der Jugendlichen-Breakdance-Szene und denjenigen des Eingebundenseins in die türkische (Migranten-) Kultur. Ersterer ist verbunden mit dem konjunktiven Erfahrungsraum des männlichen Geschlechts, denn die Akteure der Breakdance-Szene sind dominant männlich (die Zuschauer hingegen auch weiblich). Dazu korrespondiert, dass ausschließlich Jungen in die Präsentation mit aufgenommen werden. Die Dimension der türkischen Herkunft hat allerdings im empirischen Material der Studie über diese Szene hinaus lediglich implizit, und zwar in Verbindung mit der Zusammensetzung der Peergroups, einen gewissen Niederschlag gefunden. So sind z.B. in der Klasse die beiden deutschen Mädchen Madeleine und Anita miteinander befreundet und eher mit anderen deutschen Kindern (Z.B. Jeanette) als mit Kindern nichtdeutscher Herkunft anzutreffen. Insgesamt findet sich diese Dimension am ehesten im Beobachtungsmaterial zum Pausenhof wieder. Aber auch dort zeigen sich neben einzelnen Gruppen gleicher kultureller Herkunft auch viele kulturell heterogen zusammengesetzte Peergroups. Insgesamt scheint dieser konjunktive Erfahrungsraum den Dimensionen des Geschlechts und der Adoleszenz deutlich nachgeordnet zu sein.[16]

Während Ömer Emin in die „B"-Familie aufnimmt, entsteht mit Dursuns Übernahme der Präsentationshandlung eine Verschiebung innerhalb der Szene, und zwar thematisch wie performativ. So wechselt er zunächst die Sprache von Englisch zu Deutsch. Er deutet nicht mehr, wie Ömer, auf den zu präsentierenden Jungen, sondern greift ihm, Emin, in den Nacken und versetzt ihn so in eine für alle sichtbare unterlegene körperliche Position. Er adressiert auch nicht mehr die Kamera, den virtuellen Zuschauer, sondern Ömer, dem er Emin entgegenschiebt. Und schließlich nimmt er eine Korrektur der Zuordnung von Seiten Ömers vor, da Emin bereits zuvor als „Ali B", also als Mitglied der ‚Familie' jugendkultureller Breakdancer

---

[16] Dieser Befund stimmt interessanterweise mit Beobachtungen überein, die Barrie Thorne im Rahmen ihrer Interaktionsstudie zum „Gender-Play" in einer amerikanischen Grundschule machte (vgl. Thorne 1993, S. 33).

präsentiert wurde. Die Benennung mit dem Namen des zum Zeitpunkt der Videoaufnahme bereits wegen Korruption gestürzten türkischen Ministerpräsidenten „Mesut Yilmaz"[17], nimmt die von Ömer vorgenommene namentliche Identifikation Emins mit der jugendkulturellen Breakdance-Szene wieder zurück. Sie identifiziert ihn stattdessen mit einer politisch zentralen Figur des türkischen Staates, die darüber hinaus eine öffentliche Degradierung repräsentiert, da sie durch das Parlament vom politischen Amt gestürzt worden ist. Denn genau dies: eine, wenn auch nur im Symbolischen verbleibende *Degradierung* vollzieht Dursun an Emin in seiner Präsentation, zunächst, indem er ihn öffentlich sichtbar in eine körperliche Zwangsposition bringt, dann, indem er die von Emin zuvor jubelnd entgegengenommene symbolische Gratifikation als jugendlicher Breakdancer zurücknimmt und ihn mit einer gescheiterten, vergleichsweise ,alten' Figur des politischen Lebens der Türkei identifiziert. Damit löst er Emin sozusagen symbolisch aus dem konjunktiven Sinnzusammenhang der Jugendlichen und der türkischen Migrantenherkunft heraus und versetzt ihn in den kommunikativ-generalisierten Sinnzusammenhang der (türkischen) Gesellschaft. Und schließlich führt er diese symbolische Degradierung fort, indem er ihm die Mütze über den Kopf zieht und später das (fremdbestimmte) Schneiden seiner Haare androht.

Die Präsentation, die Dursun hier im Anschluss an Ömer liefert, verbleibt also nicht mehr im Modus der performativen Anrufung, sondern verbindet diese mit andeutenden und symbolischen Handlungen. Zunächst im vollzogenen Übergriff auf den körperterritorialen Bereich des Kopfes, später im Andeuten der Verunstaltung der Haarfrisur macht Dursun Emin zu einem passiven Objekt eines auf den Körper und sein Erscheinungsbild bezogenen rituellen Spaßes und demonstriert so seine Überlegenheit. Zwar lacht auch Emin, doch zeigt er ebenso sehr eine Abwehr- und Schutzhaltung. Der noch in Überjacke gekleidete Größere und Ältere spielt mit dem ,Kleinen', der das kommunikative Ritual der Garderobenablage längst hinter sich gebracht hat und sich (im Unterschied zu Ömer, Dursun und anderen) bereits an seinem aufgeräumten Platz befindet, also eine Orientierung auf die Unterrichtsorganisation und das institutionelle Ablaufschema hin signalisiert. Dursun markiert also gegenüber Emin eine Differenz, die sowohl die Adoleszenz bzw. die Zugehörigkeit zum konjunktiven Erfahrungsraum der Peergroup als auch die soziale Identität des Schülers betrifft. Mit dem Überstülpen der Wollmütze gibt Dursun Emin in dieser doppelten Hinsicht der Lächerlichkeit preis. Das Verdecken des Gesichts beraubt ihn dabei symbolisch (und überzeichnend) seiner persönlichen Identität im sozialen Raum und zugleich (zumindest zum Teil) seiner Wahrnehmungs- und Handlungsfreiheit. Zwar gelingt es Emin bald, sich aus dieser Situation zu befreien. Doch indem er den Ort verlässt, versucht er sich einer weiteren Unterwerfung durch Dursun zu entziehen. Er behält damit, auch wenn die gesamte Szene als (liminaler) Spaß vom Angreifer gerahmt wird, die Rolle des Unterlegenen bei. Zugleich wird er dazu gebracht, vorübergehend seinen Sitzplatz zu verlassen. Die anschließende Wegnah-

---

[17] Der türkische Ministerpräsident Mesut Yilmaz wurde am 25. November 1998 mit einer Misstrauensabstimmung durch das türkische Parlament gestürzt. Ihm wurde vorgeworfen, in Geschäfte mit der Mafia verwickelt zu sein.

me eines Besitzterritoriums aus dem für den Unterricht schon bereitliegenden Requisit seines gut sortierten Mäppchens weist in eine ähnliche Richtung. Dursun zweckentfremdet diesen, für Unterrichtshandlungen vorgesehenen Gegenstand und richtet ihn gegen seinen Besitzer bzw. dessen Sitznachbarn. Diese aktionistische Praxis: die Entwendung von schulischen Besitzterritorien von unterrichtsbereiten Mitschülern, konnte wiederholt beobachtet werden. In Negation wird hier also die kommunikative Sinnebene rollenförmigen Handelns ins Spiel gebracht (vgl. zum Begriff des Aktionismus: Bohnsack 2004).

Wenn auch nur symbolisch, findet die Schere für die Androhung einer erneuten Form der körperbezogenen Unterwerfung gegenüber Emin, deutlicher noch gegenüber Stefan Verwendung. Dass aus diesem Spaß mit den ‚Kleinen' durchaus Ernst werden kann, verdeutlichte eine Gruppendiskussion der älteren Jungen, wo erzählt wurde, dass Stefan von Hamid unfreiwillig die Haare geschnitten bekam. Mit solchen körperlichen Übergriffen bearbeiten die Jungen untereinander, wie bereits angesprochen, zweierlei Differenzen bzw. stellen sie zugleich rituell her: eine Differenz im Hinblick auf den konjunktiven Erfahrungsraum der Peergroup und eine Differenz im Hinblick auf den kommunikativ-generalisierten Sinnzusammenhang der Institution. So gehört Stefan, wie Emin, nicht zur Peergroup der Älteren, zu der Dursun, Hamid und Fuat zählen. Vielmehr wird er wie Emin durch körperliche Degradierungshandlungen als den „Kleinen" zugehörig konstruiert, von denen sich die Älteren mittels aktionistischem Spaß und Übertreibung abgrenzen. Die Videoszene verdeutlicht zudem, dass die Angehörigen dieser Peergroup in der Übergangsphase von der Pause zum Unterricht auf andere Dinge (hier: auf die jugendkulturelle Szene des Breakdance) orientiert sind als auf den rituellen Vollzug des institutionellen Ablaufschemas. Mit der peer-bezogenen Differenzbildung wird eine Distanz gegenüber der rituellen Herstellung von Unterrichtsbereitschaft zum Ausdruck gebracht. Emin und Stefan eignen sich als ‚Opfer' solcher Aktionismen gerade deshalb, weil sie, wie weitere Videoszenen im Rahmen der Studie zeigten, zu den Schülern gehören, die nach der Pause im Vergleich zu den jugendkulturell orientierten Jungen und Mädchen frühzeitiger in den Klassenraum zurückkehren, ihre Überkleidung ablegen und sich zu ihrem meist aufgeräumten Sitzplatz begeben.[18] Die territorialen Angriffe zielen also nicht nur auf den Körper und den Besitz von Mitschülern anderer Peerzugehörigkeit, sondern auch auf die erkennbare Bereitschaft zur Übernahme des rollenförmigen Handlungsmodus des Schülers.

Die liminale Phase des Übergangs von der Pause zum Unterricht ist dadurch gekennzeichnet, dass weder die kommunikative Sinnstruktur des Unterrichts noch die konjunktive der Peergroup(kultur) primäre Geltung besitzen. Sie enthält – neben erkennbaren Ritualen im Rahmen des Ablaufschemas der Institution – eine Fülle an konjunktiven Ritualen der Bearbeitung und Hervorbringung von Differenz. Diese

---

[18] Die erste vorgestellte Videoszene scheint hierzu im Widerspruch zu stehen. Allerdings zeichnet sich dort bereits eine Differenz zwischen Emin und Dursun ab. Während ersterer sich in einvernehmlicher Weise mit der am Tisch bereits sitzenden und schreibenden Jeanette verständigt, also mit jenem Mädchen, das überzeichnend Unterrichtsbereitschaft hergestellt hat, zeigt der nach Emin in den Klassenraum eintretende Dursun eine Provokation gegenüber der Sitznachbarin.

betreffen zum einen die kommunikativen Rituale selbst: Über Spontaneität, Expressivität, Spiel und mimetische Prozesse konstituieren sie eine performative, für liminale Phänomene charakteristische Antistruktur. Solche konjunktiven Rituale bringen Distanz gegenüber den Normen und Rollenzwängen, Distanz gegenüber der sozialen Identität des Schülers zum Ausdruck. Zum anderen sind die Rituale der Kinder auf die unterschiedlichen konjunktiven Erfahrungsräume bezogen, insbesondere die nach Adoleszenz und Geschlecht strukturierten Peergroups (vgl. Wagner-Willi 2005). Denn die Schulklasse besteht aus einem bunten Geflecht unterschiedlicher Gleichaltrigengruppen, die auf engem Raum in dieser Phase des Übergangs von der Pause zum Unterricht zusammenkommen und zueinander Stellung beziehen (müssen). Die hierbei aufgeführten Rituale können, wie in obigem Beispiel, die Gestalt der Differenzmarkierung z.b. der jugendkulturell orientierten Peers gegenüber ihren als kindlich und inferior konstruierten Mitschülern annehmen. Sie können jedoch auch als experimentelle aktionistische Praktiken die Annäherung an zunächst fremde Erfahrungsräume ermöglichen. Es ist gerade die für die liminale Phase charakteristische Situation einer gewissen Unstrukturiertheit, die den Schutz für flüchtige aktionistische Suchbewegungen bietet und das Potenzial für neue soziale Erfahrungen unter den Kindern enthält (vgl. hierzu Wagner-Willi 2005).

4 Methode der Dokumentarischen Videointerpretation

Mit der spezifischen Performativität der in der vorgestellten Studie fokussierten liminalen Phase geht eine Steigerung der Komplexität des videographischen Materials einher. So zeigt die Simultaneität der beobachtbaren Interaktionen und sozialen Handlungen auf den eingangs genannten drei Ebenen eine besondere Dichte. Für die Analyse des videographischen Materials war es daher sehr hilfreich, das Videomaterial wiederholt anschauen, Videoszenen identifizieren und genauer beschreiben zu können. Wie bereits an anderer Stelle eingehender ausgeführt (vgl. Wagner-Willi 2004), besteht die dokumentarische Interpretation des Videomaterials im Wesentlichen aus den Analyseschritten der formulierenden und der reflektierenden Interpretation. Bestimmend hierbei ist die für diesen methodischen Ansatz charakteristische und weiter oben bereits erwähnte „genetische Analyseeinstellung", die auf den Prozess der *Herstellung* des fokussierten Phänomens – in meiner Studie: die Rituale der Kinder beim Übergang von der Pause zum Unterricht – gerichtet ist und sich deren normativer Bewertung enthält. Für die Ebene der formulierenden Interpretation heißt das, erstens, dass eine möglichst detaillierte Deskription dessen erfolgt, was beobachtet wird, wobei oberster Bezugspunkt die *Interaktionen* bleiben, und zweitens, dass bei der Deskription keine Unterstellung von Motiven und Intentionen vorgenommen wird. Die formulierende Videointerpretation verbindet die Sequenzanalyse mit der Analyse der Simultaneität: durch Differenzierung der gesamten Videopassage in parallel verlaufenden Videoszenen, Interaktionen und sozialen Handlungen sowie durch in die Darstellung einfließende sprachliche Verweise auf simultanes Geschehen.

Die „dokumentarische Sinnschicht" (Mannheim 1964, S. 118), das „Wie" bzw. die Art und Weise der Herstellung des fokussierten sozialen Phänomens, steht im Zentrum der reflektierenden Interpretation. Dabei interessiert die interaktive Bezugnahme der Akteure aufeinander, ihre verbalen und körperlichen Ausdrucksformen, die Expressivität, Gestik und Mimik, Körperhaltung und -bewegung der Interakteure ebenso wie der interaktive Umgang mit und die Deutung von Gegenständen, stilistischen Ausdrucksmitteln und Territorien. Dieser Interpretationsschritt arbeitet heraus, in welchem Orientierungsrahmen, in welchen konjunktiven Erfahrungsräumen sich die beobachtbaren Praxisformen bewegen und inwiefern die (überkonjunktive) Sinnebene des Kommunikativ-Generalisierten (in meiner Studie die Ebene der schulischen Institution) von Belang ist. Wesentliches Prinzip ist hierbei – wie generell für die Dokumentarische Methode – die *komparative Analyse*, die also Teil der reflektierenden Interpretation ist. Der systematische Vergleich wird sowohl hinsichtlich der Ebene der sozialen Situation (Videopassage) wie hinsichtlich der sozialen Interaktion (Videoszene) fallintern wie fallübergreifend vorgenommen (vgl. ausführlicher zur Methode: Wagner-Willi 2004, 2005). So konnte im Rahmen der Studie das Typische der Übergangssituation durch den Vergleich mit Unterrichtssituationen (sowie mit Pausensituationen, hier allerdings auf teilnehmender Beobachtung beruhend) und innerhalb der Übergangssituation eine Mehrdimensionalität der rituellen Praktiken herausgearbeitet werden. Die vielfältigen Praktiken der Kinder zeigten dabei eine Überlagerung von kommunikativen Ritualen der Herstellung von Unterrichtsbereitschaft durch konjunktive Rituale, die sowohl als Dokumente einer Markierung von Distanz gegenüber den in das szenische Arrangement eingeschriebenen institutionalisierten Erwartungen und Ablaufmustern zu interpretieren sind, als auch eine primäre Fokussierung der Kinder auf den konjunktiven Sinnzusammenhang der Peergroup deutlich machen. Darüber hinaus wurde eine Mehrdimensionalität der auf den Erfahrungsraum der Peergroup bezogenen Praktiken der Kinder in der Schwellenphase erkennbar: Insbesondere die konjunktiven Dimensionen der Adoleszenz und des Geschlechts standen im Zentrum der rituellen Differenzbearbeitung der Kinder, während die Dimension der kulturellen Herkunft diesen nachgeordnet war. Es ist gerade die Videographie und ihre Verbindung mit dem praxeologischen Ansatz der Dokumentarischen Methode, die hier einen Zugang zur performativen Gestaltung und zur Mehrdimensionalität der liminalen Phase des Übergangs eröffnet hat. Für die Erforschung der Grundschule bietet dieses Verfahren neue Wege, dem Spannungsverhältnis von Peerkultur und Unterrichtsordnung auf die Spur zu kommen, ein Spannungsverhältnis, das – wenn auch in unterschiedlicher Ausprägung – die verschiedenen sozialen Situationen von Schule und Unterricht stetig durchzieht.

Literatur

Austin, John L. (1994): Zur Theorie der Sprechakte. Stuttgart: Reclam.

Beck, Gertrud / Scholz, Gerold (2000): Teilnehmende Beobachtung von Grundschulkindern. In: Heinzel, Friederike (Hrsg.): Methoden der Kindheitsforschung. Ein Überblick über Forschungszugänge zur kindlichen Perspektive. Weinheim u. München: Juventa, S. 147-170.

Bohnsack, Ralf (2003a): Qualitative Methoden der Bildinterpretation. In: Zeitschrift für Erziehungswissenschaft 6, H. 2, S. 239-256.

Bohnsack, Ralf (2003b[5]): Rekonstruktive Sozialforschung. Einführung in qualitative Methoden. Opladen: UTB.

Bohnsack, Ralf (2004): Rituale des Aktionismus bei Jugendlichen. In. Wulf, Christoph / Zirfas, Jörg (Hrsg.): Innovation und Ritual. Jugend, Geschlecht und Schule. Zeitschrift für Erziehungswissenschaft. 2. Beiheft 2004. Wiesbaden: Verlag für Sozialwissenschaften, S. 81-90.

Breidenstein, Georg / Hirschauer Stefan (2002): Endlich fokussiert? Weder ‚Ethno' noch ‚Graphie'. Anmerkungen zu Hubert Knoblauchs Beitrag „Fokussierte Ethnographie". In: Sozialer Sinn, 3. Jg., H. 1, S. 125-128.

Breidenstein, Georg / Kelle, Helga (1998): Geschlechteralltag in der Schulklasse. Ethnographische Studien zur Gleichaltrigenkultur. Weinheim u. München: Juventa.

Erickson, Frederick (1992): Ethnographic Microanalysis of Interaction. In: LeCompte, Margaret / Millroy, Wendy L. / Preissle, Judith (Hrsg.): The Handbook of Qualitative Research in Education. New York u.a.: Academic Press, S. 201-225.

Fischer-Lichte, Erika (2000): Vom „Text" zur „Performance". Der „performative turn" in den Kulturwissenschaften. In: Kunstforum. Band 152: Kunst ohne Werk. Ästhetik ohne Absicht. Oktober/Dezember 2000, S. 61-63.

Goffman, Erving (1969): Wir alle spielen Theater. Die Selbstdarstellung im Alltag. München: Piper.

Goffman, Erving (1973): Interaktion: Spaß am Spiel, Rollendistanz. München: Piper.

Goffman, Erving (1980): Stigma. Über Techniken der Bewältigung beschädigter Identität. Frankfurt am Main: Suhrkamp.

Goffman, Erving (1981): Forms of Talk. Philadelphia: University of Pennsylvania Press.

Helsper, Werner (2000): Soziale Welten von Schülern und Schülerinnen. Einleitung in den Thementeil. In: Zeitschrift für Pädagogik. 46. Jg., H. 5, S. 663-665.

Huhn, Norbert / Dittrich, Gisela / Dörfler, Mechthild / Schneider, Kornelia (2000): Videografieren als Beobachtungsmethode in der Sozialforschung am Beispiel eines Feldforschungsprojekts zum Konfliktverhalten von Kindern. In: Heinzel, Friederike (Hrsg.): Methoden der Kindheitsforschung. Ein Überblick über Forschungszugänge zur kindlichen Perspektive. Weinheim u. München: Juventa, S. 185-202.

Jackson, Philip W. (1968): Life in Classrooms. New York: Holt, Rinehart and Winston.

Kalthoff, Herbert / Kelle, Helga (2000): Pragmatik schulischer Ordnung. Zur Bedeutung von „Regeln" im Schulalltag. In: Zeitschrift für Pädagogik. 46. Jg., H. 5, S. 691-710.

Kauke, Marion (1995): Kinder auf dem Pausenhof. Soziale Interaktion und soziale Normen. In: Behnken, Imbke / Jaumann, Olga (Hrsg.): Kindheit und Schule. Kinderleben im Blick von Grundschulpädagogik und Kindheitsforschung. Weinheim u. München: Juventa, S. 51-62.

Knoblauch, Hubert / Schnettler, Bernt (Hrsg.) (2006): Video Analysis. Methodology and Methods. Qualitative Audiovisual Data Analysis in Sociology. Frankfurt am Main u.a.: Peter Lang.

Knoblauch, Hubert (2001): Fokussierte Ethnographie. In: Sozialer Sinn. 2. Jg., H. 1, S. 123-141.

Krappmann, Lothar / Oswald, Hans (1995): Alltag der Schulkinder. Beobachtungen und Analysen von Interaktionen und Sozialbeziehungen. Weinheim: Juventa.

Krummheuer, Götz / Naujok, Natalie (1999): Grundlagen und Beispiele interpretativer Unterrichtsforschung. Opladen: Leske & Budrich.

Mannheim, Karl (1964): Wissenssoziologie. Neuwied u. Berlin: Luchterhand.

Tervooren, Anja (2001): Pausenspiele als performative Kinderkultur. In: Wulf, Christoph / Althans, Birgit / Audehm, Kathrin: Das Soziale als Ritual. Zur performativen Bildung von Gemeinschaften. Opladen: Leske & Budrich, S. 205-248.

Thorne, Barrie (1993): Gender Play. Girls and Boys in School. Buckingham: Open University Press.

Turner, Victor (1989a): Das Ritual. Struktur und Antistruktur. Frankfurt am Main u. New York: Campus.

Turner, Victor (1989b): Vom Ritual zum Theater. Der Ernst des menschlichen Spiels, Frankfurt am Main u. New York: Campus.

Wagner-Willi, Monika (2004): Videointerpretation als mehrdimensionale Mikroanalyse am Beispiel schulischer Alltagsszenen. In: Zeitschrift für Qualitative Bildungs-, Beratungs- und Sozialforschung, H. 1, S. 182-193.

Wagner-Willi, Monika (2005): Kinder-Rituale zwischen Vorder- und Hinterbühne – Der Übergang von der Pause zum Unterricht. Wiesbaden: Verlag für Sozialwissenschaften.

Wulf, Christoph / Althans, Birgit / Blaschke, Gerald / Ferrin, Nino / Göhlich, Michael / Jörissen, Benjamin / Mattig, Ruprecht / Nentwig-Gesemann, Iris / Schinkel, Sebastian / Tervooren, Anja / Wagner-Willi, Monika / Zirfas, Jörg (2007): Lernkulturen im Umbruch. Rituelle Praktiken in Schule, Jugend, Medien und Familie. Wiesbaden: Verlag für Sozialwissenschaften.

Wulf, Christoph / Göhlich, Michael / Zirfas, Jörg (Hrsg.) (2001): Grundlagen des Performativen. Sprache, Macht, Handeln. Weinheim u. München: Juventa.

Zinnecker, Jürgen (1978): Die Schule als Hinterbühne oder Nachrichten aus dem Unterleben der Schüler. In: Reinert, Bodo / Zinnecker, Jürgen (Hrsg.): Schüler im Schulbetrieb. Berichte und Bilder vom Lernalltag, von Lernpausen und vom Lernen in den Pausen. Reinbek bei Hamburg, S. 29-121.

Zinnecker, Jürgen (2000): Soziale Welten von Schülern und Schülerinnen. Über populare, pädagogische und szientifische Ethnographien. In: Zeitschrift für Pädagogik, 46. Jg., H. 5, S. 667-690.

Christina Huf & Argyro Panagiotopoulou

Ethnographische Forschung im Elementar- und Primarbereich europäischer Bildungssysteme

1 Einführung

Mit dem vorliegenden Beitrag möchten wir einen exemplarischen Einblick in Projekte zur ethnographischen Bildungsforschung geben, die in den letzten Jahren im Elementar- und Primarbereich europäischer Bildungssysteme durchgeführt wurden.

Die Realisierung dieses Anliegens unterliegt einer gravierenden Beschränkung: Wir werden uns lediglich auf Studien beziehen, die in Englisch publiziert sind. Wie auch Tuula Gordon u.a. (2007, S. 189) dies für ihren Überblick über „Ethnographic Research in Educational Settings" beschrieben haben, unterliegt unsere Auswahl einem „language gap".

Gleichwohl haben wir unsere Suche nicht nur auf Studien begrenzt, die sich auf das englische Bildungssystem beziehen, sondern auch englischsprachige Publikationen aus weiteren europäischen Ländern berücksichtigt. Bei einer Sichtung der uns zugänglichen Veröffentlichungen haben sich interessante thematische und methodologische Schwerpunkte ethnographischer Bildungsforschung abgezeichnet, die wir im Folgenden (unter 2 und 3) darstellen und in einem kurzen Fazit (4) auf ihre spezifische Relevanz für den Elementar- und Primarbereich befragen möchten.

Dafür haben wir vier Forschungsprojekte, die in vier unterschiedlichen Ländern durchgeführt wurden, ausgewählt:

Einerseits werden wir zwei Feldstudien präsentieren, die Konstruktionsprozesse kultureller und ethnischer Unterschiede im vorschulischen und schulischen Kontext erforschen. Diese Thematik erweist sich für den europäischen Diskurs insofern als interessant, als sie in den Ländern Dänemark und Finnland untersucht wurde, deren Bildungssysteme zum Zeitpunkt der Durchführung der Studien mit der zunehmenden Heterogenität ihrer Klientel aufgrund neuerer Migrationsprozesse konfrontiert waren. Beide Forschungsarbeiten fragen nach Konsequenzen, die der Umgang mit Heterogenität insbesondere für Kinder mit sich bringt (2).

Andererseits werden wir zwei Projekte aus England und Italien vorstellen, die als längsschnittliche Ethnographien konzipiert sind. Mit der Durchführung ethnographischer Projekte, die Kinder am Übergang vom Elementar- in den Primarbereich sowie über die gesamte Grundschulzeit hinweg begleiten, haben die beiden Forscherteams insofern Pioneerarbeit geleistet, als sie die ‚pupil career' einzelner Kinder rekonstruiert und dabei nach der Bedeutung gefragt haben, die Übergänge für Kinder haben können (3).

2 Zur Konstruktion von Nationalität, ethnischer Differenz und Inkompetenz im finnischen und dänischen Bildungssystem

Aus dem finnischen und dänischen Forschungskontext möchten wir im Folgenden zwei Studien von Sirpa Lappalainen und Thomas Gitz-Johansen vorstellen, deren gemeinsam geteiltes Erkenntnisinteresse sich der Frage widmet, wie Nationalität, ethnische Differenz und Inkompetenz im pädagogischen Alltag konstruiert werden. Zwei der insgesamt vier Veröffentlichungen, auf die wir hier Bezug nehmen, stammen aus einem Buchprojekt mit dem Titel „Democratic Education – Ethnographic Challenges", das im Jahre 2003 von Dennis Beach (Göteburg University, Sweden), Tuula Gordon und Elina Lahelma (beide: University of Helsinki, Finland) herausgegeben wurde (vgl. Beach, Gordon & Lahelma 2003). Wie das Herausgeberteam in der Einleitung erläutert, problematisiert dieses Buch mittels ethnographischer Bildungsforschung das Phänomen der Chancenungleichheit in verschiedenen OECD-Ländern, insbesondere in Skandinavien und England (vgl. ebd., S. 1). Der Umgang mit und die Konstruktion von nationalen, ethnischen oder kulturellen Unterschieden im pädagogischen Alltag skandinavischer Bildungseinrichtungen bilden in diesem Zusammenhang einen zentralen Schwerpunkt mehrerer Buchbeiträge und werden auf der Grundlage verschiedener Forschungsarbeiten und Ergebnisse diskutiert. Die HerausgeberInnen weisen darauf hin, dass solche Differenzkategorien nicht als lokales Ereignis zu betrachten oder als länderspezifisches Phänomen zu verstehen sind. Vielmehr handelt es sich um ein universales und zugleich unvermeidbares Phänomen. Denn einerseits werden diese Kategorien in internationalen Vergleichsstudien, Statistiken und Bildungsexpertisen verwendet und somit legitimiert, andererseits zeichnen sie sich im pädagogischen Alltag in verschiedenen Facetten ab: „Ethnicity, gender and social class act as categories of difference in school that can be *emphasised, negotiaded or challenged* in every day lives, but they cannot be avoided" (ebd.; Hervorhebung i.O.).[19]

Im Kontext dieses gemeinsam geteilten Erkenntnisinteresses geht Sirpa Lappalainen in ihrem Beitrag mit dem Titel „Celebrating internationality: Constructions of nationality at preschool" auf die Konstruktion der Differenzkategorie „Nationalität" im Alltag zweier finnischen Vorschulklassen ein (2.1).[20]

Thomas Gitz-Johansen stellt in seinem Beitrag mit dem Titel „Representations of ethnicity: how teachers speak about ethnic minority students" seine Studie und ihre Ergebnisse über angeblich problematische Vorschul- und Schulkinder aus ethnischen Minderheiten im dänischen Bildungssystem dar (2.2).[21]

---

[19] Zur Unvermeidbarkeit solcher Kategorien auch im Rahmen ethnographischer Forschung wird im kritischen Beitrag von Isabell Diehm, Melanie Kuhn & Claudia Machold in diesem Band eingegangen.
[20] „The research is part of the project `Inclusion/exclusion in educational process´ directed by Dr. Elina Lahelma (2000) and funded by the University of Helsinki and the Academy of Finland" (Lappalainen 2003, S. 82).
[21] „The material derives from the research projekt `The School as a Cultural Meeting Place´ funded by the Danish Humansitic Research Council. In charge of the project are Associate Professor Linda Andersen and Professor Jan Kampmann, both at Roskilde University" (Gitz-Johansen 2003, S. 67).

2.1 „Constructions of nationality" und „gender nationalism" in der finnischen Vorschule

Sirpa Lappalainen hat als Ethnographin über ein Jahr hinweg (2000-2001) am Alltag zweier Vorschulklassen in der Nähe von Helsinki teilgenommen.[22] Erkenntnistheoretisch und methodologisch beeinflusst wurde ihre Studie unter anderem durch die neue sozialwissenschaftliche Kindheitsforschung und ihre besondere Sicht auf Kinder als Akteure: „I analyse how children construct themselves as future school children and citizens by taking up available discourses and cultural practices [...] My study aims to explore issues of citizenship and difference in the early childhood educational context" (Lappalainen 2008, S. 115). Ein zentraler Fokus, der aus diesem Erkenntnisinteresse sowie der zunehmenden migrationsbedingten Heterogenität im finnischen Bildungssystem resultiert, betrifft also die Frage nach Konstruktionsprozessen von Nationalität („Finnishness") und kultureller Heterogenität im pädagogischen Alltag. Dafür hat Lappalainen Vorschulen mit einem relativ hohen Anteil an Kindern aus Migrantenfamilien als Forschungsfelder ausgewählt. Darüber hinaus waren das Einkommen und der Schulabschluss der Eltern insgesamt, sowie verglichen mit entsprechenden Landesdaten, eher als unterdurchschnittlich einzuordnen (vgl. ebd., S. 117).

Vor dem Hintergrund bildungspolitischer Entwicklungen und curricularer Erneuerungen gelten, laut Lappalainen (2003, S. 80), „ethnic equality" und „gender equality" als zwei wichtige Ziele des finnischen Bildungssystems. Beide Herausforderungen seien seit Mitte der 90er Jahre auf curricularer Ebene, wenn auch implizit, miteinander verbunden.[23] Die Konstruktion und Bedeutung relevanter Differenzkategorien im pädagogischen Alltag wird als ein zentrales Anliegen der Studie präzise dargelegt: „My main concern is how nationality and ethnicity are manifested in social practices, how they are perceived, constructed and (re)negotiated and finally, how gender and nationalism are intertwined within the preschool context" (ebd). Im Fokus ihrer Analysen stehen entsprechend Beobachtungsprotokolle und Gespräche mit Kindern, die einerseits „nationality and ethnicity" sowie „gender" und andererseits die Beziehung, das Ineinandergreifen dieser Kategorien im Kontext der Vorschule thematisieren. Dabei konzentriert sich Lappalainen nicht auf die curriculare, sondern auf die informelle Ebene, auf „informal hierarchies, application and interpretation of rules, and social interaction" im Kontext der untersuchten Vorschulklassen.

Durch die Verwendung von Episoden[24] werden zunächst „the constructions of being Russian" und anschließend „the constructions of being Somalian" bearbeitet und auf

---

[22] Die Konzeption der Studie wird ausführlicher und somit etwas präziser in einer neueren Veröffentlichung der Forscherin dargestellt (vgl. Lappalainen 2008), so dass wir im Folgenden unsere Ausführungen auch darauf beziehen.

[23] Die damit verbundene Problematik thematisiert die Autorin wie folgt: „Cultural diversity was implicitly mentioned as a challenge for gender equality, which illustrates the strength of the myth about Finland as a gender-equal society" (ebd.).

[24] Den Ertrag von „key episodes" für die Beobachtung, Kodierung und Interpretation der Daten hat die Ethnographin an anderer Stelle begründet (vgl. Lappalainen 2008, S. 118f).

ihren Zusammenhang mit Konstruktionsprozessen zur nationalen Identität und zum „Finnisch sein" befragt[25]. Schließlich rekonstruiert Lappalainen die Verbindung und Verwobenheit zwischen Nationalität und Gender und konzeptionalisiert diese als „gendered nationalism" (vgl. Lappalainen 2003, S. 82ff.).

Mittels Darstellung und Analyse der ausgewählten Interaktionen zwischen Kindern sowie Erwachsenen und Kindern und der Gespräche der Forscherin mit Kindern wird deutlich, dass Finnland im pädagogischen Alltag als ein (sprach-)homogenes Land gedeutet wird. Auf die Fragen der Erzieherin „What ist the language spoken in Finland?" und „What is our nationality?" antworteten Kinder im Chor „Finnish!", interessanterweise auch Kinder, die zu Hause eine andere Sprache sprachen und einen nicht-finnischen Hintergrund hatten. „Even Swedish, the other official language, was not mentioned", stellt in diesem Zusammenhang die Ethnographin fest. Dabei handelt es sich um eine Konstruktion, die, wie Lappalainen schreibt, sprachliche und kulturelle Heterogenität ausschließt, obwohl Sprachenvielfalt auf der offiziellen Ebene der finnischen Vor-/Schule eine besondere Rolle einnimmt: Während einerseits Schwedisch als zweite Amts- und Unterrichtssprache fungiert, sollen andererseits auch die Sprachen der Minderheiten des Landes in Bildungseinrichtungen vertreten sein.

BürgerInnen russischer Herkunft bilden in Finnland die größte Minderheit und in einer an der Studie beteiligten Vorschulklasse gab es nicht nur Kinder russischer Herkunft, sondern es war dort auch eine aus Russland stammende Pädagogin tätig. Diese hat Fragen der Kinder bezüglich ihrer Abstammung offen beantwortet und sich in der Gegenwart der gesamten Gruppe mit den Russischsprachigen auf Russisch unterhalten. Dies gab auch den Kindern Anlass, sich mit dem Land „Russland", mit Fragen zur nationalen Herkunft und gegebenenfalls mit der eigenen Identitätsbildung zu befassen, wie die diversen Episoden exemplarisch verdeutlichen: „It´s a damn stupid country" stellte beispielsweise ein Junge fest, wobei ein weiterer Junge, der zuhause Russisch sprach, mit leiser Stimme antwortete: "Russia is stupid, there is nothing to do about it" (ebd., S. 84).

In Gesprächen mit Kindern konnte Lappalainen darüber hinaus aufzeigen, dass – „even though six decades have passed since the war between Finland and Russia" (ebd., S. 85) – die Kinder über die Kriegsgeschichte beider Länder teilweise informiert waren und ihre Abneigung gegenüber Russland und Russen darauf argumentativ stützten: „I don´t like Russians" hat in der weiteren Vorschulklasse ein Junge im Rahmen eines Interviews über Freundschaft erzählt. Auf die Frage der Ethnographin „Really, why not?" antwortete der Junge: „Because Russia took a part of Finland". Als die Forscherin wissen wollte, woher der Junge diese Geschichte kannte, antwortete er: „Because everybody has talked about it".

„The piece of land lost in the war a long time ago appeared to him as a legitimate reason to dislike Russian people", stellt dabei Lappalainen (ebd., S. 86) fest. Ein

---

[25] „The constructions of being Somalian" werden aus Platzgründen im vorliegenden Beitrag nicht weiter thematisiert.

damit zusammenhängendes Erklärungsmuster, das Nationalität und Gender miteinander verbindet, wird an dieser Stelle ebenfalls deutlich: Das Heimatland Finnland wurde durch die Metapher der finnischen Jungfrau („the methaphor of the Finnish Maiden") symbolisiert, die während dieser Kriegsphase in eine besonders gefährlichen Situation geraten war und von allen finnischen Männern („all men working together as one") verteidigt werden musste. Mit der Personifizierung der verletzten Jungfrau wird das Kriegsergebnis bis heute in Finnland thematisiert. Auch darüber schienen einige der an der Untersuchung beteiligten sechsjährigen Jungen informiert zu sein. So wurde der „finnische Teil" (s. oben: „the part of Finland") auf der Landkarte als fehlender Körperteil und zerrissenes (weibliches) Kleidungsstück von den Jungen gedeutet: „This was the right arm but that stupid Russia conquered it, and a part of its skirt too" (ebd., S. 85) erklärte ein Junge der Forscherin und zeigte ihr die Landkarte von Finnland und den Nachbarländern an der Wand.

Die sechsjährigen Jungen beschäftigten sich also in ihrem Alltag mit der Vergangenheit. Nicht die eigenen Erfahrungen, sondern die Erfahrungen der früheren Generationen haben in ihren Gesprächen und im Kontext der untersuchten Vorschulklassen eine besondere Bedeutung erfahren (vgl. ebd., 90). Indem Lappalainen dieses Phänomen mit der Bezeichnung „gendered nationalism" betitelt, interpretiert sie es in Verbindung mit der Geschichte zweier Kriege zwischen Finnland und der Sowjetunion (1930-1940 und 1941-1944) und dem durch die finnischen Männer zu verteidigendem Territorium: „National masculinity is constructed and the Finnish male becomes positioned as the defender of the arm and skirt of the Finnish maiden" (ebd., S. 89). Heute noch scheint auf der informellen Ebene der beobachteten Vorschulklassen „the production of nationality" mit der Gefahr durch „die anderen" („the others") sowie mit der Verteidigung des finnischen Territoriums zusammen zu hängen: „Nationalism is an issue in the informal layer of preschool as well. Among the six-year-old boys it took the form of territoriality" (ebd.).

Lappalainen stellt einerseits fest, dass das Bildungssystem nicht als die einzige Möglichkeit gesehen werden kann, Kinder darauf vorzubereiten, dass sie ihre Erfahrungen als national deuten (vgl. ebd., S. 89). Auf der Grundlage ihrer ethnographischen Daten zieht sie andererseits die Schlussfolgerung, dass Kinder im vorschulischen Kontext eindeutig ermutigt werden, bei ihrer Auseinandersetzung mit „Finnishness" nach nationalen Differenzen und Unterschieden zwischen Ländern, hier zwischen Finnland und Russland, zu suchen. Mit Bezug auf Stuart Hall und sein konstruktivistisches Konzept zur Identitätsbildung begründet Lappalainen schließlich, dass genau dieser Vergleich zur Stärkung der nationalen Identität im vorschulischen Kontext führt, denn „[n]ational cultures acquire a strong feeling of their own identity by comparing themselves to other cultures" (ebd., S. 91). Dies schien ein wichtiges, wenn auch teilweise implizites Ziel der Bildungsarbeit in den beobachteten Vorschulklassen zu sein.

2.2 „Representations of ethnicity" und „the (in)competent child"[26] in der dänischen Vor-/Schule

Thomas Gitz-Johansen (2003, S. 68f) bezieht sich ebenfalls auf Stuart Hall (1996, 1997) und sein Konzept der „cultural representations" um das Erkenntnisinteresse seiner ethnographischen Studie zur (Re-)Präsentation von ethnischen Minderheiten im vorschulischen und schulischen Kontext zu erläutern. Hall definiert sein Konzept wie folgt: „Representation is the production of the meaning of the concepts in our minds through language" (ebd., S. 69). Die Relevanz dieses heuristischen Konzeptes wird von Gitz-Johansen verdeutlicht: „Following Stuart Hall, I use the concept of ethnicity to signify a cultural identity" (ebd.). Kulturelle Identität wird dabei nicht als „an already established fact", sondern als ein sich im Prozess befindendes, im Diskurs entstehendes Konzept gedeutet, „as a `production´, which is never complete [...] and always constituted within, not outside, representation (Hall 1997, S. 51; zit. n. Gitz-Johansen ebd.)".

Wenn kulturelle Identität im Diskurs entsteht, wäre zu erwarten, dass auch Angehörige von Minderheiten an diesem Diskurs beteiligt seien. Das für die hier vorgestellte Studie zentrale Konzept der „Ethnic minority" – in Anlehnung an Helen Krag (1992)[27] – basiert auf der Enttäuschung dieser Erwartung: Ethnische Minderheiten beteiligen sich nicht am offiziellen Diskurs der Gesellschaft und können nicht entscheiden, was innerhalb dieser Gesellschaft als „normal" gelten soll. Daher sind auch ihre Möglichkeiten zur Selbstdefinition („representing oneself") deutlich begrenzt. Minderheiten werden von der Mehrheit definiert und müssen auch die Konsequenzen dieser Definitionen tragen. Anknüpfend an diese Problematik stellt Gitz-Johanson die Frage, was es für Kinder ethnischer Minderheiten im vor-/schulischen Kontext bedeutet, „to be represented by majority teachers" (Gitz-Johansen 2003, S. 69).

In den ausgewählten englischsprachigen Publikationen rekonstruiert der Ethnograph die Sicht der an der Studie beteiligten Erwachsenen. Seine Analyseergebnisse sind auf Interviews und informelle Gespräche zurückzuführen, die er mit Lehrkräften und SchulleiterInnen während seiner zweijährigen teilnehmenden Beobachtung, jeweils in einer Vorschulklasse und einer dritten Klasse zweier dänischen Schulen, durchführte. Dabei ist er der Frage nachgegangen „how ethnicity is represented in everyday interaction and pedagogical programs" und konkret: „[...] how the teachers in these two schools are conceptualising the ethnic, cultural and linguistic diversity among their students" (Gitz-Johansen 2004, 202).

Die Perspektive der PädagogInnen verdient laut Gitz-Johansen deswegen eine besondere Aufmerksamkeit, weil ihnen im dänischen Bildungssystem ein entsprechender Handlungsspielraum eingeräumt wird. Sie können entscheiden „what the educational responce to the new diversity will be" (ebd., S. 66). „The new diversity" meint

---

[26] Die Differenzkategorie des inkompetenten Kindes wird in dem Beitrag „The Incompetent Child: Representations of Ethnic Minority Children" ausführlich herausgearbeitet (Gitz-Johansen 2004), so dass wir ihn im Folgenden ebenfalls berücksichtigen.
[27] Helen Krag gilt, laut Gitz-Johansen (ebd.) als „the founder of minority studies in Denmark".

in diesem Zusammenhang die zunehmende migrationsbedingte Heterogenität im Kontext der dänischen Vor-/Schule, und damit ordnet der Forscher seine Ethnographie der anglophonen „ethnographic tradition around the study of ethnic minority student´s schooling and the role of teachers´stereotypes" zu.[28] Doch seine Suche nach „ethnic or ‚racial' stereotypes" hat sich schnell als wenig ergiebig erwiesen. Nur selten haben sich Lehrkräfte in ihren Erzählungen mit ethnischen Differenzen zwischen ihren SchülerInnen auseinander gesetzt (vgl. Gitz-Johansen 2003, S. 69f). Bei genauer Analyse seiner Feldnotizen und Interviews kam aber der Ethnograph zu der Erkenntnis, dass sich ein anderes Konzept als relevanter erwiesen hat, das der „bilingual children". Auf der konnotativen Ebene umfasste dieses Konzept sogar viele weitere Bedeutungen, die dazu dienten, eine Differenz zwischen den dänischen und nicht-dänischen bilingualen Kindern und Kindheiten, „Danish childhood and the non-Danish ‚bilingual childhood'", zu konstruieren (vgl. Gitz-Johansen 2004, S. 203).

Wie das bilinguale Kind als inkompetentes Kind im schulischen Kontext konstruiert und (re-)präsentiert wurde, zeigt der Forscher anhand ausgewählter Interviewpassagen und protokollierter Gespräche auf. Zunächst stellt er fest, dass bei zweisprachig aufwachsenden Kindern nicht die Zweisprachigkeit an sich, sondern ihre angeblichen Sprachprobleme, die so genannten „bilingual problems"[29], charakteristisch zu sein schienen. Diese wurden hauptsächlich als Probleme mit der dänischen Sprache konkretisiert und seien beim Übergang in die Schule zu erwarten, wie auch die institutionalisierten Diagnosemaßnahmen zum Zeitpunkt ihrer Einschulung und für die ersten Schuljahre belegten. Der Begriff „bilingual" bedeutete in der Argumentation der Lehrkräfte insgesamt nicht „more or double language but rather less than one language", und deutete außerdem darauf hin, dass von diesen Kindern eine geringere Sprachkompetenz erwartet wurde, als von Kindern der dänischen Mehrheit allgemein. Auf diese Weise wurde das bilinguale Kind „as a linguistic other" konstruiert, „as a person who linguistically does not fit into the Danish school stystem´s definition of a normal child" (vgl. Gitz-Johansen 2004, S. 204f). Der Begriff wurde darüber hinaus in Verbindung mit der Differenzkategorie „ethnicity" eingesetzt, denn „the opposite of ‚the bilingual child' is the ‚Danish child'". So tauchten in den Gesprächen und Interviews solche Äußerungen, wie die folgende, auf: „it is a very hard test for the bilingual and also for many of the Danish children" (ebd.).

Der Begriff „bilingual" wurde auch mit einer Reihe weiterer negativer Charakteristika in Verbindung gebracht: etwa mit den zu erwartenden Lese- und Schreibproblemen oder mit Lernproblemen im mathematischen Bereich aufgrund der Zweisprachigkeit. Zudem zeigte sich „the bilingual child" auch in seiner sozialen Kompetenz und im Vergleich zum „Danish child" als problematisch. Am Beispiel von Kindern

---

[28] Ein wichtiges Verdienst dieser Tradition war es, aufgezeigt zu haben, dass „teachers´ attitudes and expectations" besonders wichtig für die Identitätsbildung und die Schulkarriere von Kindern aus ethnischen Minderheiten seien (vgl. ebd.).

[29] Sprachprobleme werden ausschließlich mit Vorschulkindern und SchulanfängerInnen ethnischer Minderheiten in Verbindung gebracht, während „special problems" sowohl „minority children" als auch „majority children" betreffen können (ebd.).

arabischer und türkischer Herkunft (die beiden Minderheitengruppen waren jeweils in einer der für die Untersuchung ausgewählten Schule vertreten) soll die soziale Inkompetenz auch dann deutlich gewesen sein, wenn bilinguale Kinder im Vergleich zu dänischen Kindern sprachlich nicht auffielen.

Zwar unterstellen Äußerungen der Lehrkräfte auch Kindern dänischer Abstammung „Incompetence", allerdings geschieht dies auf einer ganz anderen diskursiven Ebene: Beispielsweise wurde ihre mangelnde Fähigkeit im Unterricht zuzuhören als das Ergebnis der Modernisierung der dänischen Gesellschaft und der Bedingungen, das heißt der vielen Erfahrungen und diversen Stimuli, mit denen Kinder heute, im Vergleich zu früheren Generationen, konfrontiert werden. Umso problematischer erscheint in diesem Zusammenhang „the different way that majority and minority children are problematized": Kinder aus ethnischen Minderheiten werden angeblich aufgrund der traditionellen Gesellschaften „inkompetent", in denen ihre Eltern aufwuchsen. Differenzen zwischen Mehrheiten und Minderheiten werden oft, stellt Gitz-Johansen dabei fest, auf der Basis einer Unterscheidung zwischen Tradition und Modernisierung konstruiert. Im schulischen Kontext machte sich diese Konstruktion in der Unterscheidung „between minority children´s incompetence" und „majority children´s modernity problems" deutlich (vgl. Ginz-Johansen 2004, S. 206f). So befanden sich auch Kinder, die an einer weiteren (jenseits der schulischen bzw. dänischen) Kultur teilhatten, „between two cultures" oder „in no man´s land" und mit Sicherheit in einem ständigen kulturellen Konflikt zwischen Familie und Schule, wie die Lehrpersonen erzählten. Erst auf dieser Grundlage erklärte sich für die Schule die schulische Inkompetenz dieser Kinder (vgl. ebd., S. 211f).[30]

3 Schulkindwerden und Schulkindsein im italienischen und englischen Bildungssystem

Die Ethnographien, die wir im folgenden Kapitel vorstellen, weisen eine Gemeinsamkeit auf, die für ethnographische Schul- und Unterrichtsforschung eigentlich eher untypisch ist: Sie sind längsschnittliche Ethnographien, in denen die beiden Forscherteams Kinder über mehrere Jahre hinweg in unterschiedlichen institutionellen, aber auch familialen Kontexten begleitet und dabei nach der Bedeutung gefragt haben, die Übergänge zwischen unterschiedlichen Kontexten für Kinder, ihre Entwicklung und ihr Lernen haben. Mit der Vorstellungen des *Identity and Learning Programme* (ILP) von Andrew Pollard und Anne Filer sowie der Studie „I Compagni – Understanding Children's Transition from Preschool to Elementary School" von William Corsaro und Louisa Molinari möchten wir die These diskutieren, dass längsschnittliche Ethnographien in besonderer Weise geeignet sind, um die Bedeutung zu verstehen, die spezifische Kontexte für Kinder und ihr Lernen haben.

---

[30] Aus Platzgründen ist es an dieser Stelle nicht möglich, auch auf weitere, von den Lehrpersonen festgestellte und kulturell gedeutete, Unterschiede (z.B. „different body culture", „different musical culture") einzugehen. Dennoch sei darauf verwiesen, dass es sich hierbei um Deutungen handelt, die laut Gitz-Johansen (2004, S. 207ff.), zur Exotisierung oder sogar Pathologisierung von Kindern führen: z.B. bei der Erwartung der LehrerInnen, dass einige SchülerInnen aus ethnischen Minderheiten beim Zoobesuch die Tiere misshandeln würden, denn „they don´t learn to treat animals nicely at home".

Das ILP umfasst mehrere Einzelstudien, als deren „starting point" Pollard das Forschungsdesiderat beschreibt: „I felt that there was very little understanding of the personal und interpersonal nature of the learning of young children or the importance of social contexts in which learning takes place (1996, S. XI). Die Studien des ILP sind als Fallstudien konzipiert, die einzelne Kinder während ihres Besuchs einer englischen Grundschule begleiten und dabei – mit jeweils unterschiedlichen Foki – nach den Erfahrungen der Kinder während ihrer Grundschulzeit fragen. Zentral für die Konzeption der Studien ist die Tatsache, dass englische Kinder während ihrer siebenjährigen Grundschulzeit jedes Jahr eine neue Klassenlehrerin bekommen und in ein neues Klassenzimmer wechseln. Insofern basieren die längsschnittlichen ethnographischen Studien des ILP auf der Prämisse deutlich markierter Übergänge zwischen den einzelnen Jahrgangsklassen.

Auch Corsaro und Molinari haben Kinder über ihre gesamte Grundschulzeit hinweg begleitet. Ihre teilnehmende ethnographische Beobachtung haben sie jedoch bereits während des letzten Kindergartenjahres in einem Kindergarten im italienischen Modena – einer Stadt in Emilia Romagna – begonnen. Dementsprechend liegt ein zentraler Fokus der Studie von Corsaro und Molinari auf dem differenzierten Verstehen des Übergangs von einer Institution der Early Childhood Education and Care (ECEC) in die Schule, und der Beantwortung der Fragen: „What happens when Italian children move from preschool to elementary school?", „How are children prepard or primed for their transition?", „How (do) children learn and develop?" (Corsaro & Molinari 2005, S. XVI).

Während Corsaro und Molinari mit ´I Compagni´ auf den Vergleich der kollektiven Praktiken und Routinen von Kindern in einer Institution der ECEC und einer Institution des Primarbereichs in Modena zielen, wird eine weitere Vergleichsdimension virulent, als das Forscherteam am Ende der Studie Schlussfolgerungen für eine Reform des Übergangs im amerikanischen Bildungssystem zieht. Denn Corsaro, der als Kindheitssoziologe eine Vielzahl ethnographischer Studien in amerikanischen Kindergärten und Grundschulen durchgeführt hat, verbindet mit der hier besprochenen Studie das Interesse des crosskulturellen Vergleichs. Für diesen Vergleich ist das Forschungsfeld der italienischen Preschool insofern besonders interessant, als es in der Tradition der Reggio-Emilia-Pädagogik steht. Somit ist für die Wahl des Forschungsfeldes die Annahme einer besonderen Qualität der pädagogischen Praxis ausschlaggebend. Diese wird jedoch nicht unreflektiert vorausgesetzt, sondern kritisch auf ihre Bedeutung für die beobachteten Kinder hinterfragt, bevor Corsaro und Molinari aus ihren Beobachtungen und Analysen „policy implications" für die amerikanische Bildungsreform ableiten. Dass auch Pollard und Filer die Perspektive und die Erfahrungen von SchülerInnen für einen unverzichtbaren Wissensbestand der Bildungsreform halten, stellt eine interessante Gemeinsamkeit zu dem von Corsaro und Molinari gedachten Erkenntnispotential längsschnittlicher Ethnographien dar, der wir mit einer Vorstellung der beiden Studien nachgehen möchten.

3.1 „Children´s Transition from Preschool to Elementary School" in Modena

„Big Bill", haben die an der Untersuchung beteiligten Kinder William Corsaro oftmals genannt, während er sie gemeinsam mit seiner italienischen Kollegin Louisa Molinari über sieben Jahre in regelmäßigen Abständen als Ethnograph begleitet hat. Das Forscherteam hat seine ethnographische Forschung in einer Preschool im italienischen Modena begonnen und einige der Kinder bei dem im darauf folgenden Schuljahr stattfindenden Übergang zur Grundschule sowie über ihre gesamte Grundschulzeit hinweg bis zum Übergang in eine Sekundarschule begleitet .

Die Namensgebung „Big Bill" ist eng verbunden mit der *reactive method*, die Corsaro praktiziert hat, um Zugang zu und Akzeptanz innerhalb der Kindergruppen zu erlangen. Corsaro beschreibt seine Methode wie folgt:, „I simple terms, I enter free play areas, sit down and wait for the kids to react to me". Corsaros Begründung für die von ihm praktizierte Methode ist die damit verbundene Möglichkeit, Kindern von Anfang des Feldaufenthaltes an als ein atypischer Erwachsener zu begegnen (denn typische Erwachsene in Kindergärten und Grundschule sitzen nicht einfach nur rum, sondern agieren, kontrollieren und dirigieren). Nachdem durch anfängliche Fragen und erste Interaktionen Bills Status als atypischer Erwachsener etabliert ist, beginnen die Kinder, ihn zunehmend in ihr Spiel und ihre Aktivitäten zu integrieren und entwickeln ein Verständnis von Bill als einem erwachsenen Freund. Für die in Italien durchgeführte Studie beschreibt Corsaro zudem, wie seine anfänglich stark eingeschränkten Kenntnisse der italienischen Sprache für die Kinder die Deutung nahegelegt haben, er sei ein „incompetent adult, who they could take under their wings to show the ropes" (2007, S. 180).

Die Integration in die Kindergruppe und die Möglichkeit, an den Aktivitäten der Kinder teilzunehmen, ist für Corsaro und Molinari insofern von zentraler Wichtigkeit, als ihr Erkenntnisinteresse den kollektiven Prozessen gilt, vermittels derer Kinder an der Kultur der jeweiligen Institution partizipieren und diese kreativ verändern. Dieses Erkenntnisinteresse basiert auf zwei gegenstandstheoretischen Prämissen: Zum einen erachten Corsaro und Molinari Kultur nicht als einen feststehenden Kontext, den Kinder internalisieren, sondern als einen dynamischen Kontext, an dem sie aktiv teilnehmen und den sie durch ihre Teilnahme verändern. Zum zweiten gedenken Corsaro und Molinari sozialen Praktiken und Routinen einen zentralen Stellenwert für die so gedachte Teilnahme der Kinder an kollektiven Prozessen zu. Dass soziale Praktiken und Routinen nicht reflexiv verfügbar sind, sondern als praktisches Situationsverständnis entstehen, begründet den für die Studie gewählten ethnographischen Zugang. Das ethnographischer Forschung grundsätzlich zugedachte Erkenntnispotential, soziale Situationen nicht nur mikroskopisch analysieren, sondern auch aus der Perspektive der beteiligten Akteure selbst verstehen zu können[31], lässt sich für die hier vorgestellte Studie um die Möglichkeit erweitern, die sozialen Praktiken und Routinen der Kinder in den jeweiligen Institutionen miteinander zu vergleichen.

---

[31] Vgl. Corsaro 2005, S. 50ff. & James 2007.

Diesen Anspruch möchten wir im Folgenden für eines der facettenreichen Ergebnisse der Studie konkretisieren, und dazu zunächst Corsaro und Molinari selbst zitieren: „During the oberservations we carried out in preschool [...] we came to realize that these (literacy) activities are actually important for much more than just developing cognitive prerequisites, because they serve as ways to familiarize children with topics that will become daily activities in elementary school [...] It is not surprising then, that children gradually incorporated activities about literacy into their peer culture" (Corsaro & Molinari 2005, S. 149).

In ihrem Kapitel über die italienische Preschool beschreiben Corsaro und Molinari es als eine ihrer zentralen Beobachtungen, dass die Kinder schriftsprachliche Aktivitäten, die sie zuvor im Kontext von *literacy projects* erprobt haben, insbesondere gegen Ende des Schuljahres zunehmend häufig in ihr Freispiel einbeziehen (ebd., S. 54). Dieses Ergebnis ist in doppelter Hinsicht voraussetzungsvoll: Zum einen hat es zur Prämisse, dass *literacy projects* überhaupt stattfinden, zum anderen setzt es voraus, dass die Kinder neben gemeinsamen Projekten und Aktivitäten Freiräume haben, die sie selbst bestimmt gestalten können. In der Preschool, die Corsaro und Molinari als Forschungsfeld gewählt haben, waren beide Voraussetzungen erfüllt. Dabei haben die *literary projects* in Kleingruppen stattgefunden, in denen sich die Kinder gemeinsam mit ihrer Erzieherin intensiv mit Werken der Kinderliteratur auseinandergesetzt haben. Die Auseinandersetzung implizierte sowohl die gemeinsame Diskussion, die künstlerische Gestaltung sowie die von den Erzieherinnen ausdrücklich geförderte, aber den Kindern nicht abverlangte schriftsprachliche Dokumentation beziehungsweise Kommentierung der eigenen künstlerischen Produktionen (ebd., S. 37ff.).

Die Bedeutsamkeit seiner Beobachtungen sieht das Forscherteam nicht nur in der Tatsache, dass Kinder überhaupt mit Schriftsprache umgehen, bevor sie eingeschult werden, sondern insbesondere in der Verwobenheit von Schulkultur und Peerkultur. Diese kommt dadurch zustande, dass der von den Erzieherinnen angeregte Umgang mit Schriftsprache von den Kindern aufgegriffen und in ihre eigene Peerkultur integriert wird. Dabei entwickeln die Kinder Routinen im Umgang mit Schriftsprache, die ihnen nicht nur die Erprobung des Lesens und Schreibens, sondern auch die Antizipation und gemeinsame Erprobung des Schulkindseins ermöglichen.

Ein zentrales Ergebnis der Studie ist die Bedeutsamkeit von *Priming Events* für einen gelingenden Übergang (ebd., S. 148). Das Forscherteam definiert das von ihm entwickelte Konzept wie folgt: „Priming events involve activities in which children, by their very participation, attend prospectively to ongoing or anticipated changes in their lives" (ebd., S. 17-18). Ein klassisches „Priming Event" ist der Besuch der neuen Schule. Doch auch alle Aktivitäten in der Preschool, bei denen Kinder das Schulkindsein thematisieren und gemeinsam erproben, tragen wesentlich zum Ausbau tragfähiger Grundlagen für den Übergang bei. Insofern haben die *literacy projects* nicht nur *literacy skills* grundgelegt (ebd., S. 141), sondern auch und insbesondere *priming events* ermöglicht, die Corsaro und Molinari als zentrale Erklärung dafür anführen, dass der Übergang von den von ihnen beobachteten Kindern erfolgreich bewältigt worden ist (ebd., S. 140).

Das Forscherteam beschreibt, wie die Lehrerin des ersten Schuljahres der Elementary School an die Praktiken der Kinder im Umgang mit Schriftsprache anknüpft und diese ganz allmählich in strukturiertere Formen überleitet (ebd., S. 83). Gleichwohl beschreibt das Autorenteam auch, dass die neue Zusammensetzung der Kindergruppe im ersten Schuljahr sowie die Tatsache, dass die Kinder eine neue Lehrerin erhalten haben, die Fortsetzung von Routinen erschwert oder auch verunmöglicht hat. Die im ersten Schuljahr der Elementary School mit der neuen Lehrerin und den neuen MitschülerInnen entwickelten Routinen konnten die Kinder, da sie während der sechs Schuljahre in der Elementary School mit derselben Lehrerin und derselben Kindergruppe zusammen geblieben sind, fortsetzen und so ausbauen, dass sie die aus der Teilhabe an gemeinsamen Routinen resultierende Erfahrung an sozialer Zugehörigkeit und Geborgenheit ermöglicht, die Verbindung von Peerkultur und Schulkultur zugelassen, und dadurch die Identifikation der Kinder mit ihrer Schule erhöht haben (ebd., S. 162).

Dementsprechend kommen Corsaro und Molinari zu der Einschätzung, dass „keeping groups of children together with the same teacher throughout the education process" eine auch für andere Bildungssysteme empfehlenswerte Strukturierung des Bildungsprozesses ist (ebd., S.161).

3.2 Erfahrungen und Perspektiven von Kindern beim Besuch der englischen Grundschule

Vor dem Hintergrund der in England ausgeprägten Tradition ethnographischer Schul- und Unterrichtsforschung ist es keine leichte Aufgabe, eine Entscheidung für die Vorstellung einer ihrer Vertreter zu treffen. Stephen Ball, Martyn Hammersley, Bob Jeffrey, Geoff Tromann, Peter Woods und viele andere haben zur Etablierung einer explorativen, interpretativen, interaktionistischen Annäherung an Schule, Lehren und Lernen beigetragen, die in vielen Studien auch in der Grundschule realisiert worden ist[32].

Unsere Entscheidung, in diesem Beitrag die Studien von Andrew Pollard und Ann Filer zum „Identity and Learning Programme" vorzustellen, ist dem ausgeprägtem Anspruch des Autorenteams geschuldet, nach den Erfahrungen und der Perspektive der Kinder zu fragen. Die Studien des „Identity and Learning Programme"[33] sind als Beiträge zur Korrektur eines ausschließlich auf das effektive Handeln von Lehrern und Lehrerinnen fokussierenden bildungspolitischen Diskurses gedacht, dessen reduktionistisches Verständnis vom Kind und seinem Lernen Pollard und Filer wie folgt beschreiben: „The implicit representation of children is rather like that of industrial, raw material awaiting processing and the addition of added value [...] Edu-

---

[32] Vgl. Hammersley 1999.
[33] Das ILP umfasst die folgenden vier Studien: „The Social World of Primary School" (1985); The Social World of Children´s Learning" (1995), The Social World of Pupil Career" (1999) und „The Social World of Pupils Assesment (2000)[33].

cation in this account is something that is done to children, not with children and still less by children" (1999b, S. 157)[34]. Anknüpfend an das Paradigma der neueren soziologischen Kindheitsforschung, Kinder nicht als „receptables of adult teaching"[35] zu betrachten, haben Pollard und Filer mit ihrer Konzeption einer *appreciative ethnography* einen Zugang zu Kindern und ihrem Lernen entwickelt, der sie als soziale Akteure erachtet und ihre Perspektive mit Empathie wahrnimmt[36]. Die Annäherung an die Perspektive der Kinder nehmen Pollard und Filer mittels teilnehmender Beobachtung der Interaktionen der Kinder, situativen Interviews mit ihnen und ihren Lehrerinnen, einer Analyse von Lernentwicklungsberichten und Lernprodukten der Kinder, aber auch Interviews mit und Tagebucheinträgen von den Eltern vor. Die für alle Studien gewählte Darstellungsfigur sind Fallstudien einzelner Kinder, die über mehrere Jahre ihres Grundschulbesuchs begleitet werden.

Untrennbar verbunden mit der Frage nach der Perspektive von Kindern ist die Frage nach der Bedeutung, die unterschiedliche soziale Kontexte für das Lernen von Kindern haben. Denn Pollard und Filer verfolgen das Ziel, auf die oftmals gestellte Frage, wie Kinder effektive Lerner werden, Antworten zu finden, in denen sowohl das Selbstverständnis, das Kinder in Interaktion mit anderen von sich als Lerner entwickeln[37] „wie auch der Einfluss unterschiedlicher Kontexte auf diese Entwicklung erfasst wird. Damit legt das Forscherteam einen zentralen Fokus der empirischen Analyse auf die Klärung der Beziehung zwischen kindlichem Handeln und dem spezifischen Kontext, in dem ein Kind handelt. Um die damit intendierte Verbindung zwischen handlungstheoretischen Annahmen des symbolischen Interaktionismus und sozialkonstruktivistischer Theorien[38] empirisch umzusetzen, nutzen Pollard und Filer das Konzept der *Coping Strategies*, die sie definieren als „the ways in which children interpret and then respond to classroom, playground and family contexts" (1999a, S. 11).

Ein Spezifikum des ILP besteht darin, dass Pollard und Filer die von ihnen beobachteten Kinder über mehrere Jahre ihres Grundschulbesuchs begleiten. Während ihrer siebenjährigen Grundschulzeit wechseln die Schülerinnen und Schüler englischer Grundschulen in der Regel nach jedem Schuljahr ihre Klassenlehrerin. Insofern birgt die von Pollard und Filer verwirklichte Konzeption der *longitudinal ethnography*

---

[34] Die konkrete Kritik von Pollard und Filer bezieht sich auf einen Ofsted Report, der als eines der zentralen Instrumente zur Qualitätssicherung eingesetzt wird.
[35] Die Formulierung „Receptables of Adult Teaching" stammt von Hardmann (1987). Hardmann rekurriert damit auf das grundsätzliche Definitionsmonopol Erwachsener über die von Kindern zu erreichenden Entwicklungsziele und die passive Rolle, die Kindern dabei zukommt. Als solches umfasst es auch das spezifische Definitionsmonopol von LehrerInnen und VertererInnen der Bildungsadministration über das Lernen von Kindern, dem die Kritik von Pollard und Filer gilt.
[36] Vgl. Pollard & Filer 1999, S. 154.
[37] Bezugnehmend auf Mead, erläuten Pollard und Filer ihre Frage nach der Identität und dem Selbstverständnis der Kinder wie folgt: „People interact on the basis of meaning. These meanings and understandings are generated trough shared experiences and negotiation... Among the meanings generated over time through interactions with others are understandings of oneself. Each individual develops a sense of identity, a ´self´, and this awareness influences the way in which he or she acts with other people" (1996, S. 5).
[38] Vgl. Pollard & Filer 1996, S. 3-7.

vielfältige Möglichkeiten in sich, nach Veränderungen und deren Bedeutung für Kinder zu fragen.[39]

Das Erkenntnispotential, das das Forscherteam einer derart konzipierten Ethnographie zugedenkt, lässt sich mit den Termini des *intended curriculum*, des *experienced curriculum* sowie der *responsive capability* präzisieren: Während das *intended curriculum* die einem Curriculum eingeschriebenen bildungspolitischen, aber auch die von LehrerInnen bei der Umsetzung curricularer Vorgaben verfolgten didaktischen und pädagogischen Intentionen umfasst, manifestiert sich das *experienced curriculum* in den Alltagspraktiken und Handlungsperspektiven, die SchülerInnen in Auseinandersetzung mit den Vorgaben der Institution Schule, beziehungsweise ihrer Lehrerin für ihr Lernen entwickeln (1997, S. 4). In diesem Spannungsfeld beschreibt die *responsive capability* die Fähigkeit der für das institutionalisierte Lernen von Kindern verantwortlichen Erwachsenen, die Konsequenzen ihres Handelns für das Lernen von Kindern zu verstehen, Diskrepanzen zu erkennen und ihr eigenes Handeln wie auch die Strukturen, in die dieses Handeln eingebettet ist, kritisch zu hinterfragen. Pollard und Filer beschreiben den dementsprechenden Erkenntnisgewinn der Erforschung der Perspektive von SchülerInnen wie folgt: „Our overall argument is that taking pupils perspectives seriously can contribute to the quality of school life, the raising of standards of educational achievement and understanding of many important educational issues. We would also argue the converse, that to ignore or underplay the significance of pupils perspectives can undermine the quality of school life, learning achievements and the development of understanding" (1997, S. 1).

Dieses Erkenntnispotential möchten wir im Folgenden an einem der zentralen Ergebnisse des Identity and Learning Programme exemplarisch veranschaulichen:

Eine der strategischen Orientierungen der an den Fallstudien teilnehmenden Kinder im Umgang mit den Anforderungen von Schule ist das „drifting through school life in relatively conformist ways" (1999, S. 162). Pollard und Filer definieren die von ihnen oftmals beobachtete Konformität als eine „low risk strategy that combines a search for approval and a reluctance to think and operate outside teacher-given structures and expectations" (1999b, S. 162). Das Forscherteam betont, dass die Strategie der möglichst reibungslosen Anpassung an die Erwartungen der Lehrerin in eklatantem Gegensatz zum Erziehungsziel mündigen, verantwortungsbewussten Handelns sowie eigenaktivem, von Selbstvertrauen geprägten Lernens steht.[40] An der Fallstudie von Sarah[41] zeigen Pollard und Filer, dass Sarahs - in eine ´good girl culture´ eingebettete – ´careful conformity` von ihr lediglich in schulischen Kontexten angewendet wird, während sie im Umgang mit ihren Geschwistern deutlich mehr Eigenaktivität zur Durchsetzung ihrer Vorstellungen aufbringt und Herausforderungen zu deren Erreichung auf sich nimmt.[42] Dementsprechend beurteilen Pollard und

---

[39] Vgl. Filer & Pollard 1997.
[40] Vgl. Pollard/Filer 1999, pp.159-163.
[41] Sarah ist eines der Kinder, die an der Studie „The Social World of Pupil Career teilgenommen hat".
[42] Vgl. Pollard & Filer 1999a, S. 61-115.

Filer Sarahs ausgeprägte Konformität als eine ´contextual strategy`, die Sarah eigens im Umgang mit den Anforderungen von Schule und ihren Lehrerinnen entwickelt hat (1999, S. 162). Robert hingegen wird als ein Kind beschrieben, der bei einigen Lehrerinnen Strategien der ausgeprägten Selbstbestimmung über sein Lernen – Pollard und Filer sprechen von „autonomous self direction" (1999, S. 158) – entwickelt, diese jedoch bei anderen Lehrerinnen nicht praktiziert hat [43].

Aus Fallbeispielen von Kindern, deren strategische Orientierungen bei unterschiedlichen Lehrerinnen deutlich gewesen sind, und dem Vergleich der unterschiedlichen schulischen Kontexte, haben Pollard und Filer die Schlussfolgerung abgeleitet, dass eigenaktives, selbst verantwortetes Lernen vor allem in schulischen Kontexten zustande kommt, in denen Kinder sich auf Risiken einlassen und die damit verbundenen Ambiguitäten aushalten.[44] Dieses Ergebnis ist insofern hoch interessant, als es nicht so sehr die Notwendigkeit betont, Kindern offizielle Freiräume für selbst bestimmtes Handeln zu eröffnen, als vielmehr den Umgang von LehrerInnen mit nicht intendierten Abweichungen der Kinder von ihren eigenen Vorstellungen und Vorgaben thematisiert. Dabei betonen Pollard und Filer ausdrücklich, dass dieses Ergebnis untrennbar mit der Frage verbunden ist, welche Freiräume LehrerInnen brauchen, um auf unintendierte Abweichungen der Kinder so reagieren zu können, dass sie in ihrer Risikobereitschaft und Ambiguitätstoleranz bestärkt werden.

Neben einer Vielzahl interessanter Ergebnisse über die Bedeutung unterschiedlicher schulischer Kontexte für unterschiedliche Kinder scheint uns insbesondere ein Ergebnis zentral, das Pollard und Filer sehr prägnant mit den Worten beschreiben: „Put very simply, we are arguing that children´s strategic orientations are contextually related" (1999, S. 157). In Anbetracht der für die Pädagogik der frühkindlichen und schulischen Bildung und Erziehung so virulenten Frage nach Möglichkeiten der Förderung und Herausforderung individueller Lernkompetenzen lassen sich die Ergebnisse des ILP als Hinweis auf die Notwendigkeit verstehen, diesen Diskurs in keinem Fall unabhängig von der Überlegung zu führen, was unterschiedliche schulische Kontexte für Kinder und ihr Lernen bedeuten.

4 Fazit: Systematische und vergleichende Perspektiven

Clifford Geertz, dessen Konzeptionalisierung von Ethnographie als *dichter Beschreibung* zu einem Diktum ethnographischer Forschung geworden ist, hat das Erkenntnispotential von Ethnographie mit den Worten beschrieben „[...] that the mega-concepts, with which contemporary social science is afflicted [...] can be given the sort of sensible actuality that makes it possible to think not only realistically and concretely *about* them, but, what is more important, creatively and imaginatively *with* them" (Geertz 2000, S. 23). Für die Erziehungswissenschaften stellen Heterogenität und Differenz „Mega-Konzepte" dar, deren Bedeutsamkeit für frühkindliche und schulische Bildung und Erziehung ausschlaggebend für die Auswahl der Studien von Lappalainen und Gitz-Johansen gewesen ist. Mit dem für beide Studien

---

[43] Vgl. Pollard & Filer 1999a, S. 168-225.
[44] Vgl. Pollard & Filer 1999, S. 161 und Huf in diesem Band.

grundlegenden Erkenntnisinteresse, wie Nationalität, ethnische Differenz und Inkompetenz im pädagogischen Alltag konstruiert werden, können die Studien von Lappalainen und Gitz-Johansen als exemplarische Realisierung des Erkenntnispotentials erachtet werden, das Geertz der Ethnographie zugedenkt: Denn indem die beiden ForscherInnen fragen, wie ethnische Differenz in spezifischen Kontexten institutionalisierter Bildung und Erziehung konstruiert wird, machen sie es möglich, exemplarisch nachzuvollziehen, wie Differenzkonstruktionen zustande kommen und dabei ein differenziertes Verstehen zu entwickeln, was diese für die beteiligten Akteure bedeuten.

Die vorgestellten Projekte machen dementsprechend deutlich, dass die Differenzkonstruktion im vorschulischen und schulischen Kontext besondere Konsequenzen, sowohl für die an den Konstruktionsprozessen unmittelbar beteiligten Kinder, als auch für die davon betroffenen Kinder haben: In finnischen Bildungseinrichtungen grenzen sich Vorschulkinder von „anderen" Ethnien und Sprachen selbst dann ab, wenn sie zu Hause auch mit einer anderen als der finnischen Sprache aufwachsen oder einer ethnischen Minderheit angehören. In dänischen Bildungseinrichtungen werden zweisprachige Kinder ethnischer Minderheiten von ihren ein- und dänischsprachigen MitschülerInnen systematisch unterschieden und mittels Differenzkategorien pathologisiert. Ihre ethnische und linguistische „Andersartigkeit" wird von den an der Untersuchung teilnehmenden PädagogInnen und VertreterInnen der dänischen Mehrheit als spezifische Inkompetenz gedeutet. Im skandinavischen Diskurs hat sich einerseits „das kompetente Kind" als zentrales Konzept etabliert, die Tendenz, im vorschulischen und schulischen Kontext das „andere" Kind als inkompetent zu definieren, scheint allerdings die Kehrseite dieser Entwicklung zu sein (vgl. Gitz-Johansen 2004, S. 221).

Und während in den finnischen Vorschulklassen die nationale Identitätsentwicklung der Kinder als Teil der vorschulischen Bildungsarbeit auf ethnischen und kulturellen Differenzen, die im pädagogischen Alltag bedeutsam werden, basiert, wird im Alltag der untersuchten dänischen Einrichtungen sowohl die Identitäts- als auch die Kompetenzentwicklung der Kinder ethnischer Minderheiten als eine Aufgabe des familiären Umfelds angesehen. Letzteres soll dann auch die Verantwortung für erwartete oder unterstellte Differenzen bzw. Konflikte zwischen der schulischen und außerschulischen Alltagswelt der Kinder tragen.

Unabhängig also davon, ob Kinder Mehrheiten oder Minderheiten angehören und ob sie (in)direkt an den untersuchten Konstruktionsprozessen beteiligt oder von ihren Ergebnissen betroffen sind, sind diese Prozesse Bestandteil ihres Alltags im Kontext von Bildungseinrichtungen und können somit ihre Identitätsbildung und gegebenenfalls ihre Schulkarriere beeinflussen.

Wenn auch Gitz-Johansen und Lappalainen ihre Untersuchungen in einem jeweils spezifischen nationalen Kontext durchführen, deutet sich bei einer gemeinsamen Betrachtung die Möglichkeit an, die Ergebnisse ethnographischer Einzelstudien, die einem ähnlichen Phänomen in unterschiedlichen nationalen Kontexten nachgehen, einem systematischen Vergleich zu unterziehen. Corsaro und Molinari, die der Studie „I Compagni" ähnliche Vergleichsmöglichkeiten mit den von Corsaro zum Übergang vom Elementar- in den Primarbereich im amerikanischen Bildungssystem durchgeführten ethnographischen Studien zugedenken, beschreiben das Erkenntnispotential eines derartigen Vergleichs wie folgt: „[…]We argue that comparisons within and across Western societies... reveal how social policies established by political and cultural elites affect which practices and values are legitimized and which are seen as different or even deficient" (2005, S. 20). Corsaros und Molinaris Aussage ist die Annahme implizit, dass (erst) der crosskulturelle Vergleich die Möglichkeit eröffnet, zu einem differenzierten Verstehen des Einflusses zu gelangen, die gesellschaftliche und bildungspolitische Rahmenbedingungen auf die sozialen Praktiken und Bildungsprozesse in spezifischen institutionellen Kontexten haben.

In „I Compagni" nutzen Corsaro und Molinari jedoch vor allem die aus dem längsschnittlichen Design der Studie resultierende Möglichkeit, soziale Praktiken von ausgewählten Kindern in unterschiedlichen institutionellen Kontexten miteinander zu vergleichen. Genau wie Pollard und Filer gedenken sie längschnittlichen Ethnographien das Erkenntnispotential zu, aufzuzeigen, dass und inwiefern die Lern- und Identitätsentwicklung von Kindern untrennbar mit dem spezifischen Kontext verbunden ist, in dem diese stattfindet. Die aus den Studien des ILP von Pollard und Filer abgeleitete Schlussfolgerung, dass das Lernverhalten von Kindern in Schule „contextually related" ist (1999, S. 157), plausibilisiert nicht nur die Notwendigkeit von comparativer ethnographischer Forschung im Elementar- und Primarbereich, sondern lässt insbesondere jede individuumzentrierte Betrachtung der Lernentwicklung von Kindern obsolet erscheinen.

Literatur

Beach, Dennis / Gordon, Tuula / Lahelma, Elina (Hrsg.) (2003): Democratic Education. Ethnographic Challenges. London: Tufnell Press.

Brembeck, Helene / Johansson, Barbro / Kampmann, Jan (Hrsg.) (2004): Beyond the competent child. Exploring contemporary childhoods in the Nordic welfare societies. Frederiksberg: Roskilde University Press.

Corsaro, William A. (2005): The Sociology Of Childhood. Thousand Oaks u.a.: Pine Forge Press.

Corsaro, William A. / Molinari, Luisa (2005): I Compagni. Understanding Children's Transition from Preschool to Elementary School. New York: Teacher College Press.

Corsaro William A. / Molinari, Luisa (2007): Entering and Observing in Children's Worlds: A Reflection on a Longitudinal Ethnography of Early Education in Italy. In: Christensen, Pia / James, Allison (Hrsg.): Research with Children: Perspectives and Practices. Milton Park: Routledge Chapman & Hall, S. 239-259.

Filer, Ann / Pollard, Andrew (1996): Developing the Identity and Learning Programme: Principles and Pragmatism in a Longitudinal Ethnography of Pupil Careers. In: Walford, Geoffrey (Hrsg.): Doing Research about Education. London u. New York: Routledge, S. 57-76.

Gitz-Johansen, Thomas (2003): Representations of ethnicity: How teachers speak about ethnic minority students. In: Beach, Dennis / Gordon, Tuula / Lahelma, Elina: Marketisation of democratic education: Ethnographic insights. London: Tufnell Press, S. 66-79.

Gitz-Johansen, Thomas (2004): The Incompetent Child: Representations of Ethnic Minority Children. In: Brembeck, Helene / Johansson, Barbro / Kampmann, Jan (Hrsg.) (2004):

Beyond the competent child. Exploring contemporary childhoods in the Nordic welfare societies. Frederiksberg: Roskilde University Press, S. 199-225.

Geertz, Clifford (2000): The Interpretation of Cultures. New York: Basic Books.

Gordon, Tuula / Lahelma, Elina / Beach, Dennis (2003): Marketisation of democratic education: Ethnographic insights. In Beach, Dennis / Gordon, Tuula / Lahelma, Elina (Hrsg.): Marketisation of democratic education: Ethnographic insights. London: Tufnell Press, S. 1-9.

Gordon, Tuula / Holland, Janet / Lahelma, Elina (2007): Ethnographic Research in Educational Settings. In: Atkinson, Paul / Coffey, Amanda / Delamont, Sara / Lofland, Lyn (Hrsg.): Handbook of Ethnography. Los Angeles u.a.: Sage, S.188-203.

Hall, Stuart (1996): Critical dialogues in cultural studies. In: Morley, David / Chen, Kuan-H. (Hrsg.): Stuart Hall. Critical dialogues in cultural studies. London: Routledge.

Hall, Stuart (1997): Representations: Cultural representations and signifying practices. London: Sage.

Hammersley, Martyn (Hrsg.) (1999): Researching School Experience. Ethnographic Studies of Teaching and Learning. London u. New York: Falmer Press.

Hardman, Charlotte (1973): Can there be an anthropology of children? In: Journal of the anthropological society of Oxford, 4, 1, S. 85-99.

James, A. (2007): Ethnography in the Study of Children and Childhood. In: Atkinson, Paul / Coffey, Amanda / Delamont, Sara / Lofland, Lyn (Hrsg.): Handbook of Ethnography. Los Angeles u.a.: Sage, S. 246-257.

Lappalainen, Sirpa (2003): Celebrating internationality: Constructions of nationality at preschool. In: Gordon, Tuula / Lahelma, Elina / Beach, Dennis (2003): Marketisation of democratic education: Ethnographic insights. London: Tufnell Press, S. 80-91.

Lappalainen, Sirpa (2008): School as ‚survival game': representations of school in transition from preschool to primary school. In: Ethnography and Education 2 (3). London: Routledge, S. 115-127.

Pollard, Ann / Filer, Andrew (1996): The Social World Of Children's Learning. Case studies of pupils from four to seven. London: Cassel.

Pollard, Ann / Thiessen, Dennis / Filer, Anrew (1997): New Challenges in Taking Children's Curricular Perspectives Seriously. In: Pollard, Ann / Thiessen, Dennis / Filer, Anrew (Hrsg.): Children and their Curriculum. The Perspectives of Primary and Elementary School Children. London u. New York: Routledge, S. 1-12.

Pollard, Ann / Filer, Andrew (1999a): The Social World of Pupil Career. Strategic Biographies through Primary School. London: Cassell.

Pollard, Ann / Filer, Andrew (1999b): Learning, Policy and Pupil Career: Issues from a longitudinal ethnography. In: Hammersley, M. (Hrsg.) (1999): Researching School Experience. Ethnographic Studies of Teaching and Learning. London u. New York: Falmer Press, S. 153-168.

Pollard, Ann / Filer, Andrew (2000): The Social World of Pupil Assesment: Process and Contexts of Primary Schooling. London u. New York: Continuum.

Isabell Diehm, Melanie Kuhn & Claudia Machold

Die Schwierigkeit, ethnische Differenz durch Forschung nicht zu reifizieren[45] – Ethnographie im Kindergarten

1   Einleitung

Nicht allein unter pädagogisch-praktischen Gesichtspunkten lässt sich der Umgang mit ethnischer Differenz in den unterschiedlichen pädagogischen Handlungsfeldern als ein kompliziertes und konfliktträchtiges, weil Paradoxien und Dilemmata erzeugendes Problem beschreiben (vgl. hierzu die vielen Publikationen zu Fragen interkultureller Pädagogik, etwa Diehm & Radtke 1999; Mecheril 2004). Auch unter methodologischen und forschungsmethodischen Gesichtspunkten birgt der Umgang mit ethnischer Differenz allerhand Schwierigkeiten. Eines dieser Probleme, das Dilemma der Reifizierung von Differenz durch Forschung, soll im Folgenden systematisch betrachtet und diskutiert werden.

Ethnische Differenz wird insbesondere innerhalb der Migrationsforschung zum zentralen Gegenstand. Holzschnittartig kann die deutschsprachige Migrationsforschung entlang zweier erkenntnistheoretischer Stränge systematisiert werden, welche eine jeweils spezifische Perspektive auf ethnische Differenz offen legen.

Im einen Fall wird ethnische Differenz als Wesensmerkmal betrachtet bzw. konstruiert, mithin essentialisiert und einem Automatismus gleich mit hierarchischen Bewertungen wie defizitär oder nicht-defizitär, über- oder unterlegen belegt. In diesem Zusammenhang sind Forschungen zu sogenannten Migrantengruppen und deren jeweiligen, mitunter als gruppenspezifisch definierten Integrationsschwierigkeiten anzutreffen. Insbesondere in der Phase der Ausländerpädagogik war diese Sicht auf ethnisch codierte Differenz weit verbreitet (vgl. Czock 1993). Sie begründet die längst als überholt geltende, gleichwohl verbreitete „methodologische Defizitorientierung" (Diehm 2008), welche die Sicht auf Migration noch immer dominiert – auch entgegen anderslautender Behauptungen. Dieser wenig kritisch-reflexive Umgang mit der Differenzkategorie Ethnizität, seine bisweilen essentialistischen Prämissen und oftmals stereotypisierenden Effekte für die Beforschten tauchen häufig in quantitativen Untersuchungen auf (vgl. hierzu exemplarisch die Kritik von Lutz & Krüger-Potratz 2004, S. 441ff. an der Studie von Heitmeyer, Müller & Schröder 1997). Ähnlich der Unterscheidung nach Geschlecht im Bereich der Geschlechterforschung sind es hier national codierte Unterscheidungen, die in der Operationalisierung vieler quantitativer Forschungsprojekte als feststehende Kategorien gesetzt werden und so mehr zum konstitutiven Ausgangspunkt denn zum Analysegegenstand von Untersuchungen werden.

---

[45] Dieser Titel stellt insofern ein Zitat dar, als er auf der Ebene der Formulierung, d.h. ohne inhaltlich Bezug zu nehmen, mit einem Titel spielt, den Annita Kalpaka und Nora Räthzel für ihren erstmals im Jahr 1986 erschienenen Sammelband wählten und der innerhalb der Migrationsforschung und -pädagogik auf große Aufmerksamkeit stieß: "Die Schwierigkeit, nicht rassistisch zu sein" (1990).

Im anderen Fall basiert Migrationsforschung auf (sozial-) konstruktivistischen oder poststrukturalistischen Annahmen, die Ethnizität als wirkmächtige Differenz in ihrer sozialen Konstruiertheit, in ihrem Gewordensein fokussieren und dabei die jeweiligen kontextspezifischen Bedeutungen berücksichtigen. Paradigmatischer Anspruch – und zumeist in qualitativer Forschung umgesetzt – ist dabei, sie als soziale Konstrukte zu *de*konstruieren bzw. Prozesse ihrer Herstellung zu untersuchen. Doch auch diese Zugänge – so unsere These – können sich der Wirkmächtigkeit der sozialen Differenzlinien, die sie zu untersuchen beanspruchen, nur begrenzt entziehen und sehen sich somit unweigerlich mit dem Dilemma der Reifizierung von Differenz konfrontiert. Zum einen stehen ihnen letztlich keine sprachlichen Mittel zur Verfügung, um die interessierenden Phänomene zu beschreiben, die *außerhalb* eines alltagssprachlichen oder sozialwissenschaftlichen und immer auch machtvollen Diskurses über Differenz angesiedelt wären. Beispielsweise kommen sie trotz dekonstruktivistischem Anspruch nicht umhin, mit Begriffen wie „mit Migrationshintergrund" zu operieren und sich gleichsam gängiger Bezeichnungspraxen zu bedienen, die gesellschaftliche Machtverhältnisse widerspiegeln.

Reflektiert man zum anderen den Prozess der qualitativen Forschung selbst in konstruktivistischer Perspektive als eine wirklichkeitserzeugende soziale Praxis wird offensichtlich, dass ein Untersuchungsgegenstand wie Ethnizität nicht per se im Feld vorfindbar ist, sondern durch Forschung erst hergestellt wird oder vielmehr werden muss, um ihn überhaupt einer Analyse zugänglich machen zu können (vgl. Thon 2006; Mecheril, Scherschel & Schrödter 2003). So trivial die Erkenntnis ist, dass Untersuchungen ihren Gegenstand stets auch selbst erzeugen, so unumgänglich erscheint es, im Forschungsprozess immer wieder inne zu halten, um die eigene Beteiligung an der Herstellung der Gegenstände, wie etwa durch die Bezeichnungspraxis in Beobachtungsprotokollen systematisch in den Blick zu nehmen. Denn die empirisch-analytische Beschäftigung mit alltagsweltlich *konstruierten* sozialen Differenzkategorien stellt diese nicht nur immerzu erneut her, sondern reifiziert damit potentiell zugleich auch die *soziale Wirkmächtigkeit* dieser Konstrukte, was dem Reifizierungsproblem neben seiner methodologischen zusätzlich eine forschungsethische Dimension verleiht[46].

Die Rede vom *Dilemma* der Reifizierung von Differenz durch Forschung soll dabei schon eingangs darauf verweisen, dass dieses Problem in Gänze letztlich nicht auflösbar, sondern bis zu einem gewissen Grad nur reflexiv einholbar ist. Gleichwohl sollen in diesem Beitrag Strategien aufgezeigt werden, mit denen eine möglichst reifizierungssensible Perspektive (vgl. Thon 2006) auf den Gegenstand eingenommen werden kann.

---

[46] Als drastische historische Beispiele der Migrationsforschung seien die Arbeiten von Schrader, Nikles & Griese (1976) oder Boos-Nünning (1976) zur bikulturellen Sozialisation von Einwandererkindern angeführt. Sie behaupteten einen empirisch ermittelten Zusammenhang zwischen den Assimilationschancen der damals sogenannten Gastarbeiterkinder und dem Zeitpunkt ihrer Einreise in die Bundesrepublik und lieferten der damaligen Ausländerpolitik einen wissenschaftlich abgesicherten Grund, die Obergrenze des Einreisealters der Kinder beim Familiennachzug abzusenken. In diesem Fall sorgte Forschung dafür, die soziale Relevanz der Unterscheidung nach (National-) „Kultur" auch politisch, nämlich gesetzlich verankert in entscheidender Weise zu verschärfen.

Den forschungspraktischen Erfahrungshintergrund für unsere Überlegungen bietet ein Projektzusammenhang, der den (früh-) kindlichen Umgang mit Ethnizität ethnographisch im Forschungsfeld Kindergarten mittels teilnehmender Beobachtung untersucht (vgl. hierzu auch Diehm & Kuhn 2005 und 2006). Ausgehend von sozialkonstruktivistischen und ethnomethodologischen Theorieangeboten, die soziale Realität als interaktiv erzeugte Teilnehmerleistung verstehen, fragen wir, *wie* junge Kinder ethnische Unterscheidungen in ihren alltäglichen Interaktionen herstellen, nutzen und wie bedeutsam diese Unterscheidungen für sie sind. Die Differenzlinie Ethnizität im Interaktions- und Kommunikationsraum Kindergarten steht mithin im Zentrum unserer Analysen.

Daneben rückt im Falle einer im Bereich der (frühen) Kindheit angesiedelten Forschung eine weitere Differenzlinie in den Blick: die Generationendifferenz. Diese strukturiert das Verhältnis von Kindern und Erwachsenen auf grundlegende Weise und es gilt, sie somit als konstitutives Moment jeglicher Kindheitsforschung zu reflektieren (vgl. Connolly 2008; Beck & Scholz 2000). Produktiv gewendet – so wird im Folgenden zu zeigen sein – stellt gerade die Möglichkeit einer wechselseitigen Fokussierung (vgl. Thon 2006; Kelle 1999) dieser beiden unterschiedlichen Differenzkategorien eine hilfreiche methodologische Strategie im Umgang mit der Reifizierungsproblematik dar.

Im Folgenden werden die beiden für unseren Forschungszusammenhang relevanten Differenzlinien Ethnizität und Generation (Kap. 2) auf theoretisch-begrifflicher Ebene näher bestimmt. Die von uns eingenommene Forschungsperspektive lässt sich dabei verdeutlichen. Daran anschließend wird das Dilemma der Reifizierung anhand von zwei zentralen Aspekten ausgeführt (Kap. 3). Im darauf folgenden Kapitel werden sodann unterschiedliche Stationen des eigenen Forschungsprozesses auf ihren Reifizierungsgehalt hin befragt und Möglichkeiten für reifizierungssensible Zugänge herausgearbeitet (Kap. 4.).

2 Relevante Differenzlinien

2.1 Die Kategorie Ethnizität

Unter dem Begriff Ethnizität lassen sich weitgehend heterogene Phänomene, wie kulturelle, sprachliche, nationale und religiöse Zugehörigkeit subsumieren. All diese Dimensionen von Ethnizität repräsentieren nach Max Weber (1956) „vorgestellte Gemeinschaften", die gleichwohl sozial eine immense Relevanz entfalten (können). Sowohl in Alltagsdiskursen als auch in wissenschaftlichen Diskursen lassen sich diese Unterscheidungen meist nicht klar voneinander trennen, sondern greifen ineinander und erweisen sich als flexibel und kontingent. Hinzu kommt, dass die Herkunft jener Begriffe zumeist nicht klar rekonstruierbar ist – sie können sowohl aus dem wissenschaftlichen Diskurs wie aus dem Alltagsdiskurs stammen und diffundieren vom einen in den anderen Bereich oder umgekehrt (vgl. Diehm 1999; Mecheril 2004).

Im Anschluss an die Konzepte „*Doing Gender*" (West & Zimmerman 1987) und „*Doing Difference*" (West & Fenstermaker 2001) fassen wir in sozialkonstruktivistischer und ethnomethodologischer Perspektive die soziale Differenzlinie Ethnizität unter dem Theorem „*Doing Ethnicity*" (Diehm 1999). Dies verweist darauf, dass die Kategorie Ethnizität in alltäglichen, interaktiven Distinktionspraxen hergestellt und bedeutsam gehalten wird. Begreift man diese Kategorie weiter als relational, geht es insofern um die Frage, wie Ethnizität im Dualismus eines ethnischen „Wir" und eines ethnischen „Ihr"/„Anderen" in interaktiven Prozessen hergestellt wird.

Den Fokus auf die interaktive Re-Produktion dieser Unterscheidung zu legen und mithin einen mikroanalytischen Blick einzunehmen, meint aber keineswegs, dass Ethnizität nicht als wirkmächtiges Strukturierungselement des Sozialen zu betrachten sei. Vielmehr ist das *Doing* einerseits als „Prozess der individuellen, situations- und kontextgebundenen Aneignung jener sinn- und identitätsstiftenden Unterscheidung und andererseits als Prozess ihrer Re-Produktion im Dienste eines sozial-ethnischen Ordnungsbildungsprozesses" zu begreifen (Diehm & Kuhn 2006, S. 147). Auch wenn wir das Ziel verfolgen, die jeweiligen Bedeutungen, die Kinder in Interaktionen der Kategorie Ethnizität zuweisen, zu rekonstruieren, wird die Kontextgebundenheit dieser Praxen, und das heißt eindeutig auch ihre Einbettung in sozial-ethnische Ordnungsverhältnisse, anerkannt und mitbedacht. Denn es ist von der institutionalisierungstheoretischen Annahme auszugehen, dass ethnische Zugehörigkeit im aktuellen gesellschaftlichen Kontext ihre hohe Relevanz sowohl durch Institutionen (wie Gesetze) und öffentliche Diskurse als auch durch alltagsweltliche Praktiken erhält und in diesen verschiedenen Dimensionen immer wieder (re-) produziert wird.

2.2 Die Kategorie Generation

Vergleichbar der Migrationsforschung lässt sich auch die Kindheitsforschung entlang zweier sehr gegensätzlicher wissenschaftstheoretischer Positionen charakterisieren: Einerseits sind eher anthropologisch orientierte Prämissen von Forschung auszumachen, welche die Differenz zwischen Kindern und Erwachsenen als „natürlich" ansehen, mithin essentialisieren. Andererseits wird einer solchen Theorieposition die Annahme entgegengesetzt, dass vergleichbar der sozial-ethnischen und der Geschlechterordnung die generationale Ordnung einer Gesellschaft, also die je spezifische Ausgestaltung der Differenz zwischen Kindern und Erwachsenen, sozial konstruiert sei (vgl. Kelle 2005). Ansätze, die von einer sozialen Konstruktion gesellschaftlicher Differenzlinien ausgehen, etwa die konstruktivistische Geschlechterforschung, sehen sich immer auch mit anthropologischen Fragen nach der Leiblichkeit der Akteure konfrontiert. Und so zeichnet Kelle (ebd., S. 92f.) im Rekurs auf Honig (1999) nach, wie das anthropologische Grundproblem der konstitutionellen Unselbständigkeit junger Kinder, deren Bedürftigkeit nach „nicht-reziproken Sorgebeziehungen" in der generationalen Ordnung bearbeitet wird. Wo allerdings die Grenze zwischen den Generationen gezogen wird, ab wann Kindern die Angewiesenheit auf Sorgebeziehungen ab- und Eigenständigkeit zugesprochen wird, wie diese Sorgebeziehungen ausgestaltet werden und schlussendlich, wann man älteren Menschen wieder als Sorgebedürftigen und Unselbständigen begegnet, wird jeweils kulturell und historisch ausgehandelt. Insofern wird ersichtlich, wie die vermeintlich unhintergehbaren „anthropologische[n] Bedingungen [...] *selbst* Gegenstand kultureller Aushandlungen sind" (Kelle 2005, S. 93, hervg. i.Orig.). Die Generationendifferenz kann als sozial konstruiert begriffen werden, ohne damit anthropologische Aspekte wie die Leiblichkeit sowie die Schutz- und Sorgebedürftigkeit von Kindern grundsätzlich verneinen oder ausblenden zu müssen. Aus heuristischen Gründen erscheint es aber fruchtbar, sich davon zu emanzipieren (vgl. ebd.). Vergleichbar der ethnischen Ordnung ist Generation in Anlehnung an Alanen (2005) als eine *generationale* Struktur zu verstehen. Das von Erwachsenen sozial positionierte Kind steht demnach in einer eindeutigen Relation zum Erwachsenen und wird mithin zu einem Strukturelement der generationalen Ordnung. Das Verhältnis Kind – Erwachsene verweist auf ein interdependentes Verhältnis der beiden Positionen zueinander, das gleichsam eine Beziehung zwischen zwei unterschiedlichen sozialen Positionen markiert.

Und ebenso wie die Kategorie Ethnizität interaktiv hergestellt wird, sind es Prozesse wie das „*Generationing*" (Alanen 2005) oder das „*Doing Age*" oder „*Doing Generation*" (Kelle 2005), welche jene generationale Ordnung (re-) produzieren. Sie als das Ergebnis einer sozialen Praxis zu betrachten, erweist sich für die Theoretisierung der Kindheitsforschung insofern als bedeutsam, als auf diese Weise die verbreitete Anthropologisierung und Naturalisierung von Kindheit und Generationendifferenz relativiert werden kann. Denn diese führen schnell dazu, dass soziale Differenzierungspraktiken von Kindern in der frühen Kindheit und mithin deren Beteiligung an der Herstellung von sozial bedeutsamen Differenzen gar nicht erst in den Blick genommen werden, was sich gut an bisher (nicht) publizierten empirischen Arbeiten unseres Gegenstandsfeldes ablesen lässt. Der Bereich der frühen Kindheit war für die Migrationsforschung bisher kaum von empirischem Interesse[47], weshalb die zumeist programmatischen Verlautbarungen Interkultureller Bildung als empirisch kaum fundiert gelten müssen. Es dominieren Annahmen vom (noch) „unschuldigen, farbenblinden" Kind, das entwicklungsbedingt aufgrund seiner defizitären kognitiven Kompetenzen noch nicht in der Lage sei, die soziale Relevanz von ethnischen Unterscheidungen in der Gesellschaft zu erkennen, geschweige denn sie aktiv als Ressource im Umgang miteinander zu nutzen (Diehm 2000).

Inspiriert durch die konstruktivistische Geschlechterforschung, die Rassismus- und die neuere sozialwissenschaftliche Kindheitsforschung, sind in den letzten Jahren insbesondere im angloamerikanischen Raum Studien entstanden, die sich gegen eine Naturalisierung und Anthropologisierung der frühen Kindheit und die damit verbundene Defizitannahme vom inkompetenten Kind wenden. In zumeist ethnographischen Zugängen werden Alltagspraktiken junger Kinder in ethnisch heterogenen Kontexten in den Blick genommen (VanAusdal & Feagin 2001; Connolly 1998). Unter der paradigmatisch konträren Annahme von Kindern als den kompetenten Akteuren und Konstrukteuren ihrer Welt, vermochten diese beiden Arbeiten plausi-

---

[47] Kelle bescheinigt auch der soziologischen Kindheitsforschung Schwierigkeiten, kleine Kinder in den Blick zu nehmen. Sie begründet dies mit der Tendenz, der frühen Kindheit aufgrund anthropologischer Bedingungen einen „natürlicheren" Status als der späteren Kindheitsphasen zuzuschreiben (Kelle 2005, S. 93).

bel aufzuzeigen, *wie* Kinder in ihrem Alltag ethnische Unterscheidungen herstellen, auf vielfältige Weise interaktiv nutzen und sie sich dabei zugleich aneignen.

Sowohl die Kategorie Ethnizität als auch Generation sind für unseren Forschungszusammenhang relevant, da sie nicht nur den *Forschungsgegenstand* darstellen, sondern gleichzeitig auch konstitutiv für den gesamten *Forschungsprozess* sind. So geht es auf unterschiedlichen Ebenen immer auch um die Erzeugung von Ethnizität und Generation durch die Forschung. Allerdings ist hier festzuhalten, dass es zu allererst die Differenzlinie Ethnizität ist, auf die sich unser Erkenntnisinteresse richtet – auch wenn die Differenz Generation unhintergehbar im Spiel ist. Das heißt, dass wir die beiden Differenzlinien Ethnizität und Generation nicht auf der gleichen Analyseebene ansiedeln und ihnen nicht die gleiche Aufmerksamkeit entgegenbringen. Aber wenn Ethnizität derjenige Gegenstand ist, dessen interaktive Herstellung und Ausformung im Kindesalter und im Kindergarten im Mittelpunkt des Interesses steht, ist der interaktive Zusammenhang Kindheit, Kindsein und Erwachsensein im Forschungsprozess dennoch nicht auszublenden.

3 Reifizierung von Differenz durch Forschung

3.1 Gleichzeitigkeit von Analyse und Konstitution des Gegenstandes

Das Dilemma der Reifizierung von sozialer Differenz durch Forschung kann u.a. in der Gleichzeitigkeit von Analyse und Konstitution des Gegenstands gesehen werden (vgl. Mecheril, Scherschel & Schrödter 2003, S. 107).[48] Will man die soziale Differenzlinie Ethnizität im Kontext des Kindergartens erforschen, muss genau diese als Analysegegenstand herausgegriffen werden (vgl. ebd.). Ethnizität wird dann zum Thema der Forschung *gemacht* und wird im Zuge des Forschungsprozesses einer genaueren Betrachtung und Analyse, d.h. Definitionen und Kategorisierungen unterzogen. In unserem Zusammenhang müssen die in Interaktionen deutlich werdenden (früh-)kindlichen (Re-)Produktionsprozesse von Ethnizität im Alltagsgeschehen des Kindergartens beobachtet, in Feldnotizen festgehalten, zu „dichten Beschreibungen" in Beobachtungsprotokollen verdichtet und schlussendlich interpretativ nachvollzogen werden. Das Konstrukt Ethnizität wird so durch Forschung reifiziert, also vergegenständlicht, konkretisiert und dadurch immer erneut „wirklich gemacht" und bekräftigt.

Dem Problem der Reifizierung liegt also die konstruktivistische Einsicht zu Grunde, dass ein Untersuchungsgegenstand nicht „von sich aus" im Feld empirisch vorfindbar ist, sondern durch wissenschaftliche Beschäftigung erst erzeugt wird. [49] Für die Skizzierung des Reifizierungsproblems erscheint es daher hilfreich, sich zunächst mit dem Phänomen der „Konstruktivität" im Forschungsprozess auseinanderzusetzen. Ethnographische Forschung mit teilnehmend beobachtendem Zugang beansprucht, den sozialen Sinn von im Alltag vollzogenen Interaktionen, also die Kon-

---

[48] Vgl. hierzu in Bezug auf die Kategorie Geschlecht bei ethnographischen Zugängen die Arbeiten von Kelle (1999, 2000, 2001).

[49] Für unseren Argumentationsgang zur „Konstruktivität" beziehen wir uns auf die Ausführungen von Thon (2006, S. 181ff.) zur biographieanalytischen Geschlechterforschung und modifizieren sie für unseren Zugang und unser Erkenntnisinteresse.

struktionsleistungen der Teilnehmerinnen, nachträglich zu rekonstruieren. Um Konstruktion geht es in sinnrekonstruktiven Verfahren daher immer in zweifacher Weise und auf unterschiedlichen Konstruktionsebenen: auf der alltagsweltlichen und auf der wissenschaftlichen. Alfred Schütz (1971, S. 68) verdeutlicht dies mit der Unterscheidung von „Konstruktionen ersten Grades" und den sich daran anschließenden „Konstruktionen zweiten Grades". Bezeichnen erstere die Konstruktionsleistungen der Akteure im Feld, verweisen letztere auf die „Konstruktionen von Konstruktionen jener Handelnden im Sozialfeld" durch sozialwissenschaftliche Forschung (ebd.). Die alltagsweltlichen Ethnizitätskonstruktionen von jungen Kindern in ihrem Kindergartenalltag, die wir zu untersuchen beanspruchen, sind in dieser Theorieperspektive als „Konstruktionen ersten Grades" zu verstehen. Der Begriff Ethnizität erweist sich dabei selbst als eine „Konstruktion zweiten Grades", als ein theoretisches Konzept, mit dem die Alltagswirklichkeit im Kindergarten durch Wissenschaft beobachtet und alltagsweltliche Interaktionen interpretiert werden. Eine solche sinnrekonstruktive Erforschung der alltagsweltlichen Konstruktionen von Ethnizität im Kindergarten bildet also nicht eins zu eins ab, was „ohnehin schon da ist", sondern modelliert, verschiebt und transportiert den Untersuchungsgegenstand (vgl. Mecheril, Scherschel & Schrödter 2003, S. 107), erzeugt mithin „neue" und weitere „Ethnizitätskonstruktionen zweiten Grades".

3.2 Das Problem der Repräsentation

Forschung *über* soziale Differenz ist immer auch eine Forschung *unter Bedingungen von* sozialer Differenz. Sie ist gewissermaßen einem doppelten Differenzproblem unterworfen: Neben der Gleichzeitigkeit von Analyse und Konstitution eines Gegenstands wie Ethnizität (Mecheril, Scherschel & Schrödter 2003), sind die Konstruktionen zweiten Grades auch als Repräsentationen sozialer Wirklichkeit durch sozial in bestimmter Hinsicht positionierte Forscherinnen zu verstehen. Sinnrekonstruktive Forschung bewegt sich nicht im luftleeren (oder besser: differenzfreien) Raum, sondern ist eine in gesellschaftliche Kontexte eingebettete kulturelle Praxis, in der die soziale Wirkmächtigkeit der untersuchten Differenzlinien nicht aufgehoben ist. Forschung wird durch soziale Positionierungen vielmehr beeinflusst, wie es Christensen (2004, S. 175) für den Bereich der Kindheitsforschung beschreibt: „In the process of research, power moves between different actors and different social positions, it is produced and negotiated in the social interactions of child to adult, child to child and adult to adult in the local settings of the research." Die Konstruktionen zweiten Grades sind insofern Repräsentationen sozialer Wirklichkeit, die Wirklichkeit nicht „wirklich" abbilden, sondern immer schon durch die professionellen und biographischen Vorerfahrungen, die Positionierungen der Forscherin (in unserem Fall bspw. als Erwachsene, als Mehrheitsangehörige, als Frau, als Akademikerin) Einfluss auf ihren Erkenntnisprozess nehmen. Zugleich hat die Positioniertheit der Forscherin aber auch Auswirkungen darauf, wie sie von den Akteuren im Feld – Kindern, ErzieherInnen und Eltern – wahrgenommen wird und wie ihre Anwesenheit in den Alltag integriert werden kann. Zum Beispiel repräsentiert die Forscherin, die als aktiv teilnehmende Beobachterin am Kindergartenalltag teilhat, Erwachsensein und wird insofern von den Kindern wohl als Erwachsene, die ihren

Erfahrungen nach sanktionsmächtig ist, als Erlaubniserteilende und Beschwerdein-stanz wahrgenommen und adressiert. Die Problematik der Machtdimension in Bezug auf die Frage nach Repräsentation wurde insbesondere innerhalb der sehr vielschich-tigen, kritisch-reflexiven Debatte über die „Krise der ethnographischen Repräsenta-tion" (Berg & Fuchs 1993a) gestellt und im Hinblick auf die Repräsentation des „Anderen" zugespitzt. Diese in der Kulturanthropologie und Ethnologie geführte Auseinandersetzung problematisiert die ethnographische Erforschung „fremder" Kulturen im (post-)kolonialen Kontext. Sie befragt die durch Ethnographie erzeug-ten Repräsentationen über „die Fremden" kritisch im Hinblick auf ihren Anteil an der (Re-)Produktion postkolonialer, von Herrschaft und Unterdrückung strukturell geprägter Verhältnisse (vgl. Berg & Fuchs 1993b, S. 11). Die Ethnographie wird in diesen Debatten nun als „[…] ursprünglicher Akt der Inskription, in dem die Ande-ren distanziert und objektiviert werden, als primärer Prozess der Produktion des Bildes der Anderen thematisiert […]" (ebd., S. 13). Dieser Prozess der Konstitution der „Anderen", der sich über die Abgrenzung vom Anderen und damit zugleich über die Konstitution des Selbst vollzieht, wird mit dem Begriff des „*Othering*" gefasst. „*Othering* bezeichnet die Einsicht, dass die anderen nicht einfach gegeben sind, auch niemals einfach vorgefunden oder angetroffen werden – sie werden *gemacht* (Hvg. i. Org.)" (Fabian 1993, S. 337). Diese fundamentale Kritik an der Ethnogra-phie der „fremden Kulturen" und den daran geknüpften Repräsentationen der „An-deren", sollte unseres Erachtens auch für die Ethnographie der „eigenen Kultur" (Amann & Hirschauer 1997) bedacht werden, denn auch „hier" erzeugt Ethnogra-phie Repräsentationen über die beforschten Subjekte, „die Kinder" oder „die Men-schen mit Migrationshintergrund".[50] Selbst wenn die ethnographische Kindheitsfor-schung *aus der Perspektive von* Kindern zu forschen beansprucht (vgl. Honig, Lan-ge & Leu 1999), (re-)produziert sie immer auch Bilder und Wissen *über* Kinder und Kindheiten.[51] Wie „der /die Andere" repräsentiert wird, ist dabei – wie zuvor ange-sprochen – immer auch abhängig von der Positioniertheit der Forscherin. So wird bspw. für die Migrationsforschung vor allem in der postkolonial und poststruktura-listisch informierten Kritischen Weißseinsforschung problematisiert, dass die soziale Positioniertheit, das „*Weißsein*" von mehrheitsangehörigen Forscherinnen in aller Regel weder reflektiert noch als Ausgangspunkt des Sprechens/ Nachdenkens/ For-schens thematisiert werde. Das nicht markierte und so *un*-sichtbare Weißsein werde damit implizit zu einem quasi universalistischen und objektiven Standpunkt, von dem aus Wirklichkeit betrachtet und die beforschten Subjekte als „die Anderen" konstruiert und markiert werden (vgl. Eggers, Kilomba, Piesche & Arndt 2005; Wachendorfer 2004)[52].

---

[50] Vgl. daneben auch die in den 1980er Jahren innerhalb der Sozialpädagogik unter „Verstehen oder Kolonialisieren?" geführte Debatte über den potenziell negativen und stigmatisierenden Effekt einer qualitativen Erforschung der Lebenswelt der Klienten Sozialer Arbeit (Müller & Otto 1984).
[51] Auch Beck und Scholz (2000) übertragen in einem stärker psychoanalytisch orientierten Zugang ethno-logische Debatten auf die ethnographische Kindheitsforschung.
[52] Die systematische Reflexion und Ausarbeitung der Bedeutung von Weißsein im Forschungsprozess steht zumindest für den deutschsprachigen Raum noch aus und kann in diesem Artikel lediglich markiert

Die Beschäftigung mit dem Problem der Repräsentation wird insbesondere unter forschungsethischen Gesichtspunkten besonders relevant, nämlich bei der Frage nach den Effekten von Forschung. Dittrich und Radtke (1990, S. 14) erweitern für ihre Kritik an Ethnisierungsprozessen durch Sozialwissenschaften das Schütz'sche Modell um eine weitere Konstruktionsebene, wenn sie darauf aufmerksam machen, dass wissenschaftliches Wissen – bisweilen trivialisiert und fragmentarisch – in die Alltagswelt zurückfließt und dort den „Alltagskonstrukteuren" zur Wirklichkeitskonstruktion dient: „Die sozialwissenschaftlichen Wirklichkeitskonstruktionen dringen als Argumente auch in den alltäglichen Diskurs über die soziale Wirklichkeit ein, legen relevante Wirklichkeitsausschnitte fest und bestimmen deren Grenzen. Damit strukturieren sie die Handlungsräume von Institutionen und Individuen und selektieren ihre Handlungsalternativen" (ebd.). Eine solche Erkenntnis fordert dazu auf, systematisch einen kritisch-reflexiven Blick auf das Differenz reifizierende Potential der eigenen Forschungsaktivitäten zu entwickeln. Wenn das Dilemma der Reifizierung nun aber als unumgänglicher Effekt aufgefasst wird, verbleibt neben der Reflexivität nur die bedachte und umsichtige Konzeption von Forschungsprojekten um diese Problematik zu entschärfen. Im Kontext der sozialwissenschaftlichen Geschlechterforschung (vgl. Thon 2006, Kelle 1999) wurde mehrfach aufgezeigt, dass sich gerade sinn-rekonstruktive Zugänge durch ihre weitgehende Offenheit in besonderer Weise eignen, eine „reifizierungssensible Perspektive" (Thon 2006, S. 179) auf den Untersuchungsgegenstand zu entwickeln.

4   Reifizierung und Reifizierungssensibilität im Forschungsprozess

Im Folgenden werden im ersten Schritt zunächst exemplarisch einige Aspekte unseres eigenen Forschungsprozesses aufgezeigt, an denen die Reifizierungsproblematik besonders sichtbar wird. Im zweiten Schritt werden dann Möglichkeiten einer reifizierungssensiblen Gegenstandskonstitution angesprochen.

4.1 Reifizierung im Forschungsprozess

Auswahl des Feldes: Wo, in welchem institutionellen Kontext, so ist für die Planung eines Forschungsvorhabens von vornherein zu entscheiden, sollen Prozesse untersucht werden, die ein „Doing Ethnicity" abbilden, zumindest nachvollziehbar machen? Die Entscheidung über die Auswahl eines adäquaten Untersuchungsfeldes oder mehrerer -felder, kann zumindest dann, wenn man auf die Bewilligung von Drittmitteln angewiesen ist, nicht aufgeschoben werden und bedarf einer tragfähigen und plausiblen Begründung. Entscheidet man sich beispielsweise dafür, in zwei Kindergärten zu forschen, die hinsichtlich der ethnischen Zusammensetzung ihrer Klientel variieren, wird die Differenzkategorie Ethnizität damit zunächst nicht *de*konstruiert, sondern in ihrer sozialen Relevanz aufgegriffen und gleichsam bestärkt. In diesem Falle erfährt die Kategorie Ethnizität als Auswahlkriterium für die einbezogenen pädagogischen Einrichtungen bereits in diesem Stadium der (Vor-) Überle-

---

werden. Auch im Hinblick auf soziale Positionierungen entlang anderer Differenzlinien bedarf es mitunter weiterer methodologischer Überlegungen.

gungen (und ihrer Begründung) eine Relevantsetzung – noch bevor sie überhaupt als Untersuchungsgegenstand ins analytische Blickfeld gekommen ist.

Aufmerksamkeitsrichtungen: Will man die Bedeutung von Ethnizität in den Interaktionen junger Kinder mittels teilnehmender Beobachtung untersuchen, bewegt man sich in einem Spannungsfeld zwischen der Notwendigkeit der *Bestimmung* des Untersuchungsgegenstandes und dem Anspruch, die *Bedeutung* des Untersuchungsgegenstands aus dem Feld zu rekonstruieren. Zur Bestimmung des Gegenstandes kommt die Methode der teilnehmenden Beobachtung bei allem Anspruch auf größtmögliche Offenheit nicht ohne gewisse Aufmerksamkeitsrichtungen, oder im Vokabular der Grounded Theory: „sentitizing concepts" (Blumer 1969), aus. Es stellt sich die Frage, auf *was*, oder genauer: auf welche Interaktionen, wir eigentlich blicken, wenn wir die Herstellung von Ethnizität fokussieren, um sie zu rekonstruieren? Daraus wird ersichtlich, dass das in diesen Aufmerksamkeitsrichtungen aufgehobene (*Vor-*) Verständnis der Forscherin darüber, was Ethnizität denn sein könnte, den Beobachtungsprozess von Beginn an in entscheidender Weise mitstrukturiert.

Bezeichnungspraktiken: Das Problem potentiell ethnisierender Aufmerksamkeitsrichtungen während des Beobachtens setzt sich fort im Dilemma einer adäquaten Bezeichnungspraxis beim Verfassen der Beobachtungsprotokolle. In unseren Projekten standen wir an vielen Stellen vor dem Problem, dass wir bei der Verschriftlichung von Beobachtungen auf Beschreibungen/Konstrukte zurückgreifen mussten, die wir eigentlich zu untersuchen gedachten. In einigen Fällen war es darüber hinaus nicht zu vermeiden, zum Beispiel die *eigene* Wahrnehmung der Hautfarbe eines Kindes, das man beobachtet hatte, zu beschreiben. Manche Beobachtungsprotokolle würden ganz andere Interpretationen nahe legen, wüsste man nicht, dass ein Kind eine „dunkle Hautfarbe" hat. Dies ist in aller Regel nur mit dem Vokabular, das im Alltags- oder Wissenschaftsdiskurs sozial verfügbar ist, möglich. Daran wird deutlich, dass wir als Forscherinnen selbst Teil wirkmächtiger sozialer Differenzpraxen sind und dass uns auf sprachlicher Ebene dementsprechend nur Bezeichnungen innerhalb dieses Diskurses zur Verfügung stehen. Ein gänzlicher Verzicht, so warnt Helga Kelle (1999, S. 319), würde allerdings auf „dünne Beschreibungen" hinauslaufen, die für eine Interpretation ungeeignet wären.

4.2 Reifizierungssensibilität als forschungsstrategische Haltung

Die Prämissen Offenheit und Zirkularität: Zunächst sind es die übergeordneten Prinzipien qualitativer Forschung, Offenheit und Zirkularität, die dem Anspruch einer reifizierungssensiblen Gegenstandskonstitution in besonderer Weise entgegenkommen können – sofern sie denn in ihrer forschungspraktischen Anwendung ernst genommen werden. Als paradigmatische „offene" Frage kann die von Geertz (1983) formulierte, fast schon „klassische" Beobachtungs- und Interpretationsprämisse „What the hell is going on here?" betrachtet werden. Sie soll gewährleisten, dass ablaufende Handlungspraktiken im Vollzug zunächst nicht eingeschränkt auf das eigene Erkenntnisinteresse hin fokussiert und interpretiert werden. Offenheit bedeutet in diesem Sinne weiter, dass die notwendigen Aufmerksamkeitsrichtungen der Forscherin, die „sensitizing concepts", d.h. in unserem Fall das (Vor-)Verständnis dessen, was wir als Ethnizität betrachten, lediglich als *Ausgangspunkte* der Untersuchung darstellen können (Charmaz 2006, S. 16). Davon ausgehend ist dann im Weiteren zu untersuchen, *wie* Bedeutungen von den Akteuren situativ im Feld hergestellt werden. Zirkularität als Forschungsstrategie, mit einer wechselnden Pendelbewegung zwischen Feld, Datenerhebung, Schreibtisch, Interpretation und theoretischer Beschäftigung mit dem Gegenstand, soll dabei eine vorschnelle Bestimmung und Vereindeutigung des Gegenstands Ethnizität verhindern. Vielmehr wird ein „zögerliches Einkreisen" (vgl. Thon 2006) des Untersuchungsgegenstands favorisiert, um die nötige Offenheit virulent zu halten.

Die Anti-Essentialisierung von Differenz: Das Problem des „Othering", der Erzeugung der ethnischen „Anderen" durch Forschung erweist sich dann als besonders groß, wenn einzelne ethnisch codierte Kindergruppen ins Zentrum der Analyse rücken, wenn etwa ernsthaft danach gefragt würde, wie Kinder bspw. mit spanischem Migrationshintergrund „sind" bzw. wie sich „die spanische Kultur" im Leben von Kindern darstellt. In diesem Falle würde durch Forschung ein bestimmtes Wissen über eine national codierte Gruppe von Kindern re-produziert und eine Minderheitengruppierung würde dem deutenden Blick der Forschenden ausgesetzt. Schon der gewählte sozialkonstruktivistische und ethnomethodologische Theoriehintergrund legt nahe, dass die sozialen Herstellungsprozesse von Ethnizität im Allgemeinen – und nicht fokussiert auf einzelne Kinder oder Kindergruppen – in den Interaktionen der Kinder *in situ* zu untersuchen sind. Auf essentialisierende, national codierte Gruppenkonstruktionen in der Planung von Forschungsvorhaben grundsätzlich zu verzichten, schwächt das Reifizierungsproblem in merklicher Weise ab.

Die Kontextualisierung von Differenz: Ginge man auf theoretischer Ebene von einer Omnirelevanzannahme der Kategorie Ethnizität aus (vgl. West & Zimmerman 1987), würde man damit deren ständige und unablässige Relevanz für jegliche und in jeglicher Interaktion voraussetzen. „Reifizierungsriskant" erweist sich eine solche Annahme deshalb, weil damit durch die „Brille" der Beobachterin unweigerlich alle Interaktionen unter dem Label Ethnizität gedeutet würden, die möglicherweise auch andere Interpretationen zuließen. Als reifizierungssensibler erscheint dagegen die Zurückweisung einer Omnirelevanzannahme zugunsten einer differenziellen, situations- und kontextgebundenen Bedeutungszuschreibung der Kategorie Ethnizität. Deren situative Relevanz für die Interaktion kann dann nicht vorausgesetzt werden, sondern kann nur über eine konsequente Kontextualisierung, soziale und situative Einbettung der Interaktionen herausgearbeitet werden.[53] Kontextualisierung bedeutet also forschungspraktisch zunächst, die Bedeutung von Ethnizität im Feld nicht per se vorauszusetzen, sondern sie im Feld situativ zu entdecken und die beobachteten Interaktionen der Kinder an den spezifischen Kontext, in dem sie sich vollziehen, rückzubinden (vgl. Kelle 1999, S. 304). Anja Tervooren (2006) empfiehlt hierfür ein

---

[53] Die Frage nach der Omnirelevanz von Ethnizität kann u.E. auch nicht über „Offenheit" im Forschungsprozess *empirisch* geklärt werden. Ob sie angenommen oder zurückgewiesen wird, hängt vielmehr von der *theoretischen* Orientierung der Forschenden ab. Von einer Annahme oder Zurückweisung ausgehend, werden Interaktionen im Feld jeweils *unterschiedlich* interpretiert, so dass sich die Omnirelevanz von Ethnizität oder deren nur situative Bedeutsamkeit am Datenmaterial jeweils erhärten lassen.

konsequent zweischrittiges Vorgehen. Erst nach einer Allgemeinanalyse des sozialen Interaktionsraumes Kindergarten sollte der Fokus auf das eigentliche Erkenntnisinteresse Ethnizität gelegt werden. Dies verweist wiederum auf das Potenzial des zirkulären Vorgehens.[54]

Das Prinzip der Kontextualisierung kann aber auch eine Untersuchung des Gegenstands in unterschiedlichen Kontexten, also unterschiedlichen Forschungsfeldern, nahelegen. Die Kontextverschiedenheit *kann* sich hierbei, wie zuvor problematisiert, auf die ethnische Heterogenität der Klientel von Kindergärten beziehen, auf die unterschiedliche konzeptionelle Ausrichtung von Kindergärten – etwa achten manche Einrichtungen auf eine explizit interkulturelle oder anti-diskriminierende Konzeption - auf unterschiedliche Institutionen, wie Kindergarten und Grundschule oder aber informelle Orte, wie Spiel- und Sportgruppen. Der Ertrag läge dabei sicher in einem differenzierten Bild, das über den Untersuchungsgegenstand gezeichnet werden könnte. Greift man jedoch auf das Konstrukt ethnische Heterogenität der Kinder als Kriterium für die Auswahl des Forschungsfelds zurück, gilt es diese ethnisierende Vorauswahl im Verlauf des Erkenntnisprozesses mit zu reflektieren.

Die Relationierung von Differenz: Eingangs wurde problematisiert, dass es nicht nur die ethnische Differenz ist, die bereits auf der Ebene der Konstituierung des Gegenstandes reifiziert wird, sondern – quasi im Nebeneffekt – auch die Generationendifferenz. An dieser Stelle ist zu betonen, dass beide Gegenstände Ethnizität und Generation reifizierungssensibel konstituiert werden können, wenn ihre *beiden* sozialen Herstellungsmodi konsequent in den Blick genommen werden. Dadurch wird es möglich, zwei unterschiedliche Differenzkategorien abwechselnd und in ihrer relationalen Bezogenheit zu fokussieren. Auf die mit der Entrelationierung sozial relevanter Kategorien verbundene Gefahr einer Essentialisierung von Differenz machen Mecheril, Scherschel und Schrödter (2003, S. 108f) aufmerksam, wenn nur eine einzelne Differenzlinie untersucht wird. Durch das Miteinander-in-Beziehung-setzen von Ethnizität und anderen Unterscheidungskategorien ist diese Gefahr zu vermindern. Deren abwechselnde Fokussierung trägt entscheidend dazu bei, eine reifizierungssensible Perspektive auf den Untersuchungsgegenstand zu entwickeln. „Durch die Fokussierung der jeweils anderen Kategorie kann die zuvor fokussierte sozusagen Teil des Kontexts dessen werden, worauf nun die Aufmerksamkeit gerichtet ist. Die dabei vollzogene Relationierung kann die benutzten Kategorien immer wieder verflüssigen, und es können Irritationen erzeugt werden, die sichtbar machen, wie im Erforschen der Gegenstand konstruiert wird" (Thon 2006, S. 182). Gerade ethnographische Zugänge erweisen sich als besonders irritationsfreundlich. Durch eine längere Feldteilnahme und ein zirkuläres Vorgehen bieten sie die strukturelle Möglichkeit einer weitestgehenden Offenheit gegenüber dem Untersuchungsgegenstand, die es zulässt, mehrere Unterscheidungskategorien wechselseitig fokussieren zu können.

---

[54] Die in diesem Absatz zitierten Autorinnen beziehen sich in ihren Überlegungen auf die Kategorie Geschlecht.

Abschließend sei festgehalten, dass die Schwierigkeit, ethnische Differenz durch Forschung nicht zu reifizieren, sich als eine hochgradig differenzierte und facettenreiche Problematik darstellt. Wie eingangs angesprochen, verweist sie auf die für alle (qualitative) Forschung konstitutiven Dilemmata, von denen hier lediglich einzelne Aspekte gestreift und markiert werden konnten. Das Sprechen von Dilemmata verdeutlicht insofern, dass es keine eindeutigen und einfachen (Auf-)Lösungsmöglichkeiten geben kann. Vielmehr sind diese Dilemmata im Verlauf des Forschungsprozesses als dessen feste und unhintergehbare Bestandteile kontinuierlich reflexiv einzuholen.

Literatur

Alanen, Leena (2005): Kindheit als generationales Konzept. In: Hengst, Heinz / Zeiher, Helga (Hrsg.): Kindheit soziologisch. Wiesbaden: VS Verlag, S. 65-82.

Amann, Klaus / Hirschauer, Stefan (1997): Die Befremdung der eigenen Kultur. Ein Programm. In: Dies. (Hrsg.): Die Befremdung der eigenen Kultur. Zur ethnographischen Herausforderung soziologischer Empirie. Frankfurt a.m.: Suhrkamp, S. 7-52.

Beck, Gertrud / Scholz, Gerold (2000): Teilnehmende Beobachtung von Grundschulkindern. In: Heinzel, Friederike (Hrsg.): Methoden der Kindheitsforschung. Ein Überblick über Forschungszugänge zur kindlichen Perspektive. Weinheim u. München: Juventa, S. 147-170.

Berg, Eberhard / Fuchs, Martin (Hrsg.) (1993a): Kultur, soziale Praxis, Text: Die Krise der ethnographischen Repräsentation. Frankfurt a.m.: Suhrkamp.

Berg, Eberhard / Fuchs, Martin (1993b): Phänomenologie der Differenz. Reflexionsstufen ethnographischer Repräsentation. In: Dies. (Hrsg.): Kultur, soziale Praxis, Text: Die Krise der ethnographischen Repräsentation. Frankfurt a.m.: Suhrkamp, S. 11-108.

Blumer, Herbert (1969): Symbolic Interactionism. Perspective and Method. Englewood Cliffs: Prentice-Hall.

Boos-Nünning, Ursula (1976): Bikulturelle oder gestörte Sozialisation? – Die psychische Entwicklung ausländischer Kinder. In: Boos-Nünning, Ursula / Hohmann, Manfred / Reich, Hans H. (1967):Integration ausländischer Arbeitnehmer. Schulbildung ausländischer Kinder. Studien zur Kommunalpolitik. Schriftreihe des Instituts für Kommunalwissenschaften. Band 14, S.110-123.

Charmaz, Kathy (2006): Constructing Grounded Theory. A Practical Guide Through Qualitative Analysis. London / Thousand Oaks / New Deli: SAGE Publicationes.

Connolly, Paul (1998): Racism, Gender Identities and Young Children: Social Relations in A Multi-Ethnic, Inner-City Primary School. London: Routledge.

Connolly, Paul (2008): Race, Gender and Critical Reflexivity in Research with Young Children. In: Christensen, Pia / James, Allison (Eds.): Research with Children: Perspectives ans Practices. London: Routledge, S. 173-188.

Christensen, Pia H. (2004): Children's Participation in Ethnographic Research: Issues of Power and Representation. In: Children & Society, vol. 18 no.2, S. 165-176.

Czock, Heidrun (1993): Der Fall Ausländerpädagogik: Erziehungswissenschaftliche und bildungspolitische Codierungen der Arbeitsmigration. Frankfurt a.m.: Cooperative.

Diehm, Isabell (1999): Pädagogische Ent-Fremdung. Die Verdichtung von Differenz in der Figur »fremder« Frauen und Mädchen. In: Rendtorff, Barbara / Moser, Vera (Hrsg.): Geschlecht und Geschlechterverhältnisse in der Erziehungswissenschaft. Eine Einführung. Opladen: Leske und Budrich, S.181-199.

Diehm, Isabell (2000): Erziehung und Toleranz. Handlungstheoretische Implikationen Interkultureller Pädagogik. In: Zeitschrift für Pädagogik, 46. Jg., H. 2, S. 251-274.

Diehm, Isabell (2008): Ethnie und Migration. In: Otto, Hans-Uwe / Coelen, Thomas (Hrsg.): Grundbegriffe der Ganztagsbildung. Beiträge zu einem neuen Bildungsverständnis in der Wissensgesellschaft. Wiesbaden: VS Verlag für Sozialwissenschaften, S. 98-105.

Diehm, Isabell / Kuhn, Melanie (2005): Ethnische Unterscheidungen in der frühen Kindheit. In: Hamburger, Franz / Badawia, Tarek / Hummrich, Merle (Hrsg.): Migration und Bildung. Über das Verhältnis von Anerkennung und Zumutung in der Einwanderungsgesellschaft. Wiesbaden: VS Verlag für Sozialwissenschaften, S. 221-231.

Diehm, Isabell / Kuhn, Melanie (2006): "Doing Race / Doing Ethnicity" in der frühen Kindheit. In: Otto, Hans-Uwe / Schrödter, Mark (Hrsg.): Soziale Arbeit in der Migrationsgesellschaft. Sonderheft 8, neue praxis, 2006, S. 140-151.

Diehm, Isabell / Radtke, Frank-Olaf (1999): Erziehung und Migration. Eine Einführung. Stuttgart/Berlin/Köln: Kohlhammer.

Dittrich, Eckhard / Radtke, Frank-Olaf (1990): Einleitung. Der Beitrag der Wissenschaften zur Konstruktion ethnischer Minderheiten. In: Dies. (Hrsg.): Ethnizität. Opladen: Westdeutscher Verlag, S. 11-40.

Eggers, Maureen Maisha / Kilomba, Grada / Piesche, Peggy / Arndt, Susan (2005): Mythen, Masken und Subjekte. Münster: UNRAST-Verlag.

Fabian, Johannes (1993): Präsenz und Repräsentation. Die Anderen und das anthropologische Schreiben. In: Berg, Eberhard / Fuchs, Martin (Hrsg.) (1993): Kultur, soziale Praxis, Text: Die Krise der ethnographischen Repräsentation. Frankfurt a.M.: Suhrkamp, S. 335-364.

Geertz, Clifford (1983): Dichte Beschreibung. Beiträge zum Verstehen kultureller Systeme. Frankfurt a.M.: Suhrkamp.

Heitmeyer, Wilhelm / Müller, Joachim / Schröder, Helmut (1997): Verlockender Fundamentalismus. Frankfurt a.M.: Suhrkamp.

Honig, Michael-Sebastian (1999): Entwurf einer Theorie der Kindheit. Frankfurt a.M.: Suhrkamp.

Honig, Michael-Sebastian / Lange, Andreas / Leu, Hans Rudolf (Hrsg.) (1999): Aus der Perspektive von Kindern? Zur Methodologie der Kindheitsforschung. Weinheim u. München: Juventa.

Kalpaka, Annita / Räthzel, Nora (Hrsg.) (1990): Die Schwierigkeit, nicht rassistisch zu sein. Leer: Mundo-Verlag, 2. völlig überarbeitete Auflage.

Kelle, Helga (1999): Geschlechterunterschiede oder Geschlechterunterscheidung? Methodologische Reflexion eines ethnographischen Forschungsprozesses. In: Dausien, Bettina u.a. (Hrsg.): Erkenntnisprojekt Geschlecht. Opladen: Leske und Budrich, S. 304-324.

Kelle, Helga (2000): Das ethnomethodologische Verständnis der sozialen Konstruktion der Geschlechterdifferenz. In: Lemmermöhle, Doris u.a. (Hrsg.): Lesarten des Geschlechts. Zur De-Konstruktionsdebatte in der erziehungswissenschaftlichen Geschlechterforschung. Opladen: Leske und Budrich, S. 116-132.

Kelle, Helga (2001): »Ich bin der die das macht« Oder: Über die Schwierigkeit, »doing gender«-Prozesse zu erforschen. In: Feministische Studien, 2/2001, S. 39-56.

Kelle, Helga (2005): Kinder und Erwachsene. Die Differenzierung von Generationen als kulturelle Praxis. In: Hengst, Heinz / Zeiher, Helga (Hrsg.): Kindheit soziologisch. Wiesbaden: VS Verlag, S. 83-108.

Lutz, Helma / Krüger-Potratz, Marianne (2004): Gender in der interkulturellen Pädagogik. In: Glaser, Edith / Kilka, Dorle / Prengel, Annedore (Hrsg.): Handbuch Gender und Erziehungswissenschaft. Bad Heilbrunn: Klinkhardt, S. 436-447.

Mecheril, Paul / Scherschel, Karin / Schrödter, Mark (2003): „Ich möchte halt von Dir wissen, wie es ist, du zu sein". Die Wiederholung der alienierenden Zuschreibung durch qualitative Forschung. In: Badawia, Tarek / Hamburger, Franz / Hummrich, Merle (Hrsg.): Wider die Ethnisierung einer Generation. Beiträge zur qualitativen Migrationsforschung. Frankfurt a.M./London: IKO-Verlag für Interkulturelle Kommunikation, S. 93-111.

Mecheril, Paul (2004): Einführung in die Migrationspädagogik. Weinheim u. Basel: Beltz Verlag.

Müller, Siegfried / Otto, Hans-Uwe (Hrsg.) (1984): Verstehen oder Kolonialisieren? Grundprobleme sozialpädagogischen Handelns und Forschens. Bielefeld: Kleine.

Schrader, Achim / Nickles, Bruno W. / Griese, Hartmut M. (1976): Die zweite Generation. Sozialisation und Akkulturation ausländischer Kinder in der Bundesrepublik. 2. Auflage. Königstein: Athenaeum.

Schütz, Alfred (1971): Zur Methodologie der Sozialwissenschaften. In: Ders.: Gesammelte Aufsätze. Bd. 1. Den Haag: Nifhoff, S. 3-110.

Tervooren, Anja (2006): Im Spielraum von Geschlecht und Begehren. Ethnographie der ausgehenden Kindheit. Weinheim u. München: Juventa.

Thon, Christine (2006): Rekonstruktive Geschlechterforschung und die zögerliche Konstitution des Gegenstands. Überlegungen aus einem Forschungsprojekt zu intergenerationalen Wandlungsprozessen in Frauenbiographien. In: Bilden, Helga / Dausien, Bettina (Hrsg.): Sozialisation und Geschlecht. Theoretische und methodische Aspekte. Opladen / Farmington Hills: Budrich, S. 179-197.

Van Ausdale, Debra / Feagin, Joe R. (2001): The first R. How Children Learn Race and Racism. Oxford: Rowman & Littlefield.

Wachendorfer, Ursula (2004): Weiß-Sein in Deutschland. In: Antidiskriminierungsbüro (ADB) Köln/cyberNomads (cbN) (Hrsg.): TheBlackBook. Deutsche Häutungen. Frankfurt a.M./London: IKO-Verlag für Interkulturelle Kommunikation, S. 116-129.

Weber, Max (1956): Wirtschaft und Gesellschaft. Tübingen: Mohr Siebeck.

West, Candace / Fenstermaker, Sarah (2001): 'Doing Difference' revisted. Probleme, Aussichten und Dialoge in der Geschlechterforschung. In: Heintz, Bettina (Hrsg.): Geschlechtersoziologie. Opladen: Westdeutscher Verlag, S. 236-249.

West, Candace / Zimmerman, Don H. (1987): *Doing Gender*. In: *Gender & Society*. 1987 / 1, S. 125-151.

Andreas Brenne

„Resonanzen" – Qualitative Forschung im Spannungsverhältnis zwischen Kunst und Pädagogik

Kunstpädagogische Forschung unterscheidet sich insofern von erziehungswissenschaftlicher Forschung, als sie zwei unterschiedliche Bezugssysteme – nämlich die Kunst und die Pädagogik – zugleich in den Blick nimmt. Systemtheoretisch betrachtet handelt es sich um zwei unterschiedliche gesellschaftliche Systeme mit unterschiedlichen Funktionen und Kommunikationscodes (vgl. Luhmann 1998).

Während das Erziehungssystem die Ausbildung und Bildung von Menschen (unter sehr unterschiedlichen Gesichtspunkten) verfolgt, geht es in der Kunst vor allem um die Produktion, Präsentation und Reflexion von Kunstwerken. Für eine integrierende Darstellung kommt erschwerend hinzu, dass es *die* Kunstpädagogik nicht gibt und unterschiedliche Didaktiken miteinander konkurrieren, so dass Zielsetzungen jeweils anders bestimmt werden. Dies bringt eine entsprechend divergente Forschungspraxis hervor, wobei die Unterrichtsforschung nur ein Ausschnitt des Repertoires ist. Zugespitzt könnte man formulieren, dass die Auseinandersetzung mit ästhetischer Erfahrung von Kindern im Grundschulalter sich fast im Bereich des Marginalen bewegt. Zu Beginn möchte ich drei wichtige Positionen der kunstpädagogischen Fachdiskussion markieren, indem ich kurz auf die Lage des Faches eingehe, um anschließend einen Überblick über die gegenwärtigen Forschungsaktivitäten zu geben.

Insgesamt lässt sich momentan von einer Phase des Umbruchs sprechen; es scheint so, dass die gesamte Kunstpädagogik neu entworfen wird bzw. sich neu erfindet. Solche Bewegungen sind in der Historie des Faches nicht neu (schon auf dem ersten Dresdener Kunsterziehertag 1901 wurde gestritten, ob es um Erziehung *zur* Kunst oder *durch* Kunst gehe), doch wurde seit den 1980er Jahren das Fach weitgehend durch die einheitsstiftende Formel „Ästhetische Erziehung" identifiziert – ein Begriff, den Hartmut von Hentig in den 1970er Jahren revitalisiert hatte.

1 Der fachliche Diskurs

Den gegenwärtig konstatierbaren Umbruch leiteten Gunter Otto (1998) und Gert Selle (1990) durch einen öffentlich geführten Disput Anfang der 1990er Jahren ein. Es ging darin um die zugespitzte Alternative, ob sich die Kunstpädagogik an der zeitgenössischen avantgardistischen Kunst (Selle) oder in viel weiterem Sinne allgemein an Bildern (Otto) orientieren solle. Diese Auseinandersetzung beeinflusst bis heute den Fachdiskurs, der mittlerweile drei Orientierungen hervorgebracht hat (vgl. Peez 2005): die Orientierung am Bild (1), an der Kunst bzw. künstlerischer Bildung (2) und am Subjekt (3).

Zur Orientierung am Bild (1): Die VertreterInnen der Bildorientierung bemühen sich um eine Weiterentwicklung der Positionen Gunter Ottos im Kontext des Medienzeitalters. Dies impliziert eine Erweiterung des Bildbegriffs und eine Öffnung des Faches für alle Bilder, auch und gerade die außerhalb des Kunstsystems generierten

Bilder bzw. deren Struktur. Wichtiges Stichwort ist hier der „performative turn", der die Abkehr vom fest gefügten „Standbild" bzw. dem „iconic turn" markiert. Ästhetische Erziehung versteht sich demnach als Bildwissenschaft und zielt auf eine „visual literacy", auf die Förderung der Bildlese-Kompetenz in (inter-)kulturellen Kontexten im Sinne einer Schlüsselqualifikation ab. Dieses disziplinäre Selbstverständnis bildet auch die argumentative Grundlage dafür, die Verankerung der Kunstpädagogik im Fächerkanon der Schule zu legitimieren (vgl. Behring & Niehoff 2005).

Zur Orientierung an der Kunst (2): In Opposition zur Orientierung am Bild etablierte sich in den letzten Jahren eine Bewegung, die das Ende des „ottonischen Zeitalters" propagiert, und eine „künstlerische Bildung" proklamiert (vgl. Buschkühle 2002). Orientierungspunkt der Kunstpädagogik soll verstärkt die Kunst sein; „Bildwissenschaft" und (Schul-)Pädagogik werden demgemäß eine geringere Bedeutung zugemessen. Diese Position gründet auf einem erweiterten Kunstbegriff, wobei Person und Werk Joseph Beuys' als Kronzeuge und Leitmotiv herangezogen werden (vgl. Buschkühle 1997). Insofern findet hier der Anschluss an Gert Selle statt (vgl. Selle 1994). Die Kunstorientierung zielt dementsprechend darauf, subjektorientierte „Lebenskunst" oder eine „Ästhetik der Existenz" zu fördern.

Zur Orientierung am Subjekt (3): Eine dritte Strömung greift traditionelle reformpädagogische einerseits sowie kunstpädagogische Tradition andererseits auf, um – diese vereinend – das Kind bzw. das Subjekt zum Maßstab pädagogischen Handelns zu machen. Denn neben den reformpädagogischen Ideen beziehen sich auch die Ideen von Joseph Beuys bereits auf diesen Aspekt. Unter diesem Zeichen der Subjektorientierung entwickeln sich seit einigen Jahren kunstpädagogische Konzepte, die die individuelle Lebensgeschichte (vgl. Sabisch 2007) und das subjektive ästhetisch-künstlerische Forschen (vgl. Brenne 2004) mit auffallend vielen biografischen Anknüpfungspunkten in den Mittelpunkt bildnerisch-ästhetischer Praxis und Rezeption stellen.

2 Forschungsfelder

Forschungsprojekte auf dem Gebiet der Kunstpädagogik sind einesteils im spezifischen Horizont einer dieser Richtungen angelegt; in anderen Projekten werden aber auch richtungsübergreifende Bezüge hergestellt. Folgende Forschungsfelder lassen sich unterscheiden (vgl. Peez 2002):

- Historische Forschung: Hier werden Entwicklungen der Fachgeschichte nachgezeichnet, oftmals unter dem Blickwinkel aktueller Fragestellungen; z.B. eine Untersuchungen der Stuhlmannschen Zeichenmethode durch Wolfgang Legler (2002).

- Erforschung der Kinderzeichnung und des bildnerisch-ästhetischen Verhaltens von Kindern: Diese Forschung versteht sich als Grundlagenforschung und durchzieht längsschnittartig die kunstpädagogische Forschung unter jeweils unterschiedlichen Fragestellungen. Dies ist der Zweig, der vor allem quantitativ operiert (vgl. u.a. Richter 1997).

- Bildungstheoretische hermeneutische Forschung: Dieser Forschungszweig ist der dominierende und versucht, aus der Auslegung von Bezugstexten Regeln und Bestimmungen kunstpädagogischer Praxis abzuleiten. Als Bezugsrahmen dienen hierbei Konzepte und Theoreme z.b. aus der Philosophie, der Kunstgeschichte oder der Sprachwissenschaft; z.B. Displacement von Christiane Brohl (vgl. Brohl 2003).

- Fachdidaktische Forschung: Hier besteht die engste Verbindung zu Schule und Unterricht; d.h. es geht schwerpunktmäßig um Analyse und Verbesserung von Unterricht bzw. darum, wie postulierte Inhalte idealerweise vermittelt werden können (vgl. den Aufbau der Zeitschrift KU+U). Insofern spielt die Curriculumforschung eine große Rolle.

- Fallbezogene Wirkungsforschung: Derartige Bestrebungen sind erst seit Ende der 1990er Jahre festzustellen. Hintergrund ist eine erneut festzustellende Legitimationskrise des Faches und der Wunsch, formulierte Ziele und Einsichten empirisch zu rechtfertigen. Insofern handelt es sich in der Regel um Wirkungsforschung kunstpädagogischer Praxis, wozu auch die Unterrichtsforschung gehört. Diese Studien sind ausschließlich qualitativ ausgerichtet und arbeiten mit verschiedenen methodischen Werkzeugen der qualitativen Sozialforschung. Man geht davon aus, dass ästhetische Erfahrung, das postulierte Hauptziel jeglicher kunstpädagogischen Aktivität, mittels dieses Zugriffs am besten beschreibbar sei. Diese Forschungsrichtung arbeitet zumeist einzelfallbezogen und präsentiert ihre Ergebnisse in Form von Fallstudien.

Anschließend an diesen Überblick möchte ich exemplarisch vier Studien kurz vorstellen, die zum einen qualitativ-empirisch ausgerichtet sind und zum anderen die kunstpädagogische Praxis der Grundschule in den Blick nehmen.

2.1 Constanze Kirchner (1999): „Kinder und Kunst der Gegenwart"

Untersucht wurde der produktive und operative Umgang mit Kunstwerken im Kunstunterricht der Grundschule in verschiedenen Jahrgängen. Hinsichtlich der Durchführung war zunächst die Frage nach der richtigen Auswahl der künstlerischen Arbeiten zu entscheiden, also welche künstlerischen Objekte geeignet sind, ästhetische Erfahrungsprozesse zu initiieren. Gleichzeitig war auch die Vermittlung relevanter künstlerischer Arbeiten zu bedenken. Aufgrund einer phänomenologischen Analyse der Kunstwerke wurden spezifische Operationen und Handlungsfelder herausgearbeitet, die Analogien zu spezifischen Dimensionen ästhetischen Handelns von Kindern aufzeigten (z.B. Sammeln und Sortieren, Basteln und Bauen). Aufgrund dieser Analysen wurden für geeignet gehaltene Kunstwerke im Unterricht präsentiert und eine adäquate Praxis initiiert, die man als kunstanaloges Arbeiten beschreiben kann.

In sechs Feldstudien zu sechs Unterrichtssequenzen wurden die Wirkungen eines derartigen Vorgehens qualitativ untersucht. Erhebungen erfolgten durch teilnehmende Beobachtungen und schriftliche Befragungen der Schülerinnen und Schüler. Sie wurden mit Hilfe der qualitativen Inhaltsanalyse nach Philip Mayring (2008) ausgewertet. Weiterer Bestandteil der Studien war eine Analyse von Artefakten (Schülerarbeiten). Deren ikonographische Analyse kontrastierte und ergänzte die Ergebnisse aus den textförmigen Daten.

2.2 Bettina Uhlig (2005): „Kunstrezeption in der Grundschule"

Oberflächlich betrachtet weist diese Studie starke Nähe zu Constanze Kirchners Publikation auf. Es geht hier ebenfalls um die Vermittlung zeitgenössischer Kunst und die Initiierung ästhetischer Erfahrung; ebenso um die Auswahl der geeigneten Kunstwerke, wobei Uhlig der Ansicht ist, dass jegliche Kunst für Kinder bildungsrelevant ist, es sei denn, sie verletze grundlegende moralische Vereinbarungen bzw. den Jugendschutz (also explizite Darstellungen von Sexualität und Gewalt, die im Kunstsystem durchaus akzeptiert werden). Im Weiteren beabsichtigt Uhlig nicht – und das ist der entscheidende Unterschied zu Constanze Kirchners Konzept – eine kindgemäße ästhetische Handlungsdimension im zu vermittelnden Kunstwerk aufzuspüren, sondern den Kindern einen möglichst offenen ästhetischen Umgang mit dem Kunstwerk zu ermöglichen. Das bedeutet, dass möglicherweise völlig differente Resultate das Ergebnis der Auseinandersetzung bilden, sodass nicht von einem kunstanalogen Arbeiten bzw. einer Nachahmungsdidaktik gesprochen werden kann. Die Studie von Uhlig ist ähnlich wie die Kirchners als Wirkungsforschung bezüglich der vorgeschlagenen und verantworteten kunstpädagogischen Konzepte zu verstehen und liegt in Form von drei Fallstudien vor.

Grundlage der Studien sind teilnehmende Beobachtungen und die daraus entstandenen Video- und Beobachtungsprotokolle. Zur Triangulation wurden noch qualitative, problemorientierte Interviews mit sechs Kindern herangezogen, die mit dem Ziel einer Typenbildung objektiv-hermeneutisch interpretiert wurden.

2.3 Anja Mohr (2005): „Digitale Kinderzeichnung"

Anja Mohrs Arbeit liefert einen Beitrag zur Erforschung von Kinderzeichnungen und bildnerischem Gestalten von Kindern. Mohr knüpft damit an eine lange Traditionslinie kunstpädagogischer Grundlagenforschung an und aktualisiert sie unter den Bedingungen des neuen Mediums. Es ist allerdings im engeren Sinne kein Beitrag zur Unterrichtsforschung; vielmehr wurden Kinder bzw. deren bildnerische Produktion in eigens eingerichteten „Versuchslaboratorien" beobachtet. Daten wurden durch teilnehmende Beobachtung und offene Interviews erhoben. Desweiteren wurden die Zeichenprozesse mit Hilfe von computergestützten Videoaufzeichnungen dokumentiert. Analysiert wurden diese Daten anhand eines phänomenologischen Zuganges. Auffälligstes Ergebnis der Untersuchung war der nachgewiesene prozessorientierte und experimentelle Charakter der ästhetischen Prozesse bei der Verwendung des neuen Mediums. Auswirkungen auf den schulischen Kunstunterricht sollten angesichts dieser Ergebnisse nicht ausbleiben.

2.4 Andrea Dreyer (2005): „Kunstpädagogische Professionalität und Kunstdidaktik"

Dreyer untersucht in ihrer Arbeit das Spannungsverhältnis zwischen Praxis (kunstpädagogische Professionalität) und fachdidaktischen Bestimmungen (Kunstdidaktik), welche somit einen Beitrag zur Professionalitätsforschung im Kontext der Schul- und Unterrichtsforschung darstellt. Im Fokus der Studie steht die Entwicklung der kunstpädagogischen Professionalität im Kontext von erster und zweiter Phase der LehrerInnenausbildung. Das Forschungsinteresse liegt in der Frage, welche fachspezifischen Kompetenzen Kunstlehrende benötigen und in welchen Phasen der Kunstlehrerbildung diese entwickelt werden. Weiterhin galt es, den Einfluss des fachdidaktischen Diskurses zu bestimmen.

Daten wurden durch Teilnehmende Beobachtung (Feldprotokolle) und Fragebögen erhoben und mit Hilfe der qualitativen Inhaltsanalyse nach Philip Mayring (2008) analysiert.

3 „Monster-Umzug" – Analyse ästhetischer Rezeption und Produktion von Karnevalsbräuchen im Kunstunterricht der Primarstufe mittels der Grounded Theory

Nach diesem Überblick über die Kunstpädagogik und ihre Forschungspraxis möchte ich nun einen Einblick in mein eigenes qualitatives Forschen geben.

3.1 Vorbemerkungen

„Das Wort ‚Sprachspiel' soll hier hervorheben, dass das Sprechen der Sprache ein Teil ist einer Tätigkeit, oder einer Lebensform" (Wittgenstein 1967, S. 24).

Was Ludwig Wittgenstein hier andeutet, ist die Verbindung zwischen Sprache, Sprechakten und einer (Lebens-)Praxis, auf die (kunst-)pädagogische Forschung Bezug nehmen möchte – mit dem Ziel der Verbesserung dieser Praxis. Den Dingen auf den Grund zu gehen, ist demnach ein empirisches Ausloten von Lebenszusammenhängen, deren sprachliche Ableitungen nur oberflächlich von diesen abstrahieren, in Wirklichkeit aber mannigfaltig an Handlungen rückgebunden sind bzw. werden können. Forschung ist demnach auch ein sprachliches Spiel. Diese Überlegung begleitet die nachfolgenden Ausführungen.

Zunächst soll ein Problem beschrieben werden: Einerseits sind immanente Abläufe und Strukturen in kunstpädagogischen Praxisprozessen komplex, sodass eine wissenschaftliche Beobachtung und Analyse interpretativ erschlossene Konstrukte hervorbringt, deren Validität als fragwürdig angesehen werden könnte. Jedoch liegt seit jeher das Bestreben der Kunstpädagogik (als Praxis und als Wissenschaft) darin, künstlerische Inhalte durch kunstnahe bzw. künstlerische Prozesse zu vermitteln. Wie kann dann andererseits dennoch gesichert werden, dass Kunstunterricht nicht nur auf einer fundierten didaktischen Analyse kunstwissenschaftlicher und künstlerischer Inhalte gründet, sondern auch methodisch kontrolliert ausgewertet werden kann?

In diesem Zusammenhang wird folgende Problemlösung vorgeschlagen: Der professionelle kunstpädagogische Praktiker/Lehrer ist angehalten, wissenschaftlich die von ihm verantwortete Praxis zu erforschen. Insofern ist diese Praxis in idealer Weise geeignet, um in kunstpädagogische Forschungszusammenhänge eingebunden zu werden. Dem forschenden Kunstpädagogen sind drei unterschiedliche Perspektiven auf sein Forschungsfeld vertraut: die des Künstlers, die des Pädagogen und die des Wissenschaftlers. Als Künstler ist er gewohnt, zwischen der Wahrnehmung eines visuellen Zeichens und dessen Informationsgehalt zu unterscheiden und diese Differenz durch ein Vermeiden von Interpretation zu erhalten (vgl. Luhmann 1997); als Pädagoge jedoch ist es ihm vertraut, auf der Basis von Wahrnehmungen kindliche Bildungsprozesse zu moderieren und als Wissenschaftler geht es ihm um den Versuch, den Informationsgehalt von Wahrnehmungen objektiv zu ermitteln. Es handelt sich also um divergente Rollen mit einer je spezifischen Praxis. Diese Rollenüberlagerung muss nicht nur akzeptiert werden, sondern bildet gleichsam die instrumentelle Basis, um Handlungsräume umfassend und integrativ zu erschließen.

3.2 Zur Forschungsmethode

In diesem Beitrag geht es um die qualitative Untersuchung der „künstlerischen Feldforschung" von Kindern in Unterrichtssituationen der Primarstufe. Hierbei handelt es sich um ein kunstpädagogisches Modell (vgl. Brenne 2004).

Die Datenerhebung erfolgte durch ethnographische Feldforschung (teilnehmende Beobachtung, Feldprotokolle) und wurde durch weitere Datenerhebungsverfahren ergänzt (Fotografien, Expertenbefragung, Dokumente). Die Aufarbeitung des empirischen Materials erfolgte mit Hilfe der Grounded Theory.

Grounded Theory

Barney Glaser und Anselm L. Strauss entwickelten in ihrem Buch „The Discovery of Grounded Theory" (vgl. auch Glaser & Strauss 1979) ein Verfahren gegenstandsbezogener Theoriebildung, das in der Praxisforschung (Unterrichtsforschung) häufig zum Einsatz kommt. Die Grounded Theory zielt u.a. darauf ab, dass Theorien Entdeckungen und Einsichten für die Praxis liefern müssen. Derartige Ergebnisse sollten nicht nur die Forschungsdaten abbilden, sondern diese erläutern und Beziehungen herstellen. Dabei können neue Fragestellungen und Forschungsrichtungen aufgeworfen werden.

Dementsprechend ist eine Theorie ein kreatives Konstrukt, d.h. es lassen sich jederzeit neue Beziehungen und Erklärungsmuster entwickeln. Das Prozedere gliedert sich wie folgt:

Prozedere	Ziel
Theoretisches Sampling	Auswahl von Untersuchungseinheiten
Theoretisches Kodieren	Umsetzung von Daten in theoretische Konstrukte
Theoretische Memos	Entwicklung von Hypothesen, methodische Überlegungen etc.

Entwicklung von Basiskonzepten	Verdichtung und Integration der theoretischen Konstrukte zu einer Theorie
Theoretisches Sortieren	Sortieren der theoretischen Memos zur Entwicklung der Theorie
Theoretisches Schreiben	Zusammenfassung der Theorie für eine Publikation

Die wiederholte Auswahl signifikanter Fälle erfolgt durch das Aufspüren minimaler und maximaler Kontraste (theoretisches Sampling). Die Entwicklung einer Theorie erfolgt durch theoretisches Kodieren, womit die Bildung von Kategorien und deren Vernetzung gemeint ist. Die erhobenen Daten werden in Kategorien zerlegt. Diese werden ausgearbeitet und abschließend in ein Modell integriert.

3.3 Beispiel: Auswertung eines Projekttages zur künstlerischen Feldforschung

Unter dem Motto „Monsterumzug – ästhetische Rezeption und Produktion regionaler und überregionaler Karnevalsbräuche" wurde unter meiner Leitung in Kooperation mit Lehramtsstudentinnen der Kunstakademie Münster an einer Grundschule im Münsterland in der 2. Klasse ein kunstpädagogischer Projekttag durchgeführt. Thema dieses Projektes war die ästhetische Rezeption und Produktion regionaler und überregionaler Fastnachtsbräuche. Auf der Grundlage einer „Mindmap" wurde das Projekt in vier Unterthemen (Maskenbau, Kostümbau, Tanz und Musikinstrumente) gegliedert. Die entsprechenden Schülergruppen wurden von jeweils zwei Studentinnen betreut. Das Geschehen am Projekttag konnte von mir sowohl detailliert beobachtet als auch fotografisch dokumentiert werden.

Hier beispielhaft ein Ausschnitt der bearbeiteten Feldprotokolle:

Protokoll	**Kodierungen**	**Theoretische Memos**
In der Kostümgruppe experimentieren die Kinder mit unterschiedlichen Materialverbindungen.	Ausgehend von einem vorgegebenen Gerüst (Zuschnitt des Kostüms) entwickeln die Kinder eine bedeutungstragende Materialverbindung.	Künstlerische Feldforschung führt nicht nur zu einem ganzheitlichen Feldverständnis, sondern stellt auch einen persönlichen Bezug her.
Stefan bringt versonnen Fellreste, die er in einem Regal fand, an seinem Kostüm an.	Stefan erweitert seine Produktion, indem er nicht nur das vorgegebene Material verwendet, sondern auch Fundstücke sinnstiftend einbezieht.	Die Produktion ästhetischer Produkte beinhaltet zum einen eine sinnstiftende Kombination vorgegebener Materialien, zum anderen auch die Einbeziehung von als passend und bereichernd

empfundenen Fundstücken.

Ein Kunstraum, welcher auf ästhetische Auseinandersetzung ausgerichtet ist, muss nicht nur standardisierte Materialien enthalten (Aquarellkasten, Abtönfarben, Linolwerkzeuge), sondern auch eine möglichst umfangreiche Sammlung der verschiedensten Materialien, die ständig vom pädagogischen Personal und der Lerngruppe ergänzt werden muss.

Aus der Durchsicht der Kodierungen und theoretischen Memos ergaben sich Theorieelemente, die dann ausgearbeitet wurden. Exemplarisch möchte ich die Ausarbeitung des zweiten Theorieelementes (II) vorstellen; zunächst die Zusammenführung von Kodierungen und Memos.

II. Die Kinder entwickeln ästhetische Handlungsstrategien, die Aspekten der künstlerischen Feldforschung zugerechnet werden können. Diese können auf die ästhetische Aneignung anderer bedeutsamer Felder übertragen werden.

Hieran zeigt sich, dass das pädagogische Setting ästhetische Handlungsstrategien hervorruft, die vom Lernenden auf die unterschiedlichsten natürlichen und kulturellen Felder übertragen werden können. Dies bedeutet, dass eine pädagogische Aktion exemplarischen Charakter annehmen kann. Auch wenn hier nur ein festgelegtes Feld ästhetisch erschlossen wird, zeichnen sich Tendenzen ab, die eine Autonomisierung des Individuums erwarten lassen; d.h. die erprobten Handlungsstrategien können unabhängig vom schulischen Kontext selbstständig angewendet werden. Das Kind erfährt, dass es selbst für seine Bildung verantwortlich ist.

Unterricht kann den Kindern nur dienlich sein, wenn auf ihre Fähigkeiten und Interessen bereits in der Planungsphase eingegangen wird.

„Der Projektgruppe ‚Kostüme' ist es noch nicht gelungen, die Kinder zu Eigenaktivitäten anzuregen. Als Grund vermute ich die Attraktivität der parallel arbeitenden ‚Maskengruppe'." (Kodierung, Nr. 48)

Das bedeutet, dass die Projektleiterinnen den Kindern noch nicht vermitteln konnten, dass das Projekt allein ihren Interessen dienen soll. Sie haben also die Möglichkeit, ein Feld selbstständig zu erschließen, ohne dass spezielle kleinschrittige Unterrichts- und Handlungsziele des pädagogischen Personals berücksichtigt werden müssen.

„(...) Effektive Unterrichtsorganisation muss den Interessen und Fähigkeiten der Kinder Rechnung tragen." (Memo, Nr. 48)

Der Maskengruppe ist dies offensichtlich gelungen.

> „Eine Arbeitsgruppe arbeitet konzentriert. Die Initiation des Arbeitsprozesses ist geglückt." (Kodierung, Nr. 45)

Die Kinder erarbeiten sich eine Unterrichtsmethode, die ihren Interessen dient. Dies bedeutet, dass sich die Kinder den Unterrichtsgegenstand nur selbst erarbeiten können. Der Lehrer liefert lediglich bestimmte Informationen. Eine Lerngruppe, die so arbeitet, ist für äußere Störungen nicht anfällig.

> „Wenn ein Unterrichtsgegenstand den Bedürfnissen und Interessen der Kinder entspricht, ist die Arbeitsgruppe gegen äußere Störungen resistent." (Memo, Nr. 78)

Die Kinder waren eine solche Unterrichtsform bisher nicht gewöhnt.

> „Der alltägliche Unterricht verläuft nach vertrauten Schemata. Das Experiment ist die Sondersituation." (Memo, Nr. 15)

Daher kommt es zu vielen Konflikten, die z.T. daher rühren, dass die Präferenzen der Kinder unberücksichtigt bleiben. Es ist nicht der Unterricht der Kinder. Dies belegt das Beispiel von Stefan, der zunächst die Mitarbeit verweigerte. Als er erkannte, dass er in dieser Unterrichtsform seinen Interessen nachgehen konnte, änderte sich sein Verhalten zugunsten einer intensiven Materialauseinandersetzung.

> „Stefan bringt versonnen Fellreste, die er in einem Regal fand, an seinem Kostüm an." (Protokoll, Nr. 85)

> „Stefan hat bemerkt, dass die Projektorganisation seinen persönlichen Präferenzen Raum lässt. Seine zuvor geäußerten Vorbehalte gegen den Projektgegenstand sind möglicherweise auf negative Vorerfahrungen mit Kunstunterricht zurückzuführen. Er hatte eine Unterrichtskonzeption kennen gelernt, welche in einer kleinschrittigen Stufenfolge ohne Zieltransparenz homogene Produkte erarbeitet. Seine Präferenzen und Fähigkeiten wurden in diesem Unterrichtskonzept nicht berücksichtigt." (Kodierung, Nr. 86)

Daraus lässt sich der Schluss ziehen, dass die ästhetische Aktivität während des Projekttages den Kindern Einsicht in die Notwendigkeit und Effizienz einer selbstbestimmten Bildung vermittelt hat.

Analog zur Verdichtung der Kodierungen und den theoretischen Memos wurden nun die Fotografien im Hinblick auf die in der Auswertung der Protokolle ermittelten Theoreme untersucht. Im Sinne der Methodentriangulation sollte dadurch eine Validität der Forschungsergebnisse erreicht werden. Die Interpretation von Fotografien dient als Korrektiv der bisherigen Ergebnisse. Zu jedem Theorem wurde exemplarisch eine passend erscheinende Abbildung ausgewählt.

Bildbeschreibung:

Abb.: Stefan

Im Vordergrund des Bildes ist Stefan in der Seitenansicht wiedergegeben, wobei seine Beine nicht zu sehen sind. Er ist mit einem Überwurf aus Krepppapier bekleidet und befindet sich vor einer Fensterfront, an deren Unterseite eine Reihe von Tischen zu sehen sind. Auf ihr befinden sich Kartons und nicht zu identifizierendes Material. Stefan hat seinen rechten Arm auf einen Karton gelegt, als wolle er hineingreifen. Mit seiner linken Hand rafft er seinen Überwurf zusammen. Sein Blick ist auf den Karton gerichtet, wobei sein Mund leicht offen steht.

Interpretation:

Stefan wendet sich versonnen den Materialauslagen im Projektraum zu. Seine Mimik spiegelt eine Mischung aus in sich gekehrter Betrachtung (auf den Karton gesenkter Blick) und angeregtem Erstaunen (geöffneter Mund) wider. Er scheint Material für die Ausgestaltung seines bisher noch unbearbeiteten Überwurfs zu suchen. Es fällt auf, dass er den Überwurf, obwohl noch unvollständig, bereits trägt. Offenbar ist er an Wirkung und Funktion dieser Kleidung interessiert. Obwohl ihn das Tragen der neuen Bekleidung bei der Materialsuche behindert (er rafft den Überwurf mit der linken Hand zusammen), macht er nicht den Eindruck, sich dessen entledigen zu wollen. Hier wird deutlich, dass Stefan die Bedingungen des ästhetischen Prozesses selber bestimmt, denn die Projektleiterinnen hätten ihm vorgeschlagen, das Trägermaterial zunächst ruhen zu lassen, um es dann mit dem ausgewählten Material zu bestücken. Stefan greift den ästhetischen Impuls der Betreuerinnen auf, um ihn dann in einen Prozess der Selbstbildung zu überführen, in dem er selbst sowohl die zeitlich-räumliche Organisation der Arbeitsschritte als auch die Materialauswahl bestimmt. Er geht dabei konzentriert und empathisch vor, wobei er vom Prozess unabhängige äußere Einflüsse unbeachtet lässt.

Auswertung:

Die Anwendung ästhetischer Handlungsstrategien und Aneignungsformen auf unterschiedliche Felder der Lebenswelt im Sinne einer Autonomisierung des eigenen Verhaltens scheint sich hier anzubahnen. Stefan bewegt sich zwar mit seinen Aktivitäten im Rahmen des vorgegebenen pädagogischen Szenarios, nutzt aber dieses, um seinen eigenen Interessen nachzugehen. Dieses Interesse, was ich hier nicht näher verifizieren kann, unterscheidet sich eventuell stark von den intendierten Vorgaben durch die Projektleiterinnen. Möglicherweise verwendet Stefan Strategien, die er sich bereits in anderen Zusammenhängen erarbeitet hat. Ebenso könnte es sich hier um die Initiierung eines neuartigen Handlungsmusters handeln, das in späteren Situationen zur Anwendung kommen kann. Die angebahnte Handlungsstrategie besteht in einer taktilen Untersuchung von unterschiedlichen Materialien, die einer qualitativen Bewertung unterzogen wird, um sie dann entsprechend persönlicher Präferenzen in einen Gesamtzusammenhang zu integrieren.

Im Sinne einer Grounded Theory führte ich dann die Auswertungen der Protokolle, der Fotografien, der Expertenbefragungen (Interviews mit den das Projekt durchführenden Studierenden) und der Artefakte zu einer gegenstandbezogenen Theorie zusammen. Dabei wurden die zuvor ermittelten Theoreme unter Berücksichtigung der bisherigen Interpretationsschritte einer abschließenden Diskussion unterzogen.

Die Auswertung der Expertenbefragung sowie des fotografischen Materials ergaben Hinweise auf kindlich-ästhetische Handlungsstrategien, die sich unabhängig vom pädagogischen Vorhaben manifestierten. Man könnte daraus den Schluss ziehen, dass ästhetische Handlungsstrategien nicht nur durch die aktive Interaktion mit unbekanntem oder faszinierendem Material entstehen, sondern auch durch die Auseinandersetzung mit einem komplexen Phänomen der Lebenswelt. Um solch ein facettenreiches Feld in seiner Vielschichtigkeit umfassend zu bestimmen, ist die Nutzung von unterschiedlichen ästhetischen Handlungsstrategien notwendig.

Die ästhetische Begegnung mit den „Feldphänomenen" wird begleitet von Assoziationen, die durch unterschiedliche Mittel ausgedrückt werden (z.B. Sprache, Zeichnung, Bewegung). Das Projekt hat gezeigt, dass Angebote ästhetischer Zugänge zwar von den Kindern angenommen werden, diese Annahme aber gemäß der individuellen Fähigkeiten und Interessen modifiziert werden bzw. ganz andere Aneignungs- und Ausdrucksformen von den Kindern bevorzugt werden können.

Die Analyse der Protokolle und der Expertenbefragung hat ebenfalls ergeben, dass die Erkundung von Material auch im Hinblick auf die Realisierung bestimmter Vorhaben von den Kindern durchgeführt werden kann. Diese Vorhaben können den vorgegeben Intentionen des Projektes entsprechen, aber wiederum durch den Aneignungsprozess und die dadurch ausgelösten Vorstellungen eine andere Ausrichtung bekommen. Im Fall der Kostümgruppe entwickelten einige Kinder tatsächlich hybride Monsterkostüme, andere hingegen ein bestimmtes Tierkostüm. Im letzteren Fall ging es dem Kind möglicherweise um die Identifizierung mit einer bevorzugten Tiergestalt. Dieses intentional geprägte ästhetische Verhalten ist in der künstlerischen Feldforschung in der Phase der Aufarbeitung des „erhobenen" Materials zu rekonstruieren.

Nun ist zu klären, ob die Kinder die erprobten ästhetischen Strategien auf die Aneignung anderer ästhetischer Felder übertragen. Um die Übertragbarkeit von ästhetischen Strategien in einem singulären Projekt zumindest anzubahnen – so zeigt das Projekt – ist die Beachtung bestimmter Voraussetzungen zweckmäßig: Zunächst kann es sinnvoll sein, die Kinder bereits in der Planungsphase zu beteiligen. Die Kinder können hier schon vorab ihre Interessen artikulieren und erste Möglichkeiten benennen, wie der zu bestimmende Gegenstand erschlossen werden soll. Dieses Verfahren kann dann im Unterricht erprobt und modifiziert werden.

Ein weiteres Kriterium, das es Kindern ermöglicht, sich eine Arbeitstechnik der Welterschließung anzueignen, ist die prinzipielle Offenheit des Lehrers gegenüber den Interessen der Lerngruppe. Ein geschultes Beobachtungsvermögen kann diese Offenheit unterstützen. Am Beispiel von Stefan wird deutlich, wie sich ein Kind durch existentielles Interesse eine Arbeitsmethode aneignet (vgl. Kodierung, Nr. 86).

Die Auswertung der Fotografien hat am Beispiel von Stefan gezeigt, dass Kinder den Rahmen eines geplanten kunstpädagogischen Projektes nutzen, um eigene Interessen zu verfolgen bzw. eigene ästhetische Strategien zu entwickeln oder zu übertragen. Stefan wendet Methoden an, die er entweder bereits gelernt hat, oder es wurde ein neuartiges Verhalten initiiert, das auch in späteren Situationen zur Anwendung kommen kann.

4 Ausblick

Die erzielten Ergebnisse wurden im Weiteren mit aktuellen bildungstheoretischen Untersuchungen aus Pädagogik, Kunstpädagogik sowie der Lern- und Entwicklungspsychologie verknüpft.

Eine Frage, der sich in diesem Zusammenhang auch das geschilderte Projekt stellen muss, wäre die nach der Relevanz und Validität von qualitativ ermittelten Forschungsergebnissen. Inwiefern handelt es sich hierbei nicht lediglich um Sprachspiele oder ein willkürliches Einordnen in Theorie-Kontexte – womit man in einen relativistischen Horizont abzugleiten droht? Bestätigt der forschende Kunstpädagoge nicht lediglich die Güte einer von ihm verantworteten Praxis und wie lassen sich subjektive Präferenzen methodisch kontrollieren? An dieser Stelle werden neben den Möglichkeiten auch die Grenzen qualitativer Forschung deutlich. Wie bei quantitativer Forschung bestimmt auch bei qualitativer Forschung die paradigmatisch gebundene Form von Erkenntnisinteresse die entsprechenden Möglichkeiten und Zugriffsformen auf empirische Gegebenheiten. Demgemäß liefert qualitative Forschung andere Möglichkeiten und Erkenntnisse. So geht es in deren Kontext nicht darum, hypothesenprüfend objektiv gültige Kriterien guten Unterrichts oder des perfekten kunstpädagogischen Szenarios zu entdecken. Vielmehr wird Unterricht hypothesengenerierend analysiert, womit oftmals auf eine Verbesserung der pädagogischen Praxis abgezielt wird. Gleichwohl ist darauf zu achten, dass valide Forschungsergebnisse erzielt werden. Validität wird durch eine größtmögliche Transparenz der Forschungsmethode, des Forschungssettings und vor allem durch eine Übersicht über das bearbeitete Material erreicht. Die Grounded Theory wird diesem Anspruch insofern gerecht, als sie bereits in einem frühen Stadium der Materialaufarbeitung Theorie generiert, diese aber immer an das Ausgangsmaterial anbindet. Gleichzeitig kann das aufgearbeitete Material der Entwicklung alternativer Theorien im Spiegel unterschiedlicher Forschungsfragen dienen.

Eine besondere Herausforderung stellt die methodische Kontrolle der Subjektivität des Forschers (insbesondere wenn er seine eigene pädagogische Praxis untersucht) dar. Hier ist auf die Notwendigkeit hinzuweisen, den gesamten Forschungsprozess durch eine kritische Selbstreflexion zu begleiten. Dies beinhaltet vor allem die Ermittlung und Offenlegung von Urteilen, Vorlieben, Stärken und Empfindlichkeiten des Forschers sowie die Klärung der Rolle, die von ihm im Forschungsfeld eingenommen wird. In der qualitativen Forschung werden grundsätzlich subjektive Praxisinterpretationen und Beobachtungen zur Aufarbeitung von Material genutzt, aber gerade in der bewusst methodisch kontrolliert eingebrachten Subjektivität des Forschenden liegt die besondere Produktivität qualitativer Forschung. Dies macht den Nutzen der Grounded Theory als eine Forschungsstrategie deutlich, die besonders zur Beobachtung und Auswertung von Unterrichtssituationen geeignet ist. Sie stellt für Lehrerinnen und Lehrer bzw. Praxisforscher ein Instrumentarium dar, um eigene "Lehrfälle" wissenschaftlich reflektieren zu können. Dadurch kann pädagogische Praxis verbessert werden – die kritische Beobachtung und Reflexion von Unterricht ist eine Anforderung, der sich jede Lehrkraft stellen muss.

Ergänzend bleibt festzuhalten: Allaussagen können nicht erzielt werden. Wahrnehmung und Verarbeitung von Wirklichkeit ist immer Konstruktion (bzw. Dekonstruktion) und die Herstellung von Identität zwischen dem Fall und dessen sprachlicher Repräsentation ist unmöglich. Jeder Versuch diese Komplexität methodisch kontrolliert zu reduzieren und berechenbar zu machen bringt zwar sachlogische Einsichten hervor, die aber außerhalb dieses Systems – also in der Welt – wenig nutzbar sind. Insofern ist die qualitative Fallanalyse immer von subjektiven Interpretationen und Konstruktionen geprägt.

„Es gibt eine zarte Empirie, die sich mit dem Gegenstand innigst identisch macht und dadurch zur eigentlichen Theorie wird." (Goethe 1833, S. 128)

Literatur

Behring, Kunibert / Niehoff, Rolf (2005): Bilder. Eine Herausforderung für die Bildung. Oberhausen: ATHENA-Verlag.

Brenne, Andreas (2004): Ressource Kunst. Künstlerische Feldforschung in der Primarstufe. Qualitative Erforschung eines kunstpädagogischen Modells. Münster: Monsenstein und Vannerdat.

Brohl, Christiane (2003): Displacement als kunstpädagogische Strategie. Norderstedt: Books on Demand GmbH.

Buschkühle, Carl Peter (2002): Perspektiven künstlerischer Bildung. Köln: Salon-Verlag.

Buschkühle, Carl Peter (1997): Wärmezeit. Frankfurt a.M.: Peter Lang Verlag.

Dreyer, Andrea (2005): Kunstpädagogische Professionalität und Kunstdidaktik. Eine qualitativ empirische Studie im kunstpädagogischen Kontext. München: Kopaed.

Glaser, Barney G. / Strauss, Anselm L. (1969): Die Entdeckung gegenstandsbezogener Theorie. Eine Grundstrategie qualitativer Forschung. In: Hopf, Christel / Weingarten, Elmar (Hrsg.): Qualitative Sozialforschung. Stuttgart: Klett-Cotta, S. 91-111.

Goethe, Johann Wolfgang (1833): Über Naturwissenschaft im Allgemeinen. Einzelne Betrachtungen und Aphorismen. In: Goethes Werke. Vollständige Ausgabe letzter Hand. Bd. 50. Stuttgart; Tübingen: Cotta'sche Buchhandlung.

Kirchner, Constanze (1999): Kinder und Kunst der Gegenwart – Zur Erfahrung mit zeitgenössischer Kunst in der Grundschule. Seelze-Velber: Kallmeyer.

Legler, Wolfgang (2002): „Die Schule soll nicht satt, sie soll hungrig machen". Hamburg: IfL.

Luhmann, Niklas (1998): Die Gesellschaft der Gesellschaft. Frankfurt a.M.: Suhrkamp.

Luhmann, Niklas (1997): Die Kunst der Gesellschaft. Frankfurt a.M.: Suhrkamp.

Mayring, Philipp (2008): Qualitative Inhaltsanalyse. Grundlagen und Techniken. 10. neu ausgestattete Aufl., Weinheim u. Basel: Beltz.

Mohr, Anja (2005): Digitale Kinderzeichnung. München: Kopaed.

Otto, Gunter (1998): Lehren und Lernen zwischen Ästhetik und Didaktik. Band 1. Seelze-Velber: Kallmeyer.

Peez, Georg (2002): Einführung in die Kunstpädagogik. Stuttgart: Kohlhammer.

Peez, Georg (2005): Kunstpädagogik jetzt. Eine aktuelle Bestandsaufnahme: Bild - Kunst - Subjekt. In: Bering, Kunibert / Niehoff, Rolf (Hrsg.): Bilder - Eine Herausforderung für die Bildung. Oberhausen: Athena-Verlag, S. 75-89.

Richter, Hans-Günther (1997): Die Kinderzeichnung: Entwicklung – Interpretation – Ästhetik. Berlin: Cornelsen.

Sabisch, Andrea (2007): Inszenierung der Suche. Bielefeld: Transcript.

Selle, Gert (1994): Betrifft Beuys – Annäherung an die Gegenwartskunst. Unna: LKD Verlag.

Selle, Gert (1990): Über das gestörte Verhältnis der Kunstpädagogik zur aktuellen Kunst. Eine Kritik mit praktischen Konsequenzen. Hannover: BDK pocket 1.

Uhlig, Bettina (2005): Kunstrezeption in der Grundschule. Zu einer grundschulspezifischen Rezeptionsmethodik. München: Kopaed.

Wittgenstein, Ludwig (1967): Philosophische Untersuchungen. Frankfurt a.M.: Suhrkamp.

Petra Freudenberger-Lötz

Forschungswerkstatt „Theologische Gespräche mit Kindern"

1   Einführung: Qualitative Forschung in der Religionspädagogik

Die qualitative Forschung im Religionsunterricht der Grundschule hat in den letzten Jahren einen deutlichen Aufschwung erlebt. Dennoch muss eingestanden werden, dass qualitative Studien in der Religionspädagogik erst in ihren Anfängen stecken. Lange Jahre beherrschten quantitative Forschungen das Feld. Besonders bekannt und einflussreich waren (und sind) beispielsweise die Studien zur Entwicklung des religiösen Urteils (Oser & Gmünder 1996) sowie zur Entwicklung des Glaubens (Fowler 1991), die – basierend auf Piagets Stufenmodell zur kognitiven Entwicklung – eine einigermaßen vorhersehbare und stufenförmige Veränderung von religiösen Urteilsstrukturen und Argumentationsmustern nachwiesen.

Mit der Fortschreibung der Entwicklungspsychologie und der Betonung bereichsspezifischen Wissens bei Kindern nahm auch in der Religionspädagogik das Interesse an qualitativer Forschung deutlich zu. Etwa zu dieser Zeit wurde auch das Theologisieren mit Kindern als „didaktische Leitlinie" (Kraft 2004) des Religionsunterrichts in der Grundschule aktuell. Das Interesse an der individuellen Kompetenz eines Kindes sowie an der Rekonstruktion von Mikroprozessen in Unterrichtsstunden wuchs zusehends.

Diese Entwicklungslinie der Unterrichtsforschung im Bereich der Religionspädagogik der Grundschule nimmt der vorliegende Beitrag auf. Im Folgenden wird das Grundanliegen der Kindertheologie umrissen und mit einem Beispiel aus der Unterrichtspraxis die Herausforderungen an Lehrkräfte veranschaulicht. Sodann wird ein Einblick in die qualitative Arbeit der Forschungswerkstatt „Theologische Gespräche mit Kindern" gegeben.

2   Das Grundanliegen der Kindertheologie

Kinder sind auf der Suche nach Sicherheit und Orientierung in der Welt, in der sie aufwachsen. Heinz Schmidt bezeichnet diese Suche als „existenzielles Grundbedürfnis" (Schmidt 2002, S. 15), das viele Fragen der Kinder weckt. Wer sich in ein Gespräch mit Kindern begibt und aufmerksam auf die Aussagen der Kinder hört, kann in der Tat etliche Fragen entdecken, aber auch eine selbstständige Suche nach Antworten bei Kindern beobachten. Zu den Fragen der Kinder zählen religiöse Fragen, so etwa Fragen nach dem Ursprung des Lebens und nach dem Tod, Fragen nach Gott, nach Gut und Böse, nach Glück und Leid. In den Antworten der Kinder finden sich theologische Deutungen; diese begegnen uns dann, wenn Kinder ihre Argumentation auf ihre Vorstellungen von Gott bzw. ihre Vorstellungen von der Beziehung zwischen Gott und Mensch ausrichten, wenn sie biblische Geschichten als Deutungshilfe verwenden oder theologische Grundbegriffe einbringen und damit über ihren Glauben nachdenken. Kinder als TheologInnen anzuerkennen, bedeutet, ihre

Fähigkeit zur „Reflexion des Glaubens" – genau dies bedeutet „Theologie" (Härle 2005, S. 23) – zu würdigen.

Es ist das zentrale Anliegen theologischer Gespräche mit Kindern, die Fragen der Kinder sowie ihre Deutungen wahrzunehmen, ernst zu nehmen, aufzugreifen und zu fördern. Dahinter steht die Auffassung, dass die religiöse Entwicklung von Kindern nur dann angemessen begleitet werden kann, wenn ein vom Kind ausgehender, aktiver Erwerb theologischer Deutungsmöglichkeiten angestrebt wird; gleichwohl muss dieser Prozess durch vielfältige Anregungen unterstützt werden.

Die besondere Herausforderung in theologischen Gesprächen liegt darin, den Charakter einer Fragestellung zu erkennen. Es gibt „entscheidbare Fragen", Fragen also, die eindeutig beantwortet werden können („Warum heißt das Tote Meer ,totes Meer'"?), aber auch „prinzipiell unentscheidbare Fragen", das sind Fragen, auf die es keine abschließenden Antworten gibt („Wie alt wird Gott?"). Hier ist die Stellungnahme jedes einzelnen Menschen gefragt, der seine Antwort verantworten muss (vgl. auch von Foerster 2002). Genau dies sind aber die in theologischen Gesprächen besonders drängenden Fragen. Gemeinsam nach Lösungen zu suchen bedeutet hier, sich Antworten zu nähern und diese individuell zu vertreten, die plausibel, schlüssig und tragfähig sind. Die Lösungssuche wird sich weitaus mehr als bei eindeutig zu beantwortenden Fragen im Diskurs bewegen. Sie verlangt vielfältige Kompetenzen auf der Seite der GesprächsleiterInnen wie auf der Seite der SchülerInnen. Kinder können durch solche theologischen Gespräche zunehmend religiös ausdrucksfähig werden und einen eigenen begründeten Standpunkt entwickeln, der sie immer besser zur Teilnahme am gesellschaftlichen Diskurs über Weltanschauungs- und Glaubensfragen befähigt (vgl. Hanisch 2001, S. 16). Dabei sollen sie die Kompetenz erwerben, Erfahrungen des eigenen Lebens religiös zu deuten und sich in der Gestaltung ihres Lebens auf diese Deutungen zu beziehen.

3   Eine überraschende Unterrichtssituation

Ein Studierender führt ein Gespräch zum Gleichnis vom verlorenen Schaf (Lk 15,1-7/Mt 18, 10-14) in einer Kleingruppe von fünf Schülern eines vierten Schuljahres. Er möchte herausfinden, welche Deutungsperspektiven die Schüler einbringen und hält sich so weit wie möglich mit eigenen Beiträgen zurück. Er gibt den Kindern die Aufgabe, Deutungen selbst zu entwickeln und sich gegenseitig anzuregen. Als das Gespräch in Gang gekommen ist, ereignet sich eine überraschende Sequenz.

Manuel	Gott ist jeder Mensch wichtig und nicht nur ein bestimmter.
L	Okay. Wie kann man sehen, dass Gott jeder Mensch wichtig ist?
Manuel	Ja, weil er auch wegen einem Schaf überall rumsucht und dass er die anderen Schafe eben dort lässt und dann sucht er erstmal das eine und dann, wenn er es gefunden hat, dann geht er wieder zu den anderen.
Tobias A.	Ich wollte sagen, wahrscheinlich hat Gott alle lieb, sonst hätte er nicht so viele Menschen erschaffen, weil wenn er nur einen lieb hätte, dann hätte

er nur einen erschaffen.

Lukas	Und warum hat er dann bei der Sintflut ganz viele Menschen getötet?
Tobias A.	Weil es zu viele Menschen waren.
Lukas	Aber jetzt sind es doch viel mehr, noch viel mehr. Warum muss er das alles wieder kaputt machen, was die Menschen schon erschaffen haben? [*Bezug zu den verschiedenen Flutwellen der Gegenwart*]
Tobias T	Vielleicht haben sie ja auch falsche Sachen gemacht.
Manuel	Früher hat Gott ja auch gestraft, also im Alten Testament. Weil da hat er ja auch Krankheiten gemacht, dass einer gestorben ist.
Lukas	Da hat er doch die ganzen Menschen umgebracht.
Jan-Ole	Ne, zwei Menschen lebten noch.
Tobias A	Nein, mehrere, die ganze Familie und Verwandte.
Jan-Ole	Und die ganzen Tiere, immer ein Männchen und ein Weibchen und die ganzen Menschen.
Manuel	Das Schiff ist mehrere hundert Meter lang.
Tobias A	Vielleicht hat er nicht genügend Plätze gehabt.
Lukas	Wenn sie 400 Meter lang ist diese Arche, dann passen da so viele Tiere rein.
Manuel	Und 160 Meter breit.

Eine engagierte und hoch komplexe Gesprächssituation ist eingetreten. Manuel liefert eine Deutung des Gleichnisses, begründet seine Deutung und wird von einem Mitschüler unterstützt. Daraufhin schreitet Lukas mit einer Anfrage an Gottes Liebe und Güte ein und bringt die Theodizeeproblematik[55] ins Gespräch. Alle Schüler der Gesprächsgruppe beteiligen sich nun und beziehen ihr Wissen um die Sintflutge-schichte, aktuelle Flutkatastrophen sowie das Gottesbild des Alten Testaments ein. Ratlosigkeit macht sich nach dieser Sequenz breit.

Es wäre in dieser Situation wünschenswert, an die Gedanken der Kinder anzuknüp-fen, diese zu strukturieren, die unterschiedlichen Vorstellungen ins Gespräch zu bringen und weiterführende Hilfen anzubieten. Doch ein solches Vorgehen fällt dem Studierenden schwer – und das ist nachvollziehbar. Es handelt sich um eine überra-schende Situation und es werden Fragen verhandelt, auf die der Studierende nicht gefasst ist. So sucht er nach einer Möglichkeit, den Gesprächsabschnitt zu schließen.

---

[55] Das Theodizeeproblem wendet sich der Frage zu, wie die Güte Gottes und das menschliche Leid auf-einander bezogen werden können. Genau gesagt, geht es um die Rechtfertigung Gottes angesichts von Leid. Wer die Theodizeefrage stellt, geht von folgenden Prämissen aus: Gott liebt die Menschen und ist ein gütiger Gott, Gott kann in die Welt eingreifen und Leid mindern.

L	Wenn ihr daran denkt, was steht denn in der Bibel, warum der Noah die Arche gebaut hat?
Lukas	Weil Gott ihm gesagt hat, dass die Sintflut kommt. […]
L	Aber warum hat er jetzt den Noah gewarnt und nicht irgendjemand anderes?
Manuel	Weil er nicht so arg gesündigt hat wie die anderen.
Tobias A	Und weil er an Gott glaubt.

Doch mit dieser abschließenden Sequenz ist weder Lukas' Frage befriedigend bearbeitet noch sind die verschiedenen Gedanken der Schüler aufgenommen worden. Die Fragen brechen in nachfolgenden Sequenzen wieder und wieder auf.

In seiner Reflexion schreibt der Studierende: „Die Bedeutung der Theodizeefrage für Kinder und meine eigene Unbeholfenheit, mit ihnen in ein weiterführendes Gespräch zu kommen, sind mir in diesem Gespräch besonders deutlich geworden […]. Mir ist es schwer gefallen, mit den überraschenden Aspekten in der Stunde umzugehen und hier Anknüpfungspunkte und Lösungsmöglichkeiten für die Kinder zu sammeln und anzubieten."

Mit dieser Erfahrung steht der Studierende nicht allein da. Tagtäglich erleben Lehrkräfte – sofern sie sich auf die Perspektive ihrer SchülerInnen einlassen wollen – dass SchülerInnen Fragen und Themen einbringen, mit denen sie nicht gerechnet haben, auf die sie nicht vorbereitet sind, die sie vielleicht auch gar nicht so rasch theologisch zuordnen können. Hinzu kommt, dass manchmal mehrere Themen gleichzeitig zur Diskussion stehen, dass sich also „Weggabelungen" im Gespräch abzeichnen und die Schwierigkeit mit sich bringen, den angemessenen Fortgang des Unterrichts zu wählen. Situationen, die die Lehrkraft verunsichern, werden zumeist von ihr beendet, es wird eine vermeintlich plausible Lösung angeboten oder ein neues Thema eröffnet. Damit aber verspielt man die Chancen theologischer Gespräche, die in einem Aufgreifen und gemeinsamen Weiterentwickeln von Deutungen liegen.

Zusammenfassend stehen zwei zentrale Anliegen der qualitativen Unterrichtsforschung zu theologischen Gesprächen mit Kindern im Raum:

1. Wie kann es gelingen, Lehrende für ihre Aufgaben in theologischen Gesprächen zu professionalisieren?

2. Welche neuen (also über die quantitative Forschung hinausgehenden) Erkenntnisse über Deutungskompetenzen von Kindern sowie deren Entwicklung lassen sich gewinnen, wenn Unterricht dichter am Denken der konkreten Lerngruppe gestaltet wird und Fragen und Deutungen von Kindern konstitutive Bedeutung erhalten?

4 Einblicke in die Forschungswerkstatt „Theologische Gespräche mit Kindern"

Diesen beiden oben aufgezeigten Fragestellungen ging die Forschungswerkstatt „Theologische Gespräche mit Kindern" an der Pädagogischen Hochschule Karlsruhe nach (vgl. ausführlich Freudenberger-Lötz 2007). Die in der Forschungswerkstatt arbeitenden Studierenden gestalteten und verfolgten den Unterrichtsprozess einer Grundschulklasse über zwei Schuljahre hinweg (3. und 4. Schuljahr) kontinuierlich, wobei je eine Studierendengruppe von sechs Personen ein Semester lang sowie einige Zeit vor Beginn und nach Ende des Semesters mit der Klasse arbeitete. Diese Kontinuität hatte zur Folge, dass sowohl die Kompetenzentwicklung der beteiligten Studierenden (über den Zeitraum mindestens eines Semesters hinweg) als auch die der unterrichteten Klasse (über den Zeitraum von zwei Schuljahren hinweg) in den Blick genommen werden konnten. Zum Zeitpunkt des Beginns unserer Studie gab es zwar schon etliche Untersuchungen, die die Deutungspotenziale von Kindern hinsichtlich verschiedener theologischer Fragen untersuchten, es gab aber noch keine Studien, die den Prozess des Kompetenzerwerbs von Lehrkräften und SchülerInnen thematisierten. Darum sollten unsere gewonnenen Einsichten auch den wissenschaftlichen Diskurs zu theologischen Gesprächen mit Kindern bereichern. Das Hauptaugenmerk der Studie lag aber auf der Kompetenzentwicklung der Studierenden.

4.1 Das Problem der Reflexion in der Situation

Das oben aufgeführte Unterrichtsbeispiel macht die Komplexität von Gesprächssituationen deutlich sowie die Schwierigkeit, in der Situation reflektieren und nachfolgend angemessen handeln zu können. Genau dies beschreibt Donald Schön als zentrales Problem professionellen Handelns (vgl. insbesondere Schön 1983 und 1987). Schön stellt heraus, dass die individuelle Kompetenz, *in* der Situation sinnvoll handeln zu können, dadurch weiterentwickelt werden kann, dass eine handlungsentlastete Reflexion *über* die Situation stattfindet, welche in eine neue Handlung mündet. Somit ist der in der Aktionsforschung zentrale Zirkel von Aktion und Reflexion (vgl. z.B. Klement, Lobendanz & Teml 2002, S. 111f.) auch bei der Professionalisierung in theologischen Gesprächen von besonderer Bedeutung. Eine weitere wichtige Forderung Schöns besteht im Schaffen komplexitätsreduzierter Unterrichtssituationen in der Lehrerbildung.

4.2 Reduktion von Komplexität

Dem Anspruch, Komplexität zu reduzieren, trug die Forschungswerkstatt dadurch Rechnung, dass die Studierenden überwiegend in Kleingruppen von SchülerInnen arbeiteten. Die Gespräche fanden in Gruppen von fünf bis acht SchülerInnen statt, welche von je zwei Studierenden kontinuierlich unterrichtet wurden. Die Vorteile eines solchen Vorgehens liegen auf der Hand:

In einer Kleingruppe kann der Gesprächsverlauf leichter und gezielter verfolgt werden. Insgesamt kann ein Gespräch gestaltet werden, das dichter am Denken der Kinder verläuft, weil die einzelnen Kinder größere Chancen haben, ihre Sichtweisen einzubringen. In diesem Zusammenhang ist zu betonen, dass die Studierenden durch die Gruppengröße und das häufige Unterrichten mit ihrer Lerngruppe schneller vertraut werden; die mangelnde Vertrautheit ist in vielen Praktika ein großes Hindernis einer schülerorientierten Planung und Gestaltung. In Kleingruppen ist es im Vergleich zum Unterricht in der gesamten Klasse auch leichter möglich, Weggabelungen in Gesprächen im Auge zu behalten oder überraschenden Rückfragen einzelner SchülerInnen nachzugehen. Das kontinuierliche Unterrichten trägt dazu bei, dass an der eigenen Kompetenzsteigerung wirksam gearbeitet werden konnte. Studierende, die ein eigenes Kompetenzdefizit erkannt und Strategien zu dessen Bewältigung erarbeitet hatten, konnten schon in der darauf folgenden Woche neue Unterrichtserfahrungen sammeln. Der Zirkel von Aktion und Reflexion kam so voll zur Geltung.

4.3 Die handlungsentlastete Reflexion

Alle in der Forschungswerkstatt gehaltenen Unterrichtsstunden wurden videographiert und noch am selben Tag, in der Regel direkt nach dem Unterricht, mit Hilfe der Methode des „Nachträglichen Lauten Denkens" analysiert (vgl. genauer Freudenberger-Lötz 2007, S. 97). Die von Donald Schön geforderte handlungsentlastete Reflexion über die Situation fand in diesem Rahmen statt. Beim „Nachträglichen Lauten Denken" ist vorgesehen, dass das Videoband zeitnah in einer Forschergruppe betrachtet wird. Die unterrichtende Lehrkraft hat die Möglichkeit, das Band immer wieder anzuhalten und zu erläutern, was sie gedacht hat, warum sie sich so entschieden hat und was sie empfunden hat. Gemeinsam werden gelungene und problematische Situationen herausgearbeitet, Handlungsstrukturen aufgedeckt und elaboriertes Handlungswissen plausibilisiert.

Hier wird jetzt noch einmal der Wert der Kontinuität erkennbar: Nur wenn die Reflexion in der Situation mit einer Reflexion über die Situation verknüpft wird und die Studierenden die Gelegenheit erhalten, das Erarbeitete je neu zu erproben und zu reflektieren, kann eine echte Weiterentwicklung gelingen.

Im Rahmen der Arbeit in der Forschungswerkstatt erarbeiteten wir auf der Grundlage der Grounded Theory ein eigens auf theologische Gespräche mit Kindern zugeschnittenes Modell der Reflexion und Interpretation des Unterrichtsgeschehens, das an dieser Stelle aus Platzgründen allerdings nicht grundsätzlich entfaltet werden kann (vgl. hierzu Freudenberger-Lötz 2007, Kapitel 4). Vielmehr soll im Folgenden das oben aufgeführte Beispiel aufgegriffen und konkret gezeigt werden, wie Studierende der Forschungswerkstatt eine Reflexion des Unterrichts sowie eine Neukonstruktion eines theologischen Gespräches vorgenommen haben.

5 Flutkatastrophe und Theodizeefrage

5.1 Reflexion des ersten Unterrichtsabschnittes

Die Diskussion des Videomitschnitts der Unterrichtssequenz in der Forschungswerkstatt brachte zusammengefasst folgende Defizite zu Tage:

(1) Die Lehrkraft nimmt die unterschiedlichen Deutungen der Schüler nicht angemessen wahr, sie bringt sie nicht ins Gespräch und sie bringt keine wirklich

weiterführenden eigenen Beiträge ein. Dadurch wird sie ihren potenziellen Rollen (s. weiter unten im Text) in theologischen Gesprächen nicht gerecht.

(2) Es wird überdeutlich, dass die Schüler keine Gelegenheit erhalten, ihre Gedanken vollständig zu entfalten. Wir erfahren wenig von der Perspektive einzelner Kinder, die aber unabdingbar für einen weiterführenden Unterrichtsprozess ist.

Die Grundproblematik in theologischen Gesprächen wird durch diese beiden Bemerkungen sehr gut sichtbar. Es ist zum einen die Schwierigkeit der Rollenmodulation: Die Lehrkraft nimmt je nach Unterrichtssituation die Rolle der aufmerksamen Beobachterin (genau wahrnehmen, wie die Schüler mit einem Thema umgehen), der stimulierenden Gesprächspartnerin (Deutungen aufgreifen und ins Gespräch bringen) sowie der begleitenden Expertin (weiterführende Deutungsmöglichkeiten anbieten) ein. Im Idealfall werden verschiedene Rollen situativ modelliert. Je überraschender eine Thematik aufgeworfen wird und je komplexer sich das neue Thema darstellt, desto schwerer fällt eine Rollenmodulation (vgl. Freudenberger-Lötz 2007, S. 129ff.).

5.2 Neukonstruktion von Gesprächsperspektiven

Um die Thematik professionell in der Gruppe bearbeiten zu können – so die Studierenden der Forschungswerkstatt –, muss am Anfang das genaue Beobachten der Perspektive der Schüler stehen. Die Schüler sollen die Gelegenheit erhalten, ihre individuellen Gedanken zu entwickeln und darzulegen. Erst in einem zweiten Schritt sollen die Gedanken ins Gespräch gebracht und weiterführende Impulse gesetzt werden. Von einer solchen klaren Gliederung der Rollen der Lehrkraft versprachen sich die Studierenden eine Reduktion von Komplexität im Gespräch. Wichtig schien es zudem, den Schülern das Vorgehen transparent zu machen. Hierzu wurde als Einstieg das gemeinsame Betrachten eines Ausschnitts der ersten Unterrichtssequenz vorgeschlagen. Die Schüler, die mit dem Betrachten von Videoaufnahmen aus dem Unterricht vertraut sind, finden zum einen wieder einen Anknüpfungspunkt und kommen in die Thematik hinein, zum anderen wird ihnen eine klare Gliederung des Vorgehens plausibel, da sie die Schwierigkeit der Gesprächsführung in der vorausgehenden Unterrichtsstunde direkt vor Augen haben.

Für den Studierenden stand in der Vorbereitung die Aufgabe an, sich breiter und gründlicher in die Theodizeethematik einzuarbeiten. Er sollte verschiedene Deutungsperspektiven kennen und sich bei Bedarf positionieren können[56].

5.3 Die Umsetzung im Unterricht

In der darauf folgenden Woche bearbeitete der Studierende mit den Schülern erneut die Themenstellung. Schnell zeigte sich, dass das Nachdenken über aktuelle Flutka-

---

[56] Karl Ernst Nipkow (1986) hat die „Frage nach der elementaren Wahrheit" als wichtige Aufgabe der Unterrichtsvorbereitung hervorgehoben. Die Lehrkraft soll nicht nur bedenken, welche Wahrheiten für Kinder in einem Thema stecken, sondern auch die eigene Sicht auf die Sache gründlich klären. Nur so kann die Lehrkraft in einem Gespräch authentisch agieren. Wichtig ist allerdings, die eigene Meinung nicht absolut zu setzen und diese nur bei Bedarf, etwa auf Rückfrage von SchülerInnen, einzubringen.

tastrophen das Interesse der Schüler am meisten weckte. Mit dieser klaren Vorgabe machten sich die Schüler an das Entwickeln von Lösungsansätzen. Zunächst hatte jeder der Schüler einige Minuten Gelegenheit, sich intensiv mit der Frage zu befassen, dann tauschten die Schüler ihre Positionen aus.

Lukas	Die Flutwelle in Südostasien, vielleicht war des so wie in der Bibel steht mit der Arche Noah, da waren ja viele böse Menschen und vielleicht waren da jetzt auch böse Menschen und dass Gott jetzt seine Kraft genommen hat, um des Wasser dort rein zubringen und alle ertrinken zu lassen, alle böse Menschen.
Tobias T	Gott hat ja auch noch den Mars, Saturn, Pluto und so erschaffen, also dass es sein kann, dass die Erde aus Versehen mal außer Kontrolle gegangen ist.
Tobias A	Normal war es ja eine Naturkatastrophe in Asien, weil Indien hat ja schon vorgewarnt, dass die Flutwelle kommt und dann hat Thailand halt nicht geglaubt, dass das stimmt. Das ist eine Naturkatastrophe, das hat nichts mit Gott zu tun. Wir machen ja immer mehr die Umwelt kaputt und dann kommen so Sachen raus. Ich glaube auf keinen Fall, dass das eine Strafe ist. [*Pause*] Warum sollen denn z.B. kleine Kinder so eine Strafe verdient haben oder jetzt alle Menschen dort auf einmal?
Manuel	Wenn ich an die Bilder im Fernsehen von den Kindern mal denke, die ihre Eltern verloren haben, dann denke ich, der Gott tröstet vielleicht jetzt auch die Menschen. Ich glaube, dass Gott ganz in der Nähe ist bei denen in Thailand und so.
Jan-Ole	Ja, oder man sagt ja auch, da sind die Helfer wie Engel. Gott schickt Engel zum Helfen in die Menschen.
Lukas	Ich möchte noch was sagen. Ich war als erster dran und finde, dass es besser ist, was der Tobias und der Manuel und so gesagt haben.

Interessant ist, dass Lukas das Bedürfnis hat, sich zu Wort zu melden und die eigene Auffassung zu revidieren. Die Argumentationen der Mitschüler haben ihn überzeugt. Die Übertragung der (einseitig verstandenen) Sintflut-Erzählung verfehlte jetzt in seinen Augen das Ziel. In solchen Situationen wird immer wieder erkennbar, wie fruchtbar ein Austausch ist und wie wichtig es ist, einander zuzuhören und aufeinander einzugehen. Nach dieser übersichtlichen Gesprächssequenz suchte der Studierende mit den Schülern Hauptüberschriften zu ihren Äußerungen. Dabei wurde nochmals eine geringfügige Modifikation der Meinungen vorgenommen. Im Kreis fanden sich folgende Hauptgedanken, die auf Karten geschrieben und auf den Boden gelegt wurden:

(1) Strafe Gottes (wurde als nicht gültig abgelehnt)

(2) Erde ist aus Gottes Kontrolle geraten

(3) Naturkatastrophe

(4) Gott tröstet

(5) Andere Menschen trösten (Engel)

Diese Gedanken entfachten ein weiterführendes Gespräch. Es war sehr aufschluss-reich zu erkennen, dass eine solch einfache Strukturierung mittels Positionskarten ein Gespräch steuern und die Übersicht enorm erhöhen kann. Da es ein wichtiges Prinzip der Forschungswerkstatt war, aus den Unterrichtserfahrungen Impulse für den wissenschaftlichen Diskurs zu theologischen Gesprächen abzuleiten, wurde die begleitende Strukturierung hinfort als wichtiges Kriterium gelungener theologischer Gespräche markiert.

Während des Gespräches und der weiteren Sammlung der Gedanken trat eine Weg-gabelung auf: Der Frage, ob die Welt „aus Gottes Kontrolle geraten" sei, wurde das theologische Problem der „Ubiquität" zugeordnet. Gemeint ist die Allgegenwart Gottes, die die Fähigkeit einschließt, an vielen Orten gleichzeitig wirken zu können. Wie man sich das vorstellen kann, wurde diskutiert. Auch Skizzen der Vorstellung wurden von den Schülern angefertigt. Die Schüler erfuhren, dass einer empirischen Studie zufolge auch Erwachsene große Mühe haben, die Allgegenwart Gottes zu denken (vgl. Büttner 2006, S. 67). Dieses Denken, so wurde resümiert, übersteigt offenbar menschliche Logik.

Die Schüler bekamen nun die Aufgabe, sich nochmals schriftlich zu äußern. Welche der Gedankengänge erachten sie als weiterführend im Umgang mit der Theodi-zeefrage? Diese schriftliche Positionierung sollte in eine Präsentation münden, denn die verschiedenen Kleingruppen der Klasse beschäftigten sich zu dieser Zeit mit unterschiedlichen Themen, die sie einander regelmäßig vorstellten. Eindeutig zeigte sich, dass die beiden letzten Punkte besonderes Gewicht hatten. Den Schülern war zu diesem Zeitpunkt weniger daran gelegen, Ursachen der Flutkatastrophe zu ermit-teln als vielmehr über den Umgang mit Leiderfahrungen nachzudenken. Sowohl theologisch gesehen als auch hinsichtlich der Frage der Lebensrelevanz ist dies eine höchst bemerkenswerte Leistung. Blickt man auf die klassische Einordnung im Rahmen der Stufentheorien der religiösen Entwicklung, so sind die Kinder mit die-sem Schritt dem Erwartbaren weit voraus. Insbesondere der Gedanke, dass mensch-liches Handeln Gott stärkt und Gott auf Menschen zur Verwirklichung von Liebe und Frieden angewiesen ist, ist erstaunlich.

Die Gedankengänge der Schüler und die Veränderung der Schwerpunktsetzung lassen sich an den einzelnen Statements gut ablesen:

Manuel	Gott stiftet vielleicht die Menschen, denen es im Moment gut geht, an, dass sie anderen helfen. Und er bringt es ihnen in den Sinn, dass sie helfen. Wenn jetzt zum Beispiel einer ganz arg Angst hat, alleine zu laufen, dann kommt ein anderer Mensch mit. Gott stärkt den Sinn der Menschen.
Tobias A	Gott tröstet die Menschen, die Leid tragen, weil Gott Gutes für die Menschen möchte. Gott denkt, dass Menschen, die bei der Flutkatastrophe ihre Eltern verlo-

ren haben, mehr Kraft und auch Trost brauchen. Nur mit Geld kann man nicht trösten.

Lukas   Die Hilfsaktionen können durch Gottes Hand dorthin gebracht worden sein. Gott ist bei allen Menschen. Wenn es uns mal schlechter geht, fällt es schwer, an Gott zu glauben. Gott kann Gutes bewirken. Das macht uns froh.

Tobias T   Wenn die Menschen gute Gedanken haben, wird Gott stärker. Wenn viele Menschen an Gott glauben, ist das wie ein ganz großes Haus. Gott braucht die Menschen, die an ihn glauben.

Jan-Ole   Gott will jeden Menschen glücklich machen. Vielleicht begleiten durch Gott auch die Engel die Menschen und helfen, für sie zu sorgen.

Die Präsentation, die in der darauf folgenden Woche stattfand, wurde von dieser Kleingruppe angereichert durch Gebete für die Flutopfer und eine selbst gestaltete Diaserie zu einem biblischen Hoffnungsbild aus Offb. 21[57].

6   Ertrag und Ausblick

Der Unterricht der Forschungswerkstatt, der über zwei Schuljahre hinweg in dieser Weise gestaltet wurde, brachte erstaunliche Kompetenzen der Kinder zutage. Neben einer deutlichen Steigerung der Gesprächskompetenzen wurde, einem abschließenden Test zum Bibelwissen und Bibelverstehen zufolge erkennbar, worin der Wert kontinuierlicher theologischer Gespräche liegt: Die Kinder erwerben vernetztes Grundwissen, das ihnen hilft, Antworten auf theologische Fragen zu finden und die Lebensrelevanz des Theologisierens zu erkennen. Im Vergleich zu einer repräsentativen Studie zum Bibelverstehen von Kindern, die im Blick auf die Kompetenz, Bibelwissen und Alltag in eine sinnvolle Verbindung zu bringen, nur einen Anteil von 33% erbrachte (vgl. Hanisch & Bucher 2002, S. 50ff.), schnitt die Klasse der Forschungswerkstatt deutlich besser ab. Natürlich können die aufgezeichneten Unterrichtsprotokolle, die an verschiedenen Stellen schon veröffentlicht vorliegen, einen genaueren Einblick in die tatsächlichen Kompetenzen der Kinder geben als eine einmalige Befragung und der Vergleich mit einer repräsentativen Studie. Dennoch ist das Ergebnis hoch signifikant: Alle SchülerInnen konnten jeweils mehrere Gründe nennen, wie Bibel und Alltag zusammengehören, warum sich Gespräche über biblische Geschichten lohnen und wie eine Bewältigung von schwierigen Situationen des Alltags im Lichte der biblischen Botschaft angegangen werden kann. Genau dies sind aber die oben beschriebenen Ziele theologischer Gespräche. Wie die Kinder in ihrem Alltag davon wirklich Gebrauch machen, das bleibt ihnen selbst überlassen. Zu hoffen ist, dass sie in den kommenden Schuljahren auf Lehrkräfte treffen, die ihre theologischen Gedanken erkennen, ernst nehmen und aufgreifen und somit an die bislang erworbenen Kompetenzen anknüpfen.

---

[57] Die Präsentation der Kleingruppe liegt aufgezeichnet vor und kann bei der Autorin eingesehen werden. Sie macht das Engagement der Kinder deutlich, die sich der Theodizeefrage annahmen.

Im Blick auf die Professionalisierung von Lehrkräften ist zu wünschen, dass das Projekt der Forschungswerkstatt an weiteren Orten und in verschiedenen Schulstufen aufgegriffen wird. An der Universität Kassel ist neben kontinuierlichen Projekten an Grundschulen[58] eine Forschungswerkstatt „Theologische Gespräche in der Sekundarstufe" eingerichtet worden (vgl. Freudenberger-Lötz & Reiß 2009).

Studierende, die in der Weise der Forschungswerkstatt auf ihre Aufgaben als Religionslehrkräfte vorbereitet werden und an qualitativer Forschung beteiligt sind, gehen mit erweiterten Kompetenzen und mit einer veränderten Haltung an ihre Aufgaben als Lehrkraft heran. Das zeigen etliche Erfahrungsberichte von Studierenden, die die Karlsruher Forschungswerkstatt durchlaufen haben und sich mittlerweile im Schuldienst befinden. Darum ist für die Lehrerbildung zu fordern:

(1) Grundlage der Professionalisierung in theologischen Gesprächen muss der Ansatz des „forschenden Lernens" (Freudenberger-Lötz 2007, S. 89ff.) sein. Damit Studierende forschend lernen können, muss ein Arbeitsklima in Lehrveranstaltungen und Praktika unterstützt werden, in dem eine reflexive Haltung gegenüber der eigenen Praxis wachsen kann. Studierende sollen darin gefördert werden, konkrete Ziele für ihr Handeln in Gesprächen und Möglichkeiten zur Evaluation dieser Ziele zu entwickeln.

(2) Die Wahrnehmungsschulung sollte ein unverzichtbares Thema in grundlegenden Lehrveranstaltungen sein; hier sollten die Studierenden dazu angeregt werden, verschiedene Formen der Beobachtung in unterschiedlichen Lernsituationen durchzuführen, zu dokumentieren und zu reflektieren.

(3) Da theologische Gespräche ein komplexes Unterfangen darstellen, so ist es im Zuge der Lehrerbildung unerlässlich, die Komplexität zeitweise zu reduzieren (etwa durch Kleingruppengespräche) und eine handlungsentlastete Reflexion über die Situation zu ermöglichen. Ferner ist das prozessbegleitende Erstellen eines Forschungstagebuches zu empfehlen, mit dem eine Kompetenzerweiterung in der kontinuierlichen Reflexion der eigenen Praxiserfahrungen gelingen kann.

(4) Schließlich ist ein Netzwerk relevanter Lehrveranstaltungen an der Hochschule von entscheidender Bedeutung.

An dieser Stelle soll die Forderung der Vernetzung von fachwissenschaftlichen und schülerorientierten Zugängen besonders herausgestellt werden. Das heißt, ein Angebot an Lehrveranstaltungen soll eröffnet werden, das den Studierenden eine reflektierte Auseinandersetzung ermöglicht, und zwar mit zentralen biblischen und systematisch-theologischen Themen, vor dem Hintergrund der aktuellen fachwissenschaftlichen Debatte, dem Horizont ihres eigenen Glaubens und dem Horizont des theologischen Denkens von Kindern und Jugendlichen.

---

[58] Videographieren, Unterricht in Kleingruppen, intensive Reflexion und darauffolgende Neukonstruktion sowie kontinuierliche Unterrichtserfahrung und Begleitung sind zum festen Bestandteil schulpraktischer Studien geworden.

Wenn Studierende schon in der ersten Phase der Lehrerbildung darin unterstützt werden könnten, einen solchen Zugang zu theologischen Gesprächen mit Kindern zu gewinnen, könnten sie ihre eigene Rolle in theologischen Gesprächen bewusster wahrnehmen und gezielter gestalten lernen. Dies käme sowohl ihnen selbst als auch den zu unterrichtenden Schülerinnen und Schülern zugute und nicht zuletzt insgesamt der Fortführung des Ansatzes theologischer Gespräche im Religionsunterricht.

Literatur

Büttner, Gerhard (2006): Strukturen theologischer Argumentation. Versuch einer Kartographie der Kindertheologie. In: Bucher, Anton A. / Büttner, Gerhard / Freudenberger-Lötz, Petra / Schreiner, Martin (Hg.): „Vielleicht hat Gott uns Kindern den Verstand gegeben." Ergebnisse und Perspektiven der Kindertheologie. Jahrbuch für Kindertheologie. Band 5. Stuttgart: Calwer Verlag, S. 56-68.

Foerster, Heinz von (2002): Lethologie. Eine Theorie des Erlernens und Erwissens angesichts von Unwissbarem, Unbestimmbarem und Unentscheidbarem. In: Voß, Reinhard (Hrsg.): Die Schule neu erfinden. Systemisch-konstruktivistische Annäherungen an Schule und Pädagogik. Neuwied u. Kriftel: Hermann Luchterhand Verlag, S. 14-32.

Fowler, James W. (1991): Stufen des Glaubens. Die Psychologie der menschlichen Entwicklung und die Suche nach Sinn. Gütersloh: Gütersloher Verlagshaus.

Freudenberger-Lötz, Petra (2007): Theologische Gespräche mit Kindern. Untersuchungen zur Professionalisierung Studierender und Anstöße zu forschendem Lernen im Religionsunterricht. Stuttgart: Calwer Verlag.

Freudenberger-Lötz, Petra / Reiß, Annike (2009): Theologische Gespräche mit Jugendlichen. Ein Einblick in die Arbeit der Kasseler Forschungswerkstatt zu Möglichkeiten einer Jugendtheologie. In: KatBl 2, S. 97-102.

Hanisch, Helmut (2001): Kinder als Philosophen und Theologen. In: GuL 16, 1, S. 4-16.

Hanisch, Helmut / Bucher, Anton A. (2002): Da waren die Netze randvoll. Was Kinder von der Bibel wissen. Göttingen: Vandenhoeck & Ruprecht.

Härle, Wilfried (2005): Was haben Kinder in der Theologie verloren? Systematisch-theologische Überlegungen zum Projekt einer Kindertheologie. In: Bucher, Anton A. / Büttner, Gerhard / Freudenberger-Lötz, Petra / Schreiner, Martin (Hg.): „Zeit ist immer da." Wie Kinder Hoch-Zeiten und Festtage erleben. Jahrbuch für Kindertheologie. Band 3. Stuttgart: Calwer Verlag, S. 11-27.

Klement, Karl / Lobendanz, Alois / Teml, Hubert (2002): Schulpraktische Studien als Feld „Forschenden Lernens". In: Klement, Karl / Lobendanz, Alois / Teml, Hubert (Hrsg.): Schulpraktische Studien. Beiträge zur Qualitätsentwicklung in der Lehrerbildung unter Berücksichtigung europäischer Perspektiven. Innsbruck, Wien, München u. Bozen: StudienVerlag, S. 111-113.

Kraft, Friedhelm (2004): „Theologisieren mit Kindern" – ein neues didaktisches Leitbild für den Religionsunterricht der Grundschule. In: Theologische Beiträge. 35. Jg., S. 81-91.

Nipkow, Karl Ernst (1986): Elementarisierung als Kern der Unterrichtsvorbereitung. In: KatBl 111, S. 600-608.

Oser, Fritz / Gmünder, Paul (1996): Der Mensch – Stufen seiner religiösen Entwicklung. Ein strukturgenetischer Ansatz. Gütersloh: Gütersloher Verlagshaus.

Schmidt, Heinz (2002): Kinderfrage und Kindertheologie im religionspädagogischen Kontext. In: Büttner, Gerhard / Rupp, Hartmut (Hrsg.): Theologisieren mit Kindern. Stuttgart, Berlin u. Köln: Verlag W. Kohlhammer, S. 11-19.

Schön, Donald A. (1983): The Reflective Practitioner. How Professionals Think in Action. New York: Basic Books.

Schön, Donald A. (1987): Educating the Reflective Practitioner. Toward a New Design for Teaching and Learning in the Professions. San Francisco: Jossey-Bass Publishers.

Friederike Heinzel

Theorieorientierte und theoriebildende qualitative Grundschulforschung

Ziel der Qualitativen Bildungsforschung ist das Entwickeln von Theorien, weil nur auf der Basis kontrollierter Theoriebildung die Praxis vertrauenswürdig reflektiert, bewertet und verbessert werden kann.

In diesem Beitrag geht es um die Frage, welche Rolle der Theorie in qualitativen Forschungsprozessen eigentlich zukommt. Das Verhältnis von Methode(n) und Theorie wird im Spektrum qualitativer Forschungsansätze unterschiedlich konzeptualisiert, jeweils abhängig von der Spezifik der Forschungsstrategie. Es werden drei Methoden-Theorie-Verhältnisse vorgestellt: ein theorieorientiertes, ein theoriebildendes und ein theorieanwendendes. Zwei Studien qualitativer Grundschulforschung veranschaulichen abschließend die zuvor beschriebenen Verhältnismöglichkeiten zur Theorie.[59]

1 Zum Verhältnis von Theorie und Methode in der qualitativen Forschung

Qualitative Forschung betont, dass die empirischen Daten den Ausgangspunkt wissenschaftlicher Erkenntnis bilden. Das interpretative Paradigma (Wilson 1973) begreift die soziale Wirklichkeit als durch Interpretationshandlungen hergestellt. Theorien können demnach nicht einfach in Variablen übersetzt und operationalisiert werden, weil dann die Sinngebungsprozesse der Handelnden gleichsam überblendet werden. In der qualitativen Forschung beginnt die Tätigkeit der Forscherin oder des Forschers deshalb nicht mit der Formulierung von Hypothesen. Die Forschungsarbeit besteht auch nicht in der Überprüfung vorab formulierter – theoretisch begründeter – Annahmen. Und die Forschungsmethoden dienen ferner nicht dazu, die vorab formulierten theoretischen Konzepte über die Variablen messbar zu machen. Diese Gemeinsamkeiten, die als Abgrenzungen von der quantitativen Forschung formuliert sind, lassen sich recht leicht – wie hier geschehen in negativer Weise – beschreiben.

Ich möchte jetzt nicht darauf eingehen, ob solche Abgrenzungen – vor dem Hintergrund des durchgreifenden Strukturwandels moderner Gesellschaften – überholt oder allenfalls in pragmatischer Absicht begründet sind (vgl. Kelle 2008a; Kuper

---

[59] Ich danke Wolfgang Einsiedler, der mich zu diesem Beitrag ermutigt hat. Außerdem danke ich Dirk Hülst und Uta Marini für Anregungen und Kritik.

2005, S. 142; Heinzel 2003, 2005; Kelle & Kluge 1999)[60] oder dem gängigen Dualismus von Natur und Kultur verhaftet bleiben.[61]

Bis heute entsteht der Eindruck, dass es bei der Diskussion um die Vereinbarkeit von quantitativer und qualitativer Forschung noch immer um das Abstecken von Revieren geht, auch wenn Kelle (2008a) zu zeigen versucht, dass Methodenprobleme und Validitätsbedrohungen der qualitativen und quantitativen Forschungstradition durch die Integration von qualitativen und quantitativen Methoden überwunden werden könnten. Insgesamt erscheint es wünschenswert, dass sich der Methodenstreit nicht in einem Lagerdenken verliert, sondern als lebendiger Bestandteil des wissenschaftlichen Diskurses gestaltet wird.

Dies gilt auch für die „qualitative Forschung", denn hinter diesem Terminus verbergen sich verschiedene, teilweise divergierende Ansätze und Ziele. Die Ziele reichen von der Beschreibung und dem Verstehen sozialer Prozesse im Feld der Grundschule bis zur Formulierung gültiger Theorien über die Grundschule, den Grundschulunterricht oder das Lernen von Kindern. Die Ansprüche erstrecken sich von wissenschaftlicher Beschreibung (Ethnographie) über empirisch begründete Theorien mittlerer Reichweite, die z.B. das Schüler- oder Lehrerhandeln in bestimmten Unterrichtssituationen zu erklären vermögen (Grounded Theory) bis zur Entdeckung latenter Sinnstrukturen (Objektive Hermeneutik oder Tiefenhermeneutik). Die Frage, was für eine Art von Theorie das Ziel theoriegenerierender Forschung eigentlich ist, wird unterschiedlich beantwortet. Krotz (2005, S. 69) betont, dass unterschiedliche Forschungsverfahren auch unterschiedliche Typen von Theorien erzeugen. Nicht zuletzt reicht das Verhältnis von Theorie und Methode von Empirismus bis zur Betonung der Notwendigkeit sensibilisierender theoretischer Konzepte.

Ich möchte im Folgenden nur auf das Verhältnis von Theorie und Methode näher eingehen. Qualitatives Forschen soll mit einer offenen Sammlung von Daten beginnen. Doch wie unvoreingenommen kann die Haltung der qualitativen Forscherinnen und Forscher dabei sein? Glaser & Strauss empfehlen in ihrem Grundlagenwerk zu Strategien qualitativer Forschung „die Literatur über Theorie und Tatbestände des untersuchten Feldes zunächst buchstäblich zu ignorieren" (Glaser & Strauss 1967/1998, S. 49). Auch Oevermann verlangt für die Objektive Hermeneutik die Haltung künstlicher Fremdheit und die Herstellung künstlicher Naivität (Oevermann

---

[60] Kelle und Kluge (1999, S. 14) weisen z.B. darauf hin, dass die Kritik an einer einseitig hypothetico-deduktiv orientierten Umfragemethodologie auch außerhalb des theoretischen Bezugsrahmens der interpretativen Soziologie geäußert wird. Auch quantitative ForscherInnen thematisieren demnach, dass die Umfragemethodik unter den Bedingungen modernisierender Gesellschaften Probleme aufwirft. Items in Fragebögen würden sich häufig nicht formulieren lassen „ohne eingehende Kenntnisse über die in bestimmten sozialen Milieus geltenden Deutungsmuster und Handlungsorientierungen".

[61] Sehr viel grundsätzlicher argumentiert die Akteur-Netzwerk-Theorie, die den Versuch unternimmt, den gängigen Dualismus zwischen Natur und Kultur aufzubrechen und durch den Netzwerkgedanken zu ersetzen. Sie geht nicht von der sozialen Konstruktion von Technik und gesellschaftlicher Wirklichkeit aus, sondern nimmt an, dass Natur und Soziales sich in einem Netzwerk wechselseitig Eigenschaften und Handlungspotentiale zuschreiben (vgl. z.B. Latour 2008).

1986, S. 36)[62]. Allerdings merken schon Glaser und Strauss an, dass sich der Forscher der Realität nicht als tabula rasa nähert (ebd. S. 13) und dass ihm „das theoretische Werkzeug hilft [...] die Angemessenheit und Relevanz seiner Daten zu beurteilen" (Glaser & Strauss 1967/1998, S. 54). Auch in dem grundlegenden Band von Hirschauer & Amann (1997) zur ethnographischen Forschung wird die Befremdung der eigenen Kultur als eine empirische Herausforderung bezeichnet, nicht ohne die wechselseitige Verschränktheit theoretischer und empirischer Arbeitsprozesse zu betonen (ebd. S. 36). Kelle und Kluge (1999, S. 17) halten die induktionistische Forschungsstrategie in der qualitativen Sozialforschung 1. für unbrauchbar, da Wahrnehmung immer von Erwartungen bestimmt ist und 2. für undurchführbar, da Forscherinnen und Forscher bei diesem Vorgehen in den Daten „ertrinken". Sie betonen (ebd. S. 19ff.), dass für die qualitative Sozialforschung vielmehr ein abduktives Vorgehen kennzeichnend sei: Die Abduktion[63] generiert eine mögliche Erklärung für eine Tatsache, indem eine neue Regel konstruiert wird. Damit entstehen Theorien aus einer Kombination von vorhandenem Wissen und neuer Erfahrung. Ein entscheidender Unterschied von qualitativer und quantitativer Forschung besteht nun in der Struktur des theoretischen Vorwissens bzw. im Umgang mit der Vagheit theoretischer Konzepte. Während man diese Vagheit beim quantitativen Vorgehen durch operationale Definitionen in den Griff bekommen will, gilt die begriffliche Vagheit sozialer Beschreibungen in der qualitativen Forschung als deren willkommenes Wesensmerkmal (vgl. Blumer 1954, S. 5; Kelle & Kluge 1999, S. 26).

2 Theorieorientierung und Theoriebildung in der qualitativen Forschung

Qualitative Forschung orientiert sich an Theorie und will zur Theoriebildung beitragen. Den Theorietyp, der durch qualitativ begründete Verfahren erzeugt wird, beschreibt Krotz (2005, S. 71) als „Aussagezusammenhänge, die begrenzte Sachverhalte >dicht< beschreiben und sie als Struktur und Prozess darstellen."[64]

Grob möchte ich zunächst die (deutschsprachige) Ethnographie und die rekonstruktiven qualitativen Methoden unterscheiden.

Die *Ethnographie* will aus ihren Beobachtungen das von ihr untersuchte Feld in seiner spezifischen Regelhaftigkeit deskriptiv erschließen. Hier werden Sprachwissen und schulische oder unterrichtliche Interaktionen so analysiert, dass Sinndeutungen und Praktiken kulturanalytisch erschlossen werden. Die Ethnographie definiert sich nicht so sehr über enge methodische Regeln, sondern eher über eine gemeinsame Forschungshaltung und ist darum bemüht, verschiedene Forschungszugänge und Forschungsstrategien zu integrieren, wobei die Teilnehmende Beobachtung das Kernelement jeder ethnographischen Feldforschung darstellt.

---

[62] Zur „Dummheit als Methode" (Hitzler 1991). Hitzler betont, dass es darum geht zu rekonstruieren, „„ *wie* wir das, was wir alle alltäglich ohnehin schon wissen (...), eigentlich wirklich *wissen*". (ebd. S. 310; Hervorhebungen im Original)

[63] Der Begriff Abduktion ist von Pierce (1976) in die wissenschaftliche Diskussion eingeführt worden.

[64] Quantitativ begründete Verfahren führen nach Krotz (2005, S. 69ff) zu einem Theorietyp, der für einen Gegenstandsbereich funktionale Zusammenhänge wiedergibt. Als weiteren Theorietyp nennt Krotz Metatheorien wie Psychoanalyse, Marxismus oder das Werk Max Webers.

Neuere ethnographische Untersuchungen betonen die Bedeutung sozialer Praktiken, die als kleinste Einheiten des Sozialen gelten. Eine Praktik ist nach Schatzki (1996, S. 89) als ein routiniert hervorgebrachter Nexus verbaler und nonverbaler Aktivitäten zu verstehen. Praktiken sind im Alltagswissen verhaftet; sie beruhen auf Ablaufroutinen und zeigen sich in inkorporierten Tätigkeiten, die situationsspezifisch ausgeführt werden.

Die Ethnographie ist um eine Aufhebung der Unterscheidung von Theorie und Empirie bemüht und versucht, eine „Theoretische Empirie" (Kalthoff, Hirschauer & Lindemann 2008) zu realisieren, in der theoretische und empirische Ebenen des Arbeitsprozesses gekoppelt werden und Theorieorientierung als integraler Bestandteil des Forschungsprozesses zu verstehen ist. Ethnographie zielt weniger darauf ab, aus Beobachtungen generalisierte Theorien zu entwickeln, als vielmehr das von ihr untersuchte Feld in seiner spezifischen Regelhaftigkeit deskriptiv zu erschließen, wobei bei der Erklärung menschlichen Tuns individuelle und strukturelle Ebene verbunden und sowohl die Handlungschancen individueller Akteure als auch die Wirkung vergesellschafteter Strukturen berücksichtigt werden (Reckwitz 2003, 2006, 2008).

Die *rekonstruktive qualitative Forschung*, wozu interaktionsanalytische, diskursanalytische und hermeneutische Ansätze, aber auch die interviewbasierte qualitative Forschung zählen, zielt auf die Produktion empirisch gehaltvoller Begriffe und Aussagen – im besten Fall in Form einer Theorie mittlerer Reichweite. Ein wichtiger Aspekt des qualitativen Forschungsprozesses besteht hier in der Bedeutung des theoretischen Vorwissens. Kelle und Kluge (1999, S. 28ff.) unterscheiden vier relevante Dimensionen:

1. Grad der Explikation: Das theoretische Vorwissen in der Form offener, sensibilisierender Konzepte dient als „Linse" oder „Brille" (Kelle & Kluge 1999, S. 29).

2. Herkunft des Wissens: Es geht darum, Zugang zum Akteurswissen (in unserem Fall: dem Wissen der Schüler und Schülerinnen, der Lehrpersonen, der Schulleitungen) zu erhalten.

Die Besonderheit der Grundschulforschung besteht bei diesen ersten beiden Dimensionen darin, dass die Forschenden über Theoriewissen und (als ehemalige Schülerinnen und Schüler, ggf. auch als Lehrpersonen) über Akteurswissen verfügen.

3. Grad der Theoretisierung: Die Methoden der qualitativen Forschung werden zu Instrumenten der kritischen Analyse des Alltags der Akteure.

4. Grad an empirischem Gehalt: Leitende Annahmen sozialwissenschaftlicher Theorien können als Heuristiken verwendet werden, die dann durch konkrete Beobachtungen aufgefüllt werden (z.B. Rollentheorie, Interaktionismus). Hier stellt sich die Frage nach den Bezugstheorien für die qualitative Grundschulforschung, auf die ich zu Schluss eingehen werde.

In der rekonstruktiven qualitativen Forschung fließt somit Vorwissen in verschiedenen Forschungsphasen in den Forschungsprozess ein: bei der Fallauswahl, bei der

Strukturierung und Kategorisierung des Datenmaterials, bei der Kontrastierung, bei der Konstruktion von Dimensionen für die Typenbildung und bei der Typenbildung selbst. Das Ziel der Fallauswahl ist nicht statistische Repräsentativität, sondern die Berücksichtigung der Heterogenität im Untersuchungsfeld, weshalb unterschiedliche oder extreme Fälle ausgewählt werden (Samplingstrategien: Suche nach Gegenbeispielen, Theoretical Sampling, Qualitative Stichprobenpläne, vgl. Kelle & Kluge 1999, S. 25ff.). Das Datenmaterial muss dann strukturiert werden, indem es z.b. kategorisiert wird (durch theoretisches Kodieren oder thematisches Kodieren, vgl. Flick 2007, S. 386ff.) oder indem Orientierungsstrukturen des Handelns herausgearbeitet werden (wie z.b. in der Narrationsanalyse). Die Fallkontrastierung bzw. die kontrastierende Rekonstruktion von Bedeutungen ist ein wesentlicher Schritt für die Theoriebildung in der qualitativen Sozialforschung. Um Fälle zu vergleichen, müssen „Vergleichsdimensionen" entwickelt werden.[65] Ein weiterer wichtiger Schritt ist die typenbildende Analyse; sie besteht darin, Muster und Strukturen im untersuchten Handlungsfeld zu identifizieren, zu beschreiben und deren theoretische Bedeutung darzulegen. Kelle (2008b, S. 332) erklärt, dass das heuristische Potential von Theorien in der qualitativen Forschung immer neu ausgelotet und als Ressource begriffen werden sollte. Zugleich ist Theoriebildung ein Ziel dieser Forschung.

Qualitative Forschung kann zu gegenstandsbezogenen Theorien begrenzter Reichweite in definierten und begrenzten Handlungsfeldern wie der Grundschule führen. Eine Überprüfung dieser Theorien durch quantitative Forschung ist – aus Sicht der qualitativen Forschung – durch quantitative Forschungsansätze nicht zwingend nötig.

3 Theorie-Anwendungs-Verhältnis in den Partizipationsmodellen „Aktionsforschung" und „Praxisforschung"

Von der Erziehungswissenschaft als Handlungswissenschaft wird erwartet, dass ihre Theorien Empfehlungen in ihren Handlungsfeldern zu geben vermögen und zur Verbesserung des Schul- und Bildungssystems beitragen. Nachdem nun ein theorieorientiertes und ein theoriebildendes Methoden-Theorie-Verhältnis dargestellt wurde, soll zuletzt auf Theorie-Anwendungs-Modelle in der qualitativen Forschung eingegangen werden, aber nur auf solche Ansätze, in denen die Beteiligung der schulischen Akteure ein Kernelement ist.

Die im Folgenden skizzierten Ansätze der Aktions- und Praxisforschung können verglichen werden mit der symbiotischen Unterrichtsforschung, wie sie von Gräsel und Parchmann (2004) vorgeschlagen wurde. Eine Ähnlichkeit besteht darin, dass die Lehrpersonen nicht einfach als Datenquelle dienen, sondern als gleichberechtigte Praxisexperten angesehen werden. Unterschiede beziehen sich auf das Ziel der Untersuchungen und die eingesetzten Methoden. Bei der symbiotischen Unterrichtsforschung geht es um das Überprüfen von Innovationen im Unterricht und die quantitativ-empirischen Absicherungen von Unterrichtsentwicklung. Bei der Aktions- und

---

[65] Umstritten ist, ob es möglich ist, nur einen Fall zu untersuchen; dann muss davon ausgegangen werden, dass dieser Einzelfall gänzlich strukturell determiniert ist.

Praxisforschung hingegen wird am Fall gearbeitet und es werden qualitative Forschungsmethoden eingesetzt. Aktions- und Praxisforschung zeichnen sich im Spektrum der Konzeptionen von Schulforschung durch Feldnähe und ein kasuistisches Vorgehen aus.

Unter *Aktionsforschung* wird eine Forschungsstrategie verstanden, um forschendes Lernen und Entwickeln für die eigene Praxis anzuregen und zu unterstützen. Lehrpersonen und Wissenschaftler oder Wissenschaftlerinnen arbeiten zusammen, um Theorie und Praxis sowie Forschen und Handeln enger zu verbinden. Handlungsforschung zielt auf Entwicklungsarbeit vor Ort, auf Professionalisierung und Organisationsentwicklung. Wissenschaftshistorisch entstand sie in Abgrenzung zur quantitativen empirisch-analytischen Forschung (vgl. Altrichter & Posch 2007). Zentral für die Aktionsforschung ist der Zirkel von Reflexion und Aktion (vgl. Altrichter u.a. 2009, Freudenberger-Lötz in diesem Band). Mit *Praxisforschung* wird das in die pädagogische Praxis eingelassene Forschen durch Lehrpersonen bezeichnet. Ziele sind z.B. die Selbstreflexion der beruflich Handelnden, die Verbesserung pädagogischen Handelns, die Reflexion von Innovationen oder ein besseres Verständnis der Perspektiven und Verstehensprozesse von Kindern. Die in den Praxisforschungsvorhaben fokussierten Ausschnitte von Schulwirklichkeit bilden „Fälle" und werden mit kasuistischen Methoden analysiert. Teilweise erfolgt Praxisforschung als wissenschaftliche Qualifikation; dann geht es auch darum, den wissenschaftlichen Erkenntnisstand zu erneuern.[66]

Praxis- und Handlungsforschung erkennen den in den Berufsalltag eingelassenen Erkenntnisprozess an und beruhen auf handlungstheoretischen Überlegungen. Es stellt sich allerdings die Frage, wann und ob die Praxisreflexion als wissenschaftliche Forschung und Theoriebildung verstanden werden kann. Es geht hier nicht in erster Linie um allgemeine Wissensgenerierung, sondern der Prozess der Wissens-, Kompetenz- und Identitätsentwicklung von PraktikerInnen steht im Mittelpunkt. Allerdings zeigt sich, dass PraktikerInnen über praktisches Berufswissen verfügen. In dieses Berufswissen sind theoretische Perspektiven und Sinnbezüge eingewoben, um deren Dekonstruktion es methodisch gerade zu gehen hat (vgl. Moser 2002).

4   Analyse ausgewählter Beispiele qualitativer Grundschulforschung

Im Folgenden möchte ich Modelle der Theorieprüfung und Theorieentstehung sowie das Theorie-Anwendungsverhältnis an zwei ausgewählten Beispielen reflektieren: an der Studie von Ingrid Kellermann (2008) und der Untersuchung von Marei Fetzer (2007).

Ingrid Kellermann (2008): „Vom Kind zum Schulkind. Die rituelle Gestaltung der Schuleingangsphase. Eine ethnographische Studie".

Das Erkenntnisinteresse von Kellermann richtet sich darauf, „*wie* Lehrerinnen und Schüler den Schulanfang gemeinsam gestalten, und *wie* die Schulanfänger in eine

---

[66] Anders als im gemeinsamen Aufsatz mit Annedore Prengel und Ursula Carle (Prengel, Heinzel & Carle 2008, S. 183) sehe ich es auch als Praxisforschung an, wenn Lehrer oder Lehrerinnen ihre Praxis untersuchen, um sich wissenschaftlich zu qualifizieren.

Gemeinschaft hineinwachsen" (S. 13, Hervorhebung im Original). Die Forschungsfrage, eine Wie-Frage, betont, dass nicht nach Kausalzusammenhängen gesucht wird
sondern nach der Herstellung von Bedeutungen. Am Anfang der Veröffentlichung
werden die Bezugstheorien ausgeführt: Sozialisationstheorie, Habituskonzept von
Bourdieu, Zusammenwirken mimetischer, performativer und ritueller Prozesse bei
der Konstitution des Sozialen nach Christoph Wulf, Goffmans Interaktionstheorie
und die Theorie des Übergangs nach Turner. Die Autorin pointiert, dass ihre Forschung „theoretisch fundiert, jedoch *ohne vorab formulierte Theoriekonzepte* bezüglich des *Forschungsgegenstandes*" (S. 55, Hervorhebung im Original) stattfinde. Die
theoretischen Grundlagen dienen ihr – wie sie sagt – als „Denkwerkzeuge" und
„intellektuelles Kapital" (ebd.). Als Forschungsstrategie hat Ingrid Kellermann die
Ethnographie gewählt: mit teilnehmender und videogestützter Beobachtung im Feld
der altersgemischten Eingangsstufe einer Berliner Grundschule und der Verschriftlichung der Beobachtungen. In drei Monaten Feldaufenthalt sind videogestütztes
Datenmaterial von über 70 Stunden und 47 Beobachtungsprotokolle entstanden (S.
65).

Zur Auswertung der Texte wurde die dokumentarische Methode nach Bohnsack
genutzt und die Gestaltung des Forschungsprozesses erfolgte im Sinne der „Grounded Theory" (S. 55ff.). Der empirische Teil der Arbeit analysiert die Einschulungs-
feier, die Raum- und Zeitgestaltung des Schulalltags, das sprachliche Handeln im
Unterricht, rituelle Kommunikations- und Interaktionsformen, die Entwicklung der
Lernkultur und den Angliederungsprozess der Schulanfänger. Jedem Kapitel werden
einige theoretische Ausführungen und damit die „Denkwerkzeuge" vorangestellt.
Bei der Studie von Kellermann handelt es sich um eine theorieorientierte Studie, die
theoretische und empirische Ebenen des Arbeitsprozesses koppelt und Theorien als
Werkstoff des Forschungsprozesses versteht.

Kellermann gelingt es, das von ihr untersuchte Feld in seiner spezifischen Regelhaftigkeit deskriptiv zu erschließen. Es wird beschrieben und analysiert, wie die Schulanfänger mittels schulkultureller Rituale und ritueller Interaktionen in der Lerngruppe auf körperlich-sinnlicher Ebene die institutionellen Raum-Zeitstrukturen internalisieren und damit Verhaltensmöglichkeiten für schulische Situationen (Arbeitssituationen, Gesprächssituationen, Spielsituationen oder Freiräume) inkorporieren.

Am Ende der Arbeit wird das kasuistische Vorgehen unterstrichen: „Mit der Frage,
wie ein Kind zum Schulkind wird, beschäftigt sich diese ethnografische Studie an
einem bestimmten Fall, zu einer bestimmten Zeit, an einem bestimmten Ort" (S.
262). Individuelle und strukturelle Ebene werden nicht unterschieden und der Zusammenhang von Fall und Struktur nicht reflektiert. Auch auf Konsequenzen für die
Praxis wird nicht eingegangen.

Marei Fetzer (2007): Interaktionen am Werk. Eine Interaktionstheorie fachlichen Lernens, entwickelt am Beispiel von Schreibanlässen im Mathematikunterricht der Grundschule. Bad Heilbrunn.

Bereits im Vorwort weist Fetzer ihre Untersuchung als Forschung einer Wissenschaftlerin, einer Lehrerin und einer ehemaligen Schülerin aus. Da sie ihre eigene Unterrichtspraxis untersucht hat, handelt es sich um Praxisforschung im von mir zuvor skizzierten Sinne. Auch das theoretische Ziel wird früh genannt. Marei Fetzer möchte zur „Weiterentwicklung einer Interaktionstheorie des Lernens fachlicher Inhalte im Unterricht" beitragen und die Beschränkung auf verbale Komponenten der Interaktion überwinden (Fetzer 2007, S. 12). Sie untersucht Interaktionen im Mathematikunterricht der Grundschule und bezieht sich dabei auf linguistische Konzepte sowie auf den kulturpsychologischen Ansatz von Bruner. Der Datenkopus beruht auf ausgewählten Mathematikstunden – über drei Jahre – aus dem Unterricht von Marei Fetzer. Das Datenmaterial umfasst Interaktionen von je zwei Kindern bei der Verschriftlichung von Aufgaben, zudem die Veröffentlichung der Ergebnisse im Plenum und die Schülerwerke. Die Gliederung des Materials erfolgte auf Grund von Kategorien (zunächst formal, dann qualitativ aus dem Material heraus). In Bezug auf die Art des theoretischen Zugewinns betont Fetzer den Zusammenhang von Bottom-up-Perspektive (Ausgangspunkt: Unterrichtspraxis) und Top-down-Perspektive (Ausgangspunkt: Interaktionstheorie) (S. 12ff.). Sie verortet den Ertrag ihrer Studie auf drei Ebenen: auf der interaktionstheoretischen Ebene, in Bezug auf das fachliche Lernen im Mathematikunterricht und im Hinblick auf unterrichtspraktische Konsequenzen.

Nachdem Fetzer die interaktionstheoretischen und die fachdidaktischen Grundlagen ihrer Studie zusammengestellt hat, folgt die differenzierte Theorieentwicklung, die sie als Ergebnis ihrer Forschungsarbeit versteht. Theorieentwicklung und Forschungsergebnisse gehen aus der Interaktionsanalyse und Komparation von ausgewählten Unterrichtsszenen hervor. Die komparative Analyse folgt dem forschungslogischen Modell der Abduktion (S. 62).

Vielfältige Unterrichtsepisoden aus dem Mathematikunterricht, in denen Kinder im Mathematikunterricht mit Schreibanlässen arbeiten, werden in extensiver Weise analysiert. Dabei werden Begriffe entwickelt, die solche Interaktionsprozesse zu beschreiben vermögen. Zudem wird die Interaktionstheorie um das geschriebene Wort erweitert. Es werden Bedingungen erörtert, die sinnvolles fachliches Lernen mit Schreibanlässen im Mathematikunterricht ermöglichen. Zuletzt werden unterrichtspraktische Konsequenzen formuliert. Dabei handelt es sich aber nicht um präskriptive Handlungsempfehlungen, sondern eher um ein gut begründetes Plädoyer für die Arbeit mit Schreibanlässen im Mathematikunterricht und um Anregungen für diese Arbeit.

An den beiden Beispielen sollte deutlich geworden sein, dass theoretisches Vorwissen in der Form sensibilisierender Konzepte verwendet wurde. Kellermann orientiert sich an Theorien und nutzt sie als „Denkwerkzeuge" für das Schreiben, sie entwickelt aber keine Theorien aus dem Material heraus. Am Anfang des Projektes von

Fetzer stand die Grundschullehrerin „mit ihren schulpraktischen Interessen" (S. 67), die dann in einen Prozess zunehmender Theoretisierung geriet. Fetzer geht es um konsequente interaktionsanalytische Theorieentwicklung. Im Falle von Fetzer kann deren Praxisforschung klar als wissenschaftliche Forschung und Theoriebildung verstanden werden.

Das Beispiel von Fetzer, die in einer Person die Praktikerin und die Theoretikerin vereinigt, soll nun aber nicht die Probleme von Praxisforschung verleugnen. Nicht selten bleibt es in größeren Praxis- oder Handlungsforschungsprojekten bei einer Arbeitsteilung zwischen Theoretikern und Praktikern. Häufig entstehen Hierarchien zwischen – für Theorie, Beobachtung und Analyse zuständigen – WissenschaftlerInnen und den PraktikerInnen; letztere müssen dann das pädagogische Handeln verantworten und die Praxisbeispiele liefern. Unbedingt notwendig ist dagegen, dass die Kooperation gemeinsam geplant und reflektiert wird. Meiner Ansicht nach sind immer dann, wenn es um die Erweiterung des wissenschaftlichen Erkenntnisstandes geht, differenzierte forschungsmethodische Kenntnisse der Praktikerinnen und Praktiker unbedingt notwendig.

5 Zum Schluss

Es widerspricht der Logik qualitativer Forschung, präzise *Handlungsempfehlungen* oder vorbildliche Musterlösungen zu erarbeiten. Theorie wird hier nicht als orientierende Zielbestimmung für das Handeln von Lehrpersonen verstanden. Es werden keine Lernumgebungen geprüft, keine Tests entwickelt und keine Lehrgänge evaluiert. Vielmehr besteht das Ziel in einer Professionalisierung des Lehrerberufes; dieses soll durch Vertiefung der Reflexion von schulischer Praxis erreicht werden. Jenseits der Differenzen in der Debatte um Lehrerprofessionalität (vgl. Baumert & Kunter 2006 und Helsper 2007) besteht Gemeinsamkeit in der Einschätzung, dass Lerngelegenheiten durch Fallarbeit (mit Texten, Transkripten oder Unterrichtsvideos) in der Lehrerbildung geschaffen werden sollten, um zur Erweiterung der subjektiven Theorien über Unterrichtsprozesse beizutragen. Hierzu ist z.B. an der Universität Kassel das qualitativ angelegte und auch die Forschungskompetenz schulende Online-Fallarchiv Schulpädagogik (http://www.fallarchiv.uni-kassel.de) entstanden, gewissermaßen eine Art der Handlungsempfehlung zur Reflexivität.[67]

Qualitative Grundschulforschung betont das interaktive Lernen in sozialen Bezügen und sieht die Schule und den Unterricht als soziales Handlungsfeld. Dies ist auch der Grund dafür, dass hier eher soziologische, sozialisationstheoretische, soziolinguistische oder interaktionistische *Bezugstheorien* gewählt werden. Manchmal werden auch Bezüge zur kritischen Erziehungswissenschaft hergestellt. Entwicklungspsychologische oder kognitionspsychologische Theorien, die auf das Individuum fokussieren, werden in der qualitativen Grundschulforschung (soweit mir bekannt) eigentlich nicht als Bezugstheorien genutzt. Soziologische Theorien beeinflussen seit den 70er Jahren des letzten Jahrhunderts die Schulpädagogik (z.B. Parsons, Fend). Das Verhältnis zwischen der Institution Schule und dem gesamtgesellschaftlichen Sys-

---

[67] Zur Fallarbeit in der Lehrerbildung vgl. Reh, Geiling & Heinzel 2009.

tem gilt seitdem als Kernproblem einer Theorie der Schule. Auch didaktische Fragestellungen wurden in den größeren Zusammenhang einer Schultheorie eingeordnet und der Unterricht im Hinblick auf seine gesellschaftliche Aufgabe betrachtet (z.B. in der kritisch-konstruktiven Didaktik). Daneben entwickelten handlungsorientierte didaktische Modelle oder Theorien der Lehr-Lern-Forschung – wenn auch in sehr unterschiedlicher Weise – Modelle „guten Unterrichts". Die Leistung der qualitativen Grundschulforschung besteht nun in der Untersuchung von Mikroprozessen in Schule und Unterricht. Mir scheint es an der Zeit, die in diesen Untersuchungen erarbeiteten Theoreme zu einer handlungs- oder praxistheoretischen Modellierung des alltäglichen Grundschulunterrichts zusammenzuführen.

Literatur

Altrichter, Herbert / Posch, Peter (2007): Lehrerinnen und Lehrer erforschen ihren Unterricht. Bad Heilbrunn: Klinkhardt.

Altrichter, Herbert / Aichner, Waltraud / Soukup-Altrichter, Katharina / Welte, Heike: Aktionsforschung. In: Friebertshäuser, Barbara / Langer, Antje / Prengel, Annedore (Hrsg.) (2009): Handbuch Qualitative Forschungsmethoden in der Erziehungswissenschaft. Weinheim u. München: Juventa Verlag, S. 803-818.

Baumert, Jürgen / Kunter, Mareike (2006): Stichwort: Professionelle Kompetenz von Lehrkräften. In: Zeitschrift für Erziehungswissenschaft. 9. Jg., H. 4, S. 469-520.

Blumer, Herbert (1954): What is wrong with social Theory? In: American Sociological Review 18, S. 3-10.

Fetzer, Marei (2007): Interaktionen am Werk. Eine Interaktionstheorie fachlichen Lernens, entwickelt am Beispiel von Schreibanlässen im Mathematikunterricht der Grundschule. Bad Heilbrunn: Klinkhardt.

Flick, Uwe (2007): Qualitative Sozialforschung. Eine Einführung. Reinbek bei Hamburg: Rowohlt.

Geertz, Clifford (1983): Dichte Beschreibung. Frankfurt a.M.: Suhrkamp.

Glaser, Barney G. / Strauß, Anselm L. (1998/1967): Grounded Theory. Strategien qualitativer Forschung. Göttingen: H. Huber

Gräsel, Cornelia / Parchmann, Ilka (2004). Implementationsforschung – oder: der steinige Weg, Unterricht zu verändern. In: Unterrichtswissenschaft, 32, S. 196-214.

Heinzel, Friederike (2003): (Warum) Müssen qualitative und quantitative Methoden eigentlich zusammenpassen. In: Panagiotopoulou, Argyro & Brügelmann, Hans (Hrsg.): Grundschulpädagogik meets Kindheitsforschung. Zum Wechselverhältnis von schulischem Lernen und außerschulischen Erfahrungen im Grundschulalter. Opladen: Leske + Budrich.

Heinzel, Friederike (2005): Subjekt und Methode – Wege einer kindzentrierten Grundschulforschung. In Götz, Margarete & Müller, Karin (Hrsg.): Grundschule zwischen den Ansprüchen der Individualisierung und Standardisierung. Wiesbaden: Verlag für Sozialwissenschaften, S. 53-67.

Helsper, Werner (2007): Eine Antwort auf Jürgen Baumerts und Mareike Kunters Kritik am strukturtheoretischen Professionsansatz. In: Zeitschrift für Erziehungswissenschaft. 10. Jg., H. 4, S. 567-579.

Hirschauer, Stefan / Amann, Klaus (1997): Die Befremdung der eigenen Kultur. Zur ethnographischen Herausforderung soziologischer Empirie. Frankfurt a.M.: Suhrkamp.

Hitzler, Ronald (1991): Dummheit als Methode. Eine dramatologische Textinterpretation. In: Garz, Detlef / Kraimer, Klaus (Hrsg.): Qualitativ-empirische Forschung. Opladen: Westdeutscher Verlag. S. 295-318.

Kalthoff, Herbert / Hirschauer, Stefan / Lindemann, Gesa (2008): Theoretische Empire. Zur Relevanz qualitativer Forschung. Frankfurt a.M.: Suhrkamp.

Kelle, Udo / Kluge, Susann (1999): Vom Einzelfall zum Typus. Fallvergleich und Fallkontrastierung in der qualitativen Sozialforschung. Opladen: Leske + Budrich.

Kelle, Udo (2008a): Die Integration qualitativer und quantitativer Methoden in der empirischen Sozialforschung. Theoretische Grundlagen und methodologische Konzepte. Wiesbaden: Verlag für Sozialwissenschaften.

Kelle, Udo (2008b): Strukturen begrenzter Reichweite und empirisch begründete Theoriebildung. Überlegungen zum Theoriebezug qualitativer Methodologie. In: Kalthoff, Herbert / Hirschauer, Stefan / Lindemann, Gesa (Hrsg.): Theoretische Empirie. Frankfurt a.m.: Suhrkamp, S. 312-335.

Kellermann, Ingrid (2008): Vom Kind zum Schulkind. Die rituelle Gestaltung der Schuleingangsphase. Eine ethnographische Studie. Opladen u. Farmington Hills: Budrich.

Krotz, Friedrich (2005): Neue Theorien entwickeln. Eine Einführung in Grounded Theory, die Heuristische Sozialforschung und die Ethnographie anhand von Beispielen aus der Kommunikationsforschung. Köln: Herbert von Halem Verlag.

Kuper, Harm (2005): Evaluation im Bildungssystem. Eine Einführung. Stuttgart: Kohlhammer.

Latour, Bruno (2008): Wir sind nie modern gewesen. Versuch einer symmetrischen Antropologie. Suhrkamp: Frankfurt a. M.

Moser, Heinz (2001). Einführung in die Praxisforschung. In: Hug, Theo (Hrsg.): Einführung in die Methodologie der Sozial- und Kulturwissenschaften. Band 3. Hohengehren: Schneider. S. 314-325.

Peirce, Charles S. (1976): Schriften zum Pragmatismus und Pragmatizismus. Frankfurt a.M.: Suhrkamp.

Prengel, Annedore; Heinzel, Friederike & Carle, Ursula (2008): Methoden der Handlungs-, Praxis- und Evaluationsforschung. In: Helsper, Werner & Böhme, Jeanette (Hrsg.): Handbuch der Schulforschung. Wiesbaden: Verlag für Sozialwissenschaften. S. 181-197.

Reckwitz, Andreas (2003): Grundelemente einer Theorie sozialer Praktiken – Eine sozialtheoretische Perspektive. In: Zeitschrift für Soziologie 32, S. 282-301.

Reckwitz, Andreas (2006): Das hypride Subjekt. Eine Theorie der Subjektkulturen von der bürgerlichen Moderne zur Postmoderne. Weilerswist: Velbrück Wissenschaft.

Reckwitz, Andreas (2008): Praktiken und Diskurse – Eine sozialtheoretische und methodologische Reflexion. In: Kalthoff, Herbert; Hirschauer, Stefan; Lindemann, Geas (Hrsg.): Theoretische Empirie – Zur Relevanz qualitativer Forschung. Frankfurt a.M.: Suhrkamp, S. 188-209.

Reh, Sabine / Heinzel, Friederike / Geiling, Ute (2009): Fallarbeit in der Lehrerbildung. In: Friebertshäuser, Barbara / Langer, Antje / Prengel, Annedore: Handbuch Qualitative Forschungsmethoden in der Erziehungswissenschaft. Weinheim u. München: Juventa Verlag, S. 911-924.

Schatzki, Theodore R. (1996): Sozial Practices. A Wittgensteinian approach to human activity and the social. Cambridge.

Wilson, Thomas P. (1973): Theorien der Interaktion und Modell soziologischer Erklärung. In: Arbeitsgruppe Bielefelder Soziologen (Hrsg.): Alltagswissen, Interaktion und gesellschaftliche Wirklichkeit. Bd. 1: Symbolischer Interaktionismus und Ethnomethodologie. Reinbeck b. Hamburg: Rowohlt, S. 54-79.

Forschungsprojekte über kindliche Lern- und Entwicklungsprozesse – vor der Einschulung und in der Grundschulzeit

Helga Kelle & Julia Jancsó

**Kinder als Mitwirkende in medizinischen Vorsorgeuntersuchungen.
Zur Enkulturation in entwicklungsdiagnostische Verfahren**

1   Einleitung

Die kindermedizinischen Vorsorgeuntersuchungen (U1 bis U9) realisieren in Deutschland ein teilstandardisiertes Früherkennungsprogramm bei Kindern von Geburt (U1) bis zum Alter von fünf Jahren (U9).[68] Während sie seit ihrer Einführung 1977 zunächst vor allem der Früherkennung von entwicklungsgefährdenden Krankheiten dienten, führen Kinderärzte in diesem Rahmen zunehmend allgemeine entwicklungsdiagnostische Beobachtungen durch, die in den Befund münden, ob das Kind „altersgemäß" entwickelt ist oder nicht (vgl. Kelle 2007). Die pädiatrischen Fachkräfte interessieren sich dabei für die motorische, sprachliche, kognitive, soziale und emotionale Entwicklung des Kindes. Es handelt sich bei den Vorsorgen demnach um eine institutionalisierte Form der Beobachtung, die parallel zu Beobachtungen durch andere Professionelle und Eltern durchgeführt wird.

Die maßgeblichen Unterschiede zu den anderen Beobachtungen liegen in der spezifischen Fachlichkeit der Mediziner, die besonders die körperlichen Voraussetzungen von Entwicklungs- und Bildungsprozessen fokussieren. Anders als Eltern und Erzieherinnen, die alltäglich mit den Kindern zu tun haben, untersuchen und beobachten die Kinderärzte die Kinder nur zu ausgewählten Terminen.[69] Diese seltenen Beobachtungen sind mit den gelben Vorsorgeheften und Patientenakten, in denen Befunde dokumentiert werden, deutlich anders „instrumentiert" (Bollig 2008) als etwa die Beobachtungen von Erzieherinnen – obwohl auch letztere auf der Basis der Empfehlungen in den Bildungsplänen mehr und mehr aufgefordert sind, die Bildungs- und Entwicklungsprozesse von Kindern zu dokumentieren.[70]

Die Abfolge der Untersuchungen sowie das Untersuchungsprogramm orientieren sich neben pädiatrischen Wissensbeständen an der Entwicklungspsychologie, die kindliche Entwicklung als eine Abfolge von Phasen und Stufen betrachtet und Entwicklungsschritte definiert, die sukzessive aufeinander aufbauen. Kinderärzte orien-

---

[68] Der Beitrag basiert auf dem DFG-Forschungsprojekt „Kinderkörper in der Praxis. Eine Ethnographie der Prozessierung von Entwicklungsnormen in kinderärztlichen Vorsorgeuntersuchungen (U3 bis U9) und Schuleingangsuntersuchungen", das von 2006 bis 2010 unter Leitung von Helga Kelle (HK) und Mitarbeit von Sabine Bollig (SB), Julia Jancsó (JJ), Marion Ott (MO), Anna Schweda (AS) und Katharina Stoklas (KS) an der Goethe-Universität Frankfurt durchgeführt wird. Wir danken den Kolleginnen für stets angeregte Diskussionen sowie die Möglichkeit, für diesen Beitrag ihre Beobachtungsprotokolle zu verwenden; wir haben über 100 anonymisierte Protokolle von Vorsorgeuntersuchungen in die mittels „axialem" und „selektivem Kodieren" (Strauss 1991) durchgeführte Analyse einbezogen.
[69] Im Einzelnen: U 2: 3. – 10. Lebenstag; U3: 4. – 5. Lebenswoche; U4: 3. – 4. Lebensmonat; U5: 6. – 7. Lebensmonat; U 6: 10. – 12. Lebensmonat; U 7: 21. – 24. Lebensmonat; U7a: 34. – 36. Lebensmonat; U8: 46. – 48. Lebensmonat; U9: 60. – 64. Lebensmonat. Die U7a ist seit 2008 dazu gekommen (G-BA 2008) und kommt in dem für diesen Beitrag ausgewerteten Beobachtungsmaterial nicht vor.
[70] In Leus (2008) Darstellung von Beobachtungs- und Dokumentationsverfahren in der frühpädagogischen Praxis wird allerdings an keiner Stelle der Begriff der „Diagnostik" beansprucht.

tieren sich beispielsweise an folgenden Fragen: Erwidert das Kind ein Lächeln (U3), wendet es den Kopf nach einer gehörten Stimme (U4), gibt es Klötzchen von einer Hand in die andere (U5), läuft es allein (U6), verwendet es Zweiwortsätze (U7) (vgl. Denver-Entwicklungsskalen, die in Kinderarztpraxen häufig zum Einsatz kommen; Macha & Petermann 2006).[71] Das ärztliche Interesse gilt bei den entwicklungsdiagnostischen Fragen der Feststellung von Abweichungen von altersgemäß erwartbaren Entwicklungsschritten, die dann differenzialdiagnostisch weiter geklärt werden.

Die Durchführung der Untersuchungen kann aufgrund ihrer teilstandardisierten Form von Arzt- zu Arztpraxis variieren. Die „Kinder-Richtlinien" (G-BA 2008), die das Programm regeln, schreiben den Einsatz bestimmter Entwicklungsscreenings oder -tests nicht verbindlich vor.[72] Einige Ärzte arbeiten z.b. mit computergestützten Programmen, andere führen eigene entwicklungsdiagnostische Verfahren durch oder beschränken sich auf die im Untersuchungsheft vorgesehenen Befundschemata. Bei den Untersuchungen kommt es, unabhängig von der Form, in der sie genau durchgeführt werden, immer wieder zu dem pragmatischen Problem, dass von der fehlenden Performanz einer Kompetenz durch ein Kind *in situ* nicht zuverlässig darauf geschlossen werden kann, dass es tatsächlich noch nicht über diese Kompetenz verfügt (vgl. Kelle 2007). In den Vorsorgen wird dieses Problem auf unterschiedliche Weise bearbeitet. Zum einen besteht das Programm aus (bei den Eltern) erfragten und (vor Ort) erhobenen Befunden sowie ergänzenden Angaben; die verschiedenen Datenquellen werden dabei zur wechselseitigen Ergänzung und zum Abgleich von Befunden eingesetzt. Zum anderen kann das Ausbleiben einer Performanz auch an der Summe der anderen Befunde, die eventuell keine weiteren Hinweise auf Auffälligkeiten ergeben haben, relationiert werden (vgl. Kelle & Ott 2009). Zudem ist häufig eine situative Interpretation des je einzelnen Befundes zu beobachten („das Kind hat keine Lust"), die Bezug nimmt auf die momentane Verfassung des Kindes.

Solche Erklärungen referieren auf ein Problem, das in der Medizinsoziologie *compliance* genannt wird: die Mitwirkung der Patienten an medizinischen Maßnahmen.[73] Seit den 1990er Jahren richtet eine mit qualitativen Methoden arbeitende Medizinsoziologie ihre Aufmerksamkeit vermehrt auf den Bereich der konkreten Prozessierung medizinischen Wissens in der klinischen Praxis (vgl. Stollberg 2001; Begenau, Schubert & Vogd 2005). In diesem Kontext kommen die Interaktionen zwischen Arzt und Patienten in den Blick; insbesondere mittels ethnographischer, konversations- und praxisanalytischer Forschungsstrategien wird der pragmatische Vollzug diagnostischer und therapeutischer Verfahren rekonstruiert.

---

[71] Dabei hat Burman (1994) gezeigt, welche kulturellen Vorannahmen in solche Wissensbestände eingehen, die sie zu einer „Dekonstruktion" der Entwicklungspsychologie veranlassen.

[72] Dies hat sich auch dadurch nicht geändert, dass die zuvor freiwilligen Vorsorgen inzwischen in einer Reihe von Bundesländern (wie z.B. in Hessen seit 2008) gesetzlich verbindlich sind. Der Großteil des hier ausgewerteten Materials stammt aus der Zeit vor 2008. Es wird im Blick zu behalten sein, inwiefern sich das Thema der „Mitwirkung" der Kinder (und Eltern) durch die Verpflichtung verändern wird.

[73] *Compliance* wird vor allem als Mitarbeit des Patienten an seiner Gesundung verstanden; in einem weiteren Verständnis richtet sich der Begriff auf die Befolgung ärztlicher Anweisungen (vgl. Stollberg 2001). Wir umschreiben hier mit den Begriffen *compliance* (und *non-compliance*) v.a. die (fehlende) Mitwirkung *in* den Vorsorgeuntersuchungen.

In den Vorsorgeuntersuchungen stellen sich Probleme der Mitwirkung dabei anders als in dyadischen Arzt-Patienten-Beziehungen unter Erwachsenen. In den U3 bis U9 sind immer triadische Interaktionssituationen zu finden: Eltern stellen ihre Kinder zu diesen Gelegenheiten beim Kinderarzt vor und sind nicht nur aufgefordert, gewissermaßen stellvertretend Auskünfte über das Kind zu geben, sondern es auch als untersuchungsbereit und -willig zu präsentieren. Diese triadische Struktur ist bisher noch weitgehend unerforscht: Tates und Meeuwesen (2001) kommen in ihrem Überblick der Forschungen zur Arzt-Eltern-Kind-Kommunikation, der Forschungsarbeiten aus den Jahren 1968 bis 1998 berücksichtigt, zu dem Schluss, dass hier – trotz anderslautender Absichten – vorwiegend dyadische Interaktionen zwischen Erwachsenen untersucht wurden. Damit steht für diesen Forschungsbereich der Perspektivwechsel von Kindern als Objekten medizinischen Wissens und diagnostischer Verfahren hin zu Kindern als Akteuren und Beiträgern in medizinischen Konsultationen (vgl. Van Dulmen 1998) noch weitgehend aus.

Tannen und Wallat (1987) liefern eine der wenigen qualitativen Studien zur Interaktion von Ärzten, Eltern und Kindern und sprechen von unterschiedlichen „interactive frames" sowie „knowledge schemas", die Wissensstrukturen über Situationen, Handlungen und Akteure darstellen. Diese versetzen Akteure in die Lage zu interpretieren, was gesagt und getan wird. So anregend diese Studie in ihren Konzepten ist, steht doch auch hier eher die Forschungsfrage im Vordergrund, wie der Arzt mit konfligierenden Anforderungen während der Konsultationen fertig wird, als die offeneren konversationsanalytischen Fragen nach der Dynamik der triadischen Interaktionen und v.a. der Interpretationen der medizinischen Situation durch Kinder.

Der vorliegende Beitrag beschäftigt sich mit der Frage, wie sich die Mitwirkung der Kinder an den Vorsorgeuntersuchungen darstellt und von den Beteiligten gedeutet wird. Es soll hier kein ausschließlich erwachsenen- und professionszentrierter Blick eingenommen werden. Wir gehen vielmehr davon aus, dass sich die Frage auch von der Seite der Kinder her stellen lässt: Die Kinder sind in die Situation der Vorsorgeuntersuchungen hineingestellt, müssen diese zu verstehen suchen und darin agieren. Reckwitz (2003) geht in seinem Überblick über Theorien sozialer Praktiken davon, dass alle von einer „knowledgeability", einer grundsätzlichen, impliziten Verstehbarkeit sozialer Praktiken für Teilnehmer ausgehen. Statt diese Annahme einfach für soziale Praktiken mit Kindern vorauszusetzen, fragen wir nach der empirischen Beobachtbarkeit der *knowledgeability* von Situationen für die beteiligten Kinder. Wir gehen von einem heuristischen Konzept aus, wonach Kinder, noch bevor sie viele Situationen intellektuell verstehen können, bereits gefordert sind, rituelle Kompetenzen des Mitspielens zu erwerben und zu zeigen (vgl. Cahill 1987).

Der Beitrag zeichnet phänomenologische Veränderungen und den unterschiedlichen Umgang der Teilnehmer mit der Frage der Mitwirkung über die verschiedenen Untersuchungen hinweg nach, indem zwischen frühen (U2 bis U5), mittleren (U6 und U7) und späten Untersuchungen (U8 und U9) unterschieden wird. Mittels praxisanalytischer Rekonstruktionen wird im Folgenden gezeigt, dass sich das Problem der *compliance* in den frühen Untersuchungen (bis einschließlich U5) noch kaum stellt.

Die U7 ist laut Teilnehmerauskünften die Untersuchung mit dem schlechtesten Ruf, was die Frage der *non-compliance* der Kinder angeht. In den späten Vorsorgeuntersuchungen zeigt sich schließlich, dass von den Kindern in hohem Maße erwartet wird, dass sie „mitarbeiten". Wir rekonstruieren hier, durch welche Modifikationen in der praktischen Durchführung der Untersuchungen es dazu kommt, dass sich die Frage der aktiven Mitwirkung der Kinder je unterschiedlich stellt.

In der Praxisanalyse zeigen wir einen Prozess der Enkulturation in medizinische Verfahren und damit einen Sozialisations- und Bildungsprozess der Kinder zu Untersuchungskindern auf, indem wir deutlich machen, welcher Akteurs- oder Subjektstatus den Kindern bei den jeweiligen Untersuchungen typischerweise zugeschrieben wird und welchen sie selbst beanspruchen. Die Zuschreibungen basieren wiederum auf entsprechenden entwicklungspsychologischen Konzepten von altersnormierten Fähigkeiten, die demnach nicht nur den Blick der Ärzte auf ihre Untersuchungsgegenstände einstellen, sondern auch die feldspezifischen Bildungsprozesse der Kinder grundieren. Wir sehen das Feld der Vorsorgeuntersuchungen als eines, das für die qualitative Bildungsforschung in doppelter Hinsicht interessant ist: Zum einen als ein Feld, in dem kindliche Entwicklungs- und Bildungsstände begutachtet werden, zum anderen als eines, in dem Kinder auch Bildungsprozesse erfahren, indem sie in Formen der Beobachtung und Begutachtung ihrer Person enkulturiert werden, die ihnen ähnlich auch in anderen Institutionen begegnen werden.

2 Die frühen U'en (U2 bis U5): Vorhersagbare Vorführungen und Anpassung an das Kind

Das Untersuchungsprogramm der frühen Vorsorgen beschränkt sich weitgehend auf eine Überprüfung von Körperfunktionen und -kompetenzen. Die vergleichsweise gute Vorhersehbarkeit dessen, was das Kind – durch den Arzt stimuliert – als nächstes tun wird, zeigt sich z.B. in einer U5 mit der sechs Monate alten Rahel:

> „Hallo, komm! Zeig mal was du kannst" und er zieht das Baby an den Händen in die Sitzposition. Dr. Hohenstatt begleitet verspielt mit kurzen Rufen „oh-oh-oh" in hoher Stimmlage den Bewegungsablauf und bleibt in engem Kontakt zum Kind. Der Sinn dieser ersten Vorführung wird nicht erklärt, es ist vielleicht auch zu trivial zu benennen, dass Rahel mit 6 Monaten den Kopf gut halten können sollte. Als nächstes hält der Arzt dem liegenden Kind auf Augenhöhe einen Holzspatel hin und spricht es an: „wie geht es?". Dann gibt er eine komprimierte Erklärung, indem er an die Mutter gewendet die Entwicklungsaufgabe benennt: „Hand-Mund-Augen-Koordination". Tatsächlich greift das Baby nach dem Spatel, hält ihn in der einen Hand, führt dann die Hände vor dem Gesicht zusammen und hält den Spatel kurz mit beiden Händen, um ihn dann in die andere Hand zu nehmen. Der Arzt kommentiert, was das Baby gerade macht: „Eine Hand – andere Hand – und was machen wir dann?" fragt Dr. Hohenstatt in die Runde. Das Baby schreit lustvoll auf. Dr. Hohenstatt: „Genau, die tun wir in den Mund. Ist nur leider der Schnuller drin". Die Mutter reagiert prompt, fragt kurz den Arzt und zieht schon den Schnuller aus dem Mund. „Gut. Und dann zeig mal wie es geht!" spricht Dr. Hohenstatt weiter zum Baby. Rahel betrachtet den Spatel. Nach kurzer Zeit führt sie den Spatel dann zum Mund „Na, also" lacht Dr. Hohenstatt zufrieden. (U5, BP JJ)

Die Szene wirkt fast so, als handelte es sich bei Rahel um ein dressiertes Tier und bei Dr. Hohenstatt um einen Dompteur, der sein Dressurobjekt perfekt beherrscht. Diese Wirkung wird nicht zuletzt dadurch erzielt, dass der Arzt mit dem Kind so wie ein „Dompteur" mit seinen Tieren spricht. Während allerdings in einer „echten" Dressurnummer die Spannung dadurch erzeugt wird, dass die Vorführung genau daran scheitern kann, dass der Dompteur den Tieren etwas Artfremdes beigebracht hat, das sie nicht in jeder Situation bereit sind zu produzieren, wäre es in der vorliegenden Situation absurd anzunehmen, der Arzt habe dem Kind beigebracht, was es zeigt. Vielmehr zitiert der Arzt nur einen Teil einer Dressurnummer, nämlich die prinzipielle Vorhersagbarkeit der kindlichen Aktion – und auch die Gefahr ihres Ausbleibens. Die Reflexartigkeit, mit der das Baby hier reagiert, ist selbst ein interaktives Produkt. Die Mitwirkung des Kindes stellt sich in dieser Szene als Automatismus dar, und diese Art der Inszenierung ist typisch für die frühen Vorsorgen.

Worin aber besteht die spezifische Leistung des Arztes, die ihn zur Rahmung der Interaktionssequenz einen „Demonstrationsmodus" („Eine Hand – andere Hand – und was machen wir dann?"; „Genau, die tun wir in den Mund.") wählen lässt? Die Inszenierung ist v.a. an Mutter und Beobachterin gerichtet. Es ist dabei kaum zu unterscheiden, ob es sich um eine ernsthafte diagnostische Überprüfung handelt oder um eine besondere Vorführung, die das (Vorhersage)Wissen des Arztes demonstriert. Bei letzterer Lesart stellt sich allerdings die Frage, ob die Mutter aus ihrer Erfahrung nicht ebenso gut weiß wie der Arzt, was das Kind tun wird. Ein Effekt der Demonstration von Wissen über das Kind ergibt sich eher aus der Benennung der Entwicklungsaufgabe – „Hand-Mund-Augen-Koordination" –, die Dr. Hohenstatt an der kindlichen Performanz beobachtet.[74] Wenn die Mutter nicht schon zuvor bestimmte kindliche Aktivitäten mit dieser Kategorie gedeutet hatte, dann hat sie im Zuge der ärztlichen Demonstration die Chance, es zu lernen. Der Arzt zeigt ihr entwicklungspsychologische Deutungshorizonte auf und trägt damit zur Erziehung und Justierung des mütterlichen Blicks auf die Entwicklungsschritte des Kindes bei.

Die gute Vorhersehbarkeit der Reaktionen der Babys hängt eng mit einem zweiten Aspekt zusammen: Babys verfügen über einen eingeschränkten Aktionsradius, sie können noch nicht laufen, bei den Halbjährigen können noch nicht alle krabbeln. Das macht sie für die Untersuchungen „handhabbarer" als ältere Kinder: Die Kontrolle der Kinderkörper stellt sich als eine je ganz andere Aufgabe dar, je nachdem, ob Babys einigermaßen bewegungslos liegen oder ob ältere Kinder laufen können. Das weniger differenzierte Bewegungsrepertoire bedeutet eine geringere Gefahr der Störung der Untersuchungsabläufe, und die Entwicklungsdiagnostik kann sich entsprechend auch nur auf dieses eingeschränkte Repertoire beziehen.

Nicht nur ist der Aktionsradius der Babys noch gering, sie können auch nicht sprechen, das ist das dritte Charakteristikum der frühen Vorsorgen. Es beschränkt nicht nur die Artikulationsmöglichkeiten der Kinder, sondern auch den Deutungshorizont der Erwachsenen. Weinen, Schreien oder Nörgeln von sehr kleinen Kindern sind die einzigen Äußerungsformen in den Beobachtungsprotokollen, die eindeutig als Missfallensbekundungen gedeutet werden und entsprechend häufig eine Modifikation der

---

[74] Die Auge-Hand-Koordination ist eine Entwicklungsaufgabe, die im Rahmen der U4 bis U9 immer wieder überprüft wird (bis hin zu den visuomotorischen Aufgaben in der U9, bei denen die Kinder zeichnen sollen); sie wird als eine maßgebliche Vorläuferfertigkeit für den Schriftspracherwerb betrachtet.

erwachsenen Aktivitäten am Kinderkörper bewirken. Eine nicht seltene Variante, auf das Schreien der Babys zu reagieren, besteht allerdings auch darin, es zu ignorieren und einfach mit der Untersuchung fortzufahren. Genau genommen „wissen" die Erwachsenen nicht, wie es den Kindern während der Untersuchung ergeht. Allerdings lässt sich beobachten, dass die üblichen Mittel der Beruhigung, wie z.b. eine leise „Ammensprache", ständiger Körperkontakt und Schnuller, bei Babys zuverlässiger funktionieren als bei älteren Kindern.

Eine maßgebliche Differenz zu den späteren Untersuchungen ist viertens darin zu sehen, dass vielfältige Beispiele aus den U3 bis U5 davon zeugen, wie sehr das medizinische Personal darum bemüht ist, die Lebensäußerungen des Kindes – trotz eingeschränkter Deutungsmöglichkeiten – wahrzunehmen und die Untersuchungspraktiken daran anzupassen. In den frühen Vorsorgen konzipieren Eltern und medizinisches Personal die Untersuchung als Störung für das Kind, und zwar durch Sätze wie z.b. „gleich haben wir es geschafft" (U3) oder explizit „ich muss stören, kleine Mucke" (U2). In den späteren Untersuchungen werden dagegen tendenziell die Kinder als (potentielle) Störer der Untersuchung konzipiert, wenn sie drohen nicht mitzumachen. Bei den kleinen Kindern erwartet man weder, dass sie von den Vorsorgen begeistert sind, noch dass sie es nicht sind.

Die Protokolle der frühen Vorsorgen beeindrucken nicht nur durch die komplementäre Antwort auf die Frage „wer stört hier wen?", sondern auch dadurch, dass sie eine beispiellose Toleranz des medizinischen Personals gegenüber Aktivitäten, die später als Unerzogenheit gedeutet würden, dokumentieren. Aktionen von Babys wie etwa auf die Unterlagen pinkeln und rülpsen werden als unwillkürliche (Re)Aktionen gedeutet, für die sie nicht verantwortlich zu machen sind; entsprechend sind sie nicht beschämbar. Da ihnen keine oder nur geringe Fähigkeiten der intentionalen Handlungssteuerung zugeschrieben werden, muss letztlich auch das Ge- oder Misslingen der Untersuchungssituation anderen Bedingungen zugeschrieben werden.

In der Interaktion mit den Babys wird allerdings z.T. so getan, als ob sie verantwortliche Akteure wären. Dies zeigt sich v.a. in der Form der direkten Ansprache, wenn zu den Babys etwa gesagt wird, sie müssten sich jetzt mal auf die Seite drehen, so als könnten sie aktiv die Aufforderung befolgen. Es zeigt sich in anderer Weise auch in einer U3, bei der das Baby während der Untersuchung laut schreit und der Arzt kommentiert: „Er schreit vorsichtshalber, könnte ja was kommen". Diese Äußerung des Arztes impliziert, dass er dem Baby Absichten und Voraussicht unterstellt. Indem er dem Kind so einen Subjektstatus zuschreibt, kann er sich auch der eigenen Handlungen versichern. Er legitimiert das eigene Tun, indem er das als präventiv gedeutete Schreien des Kindes delegitimiert – „könnte ja was kommen" heißt dann übersetzt: Es kommt aber nichts Schlimmes. So kann sich der Arzt in der Illusion wiegen, dass es nicht so schlimm ist, was er dem Kind antut, obwohl es objektiv betrachtet schreit und dies üblicherweise als eindeutige Missfallensbekundung der Kinder gedeutet wird. Wenn es darum geht, einen unvermeidlichen Untersuchungsschritt trotz Weinen durchzuführen, hilft es demnach diesen Schritt zu entschuldigen, wenn dem Kind situativ ein etwas stärker den Erwachsenen symmetrischer Subjektstatus zugeschrieben werden kann – so als hülfe es allen Beteiligten, wenn der Arzt das, was er zu tun hat, wenigstens keinem ganz Wehrlosen antun muss. Die willentliche Verweigerung der Performanz von Kompetenzen wird den ganz kleinen Kindern aber noch nicht zugeschrieben.

3   Die mittleren U'en (U6 und U7): Widerstand und Wiederholungen

Während die U6 um den ersten Geburtstag herum stattfindet, wird die U7 erst ein Jahr später, etwa im Alter von zwei Jahren durchgeführt. Was bei der Interpretation einer U5 als „Demonstrationsmodus" bezeichnet wurde, zeigt sich in abgewandelter Form auch bei der folgenden U6:

> „Dann zeigen Sie mir mal, wie er sich bewegt", sagt der Arzt und bewegt den Kopf in Richtung Untersuchungsliege. „Setzen sie ihn mal auf". Der Vater steht auf und bringt das Kind auf der Untersuchungsliege in „Krabbelposition". Der Junge scheint sich zu freuen und schaut aufmerksam zu Dr. Kabelitz, der ihm gegenüber hinter seinem Schreibtisch sitzt, bewegt sich aber nicht. „Da komm, dann lauf mal", ermuntert ihn der Arzt. Erst als der Vater mit den Socken wackelt, die am Ende der Liege mit den anderen Kleidungstücken des Kindes liegen, bewegt sich der Junge nach vorne. Dr. Kabelitz hat die Arme hinter dem Rücken verschränkt und schaut sich das „Schauspiel" wohlwollend aus ca. 1 ½ m Distanz an. [...] Der Junge greift mit der linken Hand nach dem Socken, mit denen der Vater wedelt. „Ah gut, er greift", kommentiert Dr. Kabelitz anerkennend. „Beidhändig?" Als hätte er die Frage verstanden, greift der Junge noch während der Ein-Wort-Frage auch mit der anderen Hand nach dem Socken. Alle lachen, ich vermute weil der eigenwillige Test- und Inszenierungscharakter dieses Untersuchungsteils offensichtlich wird, und der Junge so wirkt, als ob er verstanden hat, was von ihm verlangt wird, wobei das doch nur die Erwachsenen wissen können. Gerade dass der Junge es nicht wissen kann und trotzdem macht, lässt die Situation irgendwie so komisch erscheinen. Dr. Kabelitz gibt die nächste Anweisung: „Lassen Sie ihn mal an sich hochziehen". Der Vater zieht den Jungen zu sich heran und ermuntert ihn aufzustehen, aber der Junge schaut nur hinüber zum Arzt. Nachdem der Vater es mit ermunternden Worten und Armbewegungen versucht hat und der Junge sich aber nicht bewegt, sagt Dr. Kabelitz „Na, er hat keine Lust. Dann lassen wir das mal". (U6, BP SB)

Die Erwachsenen gehen hier ebenfalls noch nicht davon aus, dass das Kind sprachlich versteht, was von ihm im Untersuchungsablauf verlangt wird. Deshalb erfolgen die Anweisungen des Arztes stellvertretend an den Vater des Kindes, der deutlich in seiner Rolle gefordert ist, beim Kind bestimmte Performanzen von Kompetenzen zu stimulieren. Der Vater zeigt, dass ihm das gelingt, als er Socken wackelnd das Kind zum Krabbeln bringt. Dabei produziert der Einsatz dieses Hilfsmittels für die Untersuchung auch gleich noch einen diagnostischen Mehrwert, da das Kind, am Ende der Liege angekommen, nach dem Socken greift. Auf die sich daran anschließende Frage des Arztes – „beidhändig?" – reagiert das Kind mit einer eigenständigen Performanz, so als hätte es sie verstanden. Das Kind scheint an dieser Stelle die Kompetenzen in gewisser Weise zu überbieten, die von ihm altersentsprechend erwartet werden – die Denver-Entwicklungsskalen z.B. weisen das Item „befolgt zwei von drei Aufforderungen" erst ab dem 16. Lebensmonat aus.

Dass der Arzt die Aktivität des Kindes als ein zufälliges Überbieten interpretiert, zeigt sich im Fortgang der Interaktion. Er wechselt nicht etwa auf den Modus, das

Kind direkt anzusprechen, sondern bleibt beim Modus der Aufforderung an den Vater: „Lassen Sie ihn mal an sich hochziehen". Dem Vater gelingt es dieses Mal jedoch nicht, die entsprechende Performanz beim Kind zu erzeugen. Hierdurch wird das in der Einleitung angesprochene Problem erzeugt, dass nicht entschieden werden kann, ob es sich „nur" um eine fehlende Performanz oder um eine fehlende Kompetenz handelt. Der Arzt deutet die Situation gewissermaßen zugunsten des Kindes, indem er annimmt, es habe „keine Lust". Möglicherweise spielt bei dieser „großzügigen" Haltung auch eine Rolle, dass das Kind zuvor das Verlangte übererfüllen konnte. Da das Kind sich nicht selbst sprachlich zu der Situation äußert (bzw. äußern kann), entsteht in der Interaktion eine Deutungslücke. Die stellvertretende Interpretation durch den Arzt impliziert, das dem Kind der Status eines Akteurs zugesprochen wird, der sich in seinen Aktivitäten von Lust und Unlust leiten lässt.

Im Folgenden nimmt der Arzt die körperliche Untersuchung vor, dabei weint das Kind zum Teil. Schließlich kommt es zu einer Neuauflage des Versuchs, das Kind dazu zu bewegen, sich aufzurichten:

> Dr. Kabelitz hat die Windel nach der Genitaluntersuchung wieder geschlossen und lobt das Kind, er fährt ihm etwas unbeholfen über den Kopf. „So, jetzt kannst Du Dich mal an Deinem Papa hochziehen" greift er die noch nicht erfüllte Aufgabe von eben wieder auf. (Clever, denke ich mir. Die Aufgabe direkt an den Jungen zu adressieren. Soll der Vater doch schauen, wie er das hinkriegt.) Der Vater probiert´s auch wieder tapfer, indem er den Jungen aufrichtet und ihm seinen Oberkörper zum Abstützen anbietet. Der Junge wirkt froh, sich an seinen Vater klammern zu können, und beruhigt sich ganz rasch wieder. Aber sich hochziehen tut er nicht. Dr. Kabelitz ermuntert ihn: „Na komm, nur einen Schritt. Nur einen Schritt hoch zum Papa". Er versucht das Bein des Jungen einen Schritt hochzuheben, wohl damit dieser den entscheidenden Impuls erhält. Aber der Junge reagiert verängstigt und fängt wieder an zu weinen. Dr. Kabelitz gibt auf und kommentiert: „Na, er will nicht". „So dann können wir jetzt impfen, der Junge ist in Ordnung", schließt Dr. Kabelitz die körperliche Untersuchung ab.

Der Arzt spricht das Kind hier zunächst als Person direkt an und stellt ihm eine Aufgabe. Die Beobachterin wird auf diese Strategieänderung aufmerksam und interpretiert die harmlos klingende Aufforderung als eine verdeckte Botschaft an den Vater, der damit indirekt unter Handlungsdruck gestellt wird. Die Neuauflage der Kompetenzprüfung bringt neue Effekte mit sich: Das Kind beruhigt sich, aber die erwünschte Performanz – sich aus dem Sitz- in Stehposition hochzuziehen – bleibt wieder aus. Der Arzt versucht dann mit einem Kunstgriff den gewünschten Bewegungsablauf – einem Reflex ähnlich – in Gang zu setzen. „Na komm, nur einen Schritt" spricht der Arzt in demselben Modus weiter, als könnte er dem Kind verständlich machen, was es tun soll. Dabei lässt er die vom Kind zu bewältigende Aufgabe als etwas mickrig erscheinen. Auf sein Eingreifen in die Vater-Kind-Vertrautheit reagiert der Junge verängstigt und beginnt wieder zu weinen. Dieses Signal wird vom Arzt als Unwille dekodiert – „Na, er will nicht" – und als Anlass zur Beendigung der Kompetenzprüfung genommen.

Sein abschließendes „der Junge ist in Ordnung" betont ein zweites Mal, dass die fehlende Performanz in keiner Weise als Problem des Kindes gedeutet wird. Diese Deutung birgt jedoch eine paradoxe Struktur in sich: Die Zuerkennung eines Willens wirkt bei einer U6 beinahe wie ein Lob auf die Fähigkeit des Kindes, (nonverbal) nein sagen zu können. Diese paradoxe Struktur basiert auf der Vermischung verschiedener Kompetenzbereiche. Während es vordergründig um seine motorischen Fähigkeiten geht, bekommt das Kind gleichzeitig einen Subjektstatus zugesprochen, den es durch seine vermeintlichen Unwillensbekundungen erworben zu haben scheint. Dabei kommt es auch zu einer Steigerung von „er hat keine Lust" hin zu „er will nicht". Während ersteres noch ein lustgesteuertes Aktivitätsmuster des Kindes indiziert, konstituiert der „Wille" einen Subjektstatus, bei dem Akteure intentional zu handeln vermögen. Während die Zuschreibung von absichtsvollen Handlungsmöglichkeiten in den frühen Untersuchungen (bis zu einem halben Jahr) noch eher die Ausnahme bilden, da häufen sie sich ab der U6.

Typisch für eine U6 ist an dem Beispiel auch, dass der Arzt mehrfach versucht, eine bestimmte Kompetenz zur Performanz zu bringen. Da er nicht davon ausgehen kann, dass der Junge ihn sprachlich versteht, wird nicht schon bei deren erstem Ausbleiben auf den fehlenden Willen des Kindes geschlossen, sondern erst dann, als der Arzt seine Versuche beendet. Dennoch ist darin impliziert, dass die Durchführung bestimmter Untersuchungsschritte auf den Willen der Kinder zur Kooperation angewiesen ist. Die Einjährigen erscheinen als Akteure, denen mit der Thematisierung ihres Willens implizit auch das Potential zugesprochen wird, die Untersuchungen zu torpedieren. Während die U3 bis U5 den Eindruck vermitteln, sich in der Durchführung nicht von der Verfassung der Kinder abhängig zu machen bzw. sich weitgehend an diese anzupassen, erscheinen die U6 und U7 in der Beschaffenheit ihres Untersuchungsprogramms als stärker von der Mitwirkung der Kinder abhängig.

In den Beobachtungsprotokollen häufen sich ab der U6 die Beschreibungen, dass Kinder den Arzt oder Sprechstundenhilfen in den Untersuchungen „erwartungsvoll" oder „aufmerksam" anblicken – in gewisser Symmetrie dazu, dass es auch häufig heißt, die Ärzte schauten aufmerksam auf die Kinder. Schon durch gezieltere Blicke bringen sich die Kleinkinder anders als Babys als Akteure ins Spiel. Zwar sind auch noch im Rahmen von U6 und folgenden bestimmte Anpassungen der Durchführung an die Kinder zu beobachten, z.B. wenn Ärzte die Kinder auf dem Schoß ihrer Mütter abhören, weil diese die körperliche Nähe suchen und sich „festklammern". Insgesamt mehren sich aber die Beschreibungen, die von anstrengenden Untersuchungen berichten. Analog dazu erzählen auch Eltern, dass es im Alltag momentan anstrengend sei, da das Kind „nun überall hinkomme". Die Kleinkinder können ihren Körper zielgerichteter einsetzen und sind kräftiger als noch mit einem halben Jahr. Manchmal reicht eine Person nicht aus, um sie körperlich zu fixieren, damit sie sich während der Untersuchung nicht verletzen, wenn z.B. das Otoskop in die Ohren eingeführt werden soll. Entsprechend wirkt es manchmal so, als müssten die Erwachsenen nun mehr Gewalt aufbieten, um die Kinder zur Mitwirkung an bestimmten Untersuchungsschritten zu bringen.

Die U7 ist im Teilnehmerwissen des medizinischen Personals als diejenige Untersuchung markiert, in der Kinder am häufigsten ihren Unwillen an ihr mitzuwirken zu bekunden scheinen. Dr. Brixen erklärt während einer U6, „dass er sich bei der U6 immer langsam vorantasten würde, da diese und die U7 immer die schlimmsten Untersuchungen seien, die Kinder wären dann nämlich in der maximalen Fremdelphase und würden entsprechend viel bei der körperlichen Untersuchung schreien. [...] Das sind dann manchmal so richtige Schreivorsorgen". Und Dr. Hohenstatt formuliert den Beobachterinnen gegenüber: „Die U7 sei die schlimmste, da hätten die Kinder am wenigstens Lust zu einer solchen Untersuchung". Teilnehmerkategorien wie „das Terrorkind" verdeutlichen, dass Professionelle und Eltern die für sie feldspezifisch relevanten Unterschiede markieren und mit bestimmten Erwartungen an die Kinder herantreten. Wohl nicht zufällig referiert das Teilnehmerwissen über die „schlimme U7" auf ein entwicklungspsychologisches Wissen, das dieses Lebensalter als „Trotzphase" charakterisiert, in der Kinder lernen „ich" zu sagen und entsprechend beginnen, davon Gebrauch machen. Die wachsenden sprachlichen und kognitiven Fähigkeiten der Kinder werden mit dem erfahrungsgemäß von Auseinandersetzungen geprägten Verlauf der Untersuchungen in Zusammenhang gebracht.[75]

Die erweiterten Handlungsmöglichkeiten der Kinder stellen nun auch neue Ressourcen für die Entwicklungsdiagnostik und gleichzeitige Durchführung von Untersuchungselementen dar, wie das folgende Beispiel aus einer U7 zeigt:

> „Du hast aber schöne Spängelchen, bist ja eine richtige Prinzessin" wendet sich der Arzt während des intensiven Abtastens verbal an das Mädchen. Das lenkt kurz von der Untersuchung ab – es geht kurz um die „Spängelchen", doch das Thema hält nicht lange vor, denn Saskia fasst sich ans Ohr und sagt „Ohr", als kommentiere sie das Abtasten der Lymphen, bei denen die Hände des Arztes (auch) die Ohren berühren. Der Arzt steigt darauf sofort ein: „Dann guck ich mal ins Ohr, wenn Du das sagst", dreht sich um, geht schnell ein paar Schritte auf den Schreibtisch zu und greift sich das dafür nötige Gerät. Noch bevor er es einsetzt, fragt er Saskia: „Und wo ist Deine Nase?". Sie greift sich mit einer Hand an die Nasenspitze. (U7, BP MO)

Hier scheint Saskia sogar kommunikativ die Handlungssteuerung zu übernehmen, der Arzt lässt sich scheinbar von ihr [sagen], was er als nächstes tun soll. In jedem Fall wird ihr gespiegelt, dass sie als Akteurin ernst genommen wird und ihre Aktionen etwas bewirken. Kleinkinder werden in den mittleren Untersuchungen als Akteure, die den Ablauf von Untersuchungen aktiv mitbestimmen, auf die Bühne gerufen und dabei mit eigener Gestaltungsmacht ausgestattet.

Welche Irritationen dagegen ausgelöst werden, wenn Kinder die Erwartungen an altersgemäße Kompetenzen unterlaufen, zeigt das Protokoll einer U7 mit Luca, einem Zweijährigen mit italienischen Eltern. Die Sprechstundenhilfe, Frau Anderson, hatte zuvor bereits versucht, Luca zum Türmchenbauen mit Holzklötzen zu animieren, indem sie es ihm vormachte. Luca hatte daraufhin die Türmchen demontiert, statt es ihr nachzutun.

---

[75] Im ersten Lebensjahr der Kinder werden bei den Vorsorgeuntersuchungen häufig Impfungen vorgenommen. Eltern verweisen bei auftretender Angst der Kinder darauf, dass das veränderte Mitwirkungsverhalten nicht selten dadurch beeinflusst ist, dass die Kinder bereits über Erfahrungen mit fünf Vorsorgen verfügen, die ihnen vermitteln, dass man nie wissen kann, wann man wieder eine Spritze bekommt.

Die nächste Testaufgabe leitet Frau Anderson ein, indem sie Luca fragt, ob er Gummibärchen möge, und ihm ein Glasgefäß mit Gummibärchen zeigt. Ohne auf eine Reaktion von Luca zu warten, nimmt sie das Glas zur Seite, greift nach einem Babyfläsch-
chen, füllt drei Gummibärchen hinein und sagt Luca, er müsse sich die Gummibärchen
verdienen. Wenn er sie aus dem Fläschchen hole, gehörten sie ihm. Luca schaut sie fragend mit großen Augen an, und Frau Anderson stellt das Fläschchen vor ihn auf den
Tisch. Erneut habe ich den Eindruck, dass Luca nicht im Ansatz versteht, was von ihm
gefordert ist. Er stellt das Fläschchen vorsichtig zur Seite an den Rand des Tisches ohne
Interesse für die Gummibärchen zu zeigen und lächelt vorsichtig. Frau Anderson nimmt
das Fläschchen wieder auf, schüttelt es hin und her und fordert Luca auf, „schau mal".
Lucas Lächeln verfliegt urplötzlich, er nimmt seine Hände vom Tisch, legt sie in seinen
Schoß und schaut Frau Anderson stumm und ängstlich an. „Da sind se drin und wie
kommen die jetzt da raus", versucht Frau Anderson weiter mit sanfter Stimme ihn dazu
zu bewegen, die Gummibärchen aus dem Fläschchen zu holen. Wieder bewegt sie das
Fläschchen langsam hin und her, so dass die Gummibärchen ein rasselndes Geräusch
erzeugen, lächelt sanft und streckt das Fläschchen in Lucas Richtung. Endlich greift
Luca vorsichtig nach dem Fläschchen und beginnt es ebenfalls wie eine Rassel, aber
ganz langsam hin und her zu bewegen. Er unternimmt noch immer keine Versuche, die
Gummibärchen heraus zu holen. Viel mehr als der Inhalt des Fläschchens scheint ihm
das Geräusch zu gefallen, das die Gummibärchen beim Hin- und Herschütteln erzeugen, denn er bewegt das Fläschchen immer schneller, hält es dabei an sein Ohr und
grinst entzückt. Schließlich fällt ein Gummibärchen durch Lucas wildes Schütteln heraus. Luca bückt sich, hebt es behutsam auf und steckt es zurück in das Fläschchen. Frau
Anderson beobachtet ihn aufmerksam und verwundert und bemerkt mit einem fast ver-
zweifelt klingenden kurzen Lachen, das komme jetzt wohl wieder rein, so wie es war.
Richtig, bemerkt sein Vater lachend und stolz, das mache Luca zu Hause ja auch immer, mit Einkaufstüten beispielsweise, die räume er auch immer wieder ein. Luca rüt-
telt, als er das Gummibärchen zurück in die Flasche gesteckt hat, weiter mit dem
Fläschchen und freut sich. Frau Anderson wirkt sichtlich irritiert davon, dass Luca sich
nicht wie vorgesehen für die Gummibärchen interessiert und trägt am PC erneut das
Fehlen einer Kompetenz ein. (U7, BP KS)

An der Ansprache, die Frau Anderson zu Beginn direkt an Luca richtet, wird deutlich, dass sie davon ausgeht, dass er diese verstehen kann. Als sich herausstellt, dass
dies keineswegs der Fall ist, geht Frau Anderson kurz zu einem gestischen Verstän-
digungsmodus über, als sie nämlich das Fläschchen schüttelt, um bei Luca eine
Beschäftigung mit dem Fläschchen zu stimulieren. Als auch dies nicht zu dem gewünschten Erfolg führt, versucht sie es wieder – nun schon einigermaßen hilflos
wirkend – mit direkter Ansprache. Im Folgenden wechselt sie Ansprache und gesti-
sche Animationsversuche ab. Luca zeigt einen gewissen Lerneffekt, denn anders als
zuvor beim Türmchenbauen ahmt er nun nach, was Frau Anderson ihm vorgemacht
hat, indem er selbst das Fläschchen schüttelt. Dies ist aber nicht die einzige Umdeu-
tung der Aufgabe, die Luca vornimmt. Er scheint vielmehr auch ein geradezu ästhe-
tisches Vergnügen an dem dabei erzeugten Geräusch zu empfinden. Im Sinne von
Frau Anderson missversteht er nicht nur die Aufgabe, er scheint gar nicht zu wissen,
was eine Aufgabe ist und dass ihm beim Kinderarzt welche gestellt werden können.

Die Szene erinnert an ethnomethodologische Krisenexperimente: Indem Luca alle
Erwartungen von Frau Anderson fast systematisch enttäuscht, werden die impliziten
Erwartungen an einen „normalen" Untersuchungsablauf wie in einem Brennglas
deutlich. Dazu gehört auch die kulturelle Annahme, dass Gummibärchen unweiger-

lich eine große Attraktivität für Kinder besitzen und das gewünschte Verhalten zu motivieren vermögen. Was oben als implizite Verstehbarkeit von sozialen Praktiken für die Teilnehmer bezeichnet wurde, wird in diesem Beispiel konterkariert. Der Kreis der Missverständnisse schließt sich, als Luca ein zufällig aus der Flasche gefallenes Gummibärchen wieder in diese zurücktut – die Aufgabe sieht vor, dass er den Inhalt aus der Flasche herausbringt, und nicht wieder hinein.

Im Kontrast zu obigen Bespielen fällt auf, dass Frau Anderson hier nicht auf die Interpretation „er hat keine Lust" oder „er will nicht" verfällt. Dies liegt vermutlich erstens daran, dass Luca nicht nur in dieser Szene die Aufgabe missversteht und insofern der hier entstehende Eindruck nicht schon durch andere Szenen „korrigiert" oder relativiert werden kann. Zweitens spielt vermutlich auch die professionelle Differenz zwischen Medizinern und Sprechstundenhilfen eine Rolle für eine „strengere" Haltung gegenüber fehlenden Performanzen: Frau Anderson muss damit rechnen, dass ihre diagnostischen Ergebnisse noch einmal durch den Arzt überprüft werden, wenn dieser das Kind bei der anschließenden körperlichen Untersuchung selbst in Augenschein nimmt. Insofern würde eine zu laxe Haltung gegenüber fehlenden Kompetenzdarbietungen demjenigen auffallen, der letztlich für die Ergebnisse verantwortlich zeichnet. Die Mediziner zeigen umgekehrt häufig ein „flexibles Management der Normalität" (Bollig & Ott 2008). Die strengere Haltung der Assistentinnen ermöglicht es den Ärzten und Ärztinnen, die Beobachtungen zum Entwicklungsstand weniger streng zu deuten und die Befunde dann nicht nur in der Mitte „einzupendeln", sondern sich auch interaktiv gegenüber den Eltern als diejenigen zu präsentieren, die „Entwarnung" geben können. Drittens ist darauf hinzuweisen, dass Frau Anderson im vorliegenden Beispiel computerunterstützt mit den Denver-Entwicklungsskalen arbeitet, die jeweils verlangen, dass zu bestimmten zu testenden Merkmalen auch ein Befund eingetragen wird. Sie ist dadurch in anderer Weise als bei weniger technisch-instrumentell unterstützten Untersuchungen gehalten, einen Untersuchungsschritt auch zu einem eindeutigen Ergebnis zu führen.

Das Protokoll kann keine Auskunft darüber geben, ob Luca völlig anders reagiert hätte, wenn er in Italienisch angesprochen worden wäre. Es macht aber deutlich, dass die Versuche, ab einem bestimmten, unterstellten Entwicklungsstand der Kinder und bei zunehmender Komplexität der Aufgaben diese noch gestisch zu vermitteln, nicht mehr notwendig erfolgversprechend sind. Dementsprechend kommt es fortlaufend zu rekursiven Effekten zwischen unterstelltem und zu erhebendem Entwicklungsstand. Dabei gerät bisweilen aus dem Blick, dass für die Erhebung einer Kompetenz eine ganz andere – nämlich z.B. Sprachkompetenz im Deutschen – unhinterfragt unterstellt wird. Entsprechend weiß die Durchführende mit der erfolglosen Bewältigung der Aufgabe nicht anders umzugehen, als sie dem Kind als Inkompetenz zuzuschreiben. Insofern wird an dem Beispiel die enge Verkoppelung von Befundung und Mitwirkung deutlich: Aktivitäten der Kinder als „fehlende Mitwirkung" zu interpretieren kann in untersuchungsstrategischer Hinsicht bedeuten, nicht eine fehlende Kompetenz dokumentieren zu müssen. Bei Luca, da scheint sich die Assistentin hingegen sicher, geht es nicht um *non-compliance*.

4 Die späten U'en (U8 und U9): Aufgabenerfüllung, drohendes Scheitern und interaktive Manöver

Zu U8 und U9 kommen Kinder im Abstand von ca. einem Jahr mit vier und fünf Jahren. Die letzten Vorsorgeuntersuchungen fallen in eine Zeit, in der Kinder bereits als zukünftige Schüler und Schülerinnen angesprochen werden können:

> Bereits im Wartezimmer kündigt die Arzthelferin an, Neele solle ein „Bild für Dr. Brixen malen", da sie „bald in die Schule" gehe. [...] Im Test-Raum angekommen legt sie ihr die Sprechtafel mit der Erklärung „wir üben schon wie in der Schule" auf den Kindertisch. (U8, BP JJ)

Mit den Hinweisen auf den zukünftigen Schulbesuch wird hier implizit ein ganzes Set an schulischen Praktiken aufgerufen: die Aufmerksamkeit fokussieren, eine Aufgabe empfangen, einer Aufgabe nachkommen, „üben". Hier wird nicht einfach die Mitwirkung Neeles an einer Untersuchung eingefordert, sondern die „Akzeptanz und Annahme von gestellten Aufgaben" (Reh 2008, S. 121), die von Schulkindern verlangt werden und sie als solche konstituieren.

In den typischen Rückmeldungen des medizinischen Personals an die Kinder, etwa „du hast ganz toll mitgemacht" (U9), lässt sich erkennen, dass „mitmachen" in der U8 und U9 zu den zentralen Erwartungen gehört. Es scheint den erwachsenen Akteuren aber bewusst zu sein, dass das jeweilige Kind für die Untersuchung erst gewonnen werden muss. Vor allem in den Anfangssequenzen der späten Vorsorgen wird regelmäßig an Hobbies, Erscheinungsbild der Kinder oder mitgebrachte Gegenstände angeknüpft, um eine für die Mitwirkung förderliche Interaktionsdynamik in Gang zu setzen. Solche „Gesprächsangebote" stehen im Dienste der Durchführung der U'en und für die Bemühungen des Arztes, ein informelles Arbeitsbündnis herzustellen. Dafür ist zu aller erst so etwas wie die Anerkennung der Person der jungen Patienten wichtig. Zwar geben Ärzte meist keine Informationen zu den konkreten Untersuchungen, die Art der Zuwendung hat jedoch interaktiv oft eine entscheidende Bedeutung für die Frage der Mitwirkung der Kinder.

Kindern wird in den U8 und U9 konsequenter als bei den früheren Vorsorgen ein Status als aktive Akteure zuerkannt. Vor allem die nicht mehr zweifelhaften Möglichkeiten des sprachlichen Austauschs schaffen neue Aushandlungsmöglichkeiten. Durch Verbalisierung ihrer Interessen, Wünsche und Befürchtungen gelingt es Kindern in den späten Vorsorgen, ihren Standpunkt selbst zu vertreten. Nun wird oft in einem Satz auf den Punkt gebracht, wenn das Kind einer Aufgabe nicht oder nicht sofort nachzukommen gedenkt: „Erst mal muss ich mich mal kratzen" (U8), antwortet Neele auf die wiederholte Aufforderung der Arzthelferin, ein Bild zu malen, und verschafft sich damit eine Pause bei der Testdurchführung. Kinder können in U8 und U9 nicht nur ihre Empfindungen differenziert zum Ausdruck bringen: „Ach! Es ist nicht mein Tag. Weil ich möchte nicht nackig vor meinem Doktor stehen" (U8). Sie setzen auch deutliche Grenzen, indem sie ihren Widerstand verbalisieren: „nein das mache ich nicht", protestiert ein anderer Junge, als er beim Abhören durch den Arzt den Körperkontakt zu seiner Mutter aufgeben soll (U8).

Bereits *vor* den Untersuchungen werden Kinder als eigenständige Akteure adressiert, wenn Eltern mit ihnen Verträge schließen, um dann mit Bezug auf diese Vertraglichkeit die Mitwirkung der Kinder *in* der Untersuchungssituation einzuklagen: „Du hast es mir doch versprochen!". Solche Bündnisse referieren auf die unterstellten Möglichkeiten der Kinder zur vorausschauenden Handlungsplanung und machen sie zu einer den Eltern gleichgestellten Vertragspartei. Dem möglichen Scheitern wird vorgegriffen, um durch das Bündnis Kontingenz zu minimieren und den reibungslosen Verlauf schon präventiv zu sichern. Die teilweise offen formulierten prognostischen Erwartungen von Eltern, wie z.B. „gleich gibt es Geweine" (U9), können dabei den Effekt einer kontraproduktiven *selfulfilling prophecy* evozieren.

Dass sich Kinder „nicht untersuchen lassen", kann bei konsequenter Verweigerung der Mitwirkung auch dann im Vorsorgeheft vermerkt werden, wenn sonst kein Befund eingetragen wird und die Untersuchung wiederholt werden muss. Die Mitwirkungsbereitschaft der Kinder wird von den erwachsenen Akteuren bei der U8 und U9 immer wieder thematisiert: Für eine Mutter ist es ein wichtiges Datum, wenn der Sohn „heute gar keinen Bock hatte, hierher zu kommen" (U8). Eltern geraten besonders dann unter Erklärungsdruck, wenn ihre Kinder nicht alles mitmachen: „die ist jetzt einfach stur" (U8), beschreibt eine Mutter ihre Tochter, die sich weder ausziehen noch messen lassen will. Und die Möglichkeiten des kindlichen körperlichen Widerstands scheinen es bisweilen zu erfordern, dass Kinder von drei Erwachsenen festgehalten werden, um einen Untersuchungsschritt, wie etwa die Genitaluntersuchung, zu realisieren. Die fehlende Mitwirkungsbereitschaft wird jedoch nicht allein den Kindern angelastet, sondern auch und vor allem als Problem der elterlichen Erziehungspraxis thematisiert (vgl. Bollig & Kelle 2009).

Die Frage der Mitwirkung stellt sich bei somatischen Untersuchungen wie Abhören, Messen etc. jedoch anders als in Testsituationen, in denen eine Kompetenzmessung erfolgen soll. Während die Untersuchungen am Körper der Kinder von diesen verlangen, dass sie jene eher passiv erdulden – „stillhalten" –, da verlangen die entwicklungsdiagnostischen Tests ohnehin stärker das aktive Kind, das Produkte erzeugt oder Kompetenz darstellt. Die je nach Kontext unterschiedlichen Formen der (Nicht-)Mitwirkung der Kinder sorgen für eine Vervielfältigung der diagnostischen Ressourcen und Deutungsspielräume: Nichtmitwirkung bei der körperlichen Untersuchung kann z.B. auch zu einem Indiz für eine nicht altersgemäße soziale Entwicklung werden. Die Frage, ob Kinder etwas nicht können oder nur *in situ* nicht vollbringen, was sie ansonsten können, stellt sich nur bei den entwicklungsdiagnostischen Untersuchungen. Diese müssen nicht immer die Form von quasi-schulischen Aufgaben oder psychologischen Tests annehmen.

> Dr. Rieck bittet Levi als erstes, sich Hose und Schuhe auszuziehen. Ohne den Hosenkopf aufzumachen zieht Levi sie herunter, hält dann kurz inne und zieht die Unterhose, die mit herunterzurutschen droht, wieder hoch. Während er sich Mühe gibt, die Hose ganz auszuziehen, fragt ihn Dr. Rieck: „kannst du dich auch anziehen?". Die Mutter ergreift das Wort und berichtet, wie Levi mit Hosenknöpfen umzugehen pflegt. In ihrem Bericht führt sie den Sohn als in der Feinmotorik nicht besonders ehrgeizigen Jungen vor, worauf Dr. Rieck eine weitere Variante des Problems zu erkennen glaubt: „Na klar. Er kann's, aber er tut's nicht". (U9, BP JJ)

Das Ausziehen, das in der Logik des Ablaufs zunächst einmal eine notwendige Vorbereitung für die körperliche Untersuchung darstellt, greift der Arzt auf, um in Anlehnung an die Denver-Entwicklungsskalen („zieht sich ohne Anleitung an") einen Befund zu erfragen. Während die Aufmerksamkeit des Jungen ganz dem Entkleiden gilt, übernimmt die Mutter routiniert die Rolle der Berichterstatterin. Der Arzt übersetzt die Informationen in eine diagnostische Logik, indem er die Kompetenz des Jungen bei gleichzeitiger Thematisierung ihrer nicht beobachtbaren Performanz anerkennt.

Die U8 und U9 fallen nicht nur dadurch auf, dass in ihnen vermehrt Störungsmomente mit der ausbleibenden Mitwirkung der Kinder verknüpft werden, sondern auch durch eine überwiegend aktive und widerstandslose Mitwirkung der Kinder. Gerade diese Vielfalt in den Positionierungen der Kinder ist als Hinweis auf die zunehmende Bedeutung ihrer Akteursrolle in den späten Untersuchungen zu lesen. Viele der Vier- und Fünfjährigen scheinen nicht besonderer „Beruhigung" oder Erklärung zu bedürfen, um bei den körperlichen und entwicklungsdiagnostischen Untersuchungen der Mitwirkungserwartung der Erwachsenen nachzukommen.

Das liegt auch daran, dass in den U8 und U9 die Mitwirkungsbereitschaft der Kinder größtenteils von einem Erfolgsversprechen getragen wird, das an die Erfüllung der Aufgaben gebunden ist. Vielen Kindern bleibt jedoch die schmerzhafte Erfahrung des Scheiterns an den Anforderungen nicht erspart: „das gefällt ihm nicht, wenn er es nicht schafft, so Aufgaben zu lösen" (U9), kommentiert ein Vater das Weinen seines Sohnes, als dieser eine Frage nicht beantworten kann. Der Drohung, möglicherweise zu scheitern, begegnen eine Reihe der von uns beobachteten Kinder mit geschickten interaktiven Manövern.

> Dr. Spötz betritt den Raum, begrüßt mich mit Handschlag und weist darauf hin, dass Aryan und er sich gut kennen würden, „wir sind alte Bekannte". Aryan scheint sich zu freuen, den Arzt zu sehen. [...] Dr. Spötz fordert Aryan auf, die Liege selbstständig zu verlassen und mit ihm Ball zu spielen. Das Werfen macht Aryan sichtlich Spaß, sicher fängt und schmeißt er die Bälle. Das Hüpfen und auf einem Bein Stehen macht ihm Dr. Spötz jeweils vor – Aryan gelingt es nur mit Mühe, dabei die Balance zu halten. Jedoch beginnt er ungefragt mit den Fingern bis 10 zu zählen, Dr. Spötz lacht, es scheint, als wäre dies von Aryan ein geschicktes Ablenkungsmanöver. „Er kennt schon das Programm von der Schwester" erklärt Dr. Spötz mir augenzwinkernd. Nun soll Aryan auf der Hacke vorwärts und rückwärts laufen, auch auf den Zehenspitzen, es klappt ziemlich gut und er wird von dem Arzt gelobt: „he, super". „Wir haben das zuhause schon geübt" sagt die Mutter stolz. Dr. Spötz schaut auf das U-Heft und meint zu Aryan, er müsse bei der U8 gar nicht zählen, sondern nur bei der U9. (U8, BP SB)

Aryan, der als „alter Bekannter" vom Arzt eingeführt wird, geht in der als Spiel gerahmten Motorikprüfung und beim Ballwerfen enthusiastisch mit. Die meisten Kinder lassen sich wie Aryan nach einer ‚Aufwärmphase' auf die Aufgaben ein und entwickeln eigene Interessen an der Untersuchungssituation. Die Vorführung eigener Kompetenzen bringt ihnen vielfach Spaß an der Aufgabenerfüllung. Der Arzt stellt ein spielerisches Element an den Anfang und sichert damit vermutlich das Mitwirken des Kindes auch für folgende Untersuchungsschritte. Bei der nächsten Aufgabe stellt sich der Arzt dem Kind symbolisch an die Seite, indem er ihm das

Hüpfen vormacht. Diese Aktion ist vermutlich nicht der Komplexität der Aufgabenstellung geschuldet, sondern hat als Kommunikationsangebot eine wichtige Funktion für die weitere Sicherung von Aryans Mitwirkung. Das Protokoll erweckt zunächst den Eindruck, Aryan wäre den Aufforderungen des Arztes mit lustvollem Elan begegnet und habe sie auch gekonnt ausgeführt – bis zu der Sequenz, in der es um das Balancieren geht. Hier übernimmt der Junge unerwartet die Initiative und führt ein völlig neues Element ein. In einer heiklen Prüfungssituation greift Aryan auf sein Vorwissen über das Anforderungsprofil der Vorsorgen zurück. Um seine Schwächen im Balancieren zu kaschieren, bietet er situativ ungefragt eine andere Fähigkeit an. Ein Sichtbarwerden von Inkompetenz kann situativ also nicht allein durch *non-compliance* kaschiert werden, sondern auch dadurch, dass ersatzweise andere Kompetenzen vorgeführt werden. Daraufhin interpretiert der Arzt Aryans Aktion: „Er kennt schon das Programm von der Schwester". Der Blick in das U'heft und seine daraus resultierende Erkenntnis verrät jedoch, dass das Zählen des Jungen ihn doch abgelenkt und eine Frage hinterlassen hat. Die abschließende Erklärung, die der Arzt niemandem schuldet, richtet er als Aufklärungsgeste an den Jungen, indem er verdeutlicht, dass Aryan in seinem Eifer über das Ziel hinaus geschossen hat. Oder hat Aryan doch erreicht, die Aufmerksamkeit des Arztes vom unsicheren Balancieren abzulenken?

> Die Arzthelferin fordert Kai als erstes auf ein Männchen zu malen. „Nö" lautet Kais Antwort. Die Arzthelferin fragt leicht neckend nach, ob er das nicht könne. Und wieder antwortet er mit „Nö". Die Mutter schaltet sich ein und meint, wer Drachen bauen könne wie er, der könne ja wohl auch malen. Aber Kai scheint dies nicht zu überzeugen, er bleibt beim „Nö". Frau Anderson dreht den Zettel um (auf der Rückseite befinden sich die geometrischen Figuren) und meint, dann sei es wohl besser mit diesem Teil anzufangen. Auch hier muss Kai von beiden Frauen ganz schön überzeugt werden, um mitzumachen. Er scheint das jedoch regelrecht zu genießen. Er malt – wenn auch etwas krakelig – die Figuren ab. (U8, BP SB)

Kai vermag hier durch eine klug dosierte Verweigerungshaltung die Untersuchungslogik und die darin eingelassenen Machtverhältnisse zu karikieren, ohne dass Arzthelferin und Mutter ernsthafte Zweifel an seinen Kompetenzen entwickeln würden. Indem die Arzthelferin die Abfolge der Aufgaben modifiziert, reagiert sie auf Kai ebenso strategisch, wie er selbst in den Interaktionen mit beiden Frauen agiert. Die Gewissheit über seinen (mehr als) altersgemäßen Entwicklungsstand gründet nicht in erster Linie in der Versicherung der Mutter, Kai könne Drachen bauen, sondern vielmehr in Kais souveräner Akteurshaltung, die er zu „genießen" scheint.

Die späten Vorsorgen zeichnen sich durch eine Zuspitzung der engen Verkopplung von Diagnosestellung und Mitwirkung aus. Mit steigendem Alter der Kinder wächst die Bereitschaft des medizinischen Personals, eine fehlende Performanz auf *non-compliance* und nicht auf Kompetenzmängel der Kinder zurückzuführen. Durch den Einsatz ihrer psychosozialen und kognitiven Fähigkeiten sind Kinder in den späten Untersuchungen imstande, die Interaktionen in ihrem Sinne zu modulieren. Ein irritationsfreier Verlauf scheint häufig nicht mehr möglich zu sein, da die Kinder alle Beteiligten zu einer Aushandlung von Rollen und Aufgaben auffordern. Die aktive Positionierung der Kinder ist davon geprägt, dass sie eigene Lesarten der

Situationen hervorbringen und diese gekonnt in die Interaktionsdynamik einspeisen. Kinder haben bis zur U9 sehr wahrscheinlich auch bereits Erfahrungen mit diagnostischen Verfahren in verschiedenen institutionellen Kontexten gesammelt. In ihrer Interaktionskompetenz prägen diese Kinder die Situationsdynamik entscheidend mit und fordern medizinische Professionelle und Eltern zu einem reflexiven Umgang mit diagnostischen Verfahren heraus. Die bewährten Strategien zur Weckung von Interesse, Lenkung von Aufmerksamkeit oder zur Abkürzung der Verfahren wirken in den späten Untersuchungen nicht uneingeschränkt, die Erwachsenen sind vielmehr herausgefordert, Kinder als kreative Akteure zu berücksichtigen und in Entscheidungen einzubeziehen.

5 Fazit

In der Alltagswahrnehmung der erwachsenen Teilnehmer stellt sich die fehlende Mitwirkung(sbereitschaft) von Kindern als ein grundlegendes Problem der Durchführung der Vorsorgen dar, das mit unterschiedlichen Interventionen bearbeitet wird. Wir haben hier in analytischer Perspektive gezeigt, dass *non-compliance* nicht nur ein Problem, sondern auch eine Ressource der Vorsorgen darstellt.

In den frühen Untersuchungen (bis einschließlich U5) stellt sich das Problem der fehlenden Mitwirkung noch kaum, weil Zustimmungsfähigkeit und willentliche Verweigerung der Performanz von Kompetenzen den ganz kleinen Kindern noch nicht zugeschrieben wird. Dass die U6 und U7 laut Teilnehmerauskünften die Untersuchungen mit dem schlechtesten Ruf hinsichtlich der zustimmenden Mitwirkung der Kinder sind, hat zum einen damit zu tun, dass die Untersuchungen mit Bezug auf die unterstellten wachsenden Kompetenzen der Kinder komplexer werden und sich darin ‚abhängiger' machen von der aktiven Mitarbeit der Kinder. Zum anderen hat es aber auch damit zu tun, dass den Kindern überhaupt erst ab U6 und U7 eine Zustimmungsfähigkeit zugebilligt wird. Die Konstruktion der Zustimmungsfähigkeit hängt eng mit der Entwicklung sprachlichen Ausdrucks zusammen: Während die frühen U'en mit einer unüberbrückbaren Deutungslücke zwischen kindlichen „Äußerungen" und erwachsenen Interpretationen kämpfen, beginnt sich diese Lücke ab der U6 zu „schließen". Über sprachlich gefasste Missfallensäußerungen lässt sich offenbar nicht so leicht hinweggehen wie über das Weinen von Babys. In den späten Vorsorgen kann die Haltung des Kindes zu den Untersuchungen selbst zu einem Indikator für die Entwicklungsdiagnostik werden, insofern (fehlende) Mitwirkung als Zeichen für einen sozial-emotionalen Entwicklungsstand deutbar wird.

Durch die sukzessive interaktive Konstruktion von Kindern als mit einem Willen ausgestatteten Akteuren eröffnen sich für die Ärzte auch spezifisch andere Möglichkeiten, Widersprüche in der Durchführung der Vorsorgen zu bearbeiten: Aktivitäten der Kinder als „fehlende Mitwirkung" zu interpretieren kann in untersuchungsstrategischer Hinsicht auch bedeuten, nicht eine fehlende Kompetenz dokumentieren zu müssen. Die enge Verkoppelung von Befundung und Mitwirkung zeigt sich u.E. nicht zuletzt auch darin, dass im Rahmen der Vorsorgen nur ca. 5% Entwicklungsauffälligkeiten dokumentiert werden (vgl. Robert Koch-Institut 2004). Die Analysen zu den Transformationen der Vorsorgen haben außerdem gezeigt, dass die diagnostischen Prozesse in rekursiver Logik so funktionieren, dass sie z.T. schon voraussetzen, was sie prüfen sollen. Die Rekursivität von beobachteten und altersgemäß unterstellten Kompetenzen bei den Kindern stattet die Vorsorgen mit einer zirkulären Grundstruktur aus, die bisweilen – das hat das Beispiel Lucas gezeigt – falsche Vorannahmen produziert, deren Falschheit den Durchführenden aber nicht reflexiv zugänglich wird. In Anbetracht dessen ist die tendenziell milde Begutachtung der Entwicklungsstände der Kinder in den Vorsorgen als ein Ausgleich anzusehen.

In Hinblick auf die empirische Beobachtbarkeit der *knowledgeability* der Untersuchungssituationen für die beteiligten Kinder ist abschließend festzustellen, dass den Kindern egal welchen Alters kaum je erklärt wird, was passiert – das medizinische Personal setzt überwiegend auf die rituellen Mitspielkompetenzen der Kinder (vgl. Cahill 1987). Der Prozess der Enkulturation in entwicklungsdiagnostische Verfahren stellt sich am Beispiel der Vorsorgen als ein Prozess des automatischen Hineingezogenwerdens dar. In diesem Zusammenhang ist es bemerkenswert, dass medizinethische und -soziologische Debatten das Konzept des *informed assent*, das über eine stillschweigende Zustimmung minderjähriger Patienten hinausgeht und „unabdingbar mit Aufklärung und Information verbunden" (Kölch 2003) ist, erst in Bezug auf ältere Kinder aufgreifen. Schaut man sich die altersbezogene Konstruktion der Akteursposition in den Vorsorgen an, dürfte es nur eine Frage der Zeit sein, wann auch die Patientenrechte der kleinen Kinder thematisiert werden.

Literatur

Begenau, Jutta / Schubert, Cornelius / Vogd, Werner (2005): Medizinsoziologie der ärztlichen Praxis. Szenarien – Fälle – Theorien. Bern: Huber Verlag.
Bollig, Sabine (2008): „Praktiken der Instrumentierung". Methodologische und methodische Überlegungen zur ethnografischen Analyse materialer Dokumentationspraktiken in kinderärztlichen Vorsorgeuntersuchungen. In: Zeitschrift für Soziologie der Erziehung und Sozialisation. 28. Jg., H. 3, S. 301-315.
Bollig, Sabine / Kelle, Helga (2009): Früherkennung und Prävention von Entwicklungsstörungen: Medizinisierung und Pädagogisierung der frühen Kindheit aus praxisanalytischer Perspektive. In: Behnisch, Michael / Winkler, Michael (Hrsg.): Soziale Arbeit und Naturwissenschaften. München: Reinhardt (im Erscheinen).
Cahill, Spencer E. (1987): Ceremonial Deviance and the Acquisition of Ritual Competence. In: Social Psychology Quarterly. 50. Jg., S. 312-321.
G-BA: Gemeinsamer Bundesausschuss der Ärzte und Krankenkassen (2008): Richtlinien des Bundesausschusses der Ärzte und Krankenkassen über die Früherkennung von Krankheiten bei Kindern bis zur Vollendung des 6. Lebensjahres („Kinder-Richtlinien") http://www.g-ba.de/downloads/62-492-290/RL_Kinder_2008-06-19.pdf [13.2.2009]
Burman, Erica (1994): Deconstructing Developmental Psychology. London: Routledge.
Kelle, Helga (2007) „Altersgemäße Entwicklung" als Maßstab und Soll. Zur praktischen Anthropologie kindermedizinischer Vorsorgeuntersuchungen. In: 52. Beiheft der Zeitschrift für Pädagogik, S. 110-122.
Kelle, Helga / Ott, Marion (2009): Standardisierung der frühen kindlichen „Entwicklung" und „Bildung" in Kindervorsorgeuntersuchungen. In: Bilstein, Johannes / Ecarius, Jutta (Hrsg.): Standardisierung – Kanonisierung. Erziehungswissenschaftliche Reflexionen. Wiesbaden: VS, S. 141-158.

Kölch, Michael (2003): Aufklärung bei klinischen Studien mit Kindern und Jugendlichen. In: Wiesemann, Claudia / Dörries, Andrea / Wolfslast, Gabriele / Simon, Alfred (Hrsg.): Das Kind als Patient. Ethische Konflikte zwischen Kindeswohl und Kindeswille. Frankfurt: Campus, S. 59-71.

Leu, Hans R. (2008): Beobachtung in Bildungs- und Lernprozessen der frühpädagogischen Praxis. In: Thole, Werner u.a. (Hrsg.): Bildung in der frühen Kindheit in Wissenschaft und Lehre. Opladen: Verlag Barbara Budrich, S.165-179.

Macha, Thorsten / Petermann, Franz (2006): Entwicklungsdiagnostik. In: Petermann, Franz / Eid, Michael (Hrsg.): Handbuch der Psychologischen Diagnostik. Göttingen: Hogrefe, S. 594-602.

Reckwitz, Andreas (2003): Grundelemente einer Theorie sozialer Praktiken. Eine sozialtheoretische Perspektive. In: Zeitschrift für Soziologie. 32. Jg., H. 4, S. 282-301.

Reh, Sabine (2008): Vom „deficit of moral control" zum „attention deficit". Über die Geschichte der Konstruktion des unaufmerksamen Kindes. In: Kelle, Helga / Tervooren, Amja (Hrsg.): Ganz normale Kinder. Heterogenität und Standardisierung der kindlichen Entwicklung. Weinheim: Juventa 2008, S. 109-125.

Robert Koch-Institut (Hrsg.) (2004): Schwerpunktbericht der Gesundheitsberichterstattung des Bundes. Kinder und Jugendliche. Berlin: Robert Koch-Institut.

Stollberg, Gunnar (2001): Medizinsoziologie. Bielefeld: Transcript.

Strauss, Anselm (1991): Grundlagen qualitativer Sozialforschung: Datenanalyse und Theoriebildung in der empirischen soziologischen Forschung. München: Fink.

Tannen, Deborah / Wallat, Cynthia (1987): Interactive frames and knowledge schemas in interaction: examples from a medical examination/interview. In: Social Psychology Quarterly. 50. Jg., S. 205-216.

Tates, Kiek / Meeuwesen, Ludwien (2001): Doctor-Parent-Child Communication. A (Re)View of the Literature. In: Social Science and Medicine. 52. Jg., S. 839-851.

Van Dulmen, Alexandra M. (1998): Children's contribution to pediatric outpatient consultations. In: Pediatrics. 3. Jg., S. 563-568.

Christina Huf

**„Let's make a sentence with all of these!" – Soziale Praktiken englischer Schul-
anfängerInnen im Umgang mit den Vorgaben ihrer Lehrerin**

1   Einleitung: Children´s challenges to teachers definitions

Die Überschrift zu diesem Beitrag zitiert Jahir. Er ist Schüler einer englischen
Grundschule und ist im September 2007 in Year One, das offizielle erste Schuljahr
eingeschult worden. Auch wenn Jahir erst seit wenigen Wochen Schüler des ersten
Schuljahres ist, kennt er die fünf Kinder, denen seine Aufforderung „Let´s make a
sentence with all of these!" gilt, seit über einem Jahr und hat mit ihnen in einer ähnlichen Gruppenzusammensetzung bereits oftmals zusammen gearbeitet. Denn in
England werden Kinder vor dem ersten Schuljahr in die *Reception Class*, eine als
Vermittlungsklasse zwischen frühkindlicher und schulischer Bildung und Erziehung
konzipierte Eingangsklasse eingeschult, und bleiben bis zum Ende ihrer siebenjährigen Grundschulzeit in dieser Lerngruppe. Bereits in der Reception Class arbeiten die
Kinder täglich in Kleingruppen von fünf bis sechs Kindern an Übungen zur Förderung von Lesestrategien, dem so genannten *Guided Reading*. Die nach dem Prinzip
größtmöglicher Leistungshomogenität zusammengesetzten „pupil groups" entwickeln sich im Laufe des Schuljahres zu zunehmend stabilen Gruppen, die von der
Lehrerin des ersten Schuljahres übernommen und mit einem Gruppennamen verse-
hen werden.

Die Aufgabenstellung, die die Lehrerin Jill den SchülerInnen des Purple Table am
31. Oktober für das *Guided Reading* gibt, ist das Ordnen von in Unordnung gerate-
nen Wortkarten. Die Aufgabe ist als Einzelarbeit konzipiert, bei der jedes Kind die
vor ihm liegenden Wortkarten so anordnen soll, dass sie einen der Sätze ergeben, die
in einem Bilderbuch stehen. Jedes Kind hat ein Exemplar des Bilderbuches und soll
darin den Satz finden, der durch seine Wortkarten abgebildet wird. Als Jahir, kurz
nachdem alle sechs Kinder mit der Realisierung der Aufgabenstellung begonnen
haben, vorschlägt „Let´s make a sentence with all of these" und die Kinder kurz
darauf alle Wortkarten zusammenschieben und gemeinsam beginnen Satz für Satz
des Bilderbuches zu rekonstruieren, kommt dies einer Abwandlung und eigensinnigen Realisierung der von der Lehrerin vorgegebenen Aufgabenstellung gleich, die
ich – in unterschiedlichsten Variationen – während meiner sich über zwei Schuljahre erstreckenden ethnografischen Feldforschung in der Charlie Brown Grundschule
so häufig beobachtet habe, dass ich sie zum Thema dieses Beitrags machen möchte.

Auch Pollard und Filer, die in den längsschnittlich konzipierten ethnografischen
Studien des *Identity and Learning Programme* (ILP) nach den strategischen Orientierungen von englischen GrundschülerInnen im Umgang mit den Anforderungen
der Institution Schule gefragt haben[76], haben Formen des Umgangs mit den Anforderungen der Lehrerin beobachtet, die sie als „challenges to teachers definitions"

---

[76] Vgl. Huf & Panagiotopoulou in diesem Band.

beschreiben (ebd., 1999b, S. 162). Viel öfter jedoch hat das Forscherteam ein ausge-prägtes Maß an Konformität im Umgang mit den Anforderungen von Schule und Lehrerin beobachtet, die es als „low risk strategy that combines a search for appro-val and a reluctance to think and operate outside of teacher-given structures and expectations" (ebd., S. 162) definiert. Die von Pollard und Filer beobachtete Strate-gie der konformen Anpassung von GrundschülerInnen an Erwartungen und Vorga-ben ihrer LehrerInnen korrespondiert mit Ergebnissen der Transitionsforschung, in denen der Prozess des Schulkindwerdens als eine zunehmende Reduktion der eigen-aktiven und selbstbestimmten Gestaltung des Lernens von Kindern auf die Erfüllung curricularer Vorgaben beschrieben wird. Während Fabian und Dunlop (2002, S. 147) diese Einschätzung in die Formel „reducing agency " gegossen haben, sprechen Hendy und Whitebread (2000) von einer durch die Institution Schule hervorgerufe-nen „dependency culture": Denn die von ihnen in ihrer Studie zu „Interpretations of Independent Learning" interviewten Kinder haben sich als zunehmend abhängig von ihren LehrerInnen beschrieben. Die LehrerInnen hingegen haben Unabhängigkeit als die Fähigkeit der Kinder gedeutet, ihren Anweisungen folgen zu können. Und auch Broström spricht von dem unlogischen, paradox anmutenden Phänomen der von der an seinen Fallstudien teilnehmenden Kindern in den ersten Schulwochen erfahrenen Behinderung ihrer Eigenaktivität als Lerner, das er in der Frage zusammenfasst: „How can active and independent children be transformed into people dominated by reserve and insecurity?" (ebd., 2007, S. 63).

Die von mir am Übergang vom Elementar- in den Primarbereich einer Londoner Grundschule über zwei Schuljahre hinweg beobachteten SchulanfängerInnen haben hingegen Praktiken im Umgang mit den ihnen vorgegebenen Aufgaben entwickelt, die in einem interessanten Kontrast zu der in anderen Studien beobachteten Reduk-tion kindlicher Eigenaktivität im Kontext schulischen Lernens stehen. Diese Prakti-ken möchte ich, nachdem ich zunächst den Forschungskontext skizziere, in dem meine Beobachtungen entstanden sind (2), auf der Basis ausgewählter Schlüsselsze-nen darstellen (3) und nach möglichen Erklärungen und deren Implikationen für die Gestaltung des Übergangs von Institutionen der frühkindlichen Bildung und Erzie-hung in die Grundschule fragen (4).

2 Understanding Children´s Transition

2.1 ...*"to see what it´s like to be a child in school": Theoretische Verortungen*

Im September 2009 wurde der Abschlussbericht des *Primary Review* veröffentlicht, der nach Aussagen der beteiligten WissenschaftlerInnen der Universität Cambridge umfassensten Bestandaufnahme der Gegenwart und Zukunft der Grundschule in England seit dem *Plowden Report* von 1967.[77] In einem der 2008 veröffentlichten Interim Berichte betonen Blatchford u.a., dass die Berücksichtigung der Perspektive der Kinder einen der „key issues" für die Gestaltung von Übergängen in die Grund-schule, wie auch während der Grundschulzeit[78] darstellt und begründen dies wie

---

[77] Vgl. Robin, A. (2009).
[78] Die englische Grundschule ist in drei „Key Stages" untergliedert.

folgt: „Research in this vein ... has the potential to provide a valuable insight into how children approach and experience primary school transitions and could inform strategies that help to prepare pupils for significant changes..." (2008, S. 22). Auch Sanders u.a. (2005) betonen, dass – insbesondere für England – ein Forschungsdesiderat hinsichtlich der Erwartungen und Erfahrungen von Kindern am Übergang vom vorschulischen zum schulischen Lernen besteht. Das Habilitationsprojekt, auf dem dieser Beitrag basiert, möchte einen Beitrag zum differenzierten Verstehen der Perspektive von Kindern am Übergang von einer Institution der frühkindlichen Bildung und Erziehung in die Schule leisten, indem es einen methodischen Zugang zur Perspektive der Kinder wählt, der im Kontext der Transitionsforschung noch nicht realisiert worden ist. Denn während die allmählich zunehmende Anzahl an Projekten, die nach der Perspektive von Kindern am Übergang fragen,[79] in der Mehrzahl auf (Gruppen)-Interviews basiert, sucht das hier vorgestellte Projekt einen kulturanalytischen Zugang zur Perspektive der Kinder und versucht diesen durch ethnografische Feldforschung zu qualifizieren, die längsschnittlich und komparativ konzipiert ist.

Der kulturanalytische Zugang zur Perspektive der Kinder ist in enger Anlehnung an die von Corsaro entwickelte Theorie der *Interpretive Reproduction* sowie die soziokulturelle Theorie von Barbara Rogoff entstanden, zu der Corsaro vielfältige Bezüge herstellt. In seiner "Sociology of Childhood" hat Corsaro es als Leitmotiv seiner Forschung beschrieben: „My goal has always been to discover the children´s perspective, to see what it´s like to be a child in school" (ebd. 2005, S. 51). Die Zuwendung zur Perspektive der Kinder ist für Corsaro untrennbar mit einer Abwendung von sozialisationstheoretischen Vorstellungen verbunden, die kindliche Entwicklung als einen linearen Ablauf „from purely biological beings through a period of childhood into socially competent membership in a social group and set of social institutions" theoretisieren (ebd. 1996, S. 420) und die Auseinandersetzung des Kindes mit der vorgefundenen Kultur auf Imitation und Internalisierung reduzieren. Dem setzt Corsaro ein Verständnis kindlicher Entwicklung entgegen, das Kinder als kompetente Akteure in sozialen Situationen versteht: Kinder gedenken sozialen Situationen eine Bedeutung zu, auf deren Basis sie handeln. Dabei sind die sozialen und institutionellen Kontexte, an denen Kinder teilhaben, immer schon durch „cultural assumptions" vorstrukturiert, die in alltäglichen Handlungspraktiken und Routinen zum Ausdruck kommen. Diese sind Kindern reflexiv nicht zugänglich, aber sie entwickeln durch ihre Teilhabe ein praktisches Situationsverständnis (vgl. Rogoff 2005, S. 234). Da dieses grundsätzlich in aktiver Auseinandersetzung mit Erwachsenen und anderen Kindern zustande kommt, fordert Corsaro eine Abwendung von der Doktrin der „private internalization" und setzt dieser die Bedeutsamkeit kollektiver Prozesse entgegen.[80]

Die Teilhabe an kollektiven Prozessen und den diese konstituierenden sozialen Praktiken[81] und Routinen ist für Corsaro in doppelter Hinsicht zentral: Zum einen ver-

---

[79] Einen fundierten Überblick gibt Einarsdottir (2007).
[80] Vgl. Corsaro 2005, S. 18ff.; Corsaro & Molinari 2005, S. 19f.
[81] Corsaro und Rogoff sprechen von „cultural practices" bzw. „cultural routines", die ich in diesem Beitrag mit dem im Deutschen eher gebräuchlichen Terminus der „sozialen Praktik" übersetze. Die von

mittelt sie Kindern die Erfahrung von Zugehörigkeit, sozialer Geborgenheit und den damit einhergehenden Handlungssicherheiten (ebd. 2005, S. 19), zum anderen ist diese Sicherheit ein Anker, der die kreative Ausgestaltung sozialer Situationen – Corsaro und Molinari sprechen von „creative embellishment" (ebd. 2005, S. 28) – möglich macht. So gedacht, hat die Teilnahme an sozialen Praktiken immer auch deren Veränderung zur Folge. *Interpretive Reproduction* lässt sich demgemäß mit der Annahme übersetzen, dass von der Teilhabe von Kindern an kollektiven Prozessen, sozialen Praktiken und Routinen wichtige Impulse zu deren kreativen Veränderung ausgehen, aufgrund derer Kinder an der Weiterentwicklung und Innovation sozialer und institutioneller Kontexte konstitutiv beteiligt sind.

Einen zentralen Stellenwert für die kreative und innovative Teilhabe gedenkt Corsaro Peerkulturen zu, die von jeder Generation von Kindern neu erschaffen werden. Insofern spricht Corsaro von den „Two Cultures", an denen Kinder grundsätzlich teilhaben: die der Erwachsenen und die der Peerkulturen. Dabei betont Corsaro, dass die beiden Kulturen untrennbar miteinander verwoben sind, und Peerkulturen in Auseinandersetzung mit und Veränderung der Erwachsenenkultur entstehen. Schule – mit der Corsaro immer auch die Preschool meint – ist in doppelter Hinsicht von besonderem Interesse: Zum Ersten ist sie eine Institution, der für das Aufwachsen von Kindern eine zentrale Bedeutung zukommt. Zum Zweiten ist Schule von besonderem Interesse, da sie ein zentraler Ort für das Entstehen von Peerkulturen ist, an dem gleichzeitig die Zugehörigkeit der Kinder zu den „Two Cultures" exemplarisch nachvollziehbar wird.

Das Erkenntnispotential, das Corsaro Antworten auf die Frage „to see what it´s like to be a child in school" zugedenkt, lässt sich um weitere, für die Konzeption des hier vorgestellten Projekts konstitutive Facetten erweitern, wenn Übergänge aus der Perspektive von Kindern erforscht werden. Denn im Kontext der Erforschung von Übergängen wird es möglich, die sozialen Praktiken von Kindern in unterschiedlichen institutionellen Kontexten exemplarisch miteinander zu vergleichen und dabei zu fragen, ob und inwiefern sie sich verändern. Vor dem Hintergrund dieses Vergleiches lässt sich die Beziehung zwischen Handlungspraktiken und einem spezifischen Kontext differenzierter verstehen.[82] Auf der Basis dieser theoretischen Verortung lässt sich die Frage nach der Perspektive von Kindern für das hier vorgestellte Projekt mit der Frage nach ihren sozialen Praktiken am Übergang von einer Institution der frühkindlichen Bildung und Erziehung in die Grundschule und der damit verbundenen Möglichkeit spezifizieren, durch den exemplarischen Vergleich der Handlungspraktiken von Kindern unterschiedliche Kontexte des Übergangs in ihrer Bedeutung für Kinder zu verstehen.

Kolbe u.a. verwendete Definition einer sozialen Praktik als „regelgeleitete, typisierte und routinisiert wiederkehrende Aktivität" (S. 131) bringt die konzeptionellen Übereinstimmungen deutlich zum Ausdruck.

[82] Vgl. Huf & Panagiotopoulou in diesem Band.

2.2 Annäherungen an die Perspektive von Kindern

In ihrem Überblick über ethnografische Forschung, die Kindern und Kindheit gilt, spricht Allison James der Ethnografie und ihrer zentralen Methode der teilnehmenden Beobachtung einen unverzichtbaren Beitrag zur Einlösung des Anspruchs zu, Kinder als Akteure in den Blick zu nehmen (ebd., 2007, S. 246). Dieses Potential resultiert aus der Möglichkeit, über die Teilnahme an sozialen Situationen einen Zugang zum situierten Handlungswissen und dem praktischen Situationsverständnis der beteiligten Akteure zu finden. Corsaro beschreibt das Erkenntnispotential der Ethnografie für das differenzierte Verstehen der Perspektive von Kindern wie folgt: „Ethnography is an effective method for studying young children because many features of their interactions and cultures are shared in the present and cannot easily be obtained by way of reflective interviews or surveys" (ebd., 2005, S. 50).

Dementsprechend habe ich das hier vorgestellte Projekt als ethnografische Feldforschung konzipiert und realisiert, bei der ich über zwei Schuljahre hinweg an vier bis acht Tagen im Monat als teilnehmende Beobachterin Tage an der Seite ausgewählter Kinder verbracht, ihre Interaktionen mit anderen Kindern und der Lehrerin beobachtet, als Feldnotizen dokumentiert und unter der Maßgabe dichter Beschreibung in ethnografische Beobachtungsprotokolle verfasst habe, die fortlaufend zum Forschungsprozess mit der *Grounded Theory*[83] analysiert und in Forschungsateliers interpretiert worden sind.

Während ethnografische Forschung in vielen Projekten als teilnehmende Beobachtung in einem spezifischen Kontext realisiert wird, ist es die Leitidee des hier vorgestellten Projekts, die ethnografisch teilnehmende Beobachtung in vier unterschiedlichen institutionellen Kontexten durchzuführen. Diese sind so ausgewählt, dass zum einen ein längsschnittlicher, zum anderen ein cross-kultureller Vergleich der Handlungspraktiken ausgewählter Kinder möglich wird. Dementsprechend habe ich zwei Gruppen von jeweils vier Kindern während ihres letzten Jahres in einer Institution der frühkindlichen Bildung und Erziehung und während ihres anschließenden ersten Schuljahres in der Grundschule begleitet. Die erste Gruppe hat im Schuljahr 2006/2007 ihr letztes Jahr in einem Kindergarten in Düsseldorf verbracht und ist im darauf folgenden Schuljahr in eine jahrgangsgemischte Schuleingangsklasse eingeschult worden. Die zweite Kindergruppe ist zu Beginn des Schuljahres 2006/2007 in die *Reception Class* einer Londoner Grundschule eingeschult worden, bevor sie im Schuljahr 2007/2008 SchülerInnen von Year One, des offiziellen ersten Schuljahres der englischen Grundschule geworden sind. Durch den längsschnittlichen Vergleich möchte ich verstehen, ob und inwiefern sich die Praktiken und Routinen der Kinder am Übergang verändern. Zum anderen habe ich die beiden Kindergruppen so ausgewählt, dass sie den Übergang in zwei Bildungssystemen erleben, deren strukturelle, institutionelle und curriculare Rahmenbedingungen für den Übergang different voneinander sind. Der kontrastierende Vergleich der Routinen und Handlungspraktiken beider Kindergruppen soll das differenzierte Verstehen des Zusammenhangs

---

[83] Vgl. Charmaz 2006.

zwischen Handlungspraktiken von Kindern und dem Kontext, in dem sie diese Praktiken entwickeln, um ein Weiteres vertiefen.

In ihren aus Starting Strong abgeleiteten Policy Lessons hat die OECD die Bedeutsamkeit „of fostering coherence for children across the different phases of the education system" betont, dem jedoch hinzugefügt: „The needs of young children are wide however, and there is a risk that increased cooperation [...] could lead to a school like approach to the organisation of early childhood provision" (2001, S. 129). Der damit beschriebene diffizile Balanceakt zwischen der Gewährleistung anschlussfähiger Bildungsprozesse und der Anerkennung der Eigenwertigkeit frühkindlicher Bildung und Erziehung wird im deutschen und englischen Bildungssystem auf struktureller, institutioneller und curricularer Ebene deutlich different gestaltet. Diese Differenzen durch den fortlaufend zum Forschungsprozess stattfindenden Vergleich der sozialen Praktiken und Routinen gleichaltriger Kinder, die den Übergang in sehr unterschiedlichen Kontexten des Übergangs erleben, in ihrer Bedeutung für Kinder exemplarisch zu verstehen, ist das zentrale Anliegen des hier vorgestellten Projekts.

Da in diesem Beitrag die sozialen Praktiken der von mir beobachteten SchulanfängerInnen der Charlie Brown Grundschule im Umgang mit den Vorgaben ihrer Lehrerin im Mittelpunkt stehen, möchte ich kurz die Rahmenbedingungen des Übergangs vom Elementar- in den Primarbereich im englischen Bildungssystem vorstellen.

3 Übergänge vom Elementar- in den Primarbereich im englischen Bildungssystem

3.1 Die ´Reception Class`: „A half-way house to formal learning"

In England werden Kinder mit fünf Jahren schulpflichtig. In der Regel werden sie jedoch bereits zum Einschulungstermin nach ihrem vierten Geburtstag in die *Reception Class* der englischen Grundschule eingeschult. Die im europäischen Vergleich sehr frühe Einschulung soll keiner Vorverlegung schulischen Lernens gleichkommen, sondern dessen Grundlegung gewährleisten, die in vielen Schulprogrammen mit der Formel des *playful learning* konzeptionalisiert wird. In der Charlie Brown Primary School wird die Reception Class wie folgt beschrieben: „Reception classes provide a good foundation for the structure of your child´s future education. The children follow an early years curriculum to learn basic skills as well as developing confidence and motivation to learn, where an emphasis is on learning through play."

Die von Brooker stammende Metapher des "half way house to formal learning" bringt die Konzeption der Reception Class als ein "preparatory year in which school subjects or routines are introduced, but without the formality of the later school years" (ebd., 2008, S. 80) sehr anschaulich zum Ausdruck. Während die Reception Class bis 2000 ein "borderland between nursery education and statutory schooling" (Rogers & Evans 2008, S. 14), und als solches ein "muddle in the middle" (Gelders und & Savage) gewesen ist, gehört sie seit September 2000 zur *Foundation Stage*, mit der die *Early Years* als eine offiziell dem Bildungssystem zugehörige, lebenslanges Lernen grundlegende, gleichwohl distinktive Phase kindlicher Erziehung und Bildung definiert wurden.[84]

Mit der Etablierung der Foundation Stage begann die Erprobung des Curriculum Guidance for the Foundation Stage (CGFS), der seit 2008 als ein für alle Institutionen, die für Kinder im Alter von 0 bis Jahren 5 Jahren verantwortlich sind, verbindliches *Early Years Curriculum* implementiert ist. Dass die Reception Class als letztes Jahr der Foundation Stage konzeptionalisiert wird, beurteilen Rogers und Evans als „long- awaited recognition that the reception was best seen as part of early years rather than primary education" (ebd., 2008, S. 7).

Gleichwohl behält die Reception Class strukturell eine besondere Stellung, die Brooker (2008, S. 80) mit der Frage „Two steps to formal learning?" charakterisiert. Denn auch wenn die Reception Class konzeptionell und curricular als letztes Jahr der Foundation Stage gedacht wird, findet für die Kinder in der Regel[85] mit dem Eintritt in die Reception Class ein Übergang in die Primary School statt, bei dem sich auch die Lerngruppe neu zusammensetzt, bevor sie ein Schuljahr später den deutlich markierten Übergang zum offiziellen Schulkindsein in Year One vor sich haben. Beim Übergang in Year One hingegen – wie auch in allen weiteren folgenden Schuljahren der insgesamt siebenjährigen Grundschule – bleibt die Lerngruppe in ihrer Zusammensetzung bestehen.

3.2 *„There will be no choosing time, because we are in Year One"*

Bereits gegen Ende ihres Schuljahres in der Reception Class haben die Kinder erfahren, dass das nächste Schuljahr für sie wichtige Veränderungen mit sich bringen würde: eine neue Lehrerin, ein neues Klassenzimmer und insbesondere den Statuswechsel, SchülerInnen von Year One zu sein. Eine gravierende Veränderungen ist den Kindern jedoch erst während der ersten Schultage in Year One mitgeteilt worden, nachdem sie ihre neue Lehrerin explizit und wiederholt gefragt haben „When are we gonna do some choosing?" und auf ihre Frage die oben zitierte Antwort erhalten haben. Die *Choosing Time*, die in der *Reception Class* den zeitlichen Hauptanteil des Schultages ausgemacht hat, hat den Kindern die Wahl zwischen verschiedenen, teilweise thematisch miteinander in Verbindung stehenden Stationen ermöglicht, an denen sie unterschiedlichen Aktivitäten nachgehen konnten: Basteln, konstruieren, malen, schreiben, zählen, bauen, lesen in der Leseecke oder Lernspiele am Computer waren gängige Optionen. Nicht immer haben die Kinder selbstbestimmt entschieden, an welcher Station sie eine Choosing Time verbringen wollten, sondern haben auch von ihrer Lehrerin Vorgaben erhalten. Grundsätzlich aber ist die Choosing Time unter dem Anspruch eines hohen Maßes an Situationssensibilität für die Interessen und Bedürfnisse des einzelnen Kindes gestaltet worden, aufgrund dessen

---

[84] Die Foundation Stage hat zunächst die für drei- bis fünfjährige Kinder zuständigen Institutionen umfasst. Seit 2008 ist sie auf alle Institutionen erweitert worden, die von Kindern im Alter von null bis fünf Jahren besucht werden. Seitdem wird sie als *Early Years Foundation Stage* bezeichnet.
[85] Eine Ausnahme von dieser Regel stellen die Institutionen dar, in denen Nursery-school und Primary-school unter einem Dach sind und eine gemeinsame Schulleitung haben.

die Kinder vielfältige Möglichkeiten der selbst bestimmten Gestaltung ihrer Lern- und Spielaktivitäten erfahren und wahrgenommen haben (vgl. Huf 2010).

White und Sharp haben den Übergang von der Foundation Stage in Year One als einen Wechsel von einer „integrated play- based pedagogy" zu einem „subject-based curriculum" beschrieben (ebd. 2007, S. 87). Für die von mir beobachteten Kinder ist dieser Wechsel zum einen dadurch wahrnehmbar geworden, dass die Lernaktivitäten in Year One thematisch von der Lehrerin vorgegeben waren und ihnen eine aus der Reception Class unbekannte inhaltliche Gleichschrittigkeit abverlangt worden ist. Zum zweiten ist auch die zur Erarbeitung einer Lernaufgabe zur Verfügung stehende Lernzeit von der Lehrerin vorgegeben worden. Diese Vorgabe hat die Erwartung impliziert, dass die vorgegebene Aufgabe in der vorgegebenen Zeit realisiert wird. Dementsprechend ist die in der Reception zu keinem Zeitpunkt relevante Frage des „Getting Ready in Time" in Year One ein großes Thema geworden. Zum dritten haben die Kinder nach dem Übergang in Year One einen wesentlich größeren Teil ihrer Lernzeit in *ability groups* verbracht: In der Reception Class haben viele Lern- und Spielaktivitäten der Choosing Time an Gruppentischen stattgefunden. Die Zusammensetzung der Gruppen in der Choosing Time basierte auf den situativen Interessen der Kinder und Vorgaben der Lehrerin. Lediglich das *Guided Reading*[86] hat in der Reception Class in *within-class-ability groups* stattgefunden – Lerngruppen von fünf bis sechs Kinder, die nach dem Prinzip der größtmöglichen Leistungshomogenität zusammengesetzt waren und sich im Laufe des Schuljahres zu zunehmend stabilen Gruppen entwickelt haben. In Year One haben alle Lernaktivitäten in den Lernbereichen *Literacy* und *Numeracy* in ability groups stattgefunden. Wenn auch die Grundsätzlichkeit, mit der das Lernen als Erarbeitung vorgegebener Aufgaben in leistungshomogenen Gruppen stattgefunden hat, für die Kinder neu gewesen ist, haben sie es in der Reception Class bereits in Form des *Guided Reading* erprobt und dabei Routinen entwickelt. Auf genau diese Routinen nimmt die neue Lehrerin Jill expliziten Bezug, als sie das am dritten Schultag nach dem Übergang erstmals stattfindende *Guided Reading* mit den Worten einleitet: „This afternoon we will do some ´guided reading´ . Hands up, if you know what it is. All hands should be up, because I know you know what it is, because you´ve been doing it in Reception. And I know you are all very good readers". Mit ihrer

---

[86] Kurz nach ihrem Regierungsantritt 1997 hat Labour die *National Literacy Strategy* (NLS) initiiert, die Barkam und Miller als „one of the largest educational reforms world wide" (2008, S.16) charakterisieren. Für die Reception Class hat die NLS vorgegeben, dass die Kinder täglich fünfzehn Minuten lang an *analytic and synthetic phonics* arbeiten (vgl. ebd., S. 26). In der Yellow Class hat *Phonics* als eine Phase lehrerzentrierten Unterrichts stattgefunden, in der die gesamte Kindergruppe Übungen zum Erwerb phonologischer, phonemischer und graphemischer Grundkenntnisse durchgeführt hat. Zusätzlich hat in der Yellow Class täglich eine zwanzig minütige Phase des *Guided Reading* stattgefunden, bei dem die Kinder in einer – sich in ihrer Struktur stets wiederholenden – Abfolge von fünf verschiedenen Arbeitsstationen an einem Bilderbuch gearbeitet haben. Dabei war die Klasse in fünf *ability groups* unterteilt, von der jede Gruppe an einer der Stationen gearbeitet hat, bevor sie am nächsten Tag an der nächsten Station gearbeitet hat. Station eins galt der Einführung des Buches, die grundsätzlich von der Lehrerin vorgenommen wurde. Die Anwesenheit der Lehrerin bei der Gruppe, der ein neues Buch vorgestellt wurde, hat für die anderen vier Gruppen die Anforderungen der selbständigen Erarbeitung der Aufgabe impliziert. Station zwei galt der Arbeit am *Word Level*, Tag drei dem *Sentence Level*, Tag vier dem *Text Level*, Tag fünf dem *Guided Writing*.

Einleitung knüpft Jill sowohl an das von den Kindern erworbene Handlungswissen wie auch an die beim Guided Reading erworbenen Lesekompetenzen an. Nachdem sie ihnen in den beiden ersten Schultagen mit dem Wegfall der Choosing Time ein hohes Maß an Diskontinuität zugemutet hat, macht Jill ihren SchülerInnen deutlich, dass das Guided Reading eine Möglichkeit der Fortsetzung bekannter Routinen und des Anknüpfens an bereits vorhandene Kompetenzen bietet. Die beiden folgenden Szenen habe ich während der ersten Tage und Wochen in Year One während des *Guided Reading* beobachtet.

4 Soziale Praktiken der SchülerInnen von Year One im Umgang mit den Vorgaben ihrer Lehrerin

4.1 „You´re cheating! You need to put it back!

Die folgende Szene findet unmittelbar im Anschluss an Jills oben zitierte Ansprache statt. Die Aufgabe für alle SchülerInnen[87] ist das Spielen eines Memoryspiels, dessen Paare sich durch gleiche Wortbilder ergeben. Jill erklärt das Memoryspiel, indem sie einige Kinder zwei Runden spielen und die anderen das Spiel verfolgen lässt. Bevor sie alle Kinder zu ihren Gruppentischen schickt, fasst Jill die Spielregel mit den Worten zusammen: „You need to find the same word. If you find a pair of words, you can keep it". Nachdem Jelika, Muuna, Yafi, Omar und Kilia die Karten über den gesamten Gruppentisch verteilt und von der Teaching Assistant Joane die Anweisung erhalten haben, Yafi solle als erstes Kind ein Kartenpaar aufdecken, beginnen die fünf Kinder das Spiel.

> [...] In der ersten Spielrunde deckt jedes der Kinder zwei Karten auf, vergleicht die darauf stehenden Worte miteinander und deckt, da es nicht die gleichen Worte gefunden hat, die Karten wieder zu, bevor das nächste Kind an die Reihe kommt. Da die Memorykarten über die gesamte, aus drei zusammen gestellten Tischen bestehende Tischgruppe verteilt sind, haben die Kinder von ihrem Sitzplatz aus lediglich auf die unmittelbar vor ihnen liegenden Karten Zugriff. Dementsprechend decken sie auch in der zweiten Runde die Karten auf, die in ihrer unmittelbaren Nähe liegen. Nachdem Yafi auch bei seinem zweiten Spielzug kein Kartenpaar gefunden hat, stellt Jelika fest „No matching" und äußert, nachdem auch Kilia und Omar bei ihrem zweiten Spielzug keine übereinstimmenden Karten finden: „It´s hard. No one wins". Auch Jelika und Muuna gelingt es während ihres zweiten Spielzuges nicht, ein Wortpaar zu finden.
> Als Kilia in der dritten Spielrunde die Karte mit dem Wort „get" aufdeckt und liest, ruft Muuna „Wait!", deckt die vor ihr liegende Karte auf, auf der ebenfalls „get" steht, und gibt sie Kilia. Kilia freut sich offensichtlich über sein erstes Kartenpaar.
> Nach Kilia ist Jelika an der Reihe und deckt die in ihrer Nähe liegende Karte „went" auf. Während Jelika die Karte betrachtet, murmelt, „What does it say?" und „went" liest, beginnt Muuna, indem sie eine Karte nach der anderen auf- und wieder zudeckt, nach der passenden zweiten Karte zu suchen. Jelika beteiligt sich an der Suche, indem sie weitere Karten auf- und wieder zudeckt. Schließlich findet Muuna die passende Karte und gibt sie Jelika. Während Jelika ihr erstes Kartenpaar betrachtet, lässt Muuna sie wissen „It´s me now!". Muuna deckt eine in ihrer Nähe liegende Karte auf, liest das darauf abgebildete Wort „walk" und beginnt im Anschluss, indem sie mehrere Spielkar-

---

[87] Mit der Vorgabe einer für alle SchülerInnen gleichen Aufgabe weicht Jill von der üblichen Struktur des Guided Reading ab. Sie erklärt den Kindern diese Abweichung als eine dem Neubeginn geschuldete Ausnahme, die es allen Kindern ermöglichen soll, während des Guided Reading zu spielen.

ten nacheinander auf- und wieder zudeckt, nach der passenden zweiten Karte zu suchen. Jelika beteiligt sich an der Suche. Auch die Jungen haben zwischenzeitlich begonnen, auf die von Muuna praktizierte Art und Weise Kartenpaare zu suchen. „Walkwalk", ruft Jelika Muuna zu, als sie die gesuchte Karte findet.

Nachdem beide Mädchen auf diese Weise ein Kartenpaar gefunden haben, beginnt Muuna, mehrere Wortkarten aufzudecken. Als Jelika bemerkt, dass Muuna die Wortkarten nicht wieder zudeckt, flüstert sie ihr zu: „Your're cheating. You need to put it back". Nachdem Muuna jedoch, noch während Jelika dies sagt, ein Kartenpaar findet und ausruft „Year, I find it!", beginnt Jelika ebenfalls in den aufgedeckten Karten nach Wortpaaren zu suchen. Sie findet wenig später zwei Karten, auf denen das Wort „to" steht, ruft Muuna zu: „Year, I found two „to", findet kurz darauf noch ein Kartenpaar und freut sich laut: „Year, I've got another one". Auch Muuna findet kurz darauf ein weiteres Kartenpaar und lässt mich wissen: „I find the same, Christina!" [...]

Corsaro beschreibt eine der Grundannahmen der *Interpretive Reproduction* mit den Worten: „Children transform information from the adult world in order to meet the concerns of the peer world" (ebd. 2005, S. 41). Corsaros Annahme scheint mir für eine Interpretation der Szene insofern interessant, als das Verb „to transform" die schrittweise Veränderung des Memoryspiels durch die fünf Kinder sehr präzise zu fassen vermag. Die von den Kindern vorgenommene Veränderung gilt interessanterweise ausschließlich der spielerischen Rahmung, die ihre Lehrerin ihnen für ihre Lernaktivitäten vorgegeben hat. Die inhaltliche Aufgabe des Suchens von Wortpaaren hingegen wird von den Kindern nicht nur nicht in Frage gestellt, sondern schlussendlich mit einer ausgeprägteren Intensität verwirklicht, als dies im Rahmen des Memoryspiels möglich gewesen wäre.

In Anlehnung an die oben zitierte Grundannahme der *Interpretive Reproduction* ließe sich Jelikas Aussage „It's hard. No one win's" als die Äußerung eines die gesamte Kindergruppe betreffenden „concerns" verstehen, der dadurch entsteht, dass es über zwei Spielrunden hinweg keinem der fünf Kinder gelingt, ein einziges Kartenpaar zu finden. „Concern" ließe sich dabei situationsspezifisch mit der Sorge der Kinder übersetzen, dass das Spiel sinnlos wird, wenn es ihnen aufgrund der nicht gegebenen Übersichtlichkeit über das Spielfeld und einem eingeschränkten Zugriff nicht gelingt, Kartenpaare zu finden.

Als Muuna Kilia die von ihm benötigte Spielkarte überreicht, findet sie einen Ausweg aus der von Jelika benannten Schwierigkeit, den die Kinder im Folgenden gemeinsam ausbauen und dabei die Regeln des Spiels Zug um Zug außer Kraft setzen: Nach der von Muuna vorgenommenen Aufhebung der Konkurrenzorientierung, setzen Muuna, und kurz darauf auch Jelika und die drei Jungen die Regel außer Kraft, dass pro Spielzug lediglich zwei Karten aufgedeckt werden dürfen. Während die Kinder dabei zunächst noch die äußere Form wahren, die betrachteten Karten wieder zuzudecken, lassen sie diese kurz darauf aufgedeckt liegen und geben gleichzeitig die Strukturierung des Spiels in nacheinander erfolgende Spielzüge zugunsten eines gleichzeitigen Suchens auf.

Als Jelika Muuna auffordert „You need to put it back! You're cheating!", unmittelbar darauf aber unter den von Muuna offen gelegten Wortkarten nach Paaren zu suchen beginnt, bringt sie die der Situation inhärente Ambiguität sehr anschaulich zum Ausdruck: Die Kinder nehmen einen offensichtlichen Verstoß gegen die von der Lehrerin vorgegebenen Regeln vor; genau dieser Verstoß ermöglicht ihnen jedoch, mit zunehmendem Erfolg der Aufgabe des Suchens und Findens von Wortpaaren nachzukommen. Interessanterweise macht Jelika ihren Einwand in dem Moment geltend, als Muuna – indem sie die Karten offen liegen lässt – auch die Missachtung der Spielregeln zunehmend offensichtlich macht. Dass Muuna den Regelverstoß nach außen hin sichtbar macht, erhöht das Risiko der Entdeckung des Regelverstoßes durch die Lehrerin und der damit verbundenen Enttäuschung ihrer Erwartungen. Dieses Risiko ist insofern besonders ausgeprägt, als die Reaktion der neuen Lehrerin nicht berechenbar ist, die Entdeckung des Regelverstoßes einen negativen Eindruck hinterlassen, und damit den Aufbau einer guten Beziehung zu ihr gefährden könnte. Wenn auch Jelika kurzzeitig versucht hat, Muuna Einhalt zu gebieten, nimmt sie, als sie sich kurz darauf an der Suche unter den offen gelegten Wortpaaren beteiligt, genau wie Muuna, Kilia, Omar und Yafi das mit dem regelwidrigen Handeln verbundene Risiko bewusst in Kauf. Als die Teaching Assistant kurze Zeit später alle Kinder der Klasse auffordert, die Memorykarten aufzuräumen, ist das regelwidrige Handeln von keiner der unterrichtenden Erwachsenen beanstandet worden.

4.2 *"Let's make a sentence with all of these"*

Die in der Überschrift für diesen Beitrag und seiner Einleitung bereits zitierte Aufforderung von Jahir, „Let´s make a sentence with all of these", stammt aus der folgenden Szene. Ich habe sie Ende Oktober, acht Wochen nach dem Übergang in Year One beobachtet. Die Station des *Guided Reading*, an der die fünf SchülerInnen des Orange Table arbeiten, ist der *sentence level*. Aufgabe der Kinder ist es, Wortkarten, die auf ihrem Sitzplatz ausliegen, in die syntaktisch normgerechte Reihenfolge zu bringen. Der gesuchte Satz findet sich in einem Bilderbuch. Dafür liegen für jedes Kind die Wortkarten von einem der insgesamt dreizehn Sätze des Bilderbuches sowie das Bilderbuch selbst vor. Es hat den Titel „Lost at the school fair" und erzählt, wie Lizzie mit ihrem Vater ein Schulfest besucht. Die von den Kindern für andere Bilderbücher bereits oftmals erarbeitete Aufgabe ist als Einzelarbeit konzipiert, mit der jedes Kind den vor ihm liegenden Satz rekonstruieren soll.

> [...] Jahir schlägt die erste Seite des Buches auf, nimmt die Wortkarte „went" und stellt fest, dass das Wort auf der ersten Seite zu finden ist. Als nächstes nimmt Jahir die Wortkarte „face". Wort für Wort überprüft Jahir, ob auch das Wort „face" im ersten Satz zu finden ist. Dazu legt er die Wortkarte unter jedes der Worte des aufgeschlagenen Satzes. Nachdem Jahir beim letzten Wort angelangt ist, ohne eine Übereinstimmung festgestellt zu haben, lässt er seinen Blick auf Yusufs Wortkarten schweifen, betrachtet sich dann die Wortkarten von Kulsuma, die ihm schräg gegenüber sitzt und schlägt kurz darauf vor: „Let´s make a sentence with all of these!" Riaj, der links neben Jahir sitzt, setzt Jahirs Aufforderung unmittelbar in die Tat um, indem er seine und Jahirs Wortkarten zusammenlegt. Da die anderen Kinder an ihren Sätzen weiter arbeiten, ohne auf Jahirs Aufforderung zu reagieren, ruft Riaj in die Runde: „Put that all together!" Daraufhin schiebt Kilia, der neben Riaj sitzt, seine Karten zu den bereits zusammen gelegten Karten, kurz darauf legen auch Muuna, Yusuf und Kulsuma ihre Karten auf den immer größer werdenden Kartenstapel. Während Kilia die Karten noch um ein weiteres zusammen schiebt, nimmt Riad sich die Karte „they" aus dem Stapel, liest diese vor, und legt sie vor sich. „They went", ruft Yusuf, sucht sich in kürzester Zeit die

beiden Wortkarten aus dem Stapel und legt diese ebenfalls vor sich. „Lizzie! Stop! Lizzie! Stop! We need Lizzie!", ruft Jahir unmittelbar darauf. Denn er hat sich eines der
Bücher genommen und zeigt den anderen Kindern, dass der erste Satz des Buches mit
dem Wort „Lizzie" beginnt. „Lizzie, there is Lizzie!" ruft Mursada und reicht Yusuf,
der gegenüber von ihr steht, die Karte [...]

Genau wie bei der Szene in Kapitel 4.1 beschreibt das Verb „to transform" sehr
präzise den Umgang der Kinder mit den Vorgaben ihrer Lehrerin. Und genau wie in
der ersten Szene ist es der für ihre Lernaktivitäten vorgegebene Rahmen, den die
Kinder verändern, während sie den inhaltlichen Fokus der Lernaktivität, die Konstruktion von Sätzen eines Bilderbuchs, mit Ausdauer und Konzentration verfolgen.
Eine dritte Gemeinsamkeit mit der ersten Szene sehe ich darin, dass der von den
Kindern vorgenommenen Veränderung die Erfahrung der Schwierigkeit vorangeht,
die ihnen gestellte Aufgabe effizient zu lösen. Denn ebenso wenig wie Jahir, der an
diesem Tag im Fokus meiner Beobachtungen steht, nutzen die anderen Kinder die
Strategie, aus den Wortkarten gezielt Worte mit prägnanten, markanten Wortbildern[88] auszusuchen. Stattdessen benutzen auch die anderen Kinder das von Jahir
praktizierte systematische Abgleichen – Seite für Seite, Wort für Wort – das sich –
insbesondere für den Fall, dass der Satz im hinteren Teil des Buches steht – außerordentlich mühselig und langwierig gestaltet. Dem Vorschlag von Jahir „Let´s make
a sentence with all of these" geht Jahirs Feststellung voran, dass er mit seinen Wortkarten den ersten Satz nicht legen kann. Insofern ist zu vermuten, dass Jahir, während er die Wortkarten anderer Kinder betrachtet, die Idee entwickelt, dass er den
Satz mit den Wortkarten der anderen Kinder hätte legen können. Dementsprechend
lässt sich Jahirs Aufforderung als Vorschlag einer alternativen Suchstrategie verstehen, bei der nicht mehr die Wortkarten, sondern der Text des Bilderbuches die De-
terminante ist, für den die passenden Wortkarten gesucht werden. Als Riaj unmittelbar darauf seine und Jahirs Wortkarten zusammen schiebt, beginnt er, Jahirs Idee
praktisch umzusetzen. Mit der Aufforderung an Yusuf, Kilia, Kulsuma und Muuna
„Put it all together!", übersetzt er Jahirs Idee in eine konkrete Handlungsanforde-
rung, der kurz darauf die anderen vier Kinder nachkommen.

Die Karte, die Riaj aus dem noch im Entstehen begriffenen Kartenstapel heraussucht
und vor sich legt, kann als Subjekt eines Satzes verwendet werden. Dementsprechend ist zu vermuten, dass Riaj in kürzester Zeit die Strategie entwickelt hat, Wortkarten zu suchen, die sich als erstes Wort eines Satzes eignen. Yusuf setzt mit seinem Ausruf „they went" den Satz unmittelbar fort und beginnt eine von dem von
Riaj bereits ausgelegten Wort unabhängige Suche. Damit scheint Yusuf zunächst die
Idee zu verfolgen, dass zwar alle Kinder auf einen gemeinsamen Pool von Worten
zurückgreifen, aber jedes Kind daraus seinen eigenen Satz konstruiert. Als Jahir
diesen Praktiken des Kartensuchens mit seinem Ausruf „Lizzie! Stop! Lizzie! Stop!
We need Lizzie!" Einhalt gebietet, führt er nicht nur eine stringente Systematik des

---

[88] In der Reception Class lernen die Kinder insbesondere die sogenannten „high frequency words" kennen: „I; dad, and, went, to, the, he, she..." sind typische Beispiele für high frequency words, die in dem
Bilderbuch in vielen Sätzen vorkommen. Für das effiziente Abgleichen wäre die Suche nach „low-
frequency-words", die für den jeweiligen Satz spezifisch sind, eine effiziente Strategie, über die die
Kinder jedoch nicht verfügen.

Suchens, sondern auch die Idee ein, gemeinsam einen Satz zu legen. Muuna setzt diese Idee unmittelbar in die Tat um, indem sie das erste Wort des Buches findet und an Yusuf reicht. Während Jahir die als nächstes benötigten Worte vorliest, Yusuf, Mursahda, Kulsuma, Kilia und Riaj die benötigten Worte suchen und an Yusuf reichen und Yusuf die gefundenen Worte in einen Satz legt, entwickeln die sechs Kinder ein genuin arbeitsteiliges, kooperatives Vorgehen, mit dem sie die ihnen gestellte Aufgabe unter Vermeidung unnötiger Suchschleifen zielgerichtet und erfolgreich durchführen.

Da alle sechs Kinder während des Guided Reading von ihren Plätzen aufstehen und sich um die im oberen Drittel der Tischgruppe ausgebreiteten Wortkarten versammeln, erhält die von ihnen vorgenommene Abweichung von den Vorgaben ihrer Lehrerin einen nahezu performativen Charakter. Insofern ist das Risiko, dass die Lehrerin das ungewöhnliche Vorgehen der Kinder wahrnimmt und beanstandet, ausgeprägt. Anknüpfend an meine Beobachtungen, dass keines der Kinder das Risiko thematisiert, und die Lehrerin die ungewöhnlichen Aktivitäten der Kinder sehr wohl bemerkt, gleichwohl während der gesamten zwanzig Minuten des Guided Reading nicht eingreift, möchte ich in meinem anschließenden Resümee meine Beobachtungen systematisch zusammenfassen und nach Erklärungen für die von mir in vielen weiteren Szenen beobachtete Alltagspraktik des eigensinnigen Veränderns der Aufgabenstellung der Lehrerin fragen.

5 Resümee

Im Rahmen des ILP haben Pollard und Filer eine Typologie vier unterschiedlicher Strategien entwickelt, die Kinder im Umgang mit den Vorgaben und Anforderungen der Institution Schule an ihr Lernen angewendet und in unterschiedlichen Kontexten mit unterschiedlicher Intensität praktiziert haben. Von den vier „dimensions of strategic action", die Pollard und Filer als *Conformity, Anti-conformity, Non-conformity und Redefining* konzeptualisieren,[89] bietet das *Redefining* einen interessanten konzeptuellen Rahmen zur Annäherung an die sozialen Praktiken der von mir beobachten SchulanfängerInnen der Charlie Brown Primary School. Pollard und Filer verorten das Redefining als ein „main stream pattern of achievement", betonen aber, dass Kinder, die Strategien des Redefining benutzen, nicht so sehr *innerhalb* der Normen und Erwartungen agieren, als vielmehr „at the cutting edge" (1999a, S. 27). Auch die von mir beobachteten Kinder haben insofern ein ´"main stream pattern of achievement" realisiert, als sie auf die Erreichung der ihnen von ihrer Lehrerin vorgegebenen Lernziele intensiv hingearbeitet und diese an keiner Stelle in Frage gestellt haben. Was die Kinder aber in den beiden oben interpretierten Szenen indirekt in Frage gestellt haben, ist der Rahmen, den ihre Lehrerin ihnen für die jeweiligen Lernaktivitäten vorgegeben hat. Die von Pollard und Filer für das Redefining verwendete Metapher des „pushing the boundaries of expectations of teachers and peers" (ebd., S. 27) lässt sich für die von mir beobachteten SchulanfängerInnen als „changing the frames" vorgegebener Arbeitsstrukturen spezifizieren, die auf den ersten Blick der von Pollard und Filer beschriebenen Herausforderung der Erwar-

---

[89] Vgl. 1999a, S. 25-29.

tungshaltung der Lehrerin entspricht. Auf den zweiten Blick jedoch wird offensichtlich, dass die Kinder die Veränderung der Arbeitsstrukturen vorgenommen haben, nachdem sich die von der Lehrerin vorgegebene Rahmung als ineffektiv für die Erreichung der Ziele des Findens von Wortpaaren beziehungsweise der Konstruktion von Sätzen erwiesen hat. Mit der von ihnen vorgenommenen Veränderung der Aufgabenstellung ihrer Lehrerin haben die Kinder dementsprechend ihren Handlungsspielraum für eine effektive, effiziente Gestaltung ihres Lernens erweitert.

Was sind mögliche Erklärungen für diese ungewöhnliche Form der Auseinandersetzung mit den Vorgaben für die Gestaltung des Lernens? Corsaro und Molinari haben ein zentrales Ergebnis ihrer Studie zum Übergang italienischer Kinder von einer Preschool in die Elementary School[90] wie folgt beschrieben: „During the oberservations we carried out in preschool […] we came to realize that the […] (literacy) activities are actually important for much more than just developing cognitive prerequisites, because they serve as ways to familiarize children with topics that will become daily activities in elementary school" (Corsaro & Molinari 2005, S. 149). Auch die von mir beobachteten Kinder haben in der Reception Class mit dem Guided Reading *literacy activities* praktiziert, bei denen sie nicht nur Kompetenzen im Umgang der englischen Schriftsprache erworben, sondern auch *ein Format schulischen Lernens* erprobt haben, das in Year One von zentraler Bedeutung gewesen ist: das Arbeiten in einer von der Lehrerin zusammengesetzten „pupil group". Rogoff betont im Rahmen ihrer kulturanalytischen Vergleiche sozialer Interaktion, dass die Fähigkeit von Kindern, sich in Gruppen zu koordinieren, eine zentrale Voraussetzung für das Zustandekommen von Kooperation ist (2003, S. 147). In der Reception Class haben die von mir beobachteten Kinder nicht nur während des Guided Reading, sondern auch während der Choosing Time vielfältige Gelegenheiten gehabt, eine Aktivität in einer Gruppe mit anderen Kindern durchzuführen. Mit denjenigen Kindern, mit denen sie täglich in einer zunehmend stabilen „pupil group" die Übungen zum Guided Reading erarbeitet haben, konnten die von mir beobachteten Kinder Routinen der Zusammenarbeit entwickeln, die ihnen ein hohes Maß an Handlungssicherheit und sozialer Geborgenheit ermöglicht haben. Folgt man der für die *Interpretive Reproduction* grundlegenden Vorstellung, dass Routinen ein Anker sind, der sozialen Akteuren die Sicherheit verleiht, mit Ambiguitäten und Unbestimmtheiten umzugehen,[91] lässt sich der eigensinnige Umgang der SchülerInnen von Year One mit den Vorgaben ihrer Lehrerin damit erklären, dass sie in der Reception Class sowohl im Umgang mit Schriftsprache, wie auch im Umgang mit den ihnen vorgegebenen Lernmaterialien, als auch insbesondere im Umgang miteinander Routinen entwickelt haben, die sie in Year One fortsetzen konnten. In ihrem Projektbericht betonen Corsaro und Molinari: „The predictability of routines provides numerous possibilities for creative embellishment in which social actors can interpret, produce, display and extend a wide range of socio-cultural knowledge" (2005, S. 28). Für die von mir beobachteten SchulanfängerInnen lässt sich die Aussage von Corsaro und Molinari dahingehend spezifizieren, dass die in der Reception Class erworbenen

---

[90] Vgl. Huf & Panagiotopoulou in diesem Band.
[91] Vgl. Corsaro 2005, S. 19ff.

Routinen der Zusammenarbeit und der durch die Peer-Kultur gegebene Zusammenhalt es den Kindern ermöglicht haben, das Risiko der Abweichung von den Vorgaben der Lehrerin auf sich zu nehmen und dabei ihre eigenen Vorstellungen bezüglich der effektiven Erledigung einer Lernaufgabe realisieren zu können. Wenn diese Erklärung stimmt, ist nicht nur der Erwerb von Kompetenzen, sondern auch die Entwicklung und Möglichkeit der Fortsetzung von Routinen ein wichtiger Beitrag für eine Gestaltung des Übergangs, bei dem die Eigenaktivität der Kinder nicht verloren geht.

Literatur

Alexander, Robin (2009): Children, their World, their education. Final report and recommendations of the Cambridge Primary Review. London u. New York: Routledge.

Barkham, Jo / Miller, Jo (2008): Support or straitjacket? A tale of three Strategies. In: Harnett, Penelope (Hrsg.): Understanding Primary Education. London u. New York: Routledge, S. 16-39.

Brooker, Liz (2008): Supporting Transitions in the Early Years. London: Open University Press.

Broström, Stig (2007): Transition in children's thinking. In: Dunlop, Aline-W. / Fabian, Hilary (Hrsg.): Informing transitions in the early years. Berskshire u. New York: Open University Press, S. 61-73.

Charmaz, Kathy (2006): Constructing Grounded Theory. Los Angeles u. London: Sage.

Corsaro, William A. (2005): The Sociology of Childhood. Thousand Oaks: Sage Publications.

Corsaro, William A. (1996): Transitions in Early Childhood: The Promise of Comparative, Longitudinal Ethnography. In: Jessor, Richard (Hrsg.): Ethnography and Human Development: Context and Meaning in Social Inquiry. Chicago: University of Chicago Press, S. 419-457.

Corsaro, William A. / Molinari, Luisa (2007): Entering and Oberserving in Children´s Worlds: A Reflection on a Longitudinal Ethnography of Early Education in Italy. In: Christensen. Pia / James, Allison (Hrsg.): Research with Children: Perspectives and Practices. Milton Park: Open University Press, S. 239-259.

Corsaro, William A. / Molinari, Luisa (2005): I Compagni: Understanding Children´s Transition from Preschool to Elementary School. New York: Teachers College Press.

Dunlop, Aline-W. / Fabian, Hilary (2002): Conclusions: debating transitions, continuity and progression in the early years. In: Fabian, Hilary / Dunlop, Aline-W. (Hrsg.): Transitions in the early years. Debating continuity and progression in the early years. London u. New York: Routledge, S. 146-154.

Einarsdóttir, Johanna (2007): Children´s voices on the transition from preschool to primary school. In: Dunlop, Aline-W. / Fabian, Hilary (Hrsg.): Informing transitions in the early years. Maidenhead: Open University Press, S. 74-91.

Gelder, Ulrike / Savage, Jan (2004): Children and social policy: a case study of four-year-olds in school. In: Willan, Jenny / Parker-Rees, Rod / Savag, Jan (Hrsg.): Early Childhood Studies. Exeter: Learning Matters.

Hendy, Lesley / Whitebread, David (2000): Interpretations of independent learning in the early years. International Journal of Early Years Education Vol. 8. No 3, S. 243-252.

Huf, Christina (2010): „I´m gonna make a different" – Ethnographische Annäherungen an die Perspektive von Kindern am Übergang vom vorschulischen zum schulischen Lernen. In: Schäfer, G. / Staege, R. (Hrsg): Frühkindliche Lernprozesse Verstehen. Ethnographische und phänomenologische Beiträge zu einer verstehenden Bildungsforschung (Arbeitstitel). Weinheim (im Druck).

James, Allison (2007): Ethnography in the Study of Children and Childhood. In: Atkinson, Paul / Coffey, Amanda / Delamont, Sara / Lofland, John / Lofland, Lyn (Hrsg.): Handbook of Ethnography. Los Angeles u.a.: Sage, S. 246-257.

Kolbe, Fritz-U. / Reh, Sabine / Fritzsche, Bettina / Idel, Till-S. / Rabenstein, Kerstin (2008): Lernkultur: Überlegungen zu einer kulturwissenschaftlichen Grundlegung qualitativer Unterrichtsforschung. In: Zeitschrift für Erziehungswissenschaft 11, H. 1, S. 125-143.

OECD (2001): Starting Strong. Early Childhood Education and Care. Paris.

Pollard, Andrew / Filer, Ann (1996b): Developing the Identity and Learning Programme: Principles and Pragmatism in a Longitudinal Ethnography of Pupil Careers. In: Walford, Geoffrey (Hrsg.): Doing Research about Education. London u. New York: Routledge, S. 57-76.

Pollard, Andrew / Filer, Ann (2000): The Social World of Pupil Assesment: Process and Contexts of Primary Schooling. London u. New York: Continuum.

Pollard, Andrew / Filer, Ann (1999a): The Social World of Pupil Career. Strategic Biographies through Primary School. London: Casell.

Pollard, Andrew / Filer, Ann (1999b): Learning, Policy and Pupil Career: Issues from a longitudinal ethnography. In: Hammersley, Martin (Hrsg.): Researching School Experience. Ethnographic Studies of Teaching and Learning. London u. New York: Falmer Press, S. 153-168.

Pollard, Andrew / Filer, Ann (1996): The Social World Of Children´s Learning. Case studies of pupils from four to seven. London: Casell.

Qualification and Curriculum Authority (2000): Curriculum Guidance for the Foundation Stage. London.

Quick, Susannah u.a. (2002): Implementing the Foundation Stage in Reception Classes. DfES Research Report 350. London: DfES.

Roger, Sue / Evans, Julie (2008): Inside Role-Play in Early Childhood Education. Researching Young Children´s Perspectives. London u. New York: Routledge.

Rogoff, Barbara (2003). The Cultural Nature of Human Development. New York: Oxford University Press.

Sanders, Dawn / White, Gabrielle / Burge, Bethan / Sharp, Caroline / Eame, Anna / Mc Eune, Rhona / Grayson, Hilary (2005): A study of the transition from Foundation Stage to Key Stage One. London: DfES.

White, Gabrielle / Sharp, Caroline (2007): 'It is different …because you are getting older and growing up.' How Children make sense of the transition to Year One. European Early Childhood Education Research Journal. Vol 15, No.1, S. 87-102.

Anna Rebecca Cuhls & Argyro Panagiotopoulou

Umgang mit Heterogenität und Förderung von Literalität am Schulanfang in einer finnischen Einheitsschule

1 Sprachliche Bildung im pädagogischen Alltag europäischer Bildungssysteme

Seit August 2006 werden im Projekt „Heterogenität und Literalität im Übergang vom Elementar- in den Primarbereich im europäischen Vergleich (HeLiE)" ethnographische Feldstudien in verschiedenen europäischen Ländern durchgeführt, die Vorschul- und Grundschulkinder mit Migrationshintergrund bei ihrem Übergang vom Elementar- in den Primarbereich forschend begleiten.[92]

Das Projekt fragt einerseits nach strukturellen Bedingungen und curricularen Voraussetzungen sprachlicher Bildung in den beteiligten Bildungssystemen und andererseits nach pädagogisch-didaktischen Alltagspraktiken zur Sprach(en)- und Literalitätsförderung in spezifischen Kontexten von Bildungseinrichtungen, die sich in sozio-ökonomisch vergleichbaren Stadtteilen mit einem hohen Migrantenanteil befinden. Die erfassten Bildungsbedingungen werden (in Anlehnung an das Kodierverfahren der Grounded Theory: vgl. Charmaz 2006, Charmaz & Mitchell 2007) systematisch analysiert. Der methodologischen Maxime der neueren Kindheitsforschung, „aus der Perspektive der Kinder" zu forschen (in Anlehnung an Honig, Lange & Leu 1999), wird darüber hinaus eine besondere Bedeutung beigemessen. Somit knüpft das Projekt an ethnographische Forschungsarbeiten an, die pädagogisch-didaktische Alltagsbedingungen in deutschen Grundschulen langfristig erfasst sowie aus der Perspektive von Schulkindern kritisch hinterfragt haben (vgl. Panagiotopoulou 2003, 2006; Huf 2006 und in diesem Band).

Mit dem Projekt soll außerdem die Relevanz und das Erkenntnispotential vergleichender Ethnographien für die Untersuchung gemeinsam geteilter Herausforderungen unterschiedlicher Bildungssysteme geprüft und dadurch ein Beitrag zur Weiterentwicklung der Methodologie qualitativer Bildungsforschung im deutschsprachigen Raum geleistet werden.[93]

Auf der inhaltlichen Ebene soll anhand der institutionen- und länderübergreifenden Analyseergebnisse und feldspezifischen Daten aus den Einzelstudien der Diskurs um den Umgang mit Heterogenität von verschiedenen, ein- vs. mehrsprachigen und selektiven vs. integrativen, europäischen Bildungssystemen weitergeführt werden.

---

[92] Das HeLiE-Projekt wird unter der Leitung von Argyro Panagiotopoulou und Mitarbeit von Nadine Christmann, Kerstin Graf und Wiebke Hortsch an der Universität Koblenz-Landau, Campus Koblenz, durchgeführt. Die am Projekt beteiligten Länder sind Deutschland (RLP), Finnland, Luxemburg, Österreich und Griechenland; einzelne Studien und ihre ersten Ergebnisse werden in den Beiträgen von Wiebke Hortsch sowie Nadine Christmann & Kerstin Graf in diesem Band dokumentiert.
[93] Zum Ertrag vergleichender Ethnographien vgl. auch Panagiotopoulou 2009 und Huf & Panagiotopoulou in diesem Band.

Die besondere Bedeutung der finnischen Einheitsschule für diesen Diskurs liegt darin begründet, dass skandinavische Bildungssysteme als tendenziell integrativ gelten. Frühzeitige Förderung, die darauf abzielt, alle Kinder in eine gemeinsame Schule zu integrieren, scheint ein zentrales Anliegen der alltäglichen Bildungsarbeit zu sein (vgl. Ratzki 2003). Vergleichend zu dem einsprachigen deutschen ist zudem das finnische Bildungssystem eher auf Mehrsprachigkeit ausgerichtet (da es in Finnland zwei Amtssprachen gibt: Schwedisch und Finnisch).

Bei den PISA-Untersuchungen hat Finnland Platz 1 der Rangliste belegt, dieser Erfolg wird jedoch, aufgrund des niedrigen Migrantenanteils der an der Studie beteiligten Jugendlichen, nicht eindeutig interpretiert oder gelegentlich in Frage gestellt. Interessanterweise gehört aber auch Finnland aufgrund neuerer Migrationsprozesse und der Analyse und Rezeption der PISA-Ergebnisse zu den Ländern, die sich der migrationsbedingten Heterogenität stellen und neue Strategien entwickeln müssen (vgl. Linnäkyla 2008, Matthies 2006).

Diese spezifische Konstellation bietet insgesamt eine interessante Grundlage für vergleichende Analysen der Bedingungen in Deutschland und Finnland, die aber auch auf einer systematischen Untersuchung des pädagogischen Alltags in finnischen Bildungseinrichtungen stützen sollten – und nicht etwa auf einmaligen Hospitationen, wie dies oft im Anschluss an PISA praktiziert wurde.

Im Rahmen eines Auslandssemesters hat Anna Rebecca Cuhls von September bis Dezember 2006 Feldstudien in zwei Anfangsklassen, einer „Starttiluokka"[94] und einer „Luokka 1" (Klasse 1)[95] durchgeführt, dabei einzelne Kinder ausgewählt (u.a. ein Mädchen und einen Jungen mit Migrationshintergrund) und sie in ihrem schulischen Alltag begleitet. Das übergreifende Ziel für das Projekt bestand darin, das methodische Vorgehen, d.h. den Einsatz teilnehmender Beobachtung durch eine nicht-finnischsprachige Feldforscherin, zu erproben. Inhaltlich standen die pädagogisch-didaktischen Bedingungen des sprachlichen Anfangsunterrichts unmittelbar nach der Einschulung der beobachteten Kinder im Mittelpunkt dieser Einzelstudien. Gefragt wurde in diesem Zusammenhang nach dem spezifischen Verständnis von Literalität und dem Umgang mit den heterogenen Lernvoraussetzungen der SchulanfängerInnen im pädagogischen Alltag zweier Anfangsklassen und einer Schule, die nicht selektiert, sondern alle Kinder integrieren will.

---

[94] Kinder, die aus verschiedenen Gründen vom Schulbeginn zurückgestellt werden, besuchen die „Starttiluokka". Die „Starttiluokka" sind in Schulen angesiedelt, obwohl sie eigentlich den Zweck haben, die Kinder auf die Schule vorzubereiten. Es wird nach dem Kern-Curriculum der Vorschule in Finnland und individuellen, dem Kind angepassten Lernplänen („HOJKS") gearbeitet (vgl. Kern-Curriculum Vorschule 2000, S. 8ff.; Linderoos 2006b, S. 19f).

[95] Für die ersten zwei Schuljahre des grundbildenden Unterrichts hat das Zentralamt für Schulwesen in Helsinki 2002 ein neues nationales Curriculum vorgelegt. Es enthält Ziele und Bewertungskriterien, auf deren Grundlage jede Schule seit dem Schuljahr 2004/2005 eigene Lehrpläne ausarbeiten muss (vgl. Optushallitus 2002, Zentralamt für Unterrichtswesen 2004).

In diesem Beitrag wird insbesondere auf Beobachtungen und Interpretationen zum Unterrichtsalltag der an der Untersuchung beteiligten ersten Klasse (Luokka 1) eingegangen.[96]

Die pädagogisch-didaktischen Alltagspraktiken der teilnehmenden Pädagoginnen werden dabei anhand ausgewählter Szenen exemplarisch thematisiert und aus der Perspektive der SchulanfängerInnen kritisch hinterfragt (2).

Schließlich wird auch die vergleichende Forschungsintention und die Perspektive der am Projekt beteiligten Ethnographinnen auf „fremde" (und „eigene") Lernkulturen in einem kurzen Fazit kritisch reflektiert (3).

2 Beobachtungen aus dem Unterrichtsalltag einer finnischen Anfangsklasse

Im Zentrum des Anfangsunterrichts der finnischen Einheitsschule steht das Fach „Äidinkieli ja kirjallisuus" (Muttersprache und Literatur)[97], in dem insbesondere der Lesekompetenz als Schlüsselkompetenz für Bildung eine wichtige Stellung eingeräumt wird.

Anhand von vier Ausschnitten aus verschiedenen Beobachtungsprotokollen, die alle aus dem Unterrichtsalltag der an der Studie beteiligten ersten Klasse stammen, soll folgenden Fragen nachgegangen werden:

- Wie werden SchulanfängerInnen im sprachlichen Anfangsunterricht unterrichtet und insbesondere beim Lesenlernen im Rahmen von konkreten Unterrichtssituationen unterstützt?

- Welche pädagogisch-didaktischen Alltagspraktiken werden dabei beobachtet und wie gehen PädagogInnen insbesondere mit den heterogenen Lernvoraussetzungen ihrer SchülerInnen um?

2.1 Allein oder gemeinsam im Chor

Die „Luokka 1" setzt sich aus zehn Jungen und acht Mädchen zusammen, die von Pilvi, der Klassenlehrerin, unterrichtet werden. Am 24.11.2006 sind 15 SchulanfängerInnen anwesend. Kamal, ein Schüler, wird jedoch zu Beginn der zweiten Stunde in die jahrgangsübergreifende „Pienryhmä 1.-3. Luokka"[98] geschickt. Seit der ersten Schulwoche im August nimmt er in den Hauptfächern „Äidinkieli ja kirjallisuus" und „Matematiikka" an der außerunterrichtlichen Fördermaßnahme in der Kleingruppe teil, die von einer Sonderpädagogin geleitet und in der mit dem individuell angepassten Lernplan („HOJKS")[99] gearbeitet wird. Diese frühe Entscheidung für die Förderung außerhalb der Stammklasse basiert auf Angaben von PädagogInnen,

---

[96] Zu detaillierten und vergleichenden Ergebnissen aus den beiden an den Feldstudien beteiligten finnischen Klassen (vgl. Cuhls 2007, 2010).

[97] Für dieses Fach sind in der Stundentafel des ersten und zweiten Schuljahrs sieben von insgesamt 20 bzw. 21 Unterrichtsstunden vorgesehen (vgl. Zentralamt für Unterrichtswesen 2004, S. 52).

[98] Kleingruppe 1.-3. Klasse.

[99] „Henkilökohtainen opetuksen järjestämistä koskeva suunnitelma" („HOJKS") ist ein individuell an den Lehrplan angepasster Lehrplan, „der nach einem ärztlichen oder psychologischen Diagnoseverfahren mit dem Schüler, den Eltern und dem Lehrer gemeinsam erstellt, regelmäßig überprüft, verändert und evaluiert wird" (Linderoos 2006, S. 10f).

die in vorschulischen Einrichtungen tätig sind, Beobachtungen von SonderpädagogInnen im Kindergarten sowie Beratungsgesprächen mit SchulpsychologInnen und SchulleiterInnen vor dem Schulbeginn.

> [...] Pilvi, die Klassenlehrerin, holt ihr Lehrerhandbuch und fragt nach dem Buchstaben der Woche. Einige SchülerInnen zeigen auf und Mauri wird aufgerufen. Er teilt mit, dass es sich um den Buchstaben <Ä> bzw. <ä> handelt. Dies wird von Pilvi bestätigt, die neben das Anlautbild <Ä>, das bereits links außen an der Tafel hängt, folgende Silben schreibt:

Anlautbild

äm	är	nä
mä	mär	sä
sää	nää	näl
säi	sät	täs

Ä ä

„äm-mä"(alte Frau)   „nää-tä"(Marder)
„är-jyä"(brüllen, heulen)   „näl-kä"(Hunger)
„nä-mä"(diese)   „säi-käh-

„mä-ki"(Hügel)   „sät-ky" (Sommer)
„mär-kä"(feucht)   „täs-sä"(hier)
„sä-de"(Umkreis)
„sää-tie-do-tus" (Wetterbericht)

Die Klassenlehrerin hat sich zuvor, wie jeden Morgen, ca. 10 Minuten Zeit genommen und den SchülerInnen ein Kapitel aus einem Kinderbuch vorgelesen, womit sie durch ihr Vorbild zum Aufbau einer Lesekultur bei den SchülerInnen beiträgt.

Obwohl das Anlautbild bereits an der Tafel hängt und der Buchstabe nun den fünften Tag besprochen wird, erkundigt sich Pilvi als erstes nach dem Buchstaben der Woche und lenkt somit das Unterrichtsgeschehen als Lehrperson in Eigenregie. Neben dem Buchstaben <Ä> bzw. <ä> bestehen die Silben nur aus Buchstaben, die bisher systematisch im Unterricht anhand der Fibel „Kultainen Aapinen"[100] eingeführt wurden.

> Die SchülerInnen werden der Reihe nach aufgefordert jeweils eine Silbe laut zu lesen, mit ihr ein Wort zu bilden und dessen Silben mit den Händen vorzuklatschen. Kylli kommt als erste dran. Aliisa meldet sich zwischenzeitlich ebenso wie andere SchülerInnen. Eero wird aufgerufen mit der Silbe *sää* fortzufahren. Ihm fällt kein Wort ein und Aliisa darf ihm helfen. Sie nennt das Wort „sää-tie-do-tus" (Wetterbericht) und wird von Pilvi gelobt. Die Lehrerin schreibt es an die Tafel. Im Anschluss liest Eero das Wort „sää-tiedo-tus" (Wetterbericht) und segmentiert es durch Klatschen. Kylli hilft Aliisa, als ihr kein Wort zur Silbe *sät* einfällt, und schlägt „sätky" (Sommer) vor. Pilvi schreibt es an die Tafel. Aliisa liest es vor und klatscht zu den Silben. Nachdem Ting als letztes mit der Silbe *täs* das Adverb „täs-sä" (hier) gebildet hat, weist Pilvi auf die Silbengrenzen bei den Wörtern „äm-mä" (alte Frau) und „täs-sä" (hier) im Gegensatz zu „nää-tä" (Marder) hin. Sie zeigt auf die Wörter an der Tafel und fordert die Schüle-

---

[100] Die Fibel „Kultainen Aapinen" (Goldenes ABC-Buch) gehört zu einem klar strukturierten Gesamtfibelwerk, das in der ersten Klasse eingesetzt wird. Dazu zählen außerdem pro Halbjahr ein Sprachübungsheft, eine CD mit ABC-Liedern und das Lehrerhandbuch (vgl. Krokfors u.a. 2002a-d).

rInnen auf, beim gemeinsamen Lesen im Chor mit zu klatschen. Die SchülerInnen führen die Anweisung aus. [...] (24.11.2006)

Befremdlich ist, dass beim Einstieg das individuelle Vorwissen der SchülerInnen nicht aufgegriffen, sondern die im Unterricht besprochenen Buchstaben betont werden. Möglicherweise geschieht dies, um bei (einzelnen) SchülerInnen durch das Vertraute zunächst ein Gefühl von Sicherheit hervorzurufen und/oder, um von einer *konstruierten,* gemeinsam erarbeiten Basis her vorzugehen.[101]

Bei der Bildung eines Wortes mit der vorgegebenen Anfangssilbe dürfen die SchülerInnen hingegen Buchstaben einbeziehen, die noch nicht im Unterricht besprochen wurden, ihnen aber bekannt sind. Dies ist dadurch zu legitimieren, dass es um die Lautsynthese auf Silbenebene geht, was u.a. durch Pilvis Hinweis auf die Silbengrenzen bei Wörtern mit Doppelkonsonanten deutlich wird. Am Ende der Übungsphase werden alle SchülerInnen mit den Wörtern ihrer MitschülerInnen und den darin enthaltenen Buchstaben konfrontiert.

Dass alle SchülerInnen nacheinander von der Lehrerin aufgerufen werden, laut zu lesen, kann unterschiedlich interpretiert werden. Einerseits werden alle am Unterricht beteiligt, das heißt, es wird keiner übergangen, wie dies häufig den ruhigeren SchülerInnen in freien Meldesituationen passiert. Möglicherweise steht dahinter auch die Auffassung, dass Übung den Meister macht und nur, wer selber liest auch lesen lernt. Andererseits wird in dieser Situation die individuelle Lesekompetenz der SchülerInnen negiert. Insbesondere wenn ihnen das Lesen noch Schwierigkeiten bereitet, kann dies zu Leistungsdruck und Versagensängsten führen.

Anscheinend versucht Pilvi diese Problematik zu entschärfen, indem sie den SchülerInnen zugesteht, sich untereinander in Bezug auf die Bildung des Wortes zu helfen. In dem vorliegenden Protokollauszug muss Eero die Anfangssilbe *sää* zwar lesen, erhält aber durch Aliisa das Wort „sää-tie-do-tus" (Wetterbericht), dass er erneut liest und durch Klatschen segmentiert. Das Silbenklatschen kann eine motorische Unterstützung für die SchülerInnen sein, denen die akustische Analyse allein schwer fällt. Es „vertieft das Verständnis der Kinder für die formalen Einheiten der Sprache und die Bauweise einzelner Wörter" (Brügelmann 1989, II 2.3). Da dies ebenfalls für die finnische Sprache gilt, ist zu vermuten, dass Pilvi aus diesem Grund alle SchülerInnen dazu auffordert.

Das gemeinsame, laute Lesen im Chor kann zunächst eine Entlastung für den Einzelnen darstellen, der sich sprachlich vom „Rhythmus" der Gruppe mittragen lässt. Allerdings verdeutlicht es, dass die Lehrerin den SchülerInnen vorgibt, eine Aufgabe kollektiv zu lösen und somit die Möglichkeit eines differenzierten Umgangs mit der heterogenen Lernausgangslage ihrer SchülerInnen verschenkt.

---

[101] Ähnliche Beobachtungen zur Konstruktion einer angeblich gemeinsamen Basis, einer homogenen Grundlage – trotz der heterogenen Ausgangslage der SchulanfängerInnen – auf der sich das Unterrichtsgeschehen abzuspielen hatte, wurden im Rahmen einer ethnographischen Feldstudie in einer deutschen Anfangsklasse gemacht (vgl. Panagiotopoulou 2006, S. 71ff.).

2.2 Aus der Fibel im Klassenverband vorlesen

Mit dem folgenden Protokollausschnitt vom 13.12.2006 sollen Alltagspraktiken exemplarisch vor- und zur Diskussion gestellt werden, die in ähnlicher Form über die gesamte Feldphase hinweg beobachtet wurden. Sie betreffen das laute Vorlesen aus der Fibel im Anfangsunterricht.

> […] Es ist ca. 8.15 Uhr als die SchülerInnen die Fibel „Kultainen Aapinen" rausholen. […] Pilvi […] bittet die SchülerInnen die Seite zum Buchstaben <J> bzw. <j> aufzuschlagen. Saila wird zuerst aufgerufen. Sie liest das Wort „jä-te" (Abfall, Rest) aus der Sprechblase vor. Virpi nennt die beiden Silben *jä* und *te*, aus denen sich das Wort zusammensetzt. Aija lautiert /j/, /ä/, /t/, /e/. Danach ist Aliisa an der Reihe. Sie verspricht sich beim Wort „jo-jo" (Jojo), verbessert sich jedoch selbst.

> *(Die Wörter „jo-jo" (Jo-jo), „jou-si" (Bogen), „jal-la" (Fuß) und „jää-te-lö" (Eis) sind in vier Kästchen unter dem Wort „jä-te" (Abfall, Rest) abgebildet, in denen zuerst der Anfangsbuchstabe, dann die erste Silbe und als drittes das gesamte Wort notiert sind. Unterstützt wird das Wort mit einer jeweiligen Abbildung: siehe unten die abgebildete Fibelseite 61)*

> Nachdem alle SchülerInnen einmal aufgerufen wurden, lesen sie die Wörter und den Dialog auf der Fibelseite der Reihe nach von Rami wieder zurück zu Saila. [...] (13.12.2006)

Abb. 1: Fibelseiten 60 und 61 (Krokfors u.a. 2002a[102])

---

[102] Freie Übersetzung des Fibeltextes (vgl. Krokfors u.a. 2002a, S. 61):
„Es liegt überall Zeug.
- Jeder Platz ist unordentlich, beschwert sich der Lehrer.
- Lasst uns die Plätze zusammen aufräumen, spricht Jaanus.
- Ja, lasst uns Nachbarschaftshilfe organisieren, sagt Topi weiter.
- Jeder bekommt etwas zu trinken und Eiscreme, äußert Salli begeistert."

Am 13.12.2006 sind in der ersten Stunde nur die SchülerInnen der „A-ryhmä" präsent.[103] Die zehn SchülerInnen haben alle die gleiche Buchstabenseite aus der Fibel „Kultainen Aapinen" aufgeschlagen. Pilvi ruft sie nach der Reihe auf, mindestens ein Wort vorzulesen und hält sich dabei an die frontale Sitzordnung. Diese Vorgehensweise ermöglicht anscheinend, dass die SchülerInnen fast fortlaufend vorlesen. Sie soll eventuell zur Vereinfachung des Unterrichtsverlaufs beitragen, denn die Erfassung eines neu eingeführten Buchstabens im Kontext erfolgt im Klassenverband. Dabei wird jedoch nur sehr begrenzt berücksichtigt, dass die SchülerInnen sich auf unterschiedlichen Kompetenzstufen im Lese(lern)prozess befinden (vgl. Wedel-Wolff 2006, S. 6). Dies zeigt sich dadurch, dass alle Kinder laut vorlesen müssen, obwohl Saila und Aija beispielsweise vor dem Schulbeginn noch nicht lesen konnten bzw. erst jetzt lesen lernen, während Aliisa und Rami durchaus in der Lage sind, Sätze oder Texte zu lesen.

Fast identisch beschreibt Meiers die Situation für den deutschsprachigen Raum, die im Leseunterricht früherer Jahrzehnte vorzufinden war, und merkt kritisch an: „Lese-Übung sollte das sein; Reihumlesen hieß diese Praxis, deren Sinn heute kaum noch nachvollziehbar ist." (Meiers 1998, S. 227).

2.3 Individuelle (Vor)Lesesituation

Ganz anders als in den vorherigen Protokollauszügen geht es in der folgenden Unterrichtssituation vom 30.10.2006 nicht um einheitliche Unterrichtung, sondern um die Aufgliederung in zwei Lerngruppen sowie eine individuelle Lesesituation. Ähnliche Vorlesesituationen wurden im Unterrichtsalltag eher selten beobachtet.

[...] Zwei Arbeitsblätter werden ausgeteilt. Die SchülerInnen, die bereits lesen können, erhalten ein doppelseitig bedrucktes Arbeitsblatt mit jeweils sechs Sätzen (Mauri, Noora, Rami, Virpi, Aliisa). Aija, Saila und Rasmus bekommen ein Übungsblatt zu den Buchstaben <A>, <I>, <U>, <S>, <N>, <O>, <L>, <E>, die bis jetzt im ersten Schuljahr durchgenommen worden sind. *(Ich hatte zunächst nur beobachtet, dass zwei unterschiedliche Arbeitsblätter eingesetzt werden. Nach der Stunde habe ich Pilvi gefragt, wer welches Arbeitsblatt ausgeteilt bekam.)*

[…] Pilvi teilt mir kurz mit, dass sie jetzt die Hausaufgaben überprüft und sich von allen SchülerInnen der „A-ryhmä" (A-Gruppe) etwas vorlesen lässt. Sie beginnt mit Aliisa. Saila hat eine Frage. Pilvi geht anschließend zu ihr und beantwortet sie. Mauri fällt der Stift herunter während er radiert, er hebt ihn auf und meldet sich. Pilvi sieht ihn jedoch zunächst nicht, da sie sich von Aija die Hausaufgaben vorlesen lässt. Aija zeigt dabei mit dem Finger auf die einzelnen Wörter. Pilvi dreht sich kurz um, ruft Mauri auf, der seine Frage stellt, und gibt ihm eine Antwort.

---

[103] Die SchülerInnen im ersten Schuljahr sind für vier Stunden in der Woche in die A- und B-Gruppe aufgeteilt. Den SchülerInnen der „B-ryhmä" hat die Klassenlehrerin in der fünften Stunde am 13.12.2006 vom Inhalt und Ablauf her eine fast identische Unterrichtsstunde erteilt, die videographiert wurde. Daraus lässt sich u.a. die Hypothese ableiten, dass frontale Unterrichtskonzeptionen im Gegensatz zum Offenen Unterricht wiederholbar sind. Zur Überprüfung dieser Hypothese ist jedoch weitere Forschung notwendig.

[…] Aija ist fertig mit vorlesen und erhält Anweisungen zum Übungsblatt. Pilvi packt ihre Fibel „Kultainen Aapinen" in den Schulranzen und nimmt ihr blaues A4-Heft „Suomi" (Finnisch) mit zu Saila, die sich meldet. Saila hält ihr das Arbeitsblatt entgegen, fragt etwas und bekommt eine Antwort, woraufhin sie weiter arbeitet. Pilvi setzt sich neben Rami. Er liest ihr flüssig einen Text aus der Fibel „Kultainen Aapinen" vor, die er danach in die Tischbox legt. Virpi ist die nächste, allerdings meldet sich Aliisa, der zuerst geholfen wird. Aliisa dreht sich zu Aija um, die schräg hinter ihr sitzt. Die beiden reden kurz miteinander. […] Saila liest inzwischen Pilvi einen Text aus dem blauen A4-Heft „Suomi" vor. Pilvi geht danach zu Rasmus, der auf dem Übungsblatt etwas mit einem orangenen Buntstift angemalt hat. Er soll die Seite zu den Buchstaben <A>, <I>, <U>, <S> aus der Fibel „Kultainen Aapinen" vorlesen. Diese vier Buchstaben hängen über der Tür, wobei die Vokale auf gelber Pappe aufgeklebt sind. Rami und Virpi zeigen gegenseitig auf ihre Arbeitsblätter und unterhalten sich. Virpi spricht Noora an, die ihr Arbeitsblatt hochhält, sodass Virpi es sehen kann. Später zählt sie bei Rami die Zaunpfähle auf dem Arbeitsblatt. Pilvi hat ein Blatt aus der Fibel „Kultainen Aapinen" genommen und zeigt Rasmus an, welchen Abschnitt er jetzt lesen soll. Er liest ihn vor und verwendet dabei seinen Finger als Hilfestellung. Anschließend steckt er die Fibel „Kultainen Aapinen" in seinen Schulranzen […] Mauri ist mit dem Vorlesen an der Reihe. Er liest ebenfalls den eingeklebten Text aus dem blauen A4-Heft „Suomi" vor. Pilvi gibt ihm zwischendurch Rückmeldung. Virpi und Rami sprechen weiter miteinander. Saila meldet sich erneut. Mauri kennzeichnet auf Anweisung von Pilvi einen Abschnitt im Text, bevor sie weitergeht zu Noora, die als letztes Kind sehr zügig und flüssig vorliest. Auch sie verwendet den Zeigefinger beim Vorlesen. Pilvi bekommt die Arbeitsblätter von Virpi und Rami gezeigt und kontrolliert danach die Ergebnisse der anderen SchülerInnen. [...] (30.10.2006)

Die in dieser ersten Stunde acht anwesenden SchülerInnen der „A-ryhmä" erhalten je nach Leistungsstand entweder das Arbeitsblatt zu den bisher besprochenen Buchstaben oder das Arbeitsblatt mit sechs Sätzen. Während die zwei Gruppen die jeweilige Aufgabenstellung bearbeiten (sollen), wendet sich die Lehrerin den einzelnen SchülerInnen zu, wobei sie Fragen bezüglich der Arbeitsblätter zwischendurch aufgreift und beantwortet. Kommunikationssituationen der SchülerInnen untereinander, wie z.B. von Aliisa und Aija oder Rami und Virpi, werden zugelassen.

Pilvi setzt ihre Ankündigung in die Tat um und überprüft die Hausaufgaben, indem sie sich im Verlauf der Stunde von allen acht SchülerInnen etwas vorlesen lässt. Wie es scheint, werden die Leistungsunterschiede bei den Hausaufgaben bzw. beim Vorlesen (anhand des Materials) berücksichtigt. Beispielsweise liest Rami der Lehrerin einen Text aus der Fibel „Kultainen Aapinen" vor. Saila und Mauri, die in der Stunde unterschiedliche Arbeitsblätter bearbeiten (sollen), lesen beide einen Text aus dem blauen A4-Heft „Suomi" vor. Hingegen wird Rasmus aufgefordert, die Fibelseite zu den Buchstaben A, I, U und S sowie einen Abschnitt eines Blatts vorzulesen. Interessant ist dabei, dass Rami den Fibeltext flüssig vorliest und die Fibel anschließend in die Tischbox legt. Rasmus dagegen steckt die Fibel wieder in seinen Schulranzen ein und für Aija erledigt dies die Lehrerin. Wahrscheinlich haben sie konkreten Übungsbedarf und nehmen deshalb die Fibel wieder mit nach Hause.

Die Vermutung liegt nahe, dass Pilvi sich in dieser Situation systematisch Überblick über die Lesefähigkeiten ihrer SchülerInnen verschafft. Dadurch könnte sie individuelle Veränderungen im Lese(lern)prozess in die Unterrichtsplanung und Durchführung einbeziehen und, falls nötig, Fördermaßnahmen einleiten. In der Praxis hält sie jedoch am traditionellen Fibelunterricht fest, bei dem sie das Unterrichtsgeschehen als Lehrperson lenken kann.

Wechselt man die Perspektive und betrachtet die Lesesituation aus der Sicht der SchülerInnen, so ist zunächst festzuhalten, dass sie nicht an der Auswahl des Lesestoffs beteiligt sind. Die Lehrerin entscheidet, was und wieviel vorgelesen werden soll. Dies lässt darauf schließen, dass es in dieser Situation nicht um das Interesse der SchülerInnen für bestimmte Inhalte oder Identifikationsmöglichkeiten, sondern primär um den technischen Aspekt des Lesenlernens geht, der durch das Vorlesen überprüft wird.

2.4 Lesen und verstehen

Der Auszug aus dem Beobachtungsprotokoll vom 24.11.2006 unterscheidet sich in besonderem Maße von den vorherigen Lesesituationen. In der Stunde haben die SchülerInnen zuvor im Klassenverband eine Lautanalyse auf Silbenebene durchgeführt, in der Fibel „Kultainen Aapinen" gelesen und im Anschluss das Buchstabenbewegungslied, das sich auf die vier zuletzt besprochenen Buchstaben M, R, T und Ä bezieht, gemeinsam gesungen. Die verbleibende Unterrichtszeit bis zur Pause wird wie folgt gestaltet:

> […] Um 9.35 Uhr holen die SchülerInnen ihre blauen A4-Hefte „Suomi" heraus. Pilvi geht in der Klasse herum und kontrolliert etwas. Sie erteilt Jaako, dem neuen Schüler, eine andere Aufgabe. Er soll im Sprachübungsheft „Kultainen Aapinen Tehtäväkirja Syksy" (Goldenes ABC-Buch Sprachübungsheft Herbst) die Seite 32 zum Buchstaben <N> bzw. <n> bearbeiten. *(Nach der Stunde erklärt mir Pilvi, dass Jaako seit Anfang der Woche neu in der Klasse ist. In seiner alten Klasse wurden bisher die Buchstaben <A>, <I>, <U>, <S>, <N> durchgenommen. Er selbst hat sie im Verlauf der Woche darauf aufmerksam gemacht.)* Aija und Kylli erhalten ein Arbeitsblatt, dessen erste Aufgabe lautet: „1. Lue ja vostaa kysymyksiin." (1. Lies und beantworte die Fragen.). Aliisa und die restlichen SchülerInnen lesen den eingeklebten Text im blauen A4-Heft „Suomi", *der sich auf die Fibelseite zum Buchstaben <Ä> bzw. <ä> bezieht und denselben Titel hat „Omituisa ääniä"* *(Komische Geräusche).* Aliisa hat im ersten Abschnitt des Textes bereits die Silbengrenzen eingezeichnet. Sie liest zunächst einen Teil, holt danach ihre Buntstifte und einen Bleistift aus dem Tisch und malt ein Bild oberhalb des Textes in ihr Heft. Sie beginnt mit einem Tier, das auf einem Tisch liegt, daneben stehen zwei Körbe auf zwei Tischen.
>
> Pilvi sitzt vor Jaako und bespricht mit ihm die Aufgaben im Sprachübungsheft. Bis auf Kylli und Aija lesen die anderen SchülerInnen den Text bzw. beginnen ebenfalls mit einem Bild. Aliisa dreht sich zwischenzeitlich zu Ting um und radiert. Sie malt weiter: einen Jungen, der auf einer Treppe im Türrahmen steht und ein Mädchen, das neben dem Stuhl unterhalb des Fensters im Innenraum steht. Als letztes fügt sie das Regal und die Uhr hinzu, die sie orange und braun anmalt. Das Mädchen erhält gerade rote Haare als Pilvi die Pause ankündigt. Aliisa räumt ihre Stifte weg und steckt das blaue A4-Heft „Suomi" in den Schulranzen. [...] (24.11.2006)

Es scheint hier hauptsächlich um das sinnkonstruierende Leseverstehen[104] der SchülerInnen zu gehen. Still liest die Mehrheit den Text im blauen A4-Heft „Suomi". Pilvi hat mir bestätigt, dass sich der Text inhaltlich auf die Buchstabendoppelseite

---

[104] Vgl. Steck 2006, S. 10ff.

<Ä> bzw. <ä> in der Fibel „Kultainen Aapinen" bezieht. Abgesehen vom Titel sind demnach weitere Überschneidungen im Wortschatz denkbar, die eine Hilfestellung für LeseanfängerInnen darstellen können.

Die Vermutung liegt nahe, dass der Text Aliisa und den MitschülerInnen nicht ganz unbekannt ist, sondern sie ihn bereits zu Hause gelesen und die Silbengrenzen (in Abschnitten) eingezeichnet haben, und das Pilvi diese Hausaufgabe überprüft.

Die SchülerInnen lesen den Text erneut im Unterricht und wenden sich danach der dritten Aufgabe zu, die normalerweise in Verbindung mit dem Unterrichtsmaterial gestellt wird: „Piirä tarinasta värikuva." (Male zur Geschichte ein farbiges Bild.). Die Aufgabe verdeutlicht, dass mehrere Lesestrategien zur Lösung benötigt werden. Über das Dekodieren von Wörtern hinaus müssen die SchülerInnen sich mit der Struktur des Textes und dem Inhalt auseinandersetzen, sodass sie den Sinn entnehmen und ein passendes Bild malen können. Anhand der Bilder kann die Lehrerin feststellen, ob die SchülerInnen den Inhalt des Textes verstanden haben und erfahren, wer oder was den SchülerInnen selbst beim Lesen wichtig geworden ist.

Die Lehrerin beachtet in dieser Situation Leistungsunterschiede zwischen den vierzehn anwesenden SchülerInnen. Aija und Kylli erhalten ein Arbeitsblatt, bei dem ebenfalls das Leseverständnis fokussiert wird. Unterschiede sind jedoch vermutlich in Bezug auf den (sprachlichen) Schwierigkeitsgrad, und auf den Umfang sowie bei der Aufgabenstellung zu verzeichnen. Anstatt eines Bildes sollen Fragen Aufschluss über das Leseverständnis der beiden SchülerInnen geben. Hingegen erhält Jaako eine ganz andere Aufgabe, die an seinem individuellen Leistungsstand ansetzt, und sich auf die Schreibung des Buchstabens <N> im Sprachübungsheft „Kultainen Aapinen Tehtäväkirja Syksy" bezieht. Pilvi erklärt ihm die Aufgabenstellungen auf der Doppelseite im Sprachübungsheft. Anscheinend wurde in seiner alten Klasse mit anderen Unterrichtsmaterialien gearbeitet und er kann die Aufgabenstellungen darüber hinaus auch noch nicht selbst lesen.

2.5 Schlussfolgerungen

Die vorgestellten Sequenzen liefern einen Einblick in die spezifische Alltagspraxis einer finnischen Anfangsklasse. Die SchulanfängerInnen wurden im Fach „Äidinkieli ja kirjallisuus" wiederholt aufgefordert, entweder laut oder leise sowie allein und/oder gemeinsam im Chor Leseübungen auszuführen. Dabei bahnt die Klassenlehrerin die situativen Prozesse systematisch an, indem sie Materialien, Methoden und Aufgabenstellungen vorgibt und damit bestimmte kontextspezifische Erwartungen verknüpft: Beispielsweise werden alle Schulkinder aufgefordert, sich an der Lautsynthese auf Silbenebene zu beteiligen und aus der Fibel vorzulesen. Der Aufbau *einer gemeinsamen Lesekultur,* der hauptsächlich im Klassenverband erfolgt, steht im Mittelpunkt. Dabei wurden heterogene Lernvoraussetzungen entgegen der Erwartungen der Beobachterin, kaum berücksichtigt.

Die Stundenstruktur ist in der beobachteten ersten Klasse ebenso selbstverständlich wie die fibelzentrierte Unterrichtskonzeption im Anfangsunterricht, die in der deutschsprachigen Grundschuldidaktik als ein überholter Ansatz gilt. Es ist anzunehmen, dass die beobachteten Bedingungen der pädagogischen Alltagspraxis kaum Fördermöglichkeiten des individuellen, selbstständigen Lernens aber auch eines interaktiven Lernens der Kinder mit- und voneinander zulassen.

Nach Aussagen der Klassenlehrerin waren die Vorerfahrungen der SchulanfängerInnen im Bereich Lesen und Schreiben eher „untypisch“, denn nur sechs bzw. sieben Kinder konnten vor Schuleintritt noch nicht lesen.[105] Allerdings wurden gerade diese SchülerInnen in den ersten Monaten zum externen Förderunterricht geschickt. Durch diese Teilnahme sollten sie an den Leistungsstand der Stammklasse im Fach „Äidinkieli ja kirjallisuus" herangeführt werden (vgl. Linderoos 2006, S. 10f, Matthies 2003, S. 12f & 2006, S. 154ff.). Kritisch zu hinterfragen ist in diesem Zusammenhang, ob damit nicht gerade auf die Herstellung einer leistungshomogenen Gruppe hingearbeitet wird. Zwar erhalten die SchülerInnen, die am außerunterrichtlichen Förderunterricht teilnehmen, im stofflichen Umfang und Schwierigkeitsgrad ihrem Leistungsstand entsprechende Arbeitsblätter oder lesen der Klassenlehrerin andere Wörter und/oder Texte vor, müssen aber trotzdem, wie die MitschülerInnen aus der Stammklasse, reihum aus der Fibel vorlesen.

Darüber hinaus ist anzunehmen, dass SchülerInnen, die bereits lesen und schreiben können, ebenfalls benachteiligt werden, indem ihnen umfassendere und frei gewählte Texte sowie ritualisierte, stille Lesezeiten im praktizierten Unterricht vorenthalten werden. Wie die dargestellten Sequenzen vom 30.10.2006, 24.11.2006 und 13.12.2006 exemplarisch verdeutlichen, orientiert sich die Klassenlehrerin bei der Unterrichtsplanung und Durchführung hauptsächlich an den Inhalten des Fibellehrwerks und geht somit von einem selbst konstruierten homogenen Leistungsdurchschnitt der SchulanfängerInnen aus, die durch systematisches Vorgehen schrittweise lesen lernen sollen.

Insgesamt werden die Leistungsunterschiede im Bereich Lesen, der nur einen Teilaspekt der beobachteten Literalitätspraktiken in dieser Klasse darstellt, durch die Sitzordnung, die Lehrerzentriertheit und den traditionellen Fibelunterricht nur bedingt zugelassen, sodass die finnischen Unterrichtssituationen aus der Perspektive einer aus Deutschland kommenden Beobachterin erstaunlich und befremdlich zugleich waren.

3 Fazit

Ethnographische Studien, die einem didaktischen Erkenntnisinteresse verpflichtet sind, sollten auch im internationalen Bildungskontext auf eine kritische Hinterfragung pädagogischer Alltagspraxis nicht verzichten. Mittels einer nicht normativen, kulturanalytischen bzw. ethnographischen Haltung gegenüber den erfassten Praktiken aus dem jeweiligen Bildungskontext können wertvolle Erkenntnisse über spezifische Bildungsbedingungen in unterschiedlichen Ländern gewonnen und im

---

[105] Pilvi, die Klassenlehrerin, hat diese Aussage auf ihre eigene Berufspraxis und ihre bisherigen Erfahrungen mit SchulanfängerInnen bezogen. Inwiefern Kinder in Finnland normalerweise bei der Einschulung lesen bzw. noch nicht lesen können, ist uns nicht bekannt.

deutschsprachigen Diskurs (der bislang fast ausschließlich auf Ergebnissen quantitativer Bildungs- und Evaluationsforschung basiert) berücksichtigt werden.

Mit der Absicht, Alltagspraktiken sprachlicher Bildung in unterschiedlichen europäischen Bildungssystemen und Bildungskontexten vergleichend zu betrachten, ist allerdings auch die Gefahr verbunden, sich an den eigenen – aus der deutschsprachigen Elementar- und Grundschuldidaktik stammenden – Kriterien (und Normen) festzuhalten. Dies ist teilweise im Rahmen der Explorationsphase unseres Projektes der Fall gewesen; aus dieser Phase stammen auch die im vorliegenden Beitrag geschilderten Unterrichtsbeobachtungen und Interpretationen von Anna Rebecca Cuhls.

Während aber die ethnographische Forschungsstrategie zur „Befremdung der eigenen Kultur", zu einer gezielten und systematischen Distanzierung „des scheinbar Bekannten und Vertrauten" führen soll (vgl. Amann & Hirschauer 1997, Friebertshäuser & Panagiotopoulou 2009), ist es im Rahmen des Projektes unser Ziel, *den befremdeten Blick* auf („eigene" und „fremde") Lernkulturen *durch den vergleichenden Blick herauszufordern*. Die Alltagspraxis im „erfolgreichen Finnland" – so die übliche Bezeichnung der letzten Jahre im deutschsprachigen Raum – war uns zum Zeitpunkt der ersten Beobachtungen definitiv nur scheinbar bekannt und vertraut. Die finnische Unterrichts- und Förderpraxis erschien uns – verglichen mit unseren durch den viel diskutierten finnischen PISA-Erfolg entstandenen Erwartungen – als besonders lehrerzentriert und trennend, obwohl das Schulsystem insgesamt integrativ ausgerichtet ist. Letzteres konnten wir bereits durch unsere ersten Beobachtungen annehmen.

Gerade diese wichtige Erkenntnis führte aber einerseits zu einer Konkretisierung und Differenzierung der Fragestellungen, die in den darauffolgenden Feldstudien im finnischen Bildungskontext bearbeitet werden sollten (vgl. Hortsch in diesem Band). Andererseits führten die empirischen Ergebnisse aus der finnischen Einheitsschule zur (selbst-)kritischen Reflexion offener(er) und schülerzentrierter(er) didaktischer Konzepte, die im Kontext der am Projekt beteiligten pädagogischen Felder hier in Deutschland (Rheinland-Pfalz) beobachtet wurden. Betrachtet aus der Perspektive der Kinder scheinen beispielsweise die praktizierten Konzepte zur sprachlichen Bildung und Literalitätsförderung im Vorschulbereich kaum offen für die kindlichen Lernbedürfnisse und bisherigen Literalitätserfahrungen zu sein (vgl. hierzu Panagiotopoulou & Graf 2008). Inwieweit sie zur Integrationsleistung eines – ohnehin – tendenziell trennenden und selektiven Bildungssystems beitragen können, bleibt eine zentrale Fragestellung des Projektes.

Literatur

Amann, Klaus / Hirschauer, Stefan (1997): Die Befremdung der eigenen Kultur. Ein Programm. In: Amann, Klaus / Hirschauer, Stefan (Hrsg.): Die Befremdung der eigenen Kultur. Zur ethnographischen Herausforderung soziologischer Empirie. Frankfurt am Main: Suhrkamp, S. 7-52.

Brügelmann, Hans / Brinkmann, Erika (1998): Die Schrift entdecken. Beobachtungshilfen und methodische Ideen für einen offenen Anfangsunterricht im Schreiben und Lesen. Konstanz: Faude.

Charmaz, Kathy (2006): Constructing Grounded Theory. A Practical Guide Through Qualitative Analysis. London et al: Sage.

Charmaz, Kathy / Mitchell, Richard (2007): Grounded Theory in Ethnography. In: Atkinson, Paul / Coffey, Amanda / Delamont, Sara / Lofland, Lyn (Hrsg.) (2001, 1. Aufl.): Handbook of Ethnography: Los Angeles u.a.: Sage, S. 160-174.

Cuhls, Anna. R. (2007): Umgang mit Heterogenität und Förderung von Literalität am Schulanfang in Finnland. Examensarbeit: Universität Koblenz-Landau/Campus Koblenz.

Cuhls, Anna R. (2010): Wie lernen Schulanfänger/-innen in Finnland lesen und schreiben? Beobachtungen aus dem Unterrichtsalltag in zwei Anfangsklassen. In: Hortsch, W. / Panagiotopoulou, A. (Hrsg.) (i.V.): Sprachliche Bildung im pädagogischen Alltag – Feldstudien von angehenden Grundschullehrkräften. Baltmannsweiler: Schneider Hohengehren.

Friebertshäuser, Barbara / Panagiotopoulou, Argyro (2009, 2. Aufl.): Ethnographische Feldfoschung. In: Friebertshäuser, Barbara / Langer, Antje / Prengel, Annedore (Hrsg.): Handbuch Qualitative Forschungsmethoden in der Erziehungswissenschaft. Weinheim: Juventa, S. 301-322.

Huf, Christina (2006): Didaktische Arrangements aus der Perspektive von SchulanfängerInnen. Eine ethnographische Feldstudie über Alltagspraktiken, Deutungsmuster und Handlungsperspektiven von SchülerInnen der Eingangsstufe der Bielefelder Laborschule. Bad Heilbrunn u.a.: Klinkhardt.

Krokfors, Leena / Lindman, Mervi / Marttinen, Tittamari / Parvela, Timo (2002a): Kultainen Aapinen. Helsinki: Kustannusosakeyhtiö Tammi.

Krokfors, Leena / Lindman, Mervi (2002b): Kultainen Aapinen Tehtäväkirja Syksy. Helsinki: Kustannusosakeyhtiö Tammi.

Krokfors, Leena / Lindman, Mervi (2002c): Kultainen Aapinen Tehtäväkirja Kevät. Helsinki: Kustannusosakeyhtiö Tammi.

Krokfors, Leena (2002d): Kultainen Aapinen, Opettajan opas (syksy ja kevät). Helsinki: Kustannusosakeyhtiö Tammi.

Linnakylä, Pirjo (2008): Wie kann man Schüler und Schülerinnen für das Lesen motivieren? In: Hofmann, Bernhard / Valtin, Renate (Hrsg.): Checkpoint Literacy. Tagungsband zum 15. Europäischen Lesekongress 2007 in Berlin. Berlin: Deutsche Gesellschaft für Lesen und Schreiben, S. 20-39.

Linderoos, Petra (2005): Anmerkungen zum Lesen in finnischen Gemeinschaftsschulen. In: Beiträge Jugendliteratur und Medien. 57. Jg., S. 26-31.

Linderoos, Petra (2006): Der finnische Weg des lebenslangen Lernens. Unveröffentlicht.

Matthies, Aila.-L. (2003): Von der Integration zur Inklusion im finnischen Schulsystem. In: Erziehung und Wissenschaft (GEW Sachsen Anhalt), S. 12-13.

Matthies, Aila-L. (2006): Wohlfahrtsstaatliche und soziokulturelle Rahmenbedingungen von Bildung. Ein europäisch vergleichender Blick nach Finnland. In: Wetzel, Konstanze (Hrsg.): Ganztagsbildung. Eine europäische Debatte. Impulse für die Bildungsreform in Österreich. Wien: LIT Verlag.

Meiers, Kurt (1998): Lesen lernen und Schriftspracherwerb im 1. Schuljahr. Ein Studienbuch. Bad Heilbrunn: Klinkhardt.

Panagiotopoulou, Argyro (2003): Beobachtungen im Anfangsunterricht: Zum Nichteinlassen von SchulanfängerInnen auf das „freie" bzw. selbstständige Schreiben. In: Brinkmann, Erika / Kruse, Norbert / Osburg, Claudia (Hrsg.): Kinder schreiben und lesen. Beobachten – Verstehen – Lehren. Jahrbuch der Deutschen Gesellschaft für Lesen und Schreiben (DGLS). Freiburg im Breisgau: Fillibach Verlag, S. 47-61.

Panagiotopoulou, Argyro (2006): Erwerb von Schriftlichkeit und Umgang mit Heterogenität im Anfangsunterricht. In: Panagiotopoulou, Argyro / Wintermeyer, Monika (Hrsg.): Schriftlichkeit interdisziplinär. Voraussetzungen, Hindernisse und Fördermöglichkeiten. Reihe: Frankfurter Beiträge zur Erziehungswissenschaft. Frankfurt am Main: Johann Wolfgang Goethe-Universität, S. 66-82.

Panagiotopoulou, Argyro (2009): Ethnographie und Bildungsqualität. Umgang mit Heterogenität und Förderung von Literalität im europäischen Vergleich. In: Heinzel, Friederike / Thole, Werner / Cloos, Peter / Köngeter, Stefan (Hrsg.): „Auf unsicherem Terrain": Ethnographische Forschung im Kontext des Bildungs- und Sozialwesens. Wiesbaden: VS-Verlag, S. 243-253.

Panagiotopoulou, Argyro / Graf, Kerstin (2008): Umgang mit Heterogenität und Förderung von Literalität im Elementar- und Primarbereich im europäischen Vergleich. In: Hofmann, Bernhard / Valtin, Renate (Hrsg.): Checkpoint Literacy. Tagungsband zum 15. Europäischen Lesekongress 2007 in Berlin. Berlin: Deutsche Gesellschaft für Lesen und Schreiben, S. 110-122.

Ratzki, Anne (2003): Skandinavische Bildungssysteme. Schule in Deutschland. Ein provokanter Vergleich. In: Auernheimer, Georg (Hrsg.): Schieflagen im Bildungssystem. Die Benachteiligung der Migrantenkinder. Wiesbaden: VS-Verlag, S. 23-31.

Steck, Andrea (2006): Was bedeutet Leseverstehen? In: Deutsch differenziert. An Texten das Leseverstehen schulen, S. 10-13.

Wedel-Wolff, Annegret v. (2006). Leseverstehen schulen. Ein Blick in die Praxis. In: Deutsch differenziert. An Texten Leseverstehen schulen, S. 5-7.

Zentralamt für Unterrichtswesen (Hrsg.) (2004): Rahmenlehrpläne und Standards für den grundbildenden Unterricht an finnischen Schulen (Perusopetus – Perusopetus ist der Unterricht für alle Schüler von Klasse 1-9). Helsinki: Opetushallitus.

Wiebke Hortsch

Angebote zur Sprach(en)bildung für Kinder mit Migrationshintergrund in einer finnischen Vorschule – Erste Ergebnisse einer Feldstudie

„Das Bildungsangebot für Migranten in Finnland soll dazu beitragen, dass die Migranten im Stande sind, als gleichberechtigte Mitglieder in der finnischen Gesellschaft zu wirken. Einwanderer sollen genauso gute Bildungschancen wie die bereits ansässigen Finnen bekommen" (FZFU, S. 3).

Wie aus diesem Zitat des finnischen Zentralamts für Unterrichtswesen zu erkennen ist, steht die Chancengleichheit aller BürgerInnen im Bildungsbereich, und damit im späteren Leben, im Fokus der finnischen Bildungspolitik. Explizit werden dabei MigrantInnen hervorgehoben – dies in einem Land mit einem Migrantenanteil von lediglich 2%.

Wie aber sollen die gleichen Bildungschancen für Kinder mit Migrationshintergrund erreicht werden, wenn die beschriebene finnische Tradition des Gleichheitsgedankens, wie Linnakylä und Välijärvi erklären, durch die zunehmende migrationsbedingte Heterogenität und kulturelle Vielfalt herausgefordert wird (vgl. Linnakylä & Välijärvi 2003, S. 7f.)? Werden den Kindern zur Erreichung des Ziels Angebote gemacht und wenn ja, wie sehen diese aus? Diese Fragen sollen im Mittelpunkt des folgenden Beitrags stehen.

Finnland als ein Land mit einem integrativen Bildungssystem, das nach der Veröffentlichung der PISA-Ergebnisse aufgrund seines guten Abschneidens in der deutschen Diskussion häufig zum Vergleich herangezogen wird, soll hierfür näher betrachtet werden. Ausgangspunkt dieses Beitrags ist die Annahme, dass eine frühzeitige, d.h. vor der Schule einsetzende, sprachliche Unterstützung in der Erst- und Zweitsprache sowie eine Literalitätsförderung die Bildungschancen von Kindern mit Migrationshintergrund verbessern. Döbert/Klieme/Sroka verweisen im deutschen Kontext darauf, dass Kinder mit Migrationshintergrund aufgrund ihrer geringeren Teilnahme als deutsche Kinder am Kindergarten häufig unzureichend auf die Schule vorbereitet werden (vgl. Döbert, Klieme & Sroka 2004, S. 358) – woraus sich in der Folge vermuten lässt, dass nicht von gleichen Bildungschancen zwischen Kindern mit und ohne Migrationshintergrund ausgegangen werden kann. Im Rahmen dieses Beitrags soll auf Angebote zur Sprach(en)bildung für Kinder mit Migrationshintergrund im Übergang vom Elementar- in den Primarbereich in Finnland eingegangen werden und dabei den oben beschriebenen Fragen nachgegangen werden. Neben den strukturellen und curricularen Vorgaben der finnischen Vorschule, wird anhand erster Ergebnisse einer ethnographischen Feldstudie auf die pädagogische Praxis einer Vorschule Bezug genommen.

1 Die Vorschule in Finnland – strukturelle und curriculare Bedingungen[106]

Das Ministry of social affairs and health hat die Institutionen der frühkindlichen Bildung und Erziehung sowie die Institutionen der vorschulischen und grundlegenden Bildung als „key basic services" (Ministry of social affairs and health 2003, S. 10) bezeichnet. Frühkindliche Bildung und Erziehung, Vorschulerziehung sowie die neunjährige grundlegende Bildung werden in diesem Sinne als ein zusammenhängendes Ganzes verstanden, das neben den child health clinics[107] die Entwicklung und Bildung des Kindes fördert und „entsprechend der kindlichen Entwicklung voranschreitet" (vgl. ebd., S. 7). Der pädagogische Alltag der Vorschule orientiert sich damit sowohl an Zielen und Inhalten der frühkindlichen Bildung und Erziehung als auch an denen der Grundbildung. Um dabei im ganzen Land eine gleiche Qualität der Angebote zu sichern, wurden für die genannten institutionellen Bereiche nationale Curricula erarbeitet, die auf lokaler Ebene ausgestaltet werden. Im Sinne des Ansatzes, die Institutionen als ein „Ganzes" zu betrachten, unterstreichen die curricularen Vorgaben beispielsweise die Orientierung an den Bedürfnissen des Kindes sowie den Einbezug bzw. die Kooperation aller Beteiligten (vgl. MSAH 2003, S. 9; Curriculum für die Vorschulerziehung 2000, S. 4; Basic education Act 2004, S. 20).

Die vorschulische Bildung, die ein Teil der frühkindlichen Bildung und Erziehung ist und sowohl in Tagesstätten als auch in Schulen organisiert werden kann, ist ein kostenloses und freiwilliges Angebot, das von ca. 96% der Kinder genutzt wird. „Die zentrale Rolle der Vorschulerziehung soll in der Förderung der günstigen Entwicklungs- und Lernmöglichkeiten für das Kind liegen" (Kern-Curriculum für die Vorschulerziehung 2000, S. 4). Ziel des vorschulischen Unterrichts ist es daher, u.a. die körperliche, seelische, soziale, kognitive und emotionale Entwicklung des Kindes zu unterstützen und zu überwachen sowie das positive Selbstbild der Kinder zu stärken – hierfür wird die Kooperation und gemeinsame Verantwortung aller Beteiligten, d.h. Pädagogen und Eltern, unterstrichen (vgl. ebd., S. 4). Im „Kern-Curriculum für die Vorschulerziehung" ist festgehalten, dass im Jahr vor der Einschulung das Stundenpensum der Kinder 700 Stunden umfassen soll. Innerhalb des Kern-Curriculums werden 7 fachliche Themengebiete unterschieden: Sprache und Interaktion, Mathematik, Ethik und Philosophie, Umwelt und Naturkunde, Gesundheit, körperliche und motorische Entwicklung, Kunst und Kultur. Diese sollen aus dem Blickwinkel einer integrativen Bildung, wie sie im Kern-Curriculum dargestellt wird, nicht als Fächer verstanden werden, sondern vielmehr als Wissensbereiche, die zu einem bestimmten Thema miteinander verbunden werden (vgl. ebd., S. 8). Ziel der Vorschule ist es damit nicht, Kindern Faktenwissen zu vermitteln, sondern sie durch spielerische und ganzheitliche Aktivitäten sowohl mit Buchstaben als auch Zahlen vertraut zu machen.

---

[106] Teile dieses Abschnitts basieren auf einem Artikel der in gekürzter Form im Tagungsband der 17. Jahrestagung der Kommission „Grundschulforschung und Pädagogik der Primarstufe" der Deutschen Gesellschaft für Erziehungswissenschaft erschienen ist (vgl. Hortsch 2009).

[107] Diese stellen einen gesundheitlichen Service für Kinder und ihre Familien bis zur Einschulung der Kinder dar.

1.1 Kinder mit Migrationshintergrund in den Curricula

Das Thema Migration findet in allen nationalen und damit auch lokalen Curricula Berücksichtigung. So wird beispielsweise in den „National curriculum guidelines for early childhood education and care" von 2004 erklärt, dass den Familien die Hauptverantwortung für das Erlernen der Muttersprache wie auch ihrer Kultur zukommt (die Sprache kann, wenn es lokal möglich ist, durch die Institution unterstützt werden). Es soll dem Kind im Rahmen der frühkindlichen Bildung und Erziehung die Möglichkeit gegeben werden, die Zweitsprache (Finnisch/Schwedisch[108]) in natürlichen Situationen zu erlernen. Das Erlernen der Erstsprache wird dabei, in Abstimmung mit den Eltern, im individuellen Plan des Kindes erarbeitet. Grundlage der pädagogischen Handlungen ist die Achtung der Sprache und der Kultur eines jeden Kindes:

> „Children belonging to cultural minorities should be provided with opportunities to grow up in a multicultural society as members of both their own cultural communities and Finnish society" (National curriculum guidelines on early childhood education 2004, S. 33).

Im Kern-Curriculum für die Vorschulerziehung (2000) wie auch im „Basic Education Act" (2004) ist festgehalten, dass in der alltäglichen Arbeit mit Kindern mit Migrationshintergrund die spezifischen Hintergründe, d.h. die Dauer des Aufenthalts, der Grund für die Migration sowie die sprachlich-kulturellen Hintergründe der Kinder und ihrer Familien berücksichtigt werden sollen. Es soll den Kindern durch den alltäglichen Umgang ebenso wie durch spezifische Angebote der Institutionen ermöglicht werden, in die finnische wie auch die „eigene" Kultur hineinzuwachsen und damit zu selbstbewussten und aktiven Menschen beider Kulturen und Sprachen zu werden (Kern-Curriculum für die Vorschulerziehung 2000, S. 21). Die Relevanz der Erstsprache für den Zweitspracherwerb wird dabei unterstrichen. Van Ackeren und Klemm erklären in diesem Zusammenhang: „this practice of a ‚functional bilingualism' is now a fundamental concept that underpins the various measures designed to help the target groups act communicate cross-culturally" (van Ackeren & Klemm 2004, S. 104). Im „Kern-Curriculum für die Vorschulerziehung" heißt es hierzu:

> „Ziel des Finnisch-/Schwedischunterrichts als erster Fremdsprache ist es, den Kindern soweit als möglich die für den Grundunterricht erforderliche funktionale, sprachliche Kompetenz zu vermitteln" (Kern-Curriculum für die Vorschulerziehung 2000, S. 21).

Auf die sprachliche und kulturelle Identität des Kindes wird außerdem in dem „National Core Curriculum for Basic Education" eingegangen:

> „Basic education must also support pupil's linguistic and cultural identity and the development of his or her mother tongue" (National Core Curriculum for Basic Education 2004, S. 12).

Linnakylä verweist in diesem Zusammenhang darauf, dass Kindern mit Migrationshintergrund in der Schule gewöhnlich folgende Leistungen zur Verfügung stehen: „Preparatory instruction, schools with support measures, teaching of the student's

---

[108] Neben Finnisch ist Schwedisch offizielle Landessprache.

first language, teaching of Finnish as the second language" (Linnakylä 2004, S. 203).

Darüber hinaus ist im „Basic Education Act" festgehalten, dass den Eltern bzw. Erziehungsberechtigten eine Einführung in das finnische Bildungssystem, die schulischen Ideen, das Curriculum, die Lehrmethoden sowie die Lernpläne gegeben werden soll. Berücksichtigung soll hier wiederum der Hintergrund der Familie, d.h. deren Lebensweisen, Sprachen und Kulturen der Herkunftsregionen, finden (National Core Curriculum for Basic Education 2004, S. 34).

2 Beobachtungen aus dem Alltag einer finnischen Vorschule

Die im Rahmen dieses Artikels aufgeführten Daten entstammen einem ethnographischen Feldforschungsaufenthalt an einer finnischen Vorschule zwischen Februar und April 2008. Dieser Aufenthalt wurde im Rahmen des „HeLiE"-Projekts (vgl. Panagiotopoulou & Graf 2008; Cuhls 2007; Cuhls & Panagiotopoulou in diesem Band) realisiert.

Die beobachtete Vorschulgruppe befand sich in einem Stadtteil mit einem Migrantenanteil von ca. 30% – und damit einem Stadtteil mit einem, am Landesdurchschnitt gemessen, überdurchschnittlichen Migrantenanteil. Die Vorschulgruppe bestand aus drei „kindergarten-teacher"[109], einer Kinderpflegerin und einer Assistentin, die für die 17 Kinder, von denen sieben Kinder einen Migrationshintergrund hatten, zuständig waren. Die Kinder waren zwischen sechs und sieben Jahren alt und bildeten damit, nach Aussagen der „kindergarten-teacher", eine „group of same age"[110].

Im Rahmen der alltäglichen Arbeit der beobachteten Einrichtung ist zwischen Sprach(en)angeboten, die für alle (Vorschul-)Kinder obligatorisch sind und denen für Kinder mit Migrationshintergrund zu unterscheiden. Im Folgenden werde ich zunächst zwei Szenen darstellen, die sich an alle (Vorschul-) Kinder richten, um im Anschluss auf Szenen einzugehen, die sich speziell an Kinder mit Migrationshintergrund richten. Auf diese Weise soll ein möglichst umfassendes Bild der entsprechenden Angebote für Kinder mit Migrationshintergrund in der beobachteten Einrichtung gezeichnet werden. Aufgrund des Schwerpunkts der Sprach(en)bildung für Kinder mit Migrationshintergrund wird im Folgenden auf Beobachtungen eingegangen, die dem zuvor im Kern-Curriculum genannten Themengebiet der „Sprache und Interaktion" zuzuordnen sind.

---

[109] Aufgrund der unterschiedlichen Berufsausbildungen des finnischen und deutschen pädagogischen Personals und damit einhergehenden unterschiedlichen beruflichen Qualifikationen sowie der Selbstbezeichnung des finnischen pädagogischen Personals mir gegenüber, wird an dieser Stelle die englische Bezeichnung verwendet, allerdings mit einer entsprechenden Artikelbestimmung.
[110] Als Verständigungssprache zwischen dem pädagogischen Personal und der Forscherin diente die englische Sprache.

2.1 Vorlesen im Stuhlkreis

Beinahe jeden Morgen wurde den Kindern, im Anschluss an das gemeinsame Frühstück, im Stuhlkreis vorgelesen. Eine `kindergarten-teacher` der Gruppe leitete im wöchentlichen Rythmus den Stuhlkreis eigenverantwortlich.

> [...] Lotta fragt die Kinder was auf dem Cover des Buches steht. Einzelne Kinder rufen „Winni Pouh", da er auf dem Cover zu sehen ist. Lotta bestätigt zwar, dass es Winni Pouh auf dem Bild ist, der Titel jedoch sei ein anderer und liest ihn langsam, indem sie mit dem Finger unter den Buchstaben entlanggeht, vor. Nun schaltet sie den Kassettenrekorder an, blättert das Buch auf der ersten Seite auf und hält es in Richtung der Kinder. Von der Kassette erklingt eine Männerstimme, die den Text des Buches vorliest – an einzelnen Stellen sind auch Geräusche zu hören (z.B. ein Vogel). Die Kinder schauen auf das Buch und scheinen der Erzählung zu folgen. [...] Nachdem die Kassette zu Ende ist, schlägt Lotta das Buch zu und beginnt Fragen zu der Geschichte an die Kinder zu stellen. Die Kinder beginnen, während sie scheinbar aufgeregt auf ihren Plätzen hin und her rutschen, sofort etwas auf die Fragen in die Runde zu werfen, Lotta möchte jedoch offensichtlich, dass sie sich melden. Lotta hebt einen Arm und erklärt den Kindern mit ruhiger Stimme etwas. Die Kinder werden ruhiger und beginnen sich zu melden. [...] (5.3.2008, 8.50 Uhr)

Zunächst ist an dieser Stelle zu fragen, was Lotta tatsächlich meint, wenn sie die Kinder bittet zu sagen, „was auf dem Cover des Buches steht". Sollen die Kinder im klassischen Sinne lesen? Es ist anzunehmen, dass Lotta durch das Vorlesen, inklusive Finger entlang gehen, eine Buchstaben-Laut-Zuordnung verdeutlichen und damit den Kindern zeigen möchte, dass die Schrift Trägerin von Bedeutung ist. Da während dieses morgendlichen Vorlesens alle Kinder der Gruppe anwesend sind, kann vermutet werden, dass auch die jüngeren Kinder auf diese Weise mindestens ein Jahr vor der Einschulung Literacy-Erfahrungen sammeln können.

Im Anschluss an die Geschichte stellt Lotta den Kindern Fragen und geht damit auf den Inhaltsaspekt bzw. das Textverständnis der Kinder ein. Sie müssen nun versuchen, den Inhalt zu rekonstruieren und ihn in ihren eigenen Worten wiederzugeben. Sie erhalten auf diese Weise einen Sprechanlass, in den sie sowohl ihr strukturelles Wissen über die Sprache wie auch ihren Wortschatz einbeziehen müssen. Inwiefern dieses Angebot auch von Kindern mit nicht ausreichenden Finnischkenntnissen genutzt wird, kann an dieser Stelle nicht abschließend geklärt werden.

Darüber hinaus ist festzustellen, dass besonders der Schluss der Szene durch das Melden und der damit einhergehenden Orientierung an klaren Regeln sowie einem „reibungslosen" Ablauf ebenso wie durch das Frage-/Antwortspiel zwischen den Kindern und Lotta einen „schulischen Charakter" zeigt.

2.2 „Playing school" oder der vorschulischer Unterricht

Mir gegenüber wurde der vorschulische Unterricht „Playing school" genannt. Der zweiwöchige vorschulische Unterricht wurde in den Räumen der „starter class"[111] durchgeführt. Unterrichtet wurde in dieser Zeit von der sonderpädagogischen Lehre-

---

[111] Im Rahmen dieser Klasse werden Kinder unterrichtet, die nach Empfehlung der Ergebnisse eines Schulfähigkeitstests etwas mehr Zeit für den Übergang vom Elementar- in den Primarbereich benötigen (vgl. hierzu Cuhls & Panagiotopoulou in diesem Band).

rin dieser Klasse. Im Anschluss an den einstündigen Unterricht fand jeweils eine Nachbesprechung mit einer `kindergarten-teacher` im Stuhlkreis der Kindertagesstätte statt. Sie ließ sich von einem Kind dessen Arbeitsheft, das alle Kinder für ihre Hausaufgaben hatten, geben und sich die heutigen Aufgaben bzw. etwas zum Unterricht erklären. Die Kinder saßen um sie herum auf dem Boden und den Bänken.

> [...] Ella beginnt vor der Tafel ein A zu „hüpfen". Sie hüpft und stellt dann die Beine etwas weiter auseinander und hält einen Arm vor die Knie. Die Kinder machen es ihr nach. Es werden zwei Buchstaben hintereinander gehüpft – z.b. /A/ und /I/ – und die Buchstaben dabei laut gesagt. Das Tempo des Hüpfens wird so erhöht, dass die Kinder die Buchstaben immer schneller hintereinander sagen und schließlich die Buchstaben zusammenziehen – z.B. /AI/. [...] (21.2.2008, 9.00 Uhr)

Auch hier wird versucht, Kinder in die Welt der Literalität bzw. in die Welt der Buchstaben einzuführen. Diese Einführung findet allerdings ohne grafische Schriftzeichen statt. Das heißt: Die einzelnen Buchstaben werden während des Hüpfens in einer Art „Pantomime" dargestellt. Diese „Pantomime" wird dann wiederum einem Buchstabennamen/Laut zugeordnet. Zu beachten ist an dieser Stelle, dass die jeweiligen „Buchstaben" gehüpft wurden. Somit stellt sich die Frage welche Laute die Kinder tatsächlich während des Hüpfens gesagt haben – z.b. wird das „A" beim Hüpfen aufgrund des Ein- und Ausatmens vielleicht eher als „ha" gesprochen – zumal sie währenddessen gelacht haben?

In den „National curriculum guidelines on early childhood education" wird auf den Zusammenhang von Spiel und Lernen verwiesen:

> „Although children do not play in order to learn, they learn through play" (National curriculum guidelines on early childhood education 2004, S. 19).

Ebenso wird auch im „Kern-Curriculum für die Vorschulerziehung" auf ein aktives und zielorientiertes Lernen (vgl. Kern-Curriculum für die Vorschulerziehung 2000, S. 6) sowie auf den Aufbau des Lernens auf spielerischen Aktivitäten (vgl. ebd., S. 7) verwiesen. Darüber hinaus gehen die „National guidelines on early childhood education" auf den Spaß am Lernen ein (vgl. National curriculum guidelines on early childhood education 2004, S. 19). Vor diesem curricularen Hintergrund ist vermutlich die Umschreibung des vorschulischen Unterrichts mit „playing school" durch die „kindergarten-teacher" zu sehen. Es kann aus ihrer Perspektive angenommen werden, dass die Kinder auf eine spielerische Weise an die Schule und deren Alltag herangeführt werden sollen.

> [...] Ella nennt die Silbe eines Namens, z.B. /Ju/, und die Kinder ergänzen /Ju-ho/. Juho darf nun aufstehen und sich von der Assistentin eine kleine Schachtel, in der verschiedene Formen und Farben sind, abholen. Außerdem bekommen sie das Piktogramm einer Rutsche. Dann setzen sich die Kinder wieder und beginnen an ihren Tischen die Sachen zu inspizieren. Als alle ihr Kästchen und ihr Piktogramm vor sich auf dem Tisch liegen haben, legt Ella ein Rutschenpiktogramm auf den Projektor. Sie nennt eine Farbe und legt einen Ring dieser Farbe auf das obere Ende der Rutsche, einen Ring einer anderen Farbe auf das untere Ende. Die Kinder suchen aus ihrem Kästchen die entsprechende Form und Farbe und drapieren es in gleicher Weise auf ihrem Rutschenpiktogramm. Ella gibt nun den Anlaut des oberen Rings an (/a/), zieht diesen entlang der Rutsche runter zu dem zweiten Ring, der nun den zweiten Anlaut bildet (/s/). Sie spricht die Anlaute laut und deutlich aus. Die Kinder machen dies auf ihrem Platz nach. Sie

bewegen den oberen Ring immer schneller runter, so dass die Kinder die Laute zusammenziehen können und das Ergebnis in die Klasse rufen: „a...s...a...s...a.s...a.s...as". [...] (21.2.2008, 9.00 Uhr)

Im Rahmen dieser Szene wird durch ein Synthetisieren der Laute auf diese eingegangen. Im Gegensatz zu der vorherigen Szene ordnen die Kinder hier keine „Pantomime" einem Buchstaben zu, sondern eine Farbe einem Laut. Sie müssen daher zunächst die Farbe erinnern (bzw. diese zunächst einmal kennen) und sie dann in einem zweiten Schritt dem entsprechend genannten Laut zuordnen.

Durch das anfängliche Nennen der Anfangssilben der Namen wurde, neben dem Auseinanderziehen der Gruppe und dem mit der „Beschäftigung" aller Kinder einhergehenden ruhigeren Unterricht, auf das phonologische Bewusstsein der Kinder eingegangen.

Durch die Nachbesprechung des vorschulischen Unterrichts ist auf der institutionellen Ebene eine Kooperation zu erkennen. Darüber hinaus wird den Kindern, durch das Interesse der „kindergarten-teacher" an den Inhalten des vorschulischen Unterrichts, eine gewisse Relevanz und Wertschätzung des Angebots vermittelt.

2.3 Muttersprachlicher Unterricht

Der muttersprachliche Unterricht wurde für Kinder russischer Sprache angeboten. Eine muttersprachlich russische Kinderpflegerin führte das wöchentliche einstündige Angebot für drei Kinder durch. Auch in der übrigen Zeit sprach sie mit Kindern russischer Muttersprache ausschließlich Russisch.

> [...] Iida sitzt mit den Kindern um einen quadratischen Tisch. In der Mitte liegen verschiedene Tierbilder aus einer Fabel. Sie hält jedes Tierbild einzeln hoch, zeigt auf bestimmte Merkmale (z.B. den Kamm des Hahns) und benennt diese. Bevor sie die Merkmale benennt, fragt sie die Kinder nach deren Bezeichnung. Wenn kein Kind etwas in den Raum ruft, benennt Iida das gesuchte Merkmal und die Kinder wiederholen es leise. Nachdem sie alle Tierbilder auf diese Weise einmal durchgenommen haben, versteckt Iida sie unter der Tischdecke. Sie nimmt dann vorsichtig ein Bild heraus, deckt die Decke wieder auf und fragt nach dem fehlenden Tier. Die Kinder sitzen bzw. liegen auf dem Tisch und rufen die Lösungen in den Raum. Besonders Max beteiligt sich an dem Spiel, während die anderen beiden hauptsächlich auf den Tisch starren. Nachdem sie jedes Tierbild einmal verschwinden gelassen haben, holt Iida mehrere Dosen hervor und stellt sie auf den Tisch. Sie stellt eine Dose auf eines der Tierbilder und scheint zu fragen, wo sich das Tierbild nun befindet. Die Kinder versuchen gemeinsam einen Satz zu formulieren, indem jeder von ihnen einzelne Teile dazusteuert. Dies setzt Iida, nachdem die Kinder den Satz richtig formuliert haben, mit „auf, neben, hinter und drin" fort. [...] (15.2.2008, 10 Uhr)

Während dieser Szene geht es in der Hauptsache um die Unterstützung des Wortschatzes der Kinder. Es kann an dieser Stelle nicht abschließend geklärt werden, ob die Auseinandersetzung mit einer russischen Fabel auf die curricularen Grundlagen, die ein Hineinwachsen in die „eigene" Kultur benennen, oder auf den russischen Hintergrund der Kinderpflegerin zurückzuführen ist.

Während des zweiten Teils der Szene geht Iida auf Präpositionen sowie die russische Satzstruktur ein. Bei der Formulierung der Sätze können sich die Kinder untereinander helfen, so dass sie gemeinsam zur korrekten Lösung gelangen können. Gleichzeitig findet in diesem Zusammenhang auch ein Wortschatzaufbau statt.

> [...] Iida hält Piktogramme mit dem Bild eines Sonnenaufgangs, einer Sonne und einem Mond hoch und fragt die Kinder scheinbar nach der jeweiligen Tageszeit. Die Kinder liegen auf dem Tisch und rufen einzeln, wenn sie es wissen, das gesuchte Wort in den Raum. Im Anschluss hält sie Piktogramme der Wochentage in kyrillischer Schrift hoch. Sie legt sie, nachdem sie sie einmal deutlich vorgesprochen hat und die Kinder es nachgesprochen haben, auf den Tisch vor sich. Die Kinder sollen nun die Anzahl der Tage zählen und anschließend die einzelnen Tage benennen. Die Kinder zeigen bei der Nennung der Tage gezielt auf die jeweiligen Piktogramme – Iida nickt bei ihrer Nennung. [...] (22.2.2008, 9.30 Uhr)

Auch im Rahmen dieser Szene steht der Wortschatzaufbau im Mittelpunkt. Es handelt sich, wie auch in der vorherigen Szene, um alltägliche Worte. Gleichzeitig kommen die Kinder mit der kyrillischen Schrift in Kontakt. Im Unterschied zu den Szenen des „playing school" wird die Schriftsprache nicht durch einzelne Grapheme, sondern in kompletten Wörtern eingeführt. Es findet durch das Benennen der Wörter eine Wort-Schriftzeichen-Zuordnung statt, so dass vermutet werden kann, dass die Kinder diese Wörter nach mehrmaliger Übung als komplettes Wort verinnerlicht haben und diese dann wieder erkennen können.

2.4 Kielkerho („finish lesson")

Dieses Angebot für Kinder mit Migrationshintergrund findet einmal wöchentlich im Anschluss an den Stuhlkreis statt. Es wird jeweils eigenverantwortlich von der „kindergarten-teacher" der Untergruppe organisiert und durchgeführt und orientiert sich damit an den Bedürfnissen des jeweiligen Kindes.

Bevor die „finish lesson" beginnt, wird ein Spiel gespielt, um die Kinder der bevorstehenden „finish lesson" von den übrigen Kindern zu trennen. Während sich einige Kinder vor der Gruppentür umziehen und dann nach draußen zum Spielen gehen, spielen die übrigen Kinder weiter. Im Verlauf des Spiels verlassen jeweils einzelne Kinder den Raum, so dass am Ende nur noch das Kind der „finish lesson" im Raum zurückbleibt.

> [...] Aleksandar sitzt mit Laura am Kopf des Gruppentischs. Vor ihm liegen verschiedenfarbige Stifte und ein Blatt. Laura hebt jeden Stift kurz an und fragt Aleksandar nach der jeweiligen Farbe. Er kann bis auf braun und lila alle Farben sofort benennen. Er spricht leise und schaut nicht nach oben. Nachdem er alle Farben einmal benannt hat, liest Laura jeweils einen Satz vor. Hierin kommt sowohl eine Farbe als auch die Ortsbeschreibung (vor, hinter, neben, drunter, drüber,...) eines Balls vor. Aleksandar soll nun die beschriebene Situation auf seinem Blatt suchen und den Ball in der entsprechenden Farbe bemalen. Laura liest jeden Satz zweimal langsam und deutlich vor. Beim ersten Mal nimmt sich Aleksandar die entsprechende Farbe, beim zweiten Mal sucht er nach dem richtigen Bild. Den Stift nimmt er sich jedes Mal zügig vor. Dann schaut er scheinbar konzentriert auf die Bilder und beginnt sie auszumalen. Als er alle Bilder ausgemalt hat, soll er seinen Namen auf das Bild schreiben. Nachdem er fertig ist, fragt Laura ihn nach den einzelnen Buchstaben seines Namen. Er benennt das /A/ sofort. Nachdem er keinen weiteren Buchstaben benennt, spricht Laura seinen Namen langsam, mit der Betonung auf dem jeweiligen Buchstaben, aus. Aleksandar nennt daraufhin den Buchstaben leise fragend und guckt auf sein Blatt. [...] (31.3.2008, 9.15 Uhr)

Zunächst ist festzuhalten, dass sich das anfängliche Spiel ebenso wie die „finish lesson" an sich, in einem Spannungsverhältnis von Integration und Selektion der Kinder mit Migrationshintergrund bewegt, da die übrigen Kinder während dieser Zeit gemeinsam spielen. Dennoch kann angenommen werden, dass es den übrigen Kindern nicht bewusst ist, dass das jeweilige Kind fehlt, da sie während der ganzen Zeit beschäftigt sind. Offen bleibt jedoch, ob Aleksandar dieses „Spiel" sowie die sich anschließende Übung als Stigmatisierung empfindet.

Im Mittelpunkt dieses Angebots hat sowohl der Wortschatzaufbau als auch das Hörverständnis von Aleksandar gestanden. Neben den Präpositionen, die sicherlich im Fokus standen, wurden gleichzeitig die Farben „durchgenommen". Laura hat sich auf diese Weise ein Bild über Aleksandars Kompetenzen in diesem Bereich gemacht und kann das Ergebnis für weitere Angebote berücksichtigen.

Die beobachtete „finish lesson" ist eine individuelle Förderung, da Aleksandar das einzige Kind mit Migrationshintergrund in seiner Untergruppe war. Auch die „finish lessons" der anderen „kindergarten-teacher" wurden mit maximal zwei Kindern durchgeführt. Es kann angenommen werden, dass aufgrund dieser kleinen Gruppen eine Orientierung an den Kindern und ihren jeweiligen Bedürfnissen ermöglicht wird.

Zum Schluss geht Laura auf Aleksandars Namen ein. Diesen soll er zunächst schreiben und im Anschluss die einzelnen Buchstaben benennen. Laura geht damit auf Aleksandars Kompetenzen, Buchstabennamen zu benennen, ein. Durch das langsame und deutliche Vorsagen seines Namens verdeutlicht sie ihm die einzelnen Buchstaben, so dass er diese erkennen und benennen kann. Mit dieser Übung wird somit sowohl auf das phonologische Bewusstsein wie auch auf die Buchstabennamen eingegangen.

3   Zusammenfassender Ausblick

Lediglich 1,3% der finnischen SchülerInnen sprechen zu Hause eine andere als die finnische bzw. schwedische Sprache (vgl. van Ackeren & Klemm 2004, S. 103). Dennoch wird in Finnland, mit einem MigrantInnenanteil von nur 2%, in allen hier genannten Curricula auf das Thema „Kinder mit Migrationshintergrund" verwiesen. Damit werden die gleichen Bildungschancen zwischen Kindern mit und ohne Migrationshintergrund hervorgehoben. Die Ergebnisse der internationalen PISA-Studie von 2000 zeigten, dass die Lesekompetenz von Kindern mit Migrationshintergrund in Finnland signifikant höher ist als der PISA-Durchschnittswert (vgl. van Ackeren & Klemm 2004, S. 103) und dass es darüber hinaus einen geringeren Einfluss des familiären sozio-ökonomischen Status auf die schulischen Leistungen der Kinder gibt (vgl. Linnakylä & Välijärvi 2003, S. 2). Diese Ergebnisse lassen vermuten, dass die finnische Bildungspolitik mit den dargestellten wie auch weiteren Maßnahmen einen erfolgreichen Weg zur Ermöglichung gleicher Bildungschancen von Kindern mit und ohne Migrationshintergrund beschritten hat.

Verbindet man die eingangs beschriebenen Rahmenbedingungen mit den dargestellten Beobachtungen, so können im Zusammenhang der zu Beginn erwähnten Fragen, auf der praktischen Ebene, folgende Charakteristika des beobachteten vorschulischen Angebots festgehalten werden:

Eine Förderung oder Unterstützung der Kinder beginnt frühzeitig, d.h. vor dem Schuleintritt. Hierfür stehen sowohl Angebote für alle VorschülerInnen (z.B. das Vorlesen oder der vorschulische Unterricht) sowie auch spezifische Angebote für Kinder mit Migrationshintergrund (z.B. die „finish lesson" oder der muttersprachliche Unterricht) zur Verfügung.

Die beschriebenen Angebote zur Literalitätsförderung, wie sie sowohl beim Vorlesen als auch im Rahmen des vorschulischen Unterrichts zu sehen waren, beziehen sich in der Hauptsache auf eine Buchstaben-Laut-Zuordnung. Die Schreibung der Buchstaben wird dabei nicht berücksichtigt, so dass von einer klaren Teilung zwischen den Aufgaben der Vorschule und denen der Schule auszugehen ist. Durch diese Aufgabenteilung ist von einer Anschlussfähigkeit der Vorschule „nach oben", d.h. an die Schule, auszugehen und damit von einer gezielten Vorbereitung auf die Schule. Diese Vorbereitung auf die Schule findet sich nicht nur im Rahmen des skizzierten vorschulischen Unterrichts wieder, sondern, aufgrund der Perspektive des zusammenhängenden Ganzen, auch in der alltäglichen Arbeit der Kindertagesstätte. So werden beispielsweise im Rahmen von Angeboten für alle Vorschulkinder die Zahlen bis 10 sowie Additionsaufgaben in diesem Bereich durchgeführt und durch eine Mal- und Schreibecke Möglichkeiten zum Schreiben gegeben.

Im Vordergrund steht bei allen Angeboten, sowohl das spielerische Lernen wie auch der Spaß am Lernen – wie es beispielsweise in den Szenen des vorschulischen Unterrichts zu sehen war. Durch diese Angebote sollen die Kinder vermutlich an schulische Inhalte herangeführt werden. Dies stellt eine Verbindung zu den curricularen Vorgaben der frühkindlichen Bildung und Erziehung dar und dient gleichzeitig einer Vorbereitung auf die Schule.

Kindern mit Migrationshintergrund werden verschiedene Literalitätserfahrungen in der Erst- und Zweitsprache ermöglicht. Hervorzuheben ist, dass es sich zum einen um in den Alltag eingebettete Angebote, wie beispielsweise das Vorlesen, handelt, sowie zum anderen um gezielte Unterstützungsangebote für Vorschulkinder bzw. Kinder mit Migrationshintergrund, wie beispielsweise der vorschulische Unterricht oder die „finish lessons".

Neben dem Zweitspracherwerb wird auch (wenn die Rahmenbedingungen es zulassen) die Erstsprache der Kinder unterstützt, so dass diese eine Wertschätzung erfährt. Das Angebot einer regelmäßigen Unterstützung der Muttersprache existiert in der beobachteten Einrichtung lediglich für Kinder russischer Sprache. Es ist in diesem Zusammenhang anzumerken, dass die Gruppe der russischen MigrantInnen mit einer Zahl von 26.200 die größte Gruppe in Finnland darstellt (vgl. FIS 2007) – auch in der beobachteten Gruppe finden sich zum großen Teil Kinder mit russischem Migrationshintergrund.

Es lässt sich auf der Basis der gewonnenen Erkenntnisse zu den strukturellen und curricularen Vorgaben in Finnland sowie darüber hinaus den Forschungsergebnissen aus der pädagogischen Praxis der beobachteten Einrichtung folgern, dass mit vorschulischen Angeboten versucht wird, die gleichen bzw. ähnlichen Startchancen beim Schuleintritt zwischen den Kindern zu gewährleisten. Die Frage, ob dadurch der Übergang in die Schule für Kinder mit Migrationshintergrund erleichtert wird sowie die Frage, ob und wenn ja, welche Angebote den an der Studie beteiligten Kindern nach ihrer Einschulung gemacht werden, waren für die weiteren Feldphasen in der finnischen Schule zentral.

Literatur

Cuhls, Anna R. (2007): Umgang mit Heterogenität und Förderung von Literalität am Schulanfang in der finnischen Einheitsschule. Examensarbeit. Universität Koblenz-Landau (unveröffentlichte Arbeit).

Döbert, Hans / Klieme, Eckhard / Sroka, Wendelin (2004): Conditions of school performance in seven countries. A quest for understanding the international variation of PISA results. Münster: Waxmann.

Finnish Immigration Service (FIS) (2008): Number of foreign citizens in Finland 1990-2007. URL: www.migri.fi/download.asp?id=foreign+citizens+in+finland;1340;%7B519ca7e0-19e8-409f-b0f2-da9816f4be0, Abruf: 3.12.2008.

Finnisch National Board of Education (FNBE) (2004): National Core Curriculum for Basic Education 2004. National core curriculum for basic education intended for pupils in compulsory education. URL: http://www.oph.fi/ops/english/POPS_net_new_1.pdf, Abruf: 3.12.2008.

Finnisches Zentralamt für Unterrichtswesen (FZFU): Das Bildungsangebot für Migranten in Finnland. URL: http://www.edu.fi/maahanmuuttajat/esite/OPH_maahanmuu.ajaesite_-devalmis.pdf, Abruf: 1.12.2008.

Hortsch, Wiebke (2009): Der Umgang der finnischen Vorschule mit der Heterogenität der Kinder. In: Röhner, Charlotte / Henrichwark, Claudia / Hopf, Michaela (Hrsg.): Europäisierung der Bildung. Konsequenzen und Herausforderungen für die Grundschulpädagogik. Wiesbaden: VS-Verlag, S. 113-117.

Kern-Curriculum für die Vorschulerziehung (2000): URL: http://www.brandenburg.-de/media/lbm1.a.1231.de/curriculum_vorschule_finnland.pdf, Abruf: 04.10.2008.

Linnakylä, Pirjo / Välijärvi, Jouni (2003): ‚Finnish students' performance in PISA – Why such a success? URL: http://www.oph.fi/info/finlandinpisastudies/conference2005/joun-ivalijarvi.doc, Abruf: 10.12.2008.

Linnaylä, Pirjo (2004): Finland. In: Döbert, Hans / Klieme, Eckhard / Sroka, Wendelin (Hrsg.): Conditions of school performance in seven countries. A quest for understanding the international variation of PISA Results. Münster: Waxmann, S. 150-218.

Ministry of social affairs and health (MSAH) (2003): Concerning the national policy definition on early childhood education and care. Helsinki.

National curriculum guidelines on early childhood education (2004): URL: http://var-ttua.stakes.fi/NR/rdonlyres/78BC5411-F37C-494C-86FA-BE409294709B/0/e_vasu.pdf, Abruf: 04.10.2008.

Panagiotopoulou, Argyro / Graf, Kerstin (2008): Umgang mit Heterogenität und Förderung von Literalität im Elementar- und Primarbereich im europäischen Vergleich. In: Hofmann, Bernhard / Valtin, Renate (Hrsg.): Checkpoint Literacy. Tagungsband zum 15. Europäischen Lesekongress 2007 in Berlin. Berlin: Deutsche Gesellschaft für Lesen und Schreiben, S. 110-122.

Van Ackeren, Isabell / Klemm, Klaus (2004): Integration of students with a migration background. In: Döbert, Hans / Sroka, Wendelin: Features of successful school systems. A comparison of schooling in six countries. Münster: Waxmann, S. 99-110.

Nadine Christmann & Kerstin Graf

Sprachliche Förderung für Vorschulkinder mit Migrationshintergrund in Deutschland und Luxemburg

1 Einführung

In diesem Beitrag werden Alltagsszenen zur Sprachförderung in vorschulischen Einrichtungen in Deutschland und Luxemburg dargestellt und vergleichend analysiert. Die zu Grunde liegenden ethnographischen Feldstudien sind im Rahmen des Forschungsprojektes „Heterogenität und Literalität im Übergang vom Elementar- in den Primarbereich im europäischen Vergleich" (HeLiE) angesiedelt[112].

Jede der beteiligten Teilstudien verfolgt die Zielsetzung des Projektes – Rahmenbedingungen und Alltagspraxis sprachlicher Bildung im Kontext von unterschiedlichen Bildungseinrichtungen exemplarisch und institutionenübergreifend zu untersuchen – unter einem eigenen Blickwinkel. So werden in Luxemburg der Umgang mit Mehrsprachigkeit im Alltag der Vorschule sowie die Integration und Bildungschancen der Kinder mit Migrationshintergrund fokussiert. In Rheinland-Pfalz steht die Sprachförderung und im Speziellen die „Deutsch als Zweitsprache-Förderung" in der Kindertagesstätte im Mittelpunkt. Beiden Teilstudien ist neben der beschriebenen Zielsetzung gemeinsam, dass vier bzw. sechs Kinder mit Migrationshintergrund beim Übergang vom Elementar- zum Primarbereich sowie während des ersten Schuljahres begleitet wurden. Im vorliegenden Artikel wird der pädagogische Alltag der Vorschuleinrichtungen und ihr Umgang mit der sprachlichen Heterogenität der Kinder thematisiert. Obwohl sich mit Luxemburg und Deutschland (Rheinland-Pfalz) zwei „Pisa-Verlierer" mit vergleichbaren Resultaten hinsichtlich der Bildungschancen von Kindern mit Migrationshintergrund gegenüberstehen (vgl. z.B. Pisa-Konsortium Deutschland 2007), bringt die ethnographische Feldforschung in einzelnen Institutionen völlig unterschiedliche Gestaltungsweisen des pädagogischen Alltags zum Vorschein, wie im Folgenden aufgezeigt wird.

In einem ersten Schritt werden die Forschungsfelder in Luxemburg und Rheinland-Pfalz kurz vorgestellt (2), bevor Unterschiede in den Alltagspraktiken der pädagogischen Felder anhand ausgewählter Szenen aus den Beobachtungsprotokollen der Autorinnen exemplarisch dargestellt und erläutert werden (3). Abschließend sollen mögliche Konsequenzen hinterfragt werden (4).

2 Die Forschungsfelder der Teilstudien in Luxemburg und Rheinland-Pfalz

2.1 „Umgang mit Mehrsprachigkeit" – die Teilstudie in Luxemburg

Luxemburg grenzt als zweitkleinster Staat der europäischen Union an Deutschland, Frankreich und den französischsprachigen Teil Belgiens an. Auf 2586 km^2, einer Fläche, die mit der Größe des Saarlandes vergleichbar ist, leben dort aktuell rund 500.000 Menschen, von denen rund 44% eine andere als die luxemburgische Staats-

---

[112] Zum Forschungsprojekt siehe den Beitrag von Cuhls & Panagiotopoulou in diesem Band.

bürgerschaft haben (vgl. ECPL 2008). Die stärkste Migrantengruppe stellen die Portugiesen mit ca. 17% der Gesamtbevölkerung dar, weitere große Gruppen bilden die Franzosen (ca. 6%) sowie die Italiener (ca. 4%) (vgl. ebd.). Insgesamt sind in Luxemburg heute mehr als 170 Nationalitäten vertreten. In der Regel sprechen die Luxemburger „Letzebuergesch", einen moselfränkischen Dialekt mit französischsprachigen Einflüssen. Neben Französisch und Deutsch stellt dieser die dritte offizielle Landessprache dar. Auch das luxemburgische Bildungssystem ist, der Dreisprachigkeit des Landes entsprechend, mehrsprachig organisiert. Hauptschwerpunkte der Vorschulerziehung, die für 4- bis 6-Jährige obligatorisch ist, liegen im Erwerb und der Förderung des Luxemburgischen (vgl. MEN 1991, S. 42ff). Begründet wird diese Schwerpunktbildung mit der hohen Bedeutung von Kenntnissen in der luxemburgischen Sprache für das Erlernen des Deutschen ab dem ersten Grundschuljahr. Orientiert an einem vom Erziehungsministerium entwickelten Fibel-Lehrgang, erfolgt in der ersten Klasse für alle Kinder ein systematischer Schriftspracherwerb in deutscher Sprache. Neben der schrittweisen Einführung der einzelnen Buchstaben (vgl. Letsch, Reding & Vanolst o.J., S. 17) kommt dort auch eine Anlauttabelle zum Einsatz, die von deutschen Begriffen ausgeht (vgl. ebd., S. 13ff.). Ab der zweiten Klasse erhalten die Kinder zusätzlich Französischunterricht. Luxemburgisch wird als Unterrichtsfach lediglich noch mit einer Wochenstunde unterrichtet (vgl. MEN 1989, S. 17 ff.).

Die für die ethnographische Feldstudie ausgewählte Vorschule befindet sich in einem Vorstadtviertel mit schwacher Sozialstruktur und einem Migrantenanteil von etwa 66%[113]. Entsprechend dieser heterogenen Struktur des Einzugsgebietes setzt sich die Vorschulklasse aus Kindern sechs unterschiedlicher Nationalitäten zusammen, die fünf verschiedene Erstsprachen sprechen. Zwei der Kinder sind luxemburgischer, sieben Kinder portugiesischer und zwei Kinder italienischer Abstammung. Ein Junge stammt aus dem Kosovo, ein Mädchen aus England und ein weiteres Mädchen hat eine griechische Mutter und einen holländischen Vater. Als Erstsprachen sprechen diese Kinder Albanisch, Englisch, Italienisch, Luxemburgisch und Portugiesisch[114]. Die Vorschullehrerin ist Luxemburgerin.

2.2 „Sprachförderung von Kindern mit Migrationshintergrund" – die Teilstudie in Rheinland-Pfalz

Das Bundesland Rheinland-Pfalz (19.853 km^2) ist ca. achtmal so groß wie das Großherzogtum Luxemburg. Entsprechend verhält sich auch die Einwohnerzahl: 2007 lebten in Rheinland-Pfalz etwa achtmal so viele Menschen (4.045.643). 18% der Bevölkerung des Bundeslandes hat einen Migrationshintergrund. Damit liegt Rheinland-Pfalz etwas unter dem Bundesdurchschnitt (18,7%). Von den rheinlandpfälzischen Einwohnern mit Migrationshintergrund haben 10,2% die deutsche Staatsbürgerschaft, 7,8% eine ausländische Staatsangehörigkeit. Unter den Auslän-

---

[113] Diese Informationen wurden von der Stadt Luxemburg (Stand 2007) sowie vom luxemburgischen statistischen Amt STATEC (Stand 2001) freundlicherweise zur Verfügung gestellt.

[114] Auf Quellenangaben wird an dieser Stelle verzichtet, um die Anonymität aller an der Studie beteiligten Personen zu gewährleisten.

derinnen und Ausländern in Rheinland-Pfalz ist 2007 die türkische Staatsbürger-schaft mit 23,7% am häufigsten vertreten, gefolgt von der italienischen (9,2%) und der polnischen (7,2%) (vgl. Statistisches Landesamt Rheinland-Pfalz).

In der für die ethnographische Studie ausgewählten rheinland-pfälzischen Stadt liegt der Anteil an Menschen mit Migrationshintergrund bei 24%. Der Stadtteil, in dem sich die an der Untersuchung beteiligte Kindertagesstätte befindet, hat ca. 6000 Einwohner, von denen 47% einen Migrationshintergrund haben. In der Kindertages-stätte gibt es 21 Nationalitäten, 68% der Kinder stammen aus Migrantenfamilien, hauptsächlich aus der Türkei, der Russischen Föderation und aus Pakistan. Diese Zusammensetzung spiegelt sich auch in der über fünf Monate hinweg beobachteten Vorschulkindergruppe wider: Von den 24 Kindern haben 17 einen Migrationshin-tergrund; vertreten sind 9 verschiedene Nationalitäten. Die zwei Erzieherinnen der Gruppe (Frau C. und Frau D.) sind deutschstämmige Aussiedlerinnen aus Polen bzw. Russland; die zwei für die Sprachförderung in der Gruppe zuständigen Päda-goginnen (Frau A. und Frau B.) sind gebürtige Deutsche[115].

3 Heterogenität und sprachliche Förderpraxis im pädagogischen Alltag der unterschiedlichen Bildungssysteme

Wie einleitend bereits dargestellt, sollen im Rahmen dieses Beitrags die unterschied-lichen Umgangsweisen mit Heterogenität und Mehrsprachigkeit im Alltag der be-schriebenen Vorschuleinrichtungen dargestellt werden. Dazu werden im Folgenden exemplarisch ausgewählte Szenen aus den Beobachtungsprotokollen der Autorinnen dargestellt und verglichen sowie ihre zentralen Unterschiede analysiert.

3.1 Institutionelle Mehrsprachigkeit versus Einsprachigkeit in der Vorschule

Ausgehend von der multilingualen Gesellschaft und der heterogenen Zusammenset-zung der Gruppe ist das Vorhandensein institutioneller Mehrsprachigkeit in der beobachteten Vorschulklasse in Luxemburg unmittelbar zu erwarten. Inwieweit diese Mehrsprachigkeit jedoch tatsächlich Eingang in den pädagogischen Alltag findet, soll anhand eines Protokollausschnitts vom 17.05.07 exemplarisch dargestellt werden.

Vor dem gemeinsamen Frühstück findet in der Klasse täglich eine kurze Ruhephase statt, bei der die Kinder an ihren Plätzen sitzen und sich, den Kopf auf ein Kissen abgelegt, mit geschlossenen Augen für einige Augenblicke ganz ruhig verhalten sollen.

> [...] Die Lehrerin beendet die Ruhephase, indem sie ankündigt, heute wieder ein deut-sches Lied vorzuspielen. Dabei steht sie vor dem Regal mit der Musikanlage und hält die entsprechende CD in der Hand. Einige Kinder schauen spontan in meine Richtung und Carlotta[116] fragt mich auf Luxemburgisch, ob ich die CD mitgebracht habe. Ich schüttele den Kopf und deute in Richtung der Lehrerin. Diese erklärt, dass es sich um die gleiche CD handele, die sie bereits vorher schon mehrfach gehört haben. Carlotta

---

[115] Auf Quellenangaben wird an dieser Stelle verzichtet, um die Anonymität aller an der Studie beteiligten Personen zu gewährleisten.
[116] Carlotta ist portugiesischer Abstammung.

nickt und die Lehrerin spielt das Lied „Guten Morgen" ab. Die Kinder hören zu, einige versuchen zaghaft mitzusingen. Carlos[117] verfolgt die verschiedenen Strophen des Liedes schweigend, beim Refrain singt er leise mit. Er beherrscht den Text, singt aber langsamer und auf einem gleich bleibenden Ton. Als das Lied zu Ende ist, lächelt er. Die Lehrerin sagt: „Elo können mir eis ach op däitsch begréissen!" („Jetzt können wir uns auch auf Deutsch begrüßen!"). Einige Kinder rufen spontan: „Guten Morgen!". Carlos hebt plötzlich die Hand und wird daraufhin von der Lehrerin angesprochen. Er sagt: „Op Portugesesch heescht et Bom dia." („Auf Portugiesisch heißt es Bom dia."). „Ah, prima", antwortet die Lehrerin. Maria ergänzt: „An op Italienesch heescht et buon giorno." („Und auf Italienisch heißt es buon giorno."). „An op Englesch?" („Und auf Englisch?"), fragt die Lehrerin nach. Dabei schaut sie Angie[118] an. „Hello", antwortet diese nach kurzem Zögern und die Lehrerin lächelt. Dann wendet sie sich Faruk zu und fragt ihn, was „Guten Morgen" auf Albanisch heiße[119]. Der Junge antwortet leise: „Mirëdita". Carlos verfolgt dieses Gespräch aufmerksam: Er ist bis zur Vorderkante seines Stuhls vorgerückt und blickt mit weit geöffneten Augen zwischen den am Gespräch beteiligten Kindern hin und her. Die anderssprachigen Äußerungen der Kinder spricht er leise nach. Er lächelt. „Wat soen mir dann op Lëtzebuergesch?" („Was sagen wir denn auf Luxemburgisch?"), fragt die Lehrerin abschließend. „Gudde Mojen!", rufen die Kinder.[120] [...]

Die hier dargestellte Szene wird von der Lehrerin durch die Präsentation eines Liedes in deutscher Sprache eingeleitet. Der Rahmenplan für die Vorschule benennt zwar die Verbindung der luxemburgischen zur deutschen Sprache und schlussfolgert ihre Bedeutung für einen erfolgreichen Schriftspracherwerb im ersten Schuljahr, eine vorbereitende, aktive Auseinandersetzung mit der deutschen Sprache wird dort jedoch nicht explizit gefordert. Dass die Lehrerin dennoch bewusst fremdsprachliche Elemente in den pädagogischen Alltag einfließen lässt, kann – im Hinblick auf die anstehende Einschulung der älteren Kinder der Gruppe – als *Beitrag zur sprachlichen Anschlussfähigkeit beim Übergang vom Elementar- in den Primarbereich* interpretiert werden. Bemerkenswert erscheint an dieser Stelle die spontane Reaktion der Kinder: Obwohl ihnen die CD bereits bekannt ist, bringen sie in dieser Situation das deutschsprachige Lied mit mir (N. Chr.), der Deutschen, in Verbindung. Es scheint, als sei ihnen bewusst, dass es sich dabei um meine Erstsprache handelt. An späterer Stelle wird sich zeigen, dass das *Einbringen von Beiträgen in der eigenen Erstsprache* als gewohnte Praxis der Gruppe etabliert ist und so möglicherweise die Annahme der Kinder angeregt hat.

Als die Lehrerin das Lied dann abspielt, verfolgen es die Kinder aufmerksam und versuchen, dabei mitzusingen. Es wird deutlich, dass sie keine Scheu vor dem Kontakt mit einer Fremdsprache haben, sondern dieser interessiert und aufgeschlossen begegnen. Im Anschluss begründet die Lehrerin das Einbinden des Liedes in den Unterrichtsalltag, indem sie erklärt, welcher praktische Nutzen für die Gruppe damit verbunden sei. Indirekt vermittelt sie so, dass das Beherrschen unterschiedlicher Sprachen von Vorteil und der Erwerb fremdsprachlicher Kenntnisse ein Gewinn ist. Die Kinder bestätigen diese Erklärung, indem sie die erworbene Redewendung in

---

[117] Carlos ist ebenfalls portugiesischer Abstammung.
[118] Angies Erstsprache ist Englisch.
[119] Faruk stammt aus dem Kosovo und spricht als Erstsprache Albanisch.
[120] Protokollantin Nadine Christmann, Datum: 17.05.2007.

der Fremdsprache wiederholen. Carlos ergänzt anschließend aus Eigeninitiative heraus die Übersetzung in seine Erstsprache Portugiesisch, was von der Lehrerin wiederum lobend bestätigt wird. So zeigt sich zum einen, dass der Junge aktiv Bezüge zwischen der Fremdsprache und seinem eigenen Sprachenrepertoire herstellen und Rückschlüsse auf seine Erstsprache ziehen kann. Nicht nur er, sondern im Anschluss ist auch Maria bereit, diese Fähigkeiten in das Gespräch einzubringen. Die Reaktion der Lehrerin macht deutlich, dass im Rahmen der von ihr geplanten Sprachaktivität auch eigene Beiträge der Kinder zugelassen und bereitwillig aufgegriffen werden. Diese Alltagspraxis ist in der Klasse häufig zu beobachten und wohl eine der Ausgangsvoraussetzungen für die Motivation der Kinder, sich tatsächlich immer wieder mit eigenen Beiträgen einzubringen. Auch die Erstsprachen derjenigen Kinder, die sich nicht von sich aus melden, werden erfragt. Die Tatsache, dass Angies nicht-wörtliche Übersetzung unkorrigiert bleibt, lässt dabei die These zu, dass in diesem (von den Kindern angeregten) Gesprächszusammenhang die *Präsenz vorhandener Mehrsprachigkeit gegenüber wortgenauen Übersetzungen von höherer Bedeutung* ist. Erwähnenswert scheint dabei außerdem, dass die Lehrerin auch diejenigen Kinder bewusst auf ihre Übersetzung anspricht, die sich nicht aus eigenem Antrieb einbringen, wie hier Faruk. Indem sie gezielt seine Kenntnisse in der Erstsprache erfragt, fordert sie ihn dazu auf, sein spezielles sprachliches Wissen einzubringen. Vor dem Hintergrund der Tatsache, dass sie selbst diese Sprache nicht (oder nur in Auszügen) beherrscht, tritt er so nicht nur gegenüber seinen MitschülerInnen als Experte seiner Sprache hervor, sondern auch gegenüber ihr selbst.

Carlos Erstsprache ist durch den eigenen Beitrag bereits zu Anfang Thema gewesen – inzwischen stehen Sprachen im Gesprächsmittelpunkt, die nicht zu seinem unmittelbaren Sprachenrepertoire gehören. Dass er das Gespräch dennoch weiter aufmerksam verfolgt, zeigt seine Offenheit gegenüber Sprachen, die auch in weiteren relevanten vergleichbaren Situationen beobachtbar war. Indem er die anderssprachigen Äußerungen der MitschülerInnen leise nachspricht, verdeutlicht er außerdem ein Interesse daran, sich aktiv mit weiteren Sprachen zu beschäftigen. Dies kann als Resultat der bereits beschriebenen, von der Lehrerin geschaffenen Rahmenbedingungen gewertet werden, innerhalb derer das Beherrschen von und die Beschäftigung mit Sprachen positive Konnotation erfahren. Nachdem alle vorhandenen Erstsprachen der Kinder Eingang gefunden und auf diese Weise die individuellen Kompetenzen der Kinder Würdigung erfahren haben, führt die Lehrerin die Gruppe abschließend wieder zusammen, indem sie auf *das alle verbindende Element der gemeinsamen Zweitsprache Luxemburgisch* zurück lenkt. Wie die Kinder die abschließende Frage nach dem luxemburgischen Ausdruck beantworten, zeigt, dass sie sich trotz individueller Sprachenbiografien als Teil einer Gruppe verstehen, die durch die luxemburgische Sprache miteinander verbunden ist.

Zusammenfassend kann man die *Sprachpraxis innerhalb dieser Vorschulklasse* so als *gelebte Mehrsprachigkeit* bezeichnen, in der Sprachkenntnisse als besondere Fähigkeit gewürdigt werden und die Auseinandersetzung mit unterschiedlichen

Sprachen als interessant und erwünscht erscheint[121]. Gleichzeitig wird die gemeinsame *Zweitsprache* nicht nur als *Verständigungsmittel* betrachtet, sondern gewinnt als *gemeinsamer Bezugsrahmen* einen besonderen Stellenwert.

Ein ganz anderes Bild ergibt sich in der Kindertagesstätte in Rheinland-Pfalz. Zwar fordern die Bildungs- und Erziehungsempfehlungen für Kindertagesstätten in Rheinland-Pfalz „den respektvollen Umgang mit anderen Sprachen [...] und die Wertschätzung der unterschiedlichen Erstsprachen der Kinder und Familien" (MBFJ 2004a, S. 42) und weisen darauf hin, dass die sichere Beherrschung und Akzeptanz der Erstsprache im sozialen Umfeld eine grundlegende Voraussetzung für die kindliche Entwicklung und sein Lernen ist (vgl. ebd., S. 40), doch kommunizieren die Kinder der beobachteten Gruppe nur selten in ihren Erstsprachen und werden dazu auch nicht ermutigt, obwohl viele von ihnen Schwierigkeiten haben, sich und ihre Bedürfnisse in der Zweitsprache Deutsch auszudrücken.

> [...] Zanib und Maira sitzen zu zweit am Frühstückstisch. Gemütlich essen sie ihre Brote und unterhalten sich angeregt auf Urdu. Mergim, ein armenischer Junge, der ziellos im Gruppenraum umhergeht, fordert die beiden mehrfach auf: „Deutsch reden!" Die beiden lassen sich davon nicht beirren, bis Mergim fast schreit: „Deutsch reden!" Nun schaut Zanib auf und sagt ihm, dass sie „schon sechs" sei. Dann beginnen Maira und Zanib ihre Frühstückssachen einzupacken.[122] [...]

Situationen wie diese, in der die Kinder sich in ihrer Erstsprache austauschen, machen indes deutlich, wie sicher sie sich miteinander verständigen können. Dies fällt vor allem bei Maira auf, die im Deutschen über einen geringen Wortschatz verfügt, Lautbildungsschwierigkeiten zeigt und eine von der Zielsprache noch weit entfernte Lernersprache spricht, die häufig kaum verständlich ist. Mergim ist das einzige Kind der Gruppe, das Armenisch spricht. Möglicherweise sucht er Anschluss, würde gerne mit den beiden Mädchen kommunizieren, denn er geht im Gruppenraum umher, als wisse er nicht genau, womit er sich beschäftigen soll. Dadurch, dass die Mädchen auf Urdu sprechen, ist er von der Unterhaltung ausgeschlossen, würden sie Deutsch reden, könnte er sich in das Gespräch einklinken. Offensichtlich ist das aber von Maira und Zanib nicht erwünscht, denn sie wechseln die Sprache nicht. Als Mergims Einmischung so massiv wird, dass sie für Zanib nicht mehr zu ignorieren ist, antwortet sie ihm zwar auf Deutsch, in der gemeinsamen Umgebungssprache, blockt ihn aber ab, indem sie ihm mitteilt, dass sie „schon sechs" sei, was so viel heißt wie: „Du hast mir gar nichts zu sagen, denn du bist jünger als ich."[123] Dennoch fühlen sich die zwei Mädchen anscheinend durch Mergim bei ihrem gemütlichen Frühstück so gestört, dass sie das Feld räumen.

Während dieser kurzen Szene sitzt die Erzieherin Frau C. am Nachbartisch und füllt Formulare aus. Sie greift weder ein, noch spricht sie mit Mergim später am Vormittag über die Situation. Dies lässt zwar die Vermutung zu, dass sie die Verwendung

---

[121] Hierzu vgl. auch Christmann & Sunnen 2008, S. 130ff.
[122] Protokollantin Kerstin Graf, Datum: 16.05.2007.
[123] Tatsächlich ist Mergim zwei Monate jünger als Zanib und viel kleiner als Zanib. Doch er ist zum Beobachtungszeitpunkt auch sechs Jahre alt. Dennoch weist er Zanib nicht darauf hin.

der Erstsprachen im institutionellen Alltag akzeptiert. Aufgrund ihrer Zurückhaltung sowie auf der Basis weiterer Beobachtungen kann aber angenommen werden, dass die Mehrsprachigkeit der Kinder, entgegen den Hinweisen in den Bildungs- und Erziehungsempfehlungen (vgl. ebd., S. 42), keine *explizite Wertschätzung* durch das pädagogische Personal der an der Feldstudie beteiligten Gruppe erfährt[124]. Eine, diese Vermutung stützende Szene wurde während der letzten Deutsch als Zweitsprache-Fördereinheit beobachtet:

> [...] Frau A. lobt die vier Kinder, die heute teilnehmen, dass sie ganz viel und ganz schön schnell Deutsch gelernt haben. „Ma – Mama sagt, ich kann Deutsch", bestätigt Maira. Frau A. stimmt ihr zu: „Du kannst Deutsch und der Ugo kann Deutsch und der Mehmet und die Kevser." „Ich kann auch Französisch!", bemerkt Ugo. Mehmet sagt: „Ich kann auch Türkisch." Kevser meldet sich. Ugo verkündet stolz: „Ich kann zwei reden." Frau A. nimmt Kevser dran. Die betont: „Ich kann auch Türkisch." Frau A. wendet ein, dass sie in der Schule Deutsch bräuchten. Kevser erklärt: „Und wenn die Lehrerin türkisch ist, können wir auch Türkisch reden." Dann sagt sie: „Merhaba."[125] und beginnt zu lachen. Mehmet lacht auch. „Aber hier in der Schule werden die Lehrerinnen Deutsch sprechen. Gell?", entgegnet Frau A., nimmt ein Buch zum Vorlesen und beendet damit das Gespräch.[126] [...]

Dieser Protokollausschnitt offenbart, dass die Kinder Wert darauf legen, dass sie mehr als eine Sprache sprechen[127]. Ugo weist von sich aus auf seine Erstsprache hin; Mehmet nimmt dies unaufgefordert auf: Er nutzt Ugos Satzstruktur, ersetzt ‚Französisch' durch ‚Türkisch' und hebt so ebenfalls seine Mehrsprachigkeit hervor. Daraufhin meldet sich Kevser. Sie möchte offensichtlich auch ihre Erstsprache anführen, doch noch bevor sie drankommt, äußert Ugo voller Stolz, dass er zwei Sprachen spricht. Die Sprachförderkraft Frau A. nimmt anschließend zwar Kevser dran, die Mehmets Satz auf sich bezogen wiederholt und dabei das ‚auch' besonders betont, sie geht aber weder auf die Äußerungen der drei Kinder ein, noch fragt sie Maira, welche Sprache(n) außer Deutsch sie sprechen kann[128]. Stattdessen unterstreicht sie, dass die deutsche Sprache für die Schule wichtig sei. Damit rechtfertigt sie zum einen die Sprachfördermaßnahme[129] und gleichzeitig ihr Lob vom Beginn der Szene, das sich auf die zweitsprachlichen Kompetenzen der Kinder bezog. Das Loben der Fortschritte der Kinder in der Zweitsprache Deutsch ist aus der Sicht der Sprachförderkraft verständlich: Sie hat sich über den gesamten Förderzeitraum hinweg darum bemüht, dass die Kinder möglichst viel Deutsch lernen. Für die Kinder ist das Lob gegebenenfalls motivierend, weil es ihre Anstrengungen würdigt, ohne jedoch ihre Mehrsprachigkeit anzuerkennen, so dass die Kinder dazu auffordern – ohne Erfolg. Also versucht es Kevser noch einmal, indem sie die Möglichkeit erwähnt, dass es in

---

[124] Vgl. hierzu auch Panagiotopoulou & Graf 2008, S.118f.

[125] „Merhaba" ist Türkisch und bedeutet „Guten Tag" oder „Hallo".

[126] Protokollantin Kerstin Graf, Datum: 03.07.2007.

[127] Mehmet spricht sogar drei Sprachen: Deutsch, Turkmenisch und Türkisch.

[128] Möglicherweise erwähnt Maira ihre Erstsprache nicht von sich aus, weil sie den Namen der Sprache (Urdu) nicht kennt.

[129] Ziel der Sprachfördermaßnahmen ist es, die Kinder optimal auf die Schule vorzubereiten (vgl. MBFJ o.J.).

der Schule eine türkischstämmige Lehrerin geben könnte[130]. Kevser nennt sogar ein Beispiel, was sie zu der Lehrerin sagen würde: „Merhaba." Sie lacht und Mehmet auch; die Idee finden sie lustig. Doch für Frau A. scheint es unvorstellbar zu sein, dass es in der Schule türkischsprachige Lehrerinnen gibt. Mit einem entsprechenden Einwand beendet sie das Gespräch, ohne auch nur mit einem Wort die Mehrsprachigkeit der Kinder zu würdigen, geschweige denn zu fördern.

3.2 Integrierte Erst- und Zweitsprachenförderung versus isolierte Förderung der Zweitsprache

In Rheinland-Pfalz sollen „Möglichkeiten des Übens und Verwendens der deutschen Sprache [..] Bestandteil der alltäglichen Sprachförderung" (MBFJ 2004a, S. 41) in der Kindertagesstätte sein, doch das „Landesprogramm Sprachförderung und Maßnahmen des Übergangs zur Grundschule" sieht ausdrücklich für Kinder mit besonderem Förderbedarf in der deutschen Sprache ein isoliertes Sprachförderprogramm durch externe Fachkräfte vor (vgl. Landesprogramm o.J., S. 7). Regelkräfte der Einrichtung dürfen die gezielte Sprachförderung nur durchführen, wenn dies außerhalb ihrer regulären Arbeitszeit geschieht (vgl. ebd.).

Entsprechend ist auch die Deutsch als Zweitsprache (DaZ)-Förderung in der hier vorgestellten Kindertagesstätte konzipiert: Zweimal die Woche kommt eine Pädagogin (Frau A.), die jeweils ca. 45 Minuten lang zwei Kleingruppen à 5 Kindern mit Migrationshintergrund in einem separaten Raum mit einem speziellen Förderprogramm unterrichtet, während im Gruppenraum nebenan Gruppenaktivitäten, Frühstück oder Freispiel weitergehen. Durch diese Separation ist die Sprachförderung zum einen attraktiv für die Kinder, die nicht an dieser Maßnahme teilnehmen, weil sie so ‚abgeschlossen' etwas ‚Besonderes' hat. Oft bitten Kinder die Sprachförderkraft Frau A. auch „mitkommen" zu dürfen. Manchmal haben sie Erfolg:

> [...] Als ich ins Büro komme, in dem die DaZ-Förderung stattfindet, sitzen die Kinder schon um den Tisch. Frau A. ist noch im Gruppenraum. Ich frage Reyhan[131], warum sie heute hier sei. „Weil ich Frau ...", Reyhan stockt. Miriam hilft ihr: „Frau A.." „Frau A. gefragt habe, ob ich mitkommen darf", setzt Reyhan ihren Satz fort. „Und die hat ja gesagt", lächelt sie.[132] [...]

Sind an einem Tag nicht alle Sprachförderkinder da und es bietet sich didaktisch an, dass eine größere Gruppe an der Sprachförderstunde teilnimmt, erlaubt Frau A. es Kindern, die sie darum bitten, an der Förderstunde teilzunehmen. Dabei achtet sie darauf, dass jedes Kind, das möchte, mal zum Zuge kommt. Nach eigenem Bekunden ist Frau A. der Meinung, dass alle Kinder ein Recht auf Förderung hätten. So kommt es, das Reyhan an diesem Tag mit im Sprachförderraum ist. Sie scheint zu-

---

[130] In der Grundschule, in die Kevser, Mehmet und Ugo eingeschult werden, gibt es eine türkischstämmige Lehrerin für den muttersprachlichen Unterricht. Die Lehrerin bietet gleichzeitig auch DaZ-Förderung in der Kindertagesstätte an, die die Kinder besuchen, allerdings nicht in der von mir beobachteten Kita-Gruppe. Kevser weiß daher möglicherweise, dass sie in der Grundschule tatsächlich auf eine türkischsprachige Lehrerin treffen wird.
[131] Reyhan gehört nicht zu den regelmäßig teilnehmenden Kindern.
[132] Protokollantin Kerstin Graf, Datum: 15.05.2007.

frieden mit sich zu sein, dass sie Frau A. gefragt und auch die Erlaubnis erhalten hat, denn sie lächelt freudig, was bei Reyhan eher selten der Fall ist.

Im Gegensatz zur erbetenen, freiwilligen Teilnahme werden Kinder, die regelmäßig Deutsch als Zweitsprachförderung erhalten, immer wieder aus ihren Aktivitäten und Interaktionen im Gruppenraum herausgerissen:

> [...] Kevser sitzt am Spieletisch und puzzelt ein Puzzle mit sehr vielen Teilen. Als Frau A. Kevser zur Sprachförderung ruft, erwidert Kevser laut: „Ich will nicht!" Während ich mich auf den Weg ins Büro zur Sprachförderung mache, höre ich, wie Kevser Frau A. fragt, ob sie nicht in der zweiten Gruppe mitmachen könne, was Frau A. jedoch direkt ablehnt.
>
> Drei Mädchen sitzen schon im Stuhlkreis im Büro, als ich eintrete. Sie unterhalten sich über ihre Schultüten und beginnen das Spiel »Mein rechter, rechter Platz ist frei«. Nach einer Weile kommt Frau A. mit einem Jungen herein, blickt sich um und fragt: „Wo ist denn Kevser?" „Die will nicht", meint Ilmiye. Frau A. sagt mit erstaunter Stimme: „Wie, die will nicht?" In diesem Moment kommt Kevser durch die Tür und unterstreicht: „Ich will nicht!" Darauf geht Frau A. nicht ein und Kevser setzt sich mit einem grimmigen Gesicht auf den letzten freien Stuhl.[133] [...]

Kevser ist zu Beginn dieser Szene intensiv mit einem Puzzle beschäftigt und möchte dieses beenden, bevor sie an der Sprachförderung teilnimmt. Dies wird deutlich, weil sie sich erst mit „Ich will nicht!" wehrt und anschließend fragt, ob sie nicht in der zweiten Gruppe mitmachen könne. D.h. Kevser hat nicht grundsätzlich keine Lust auf Sprachförderung, sondern nicht in diesem Moment. Die Sprachförderkraft Frau A. scheint Kevsers Bedürfnis, zunächst ihre Aktivität zu Ende zu führen, nicht wahrzunehmen, denn sie geht auf Kevsers Wunsch, an der zweiten Sprachfördergruppe teilzunehmen, nicht ein und zeigt sich kurze Zeit später im Büro erstaunt, dass Kevser noch nicht da ist und ‚nicht will'. Für Frau A. ist es selbstverständlich, dass die Kinder, wenn sie von ihr zur Sprachförderung gerufen werden, alles stehen und liegen lassen und voraus ins Büro gehen. Ilmiye hingegen hat sehr genau registriert, dass Kevser wirklich nicht zur Sprachförderung will – sie weiß wie es ist, wegen der Sprachförderung aus einer Beschäftigung herausgerissen zu werden. Ihren Unwillen betont Kevser auch noch einmal, als sie das Büro betritt. Doch Frau A. übergeht die Äußerung, obwohl Kevsers Gesicht die Ablehnung deutlich anzusehen ist. Die Sprachförderkraft hat über den gesamten Beobachtungszeitraum hinweg darauf geachtet, dass die Kinder in ihren festen Kleingruppen zusammenbleiben. Nur in Ausnahmefällen hat sie die Gruppen zusammengelegt oder ein Kind, weil es zu spät kam, in der anderen Gruppe mitmachen lassen. Möglicherweise hat sie sich in ihrer Reaktion auf Kevser von diesem Grundsatz leiten lassen und das starke Bedürfnis des Kindes, erst zu Ende zu puzzlen und dann zur Sprachförderung zu gehen, nicht bemerkt.

Durch die Separation wird diese gezielte Sprachförderung nicht allen Kindern der Gruppe zuteil, obwohl nach Einschätzung der Erzieherinnen und der Leitung der Kindertagesstätte alle Kinder der Gruppe, auch die ohne Migrationshintergrund, eine Sprachförderung „bräuchten".

---

[133] Protokollantin Kerstin Graf, Datum: 26.06.2007.

Dennoch findet nur vereinzelt ein Austausch zwischen der Sprachförderkraft Frau A. und den Erzieherinnen (Frau C. und Frau D.) über die Inhalte der Sprachförderung und/oder die sprachlichen Fortschritte und Schwierigkeiten der Kinder statt, obwohl die Fördermaßnahme in das pädagogische Gesamtkonzept der Kindertagesstätte eingebunden sein sollte (vgl. MBFJ 2004b, S. 2) und Kooperationsgespräche vorgesehen sind, für die sich die externen Fachkräfte Stunden anrechnen lassen können (vgl. Landesprogramm o.J., S. 7f). Eine Einbindung in den institutionellen Alltag erscheint jedoch möglich, denn in der DaZ-Förderung werden alltägliche Themen wie „Ich bin krank", „Ich komme in die Schule" behandelt oder Spiele gespielt und kleine Gedichte und Lieder gelernt, die auch mit der gesamten Kita-Gruppe gespielt und gesungen werden könnten. So aber wird die Isolation der Sprachförderung noch verstärkt, indem es für die Kinder Spiele, Bücher, Lieder, Reime und (sprachliche) Inhalte gibt, die nur innerhalb der Sprachfördergruppe zum Einsatz kommen.

Ein eher *integriertes Konzept von Erst- und Zweitsprachförderung* konnte dagegen in Luxemburg beobachtet werden. Anhand eines weiteren Beispiels aus dem Schulvormittag wird ersichtlich, dass die dort stattfindende Sprachfördermaßnahme zur Wortschatzerweiterung in den pädagogischen Alltag der Gesamtgruppe integriert ist. Die Übung findet im Rahmen einer Sitzkreisphase statt, die zum ritualisierten Ablauf jedes Schulvormittags gehört und an der täglich alle Kinder teilnehmen. Inhaltlich wird die Übung in das aktuelle Schwerpunktthema „Insekten" eingebunden, mit dem die Gruppe sich seit mehreren Tagen anhand verschiedener Aktivitäten (einem Ausflug in den Wald, Beobachtungen in der Natur, Buchbetrachtungen, Liedern und Bastelarbeiten) beschäftigt. So ist die Sprachfördermaßnahme für die Kinder weder als solche definiert, noch erfolgt sie selektiv für einzelne.

Kinder und Lehrerin sitzen gemeinsam im Stuhlkreis. Gerade werden anhand von Bildkarten, die in der Mittel liegen, unterschiedliche Insekten benannt und besprochen. Das Unterrichtsgespräch erfolgt dabei auf Luxemburgisch.

> [...] Giulia[134] ist an der Reihe und wählt eine Bildkarte aus, die einen Grashüpfer zeigt. Sie betrachtet die Karte kurz und benennt sie dann korrekt als „Heesprénger" (das luxemburgische Wort für Grashüpfer). Die Lehrerin nickt und erfragt die entsprechende Bezeichnung auf Portugiesisch. Sie erhält jedoch keine Antwort und hakt nach: „Wat ass dat? D` portugisesch Kanner – weess dat keen?" („Was ist das? Die portugiesischen Kinder – weiß das niemand?") Als noch immer keines der Kinder antwortet, nennt die Lehrerin den portugiesischen Begriff („gafanhoto") und lässt die portugiesischen Kinder das Wort wiederholen. Dann fragt sie nach der italienischen Übersetzung. Giulia antwortet spontan mit dem richtigen Wort („cavalletta"). Zuletzt spricht die Lehrerin Cathy[135] auf ihre Bezeichnung für Grashüpfer an. „Grasshopper", antwortet diese und lächelt.[136] [...]

---

[134] Das Mädchen ist italienischer Abstammung.
[135] Cathys Erstsprache ist Englisch.
[136] Protokollantin Nadine Christmann, Datum: 17.05.2007.

In der beschriebenen Sitzkreisphase führt die Lehrerin mit den Kindern eine Übung durch, bei der verschiedene Bildkarten benannt werden sollen. Auf sprachlicher Ebene fällt auf, dass die Übung auf eine Wortschatzerweiterung im Luxemburgischen hin angelegt ist, gleichzeitig aber die Erstsprachen der Kinder mit einbezogen werden. Die Lehrerin erfragt neben dem luxemburgischen Begriff auch die entsprechenden Übersetzungen ins Portugiesische, Italienische und Englische. An dieser Stelle wird deutlich, dass die Erstsprachen der Kinder nicht nur dann eine Rolle spielen, wenn sie von diesen selbst eingebracht werden, sondern auch von der Lehrerin selbst aktiv einbezogen bzw. sogar explizit eingefordert werden. Dies zeigt sich insbesondere, als der Gruppe der portugiesischen Kinder die Übersetzung des Begriffes Grashüpfer nicht präsent ist. Die Lehrerin selbst bringt die portugiesische Bezeichnung in das Unterrichtsgespräch ein und lässt ihn von den Kindern wiederholen. So wird deutlich, dass ihr auch die Förderung der Erstsprachen wichtig ist. Als zumindest vorteilhaft, wenn nicht unverzichtbar erweist sich dabei, dass sie über entsprechende Sprachkenntnisse verfügt[137].

In der Folgeszene aus dem Gruppenraum der Kindertagesstätte in Rheinland-Pfalz ist die mangelnde Sprachkenntnis sowohl der Erzieherin Frau C. als auch von mir (K.G.) jedenfalls nicht sprachförderlich. Im Gegenteil:

> [...] Frau C. zeigt Ilmiye die Abbildung einer Engelsfigur und fragt, was das sei. Ilmiye betrachtet das Bild, überlegt und sagt dann: „Auf Türkisch heißt das süs." Frau C. nennt ihr das Wort ‚Engel'. Ilmiye wiederholt es mit einer Intonation, die auf einen Wiedererkennungseffekt schließen lässt. Weil ich nicht genau verstanden hatte, wie Ilmiye den Engel auf Türkisch bezeichnete, frage ich sie: „Wie heißt Engel auf Türkisch?" „Süs", antwortet sie.[138] [...]

Frau C. ist dabei, für Plakate zu den Vokalen Abbildungen aus alten Werbeprospekten und Katalogen auszuschneiden, die den Anlaut A, E, I, O oder U haben. Ab und zu fragt sie ein Kind, das vorbei kommt oder das mit am Tisch sitzt, was das Ausgeschnittene sei, um, wie sie mir erklärt, sicherzugehen, dass die Abbildungen für die Kinder „eindeutig" (Zitat Frau C.) sind. Deshalb zeigt sie Ilmiye die Abbildung der Engelsfigur und fragt sie, was das sei. Der aber fällt in dem Moment die deutsche Bezeichnung nicht ein, so dass sie auf ihren erstsprachlichen Wortschatz zurückgreift[139]. Frau C. nennt Ilmiye die vermeintliche deutsche Übersetzung: Engel. Zuhause aber stellte ich (K.G.) beim Nachschlagen im Türkisch-Deutsch-Wörterbuch fest, dass die korrekte Übersetzung für ‚Engel' ‚melek' ist und ‚süs' ‚Schmuck, Verzierung, dekorativer Gegenstand zum Hinstellen' bedeutet. In der Tat war der Engel auf der gezeigten Abbildung eine kleine Engelsfigur zur Weihnachtsdekoration.

---

[137] Die Lehrerin spricht neben den offiziellen Landessprachen Luxemburgisch, Deutsch und Französisch auch Portugiesisch, Englisch und Italienisch.

[138] Protokollantin Kerstin Graf, Datum: 05.06.2007.

[139] Nach Jeuk (2003, S. 289) können Begriffe und semantische Netzwerke der Erstsprache „für den Zweitspracherwerb nutzbar gemacht werden." An anderer Stelle weist er darauf hin, dass der Einsatz der Erstsprache zu den Verhaltensweisen gehört, die „mit einem erfolgreichen Erwerb des Lexikons in Verbindung gebracht werden können" (Jeuk 2003, S. 270).

Nun kann nicht erwartet werden, dass die Erzieherinnen die Erstsprachen aller Kinder sprechen. Doch interessanterweise ist es der einzige Protokollausschnitt in den fünf Monaten, die ich in der Kindertagesstätte teilnehmend beobachtet habe, in dem ein Kind in der Interaktion mit einer Pädagogin ein Wort in seiner Erstsprache benutzt, und das, obwohl die Bildungs- und Erziehungsempfehlungen für die Kindertagesstätten in Rheinland-Pfalz ausdrücklich „das Kennenlernen verschiedener Bezeichnungen für eine Sache" (MBFJ 2004a, S. 42) unter der Überschrift „viele verschiedene Sprachen" (ebd.) fordern.

So dürfen die Kinder in der beobachteten Einrichtung zwar ihre Erstsprachen benutzen. In Sprachfördersituationen werden sie aber nicht mit einbezogen, weder in der Gesamtgruppe noch in den speziellen Fördermaßnahmen.

4 Ausblick

Beim Vergleich der pädagogischen Gestaltungsweisen des Alltags einzelner Institutionen, die unterschiedlichen Bildungssystemen angehören, ergeben sich auffallende Unterschiede. Während die besuchte Vorschuleinrichtung in Luxemburg Mehrsprachigkeit einbindet und Sprachförderung in den Alltag integriert, werden in der rheinland-pfälzischen Kindertagesstätte isolierte und isolierende Maßnahmen durchgeführt. Die Auswirkungen dieser unterschiedlichen Vorgehensweisen auf die spätere Entwicklung der Kinder in der Schule bleibt abzuwarten und wird weiter zu untersuchen sein. Ihre Konsequenzen für die alltägliche Sprachpraxis und Interaktion der (ein- und mehrsprachigen) Vorschulkinder scheinen dagegen bereits zu diesem Zeitpunkt offensichtlich: Während die in Rheinland-Pfalz begleiteten Kinder nur verhältnismäßig selten untereinander in ihren Erstsprachen kommunizieren, oft nach wenigen Sätzen wieder ins Deutsche wechseln und kaum Interesse an den Sprachen der anderen zeigen, wirken die Kinder der luxemburgischen Vorschulklasse sprachaufmerksam und daran gewöhnt, ihre individuellen Kenntnisse und Fähigkeiten einzubringen. Bemerkenswert erscheint dabei, dass die strukturellen Rahmenbedingungen der Vorschulerziehung sowohl in Luxemburg als auch in Rheinland-Pfalz derart angelegt sind, dass zumindest hinsichtlich des Umgangs mit Sprachenvielfalt im Rahmen der alltäglichen Sprachförderung beide beobachteten Vorgehensweisen in beiden Feldern realisierbar wären. So schließt dieser Beitrag mit der Frage, inwiefern die unterschiedlichen (Qualitäts-)Vorstellungen der jeweiligen Pädagoginnen über sprachliche Bildungsarbeit und Sprach(en)förderung möglicherweise einen ebenso großen Einfluss auf den Umgang mit Heterogenität und Mehrsprachigkeit im jeweils spezifischen Kontext ausüben, wie die übergeordneten Vorgaben des Bildungssystems. Im Rahmen der Teilstudien, aber auch auf der Ebene der länderübergreifenden Beobachtungen und vergleichenden Interpretationen im Zusammenhang des HeLiE-Projektes, wird dieser Gedanke weiter untersucht und tiefergehend reflektiert werden.

Literatur

Christmann, Nadine / Sunnen, Patrick (2008): *Literacy*-Erfahrungen von Vorschulkindern mit Migrationshintergrund in einer mehrsprachigen Klasse in Luxemburg. In: Hofmann, Bernhard / Valtin, Renate (Hrsg.): Checkpoint Literacy. Tagungsband zum 15. Europäischen Lesekongress 2007 in Berlin. Berlin: Deutsche Gesellschaft für Lesen und Schreiben, S. 123-137.

ECPL-Etat civil et population du Luxembourg (2008). Répertoire des personnes physiques. Statistiques du 01.06.2008. URL: http://www.ecp.public.lu/repertoire/stats/2008/06/, Abruf: 22.02.2009.

Jeuk, Stefan (2003): Erste Schritte in der Zweitsprache Deutsch. Eine empirische Untersuchung zum Zweitspracherwerb türkischer Migrantenkinder in Kindertageseinrichtungen. Freiburg im Breisgau: Fillibach.

Koenen, Marlies / Biltgen, Charles / Brosius, Ed / Hilger, Marc / Letsch, Jeanne / Miesch, Liette / Neuens, Othon / Simon-Pirsch, Nicole / Reding, Pierre / Vanolst, Francine / Welter, Jean-Paul (2003): MILA. Band 1. Hören, sprechen, lesen, schreiben. Luxemburg: Education Nationale.

Koenen, Marlies / Biltgen, Charles / Brosius, Ed / Hilger, Marc / Letsch, Jeanne / Miesch, Liette / Neuens, Othon / Simon-Pirsch, Nicole / Reding, Pierre / Vanolst, Francine / Welter, Jean-Paul (2005): MILA. Band 2. Hören, sprechen, lesen, schreiben. Luxemburg: Education Nationale.

Landesprogramm Sprachförderung und Maßnahmen des Übergangs zur Grundschule. „Zukunftschance Kinder – Bildung von Anfang an". Arbeitshilfe zur Umsetzung. (o.J.) URL: http://www.mbfj.rlp.de/kita-arbeitshilfen/Zukunftschancen_Kinder_Arbeitshilfe_I9 _Sprachförderung_Massnahmen.pdf, Abruf: 03.01.2007.

Letsch, Jeanne / Reding, Pierre / Vanolst, Francine (o.J.): Konzeption des Mila-Materials. In: MILA-Lehrerhandreichung (2003ff.). Lehrerhandreichung zur MILA-Fibel. Luxemburg: Education nationale.

Lulling, Jérôme / Schanen, François (2005): Luxdico. Dictionnaire bilingue. Lëtzebuergesch-Franséisch, Français-Luxembourgeois. Esch/Alzette: Editions Schortgen.

MEN - Ministère de l`Education Nationale (1989): Plan d`études pour les écoles primaires du Grand-Duché de Luxembourg. URL: http//www.men.public.lu/publications/primaire/programmes_manuels_scol/plan_etudes/plan_etudes.pdf, Abruf: 11.02.2009.

MEN - Ministère de l'Education Nationale (1991): Eis Spillschoul. Plan-cadre pour l'Education préscolaire au Grand-Duché de Luxembourg. Luxemburg: Ministère de l'Education Nationale. URL: http://www.men.public.lu/publications/precoce_prescol/programmes_manuels_scol/prescolaire_plan_cadre/plan_cadre_prescolaire.pdf, Abruf: 22.02.2009.

Ministerium für Bildung, Frauen und Jugend, Rheinland-Pfalz (MBFJ 2004a): Bildungs- und Erziehungsempfehlungen für Kindertagesstätten in Rheinland-Pfalz. Weinheim u. Basel: Beltz.

Ministerium für Bildung, Frauen und Jugend, Rheinland-Pfalz (MBFJ 2004b): Förderrichtlinie Zusätzliche Sprachförderung für Kinder im Kindergartenalter ohne hinreichende Deutschkenntnisse vom 02.02.2004. Mainz. URL: http://www.mbwjk.rlp.de/ fileadmin/Dateien/Downloads/Bildung/sprachfoerderung.pdf, Abruf: 02.02.2009.

Ministerium für Bildung, Frauen und Jugend, Rheinland-Pfalz (MBFJ o.J.): Informationen zu Sprachfördermaßnahmen in Kindertagesstätten sowie zu Maßnahmen des Übergangs vom Kindergarten in die Grundschule. URL: http://www.mbwjk.rlp.de/kita/sprachfoerderung. html, Abruf: 03.01.2007.

Panagiotopoulou, Argyro / Graf, Kerstin (2008): Umgang mit Heterogenität und Förderung von Literalität. In: Hofmann, Bernhard / Valtin, Renate (Hrsg.): Checkpoint Literacy. Tagungsband zum 15. Europäischen Lesekongress 2007 in Berlin. Berlin: Deutsche Gesellschaft für Lesen und Schreiben, S. 110-122.

PISA-Konsortium Deutschland (Hrsg.) (2007): PISA 2006: Die Ergebnisse der dritten internationalen Vergleichsstudie. Münster u. New York: Waxmann.

Statistisches Landesamt Rheinland-Pfalz.

    URL: http://www.infothek.statistik.rlp.de/lis/MeineRegion/index.asp, Abruf: 02.02.2009.

    URL: http://www.statistik.rlp.de/bev/presse/pm08180.html, Abruf: 02.02.2009.

    URL: http://www.statistik.rlp.de/bev/presse/pm08074.html, Abruf: 02.02.2009.

    URL: http://www.statistik.rlp.de/bev/presse/pm08180.html, Abruf: 02.02.2009.

Constanze Weth

Hypothesen über Schrift von in Frankreich aufgewachsenen marokkanischen Grundschulkindern[140]

1 Einleitung

Kinder entwickeln lange bevor sie schreiben lernen eine Vorstellung von Schrift. Diese ist geprägt von den Schreib- und Lesehandlungen, die in ihrem familiären Umfeld ausgeübt und die von ihnen erwartet werden. Ethnographische Studien haben gezeigt, dass schon Kleinkinder den in der Familie spezifischen Umgang mit geschriebenen Texten nachahmen und somit das Wissen erwerben, wie mit Schrift in bestimmten Situationen umgegangen wird (vgl. Heath 1983, Taylor & Dorsey-Gaines 1988, Barton & Hamilton 1998). Entsprechend den sozialen Implikationen von gesprochenen und geschriebenen Sprachpraktiken lernen sie parallel zu den sprachlichen Mustern, wie sie an der familiären Kommunikation partizipieren können. Wie verschieden die vor- bzw. außerschulischen Handlungsmuster von Schriftsprache sein können, zeigt schon Heath (1983) detailliert am Beispiel von drei englischsprachigen Gemeinden in North Carolina. Ihre Studie verdeutlicht, dass sich Schrifthandlungen in ihren Ausführungen, Voraussetzungen und Zielen je nach den Domänen unterscheiden, in denen sie ausgeübt werden. Zudem müssen die in einer Gemeinschaft lebenden Personen nicht unbedingt einen direkten Zugang zu geschriebenen Texten haben, um mit Schrift umzugehen: In der von Heath untersuchten Gemeinde Trackton beispielsweise sind die meisten Lese- und Schreibhandlungen kollektiv ausgeführte Ereignisse, in denen eine lesekundige Person eine Zeitung, einen Brief, oder Ähnliches anderen (nicht unbedingt schriftkundigen) Personen laut vorliest und alle Beteiligten gemeinsam über das Gelesene sprechen (Heath 1983, S. 190-201). Der geschriebene Text referiert hier nicht mehr nur auf sich selbst, sondern wird in dem *literacy event* (Heath 1983, S. 50) vor dem Hintergrund der unmittelbaren Situation des Vorlesens interpretiert.

Es scheint trivial, dass der schulische Schrifterwerb auf den Sprach- und Schriftkenntnissen aufbaut, die ein Kind in der Familie erworben hat. Die ethnographischen Beschreibungen verschiedener Schriftkulturen zeigen aber, dass dieses Ideal in der Regel nur dann geschieht, wenn die Schüler in Zusammenhängen aufgewachsen sind, in denen ein Umgang mit Schriftsprache aus- und eingeübt wird, der nicht wesentlich von den in der Schule unterrichteten Praktiken abweicht. Denn Letztere richten sich nicht nur auf eine Einzelsprache aus, hier das Französische, sondern ebenfalls auf in bestimmter Weise strukturierte Handlungen. Differieren die familiäre Schriftkultur und die Anforderungen beim schulischen Schrifterwerbsprozess, können die in der Schule vorausgesetzten „proto-literaten Fertigkeiten" (Maas 2008,

---

[140] Der Artikel liegt in leicht veränderter Form unter dem Titel „Die Komplexität von Schriftsprache: Schul- und Familiensprachen marokkanischer Kinder in Frankreich" vor. Er ist erschienen in: K. Schramm & C. Schroeder (eds.). Empirische Zugänge zu Sprachförderung und Spracherwerb in Deutsch als Zweitsprache. Münster/New York: Waxmann 2009.

S. 313) unter Umständen nicht erworben werden: Zwar probiert ein Kind in Interaktion mit den Bezugspersonen in jedem Fall komplexe symbolisch strukturierte Praktiken aus – aber eben nicht unbedingt die in der Schule erwarteten. Entsprechend ist nicht der Gebrauch einer anderen Familien- als Schulsprache für den Bildungserfolg bestimmend, sondern ein Einzelsprachen-unabhängiger Faktor: der familiäre schriftkulturelle Hintergrund (vgl. Kastenbaum & Vermès 1996, Maas, Mehlem & Schroeder 2004, S. 131f).

Neben den Schriftpraktiken unterscheiden sich bei mehrsprachigen Kindern auch die in Familien und Schule ausgeübten Sprachen. Anders als bei einsprachigen Kindern, die die schulisch erworbenen literaten[141] Formen des formellen Registers mit den in ihren Familien gesprochenen dialektalen und umgangssprachlichen Varietäten abgleichen und somit regelhafte Bezüge zwischen den Varietäten herstellen können, ist diese Überdachung der Schriftsprache[142] bei Migrantensprachen in der Regel nicht gegeben. Für das Erfassen der Ressourcen und Barrieren mehrsprachiger Kinder beim Schreiben- und Lesenlernen ist die Kenntnis ihrer Schriftkulturen und der Strukturen der von ihnen praktizierten Sprachen deshalb besonders bedeutsam.

Am Beispiel der orthographischen[143] Darstellung des marokkanischen Imperfektivs von sechs in Frankreich aufgewachsenen marokkanischen Kindern, veranschaulicht der vorliegende Beitrag, wie die Schülerinnen und Schüler ihr in den verschiedenen Kontexten erworbenes Wissen über literate Strukturen graphisch symbolisieren. Die Gruppe der untersuchten Kinder lebt in dem Vorstadtviertel einer französischen Kleinstadt im Süden Frankreichs und besuchte zum Zeitpunkt der Erhebung die dritte Klasse der lokalen Grundschule. Alle sind im Alter von sechs Jahren eingeschult worden[144] und besuchen den als *Enseignement des Langues et Cultures d'Origines* fakultativ angebotenen Arabischunterricht. Die orthographischen Lösungen demonstrieren ihre schriftsprachlichen Ressourcen, die umso eindrucksvoller sind, als sie im Allgemeinen als leistungsschwach eingestuft werden[145] und in der

---

[141] Maas (2003, S. 23-25) unterscheidet zwischen oraten und literaten Strukturen. Literate Strukturen zeichnen sich neben maximaler Explizitheit, die durch grammatikalische Kohärenz umgesetzt wird, durch den normativen Filter der Standardsprache aus. Die Fähigkeit, Schrift funktionsorientiert ausüben zu können, setzt schließlich nicht nur Schreib- und Lesekenntnisse voraus, sondern das komplexe Vermögen, mit schriftsprachlichen Situationen umzugehen.

[142] Die verschiedenen Varietäten einer Sprache können durch die Überdachung einer zentralen, der standardisierten „Hoch-" Sprache, hergeleitet werden. Diese strukturellen Ähnlichkeiten können im Unterricht zum Schrifterwerb genutzt werden.

[143] Von Graphie wird im Weiteren dann die Rede sein, wenn es sich um Buchstaben handelt. Orthographie bezeichnet dagegen die mittels Buchstaben symbolisierten Strukturen von Schrift. Sie unterscheiden sich von den Strukturen der gesprochenen Sprache.

[144] Die an der Untersuchung beteiligten Schülerinnen und Schüler haben, wie die meisten Kinder des Viertels, nicht die in Frankreich übliche, aber nicht verpflichtende Vorschule (*école maternelle*) besucht.

[145] Die Schule ist als ZEP (zone éducation prioritaire, d.h. eine Schule mit erhöhtem Förderbedarf) eingestuft und die meisten Kinder erhalten von Anfang an Förderunterricht. Generell sind Schüler mit maghrebinischem Familienhintergrund in Frankreich die Schüler mit den geringsten Aufstiegschancen (vgl. Lahire 1993, Dayan, Echardour & Glaude 1997).

Schule keinerlei strukturelle Hilfestellungen für einen systematischen Umgang mit Schriftsprache erhalten.[146]

2 Schriftkulturen der marokkanischen Familien – Ethnographische Beschreibung von Schriftpraktiken

Mit ethnographischen Methoden untersuchte ich im Jahre 2003, was in den Familien der Kinder und in der Schule ‚auf Französisch' und was ‚auf Arabisch' schreiben bedeutet sowie welche Funktionen Marokkanisch und Standardarabisch in den Familien haben (vgl. Weth 2008, S. 141-172). Es zeigte sich, dass alle drei Sprachen in verschiedenen Situationen unterschiedlich verwendet werden und sich mit den praktizierten Sprachen jeweils bestimmte Textsorten und Handlungsanweisungen verbinden.

Das soziale und sprachliche Umfeld der Kinder in den Familien und im Stadtviertel lässt sich folgendermaßen beschreiben: In der Regel immigrierten ihre Väter vor etwa zwei Jahrzehnten nach Frankreich, um als Landarbeiter in der Region zu arbeiten. Einige Jahre später holten sie ihre Ehefrauen nach und gründeten eine Familie. Gegenwärtig sind mehr als die Hälfte der Bewohnerinnen und Bewohner des Stadtviertels marokkanischer Herkunft. Die dort praktizierten Sprachen Marokkanisch und Französisch werden je nach Generation unterschiedlich ausgeübt. Vertreter der ersten Einwanderergeneration verstehen Französisch nur teilweise gut und sprechen vorwiegend Marokkanisch. Ihre Kinder, die der so genannten zweiten Generation angehören, sprechen in ihren Familien täglich Marokkanisch, mit Geschwistern und Freunden aber auch oder weitgehend Französisch. Nimmt man in den Blick, was im familiären Kontext geschrieben und was gesprochen ausgedrückt wird und betrachtet die Verwendung der Registervarietäten des Marokkanischen, des arabischen Standards und des Französischen, zeigt sich die Komplexität der sprachlichen und sozialen Bezüge. Diese unterscheiden sich in der französischen Diaspora von der Mehrsprachigkeit in Marokko. Dennoch ist ein Einblick in die sprachliche Situation Marokkos unabdingbar, wenn man die Logiken marokkanischer Familien in der Diaspora verstehen will, die Sprachen zu praktizieren und zu bewerten. Denn ihre Kinder wachsen insofern in den Horizonten der französischen und marokkanischen (Schrift-)Kultur auf, als ihre Eltern ihre Kindheit und Jugend in Marokko verbracht haben und unter den Bedingungen der Schriftpraktiken dieses Landes aufgewachsen sind. Besonders im ländlichen Marokko ist der Umgang mit Schrift anders organisiert als in Frankreich (vgl. Wagner 1993).

In Marokko lässt sich zudem eine Registerabstufung von bis zu vier unterschiedlich prestigeträchtigen arabischen Varietäten ausmachen, die in verschiedenen Situationen genutzt werden (vgl. Ennaji 2005, S. 48-58). Das *klassische Arabisch* ist die Sprache des Korans und untrennbar mit diesem konnotiert. Eine vereinfachte Form des klassischen Arabisch ist das *Standardarabisch*, die lingua franca der arabischen Welt, wobei die Varietäten zwischen den westlichen und östlichen Ländern

---

[146] In der untersuchten Grundschule arbeiteten die Lehrer vorwiegend mit der Fibel „Ratus et ses amis", die die Laut-Buchstaben-Beziehung linear und synthetisch fasst. Das Konzept der Fibel ist vorgestellt in Pasa, Armand, Montésinos Gelet (2002).

(Maschrik und Maghreb) lexikalisch und phonologisch stark differieren. Gerade seit Ende der Kolonialzeit dient der arabische Standard zudem als Vehikel, eine arabische Universalkultur zu bilden (vgl. Moatassime 1992; Holes 1995). Beide Varietäten sind kodifiziert, werden vorwiegend geschrieben und in hoch formellen Domänen verwendet. Keine von beiden ist aber irgendjemandes Muttersprache. Das *gebildete gesprochene Arabisch* („Educated Spoken Arabic") ist ebenfalls nicht Familiensprache, aber auch nicht standardisiert. Sie wird in der informellen Öffentlichkeit und in Radio- und Fernsehinterviews verwendet. *Marokkanisch-Arabisch* schließlich ist die alltäglich gesprochene (Mutter-)Sprache der arabophonen Bevölkerung Marokkos. Etwa die Hälfte der berberophonen Bevölkerung spricht Marokkanisch-Arabisch als Zweitsprache. Die beiden letztgenannten dialektalen Varietäten stehen in Opposition zum arabischen Standard, werden in ganz anders strukturierten Domänen verwendet und als jeweils ganz verschieden von der „Hochsprache" wahrgenommen.[147]

Die sprachstrukturelle Distanz zwischen den ausgeübten Varietäten verstärkt sich in der französischen Diaspora. Denn hier fehlt das durch die Register strukturierte sprachliche Kontinuum der arabischen Varietäten. In Frankreich ist die arabische Sprachpraxis auf das familiäre Register und die mündlich ausgeübte Varietät des Marokkanischen beschränkt, während das außerhalb der familiären Umgebung informelle und formelle Register auf Französisch artikuliert wird. Anders als in Marokko fehlen in Frankreich also die Registerabstufungen zwischen Dialekt und Standard und der arabische Standard hat – zumindest in den Familien der Landarbeiter – keine kommunikative Funktion mehr. Nur noch in den allgegenwärtigen, im Hintergrund laufenden Fernsehsendungen und bei der Religionsausübung war der arabische Standard in den untersuchten Familien und im Stadtviertel präsent. Schriftarabisch hatte somit hohe symbolische Funktion sowohl im Hinblick auf den Glauben als auch auf die elterliche „Heimat" Marokkos.[148] Das mit dem Koran assoziierte und sehr prestigeträchtige Schriftarabisch ist in der Migrationssituation häufig mit der Sehnsucht der Eltern verbunden, eines Tages in die Heimat zurückzukehren. Dieser Mythos der Rückkehr und die damit verbundene Wahrnehmung der Lebenssituation in Frankreich als Übergangsweise kann sich schließlich mit der erfahrenen Dynamik in der Diasporasituation verstärken, die die wachsende Distanz der Kinder von den kulturellen Traditionen des Herkunftslandes der Eltern einschließt. Dies gilt umso mehr, als die Mehrzahl der Eltern nicht oder nur wenige Jahre die Schule besucht hat. Bei Elternteilen, die nicht oder Arabisch einzig in der Koranschule lesen gelernt haben, dominierte die traditionelle Schriftpraxis des Arabischen im „Bildmodus" (Owens 1995). Das hatte zur Folge, dass sie – entsprechend der traditionellen arabischen Rezitationspraxis und dem in der Koranschule geforderten kalligraphischen Ab- bzw. Schönschreiben – auch von ihren Kindern die originalge-

---

[147] Französisch war zur Kolonialzeit offizielle Sprache Marokkos. Zur gegenwärtigen Bedeutung und Praxis des Französischen in Marokko siehe Ennaji (2005). Außer einem Vater sprachen die untersuchten Eltern vor ihrer Ankunft in Frankreich nicht Französisch.
[148] Zum Topos der „Heimat" von marokkanischen Migranten und dem Traum von der Rückkehr, vgl. Charef (2003).

treue und formvollendete Reproduktion von Texten erwarteten und das selbständige Erlesen und Produzieren von Texten teilweise nicht als Leistung anerkannten.

Die in der Ethnographie aufgezeigten besonderen symbolischen Zuschreibungen des Arabischen standen also teilweise im Widerspruch zu dem in der Schule vermittelten schriftsprachlichen Horizont, der die Basis bildet, um in allen öffentlichen Bereichen Frankreichs agieren zu können. Dies zeigte sich teilweise schon vor Schulbeginn. Denn durch die vergleichsweise geringe Vorbereitung auf die Schule und die homogene Sozialstruktur des Stadtviertels wurden die Kinder spätestens ab dem Schuleintritt seitens der Lehrer als nicht genügend vorbereitet angesehen. In einem Interview zu Beginn der Untersuchung charakterisierte der Direktor seine Schüler zu Schulbeginn als Kinder aus einem schwierigen sozioökonomischen und soziokulturellen Milieu mit besonderem Förderbedarf:

> [...] on s'aperçoit que d'année en année les enfants sont issus de familles en difficultés sociales un milieu socioculturel le milieu socioprofessionnel est très bas ils sont dans une catégorie on dit défavorisée – et on est passé depuis pratiquement deux ans à 100% d'enfants arrivant en cours préparatoire de catégorie défavorisée (Interview mit dem Direktor A., 11.03.03).

Dennoch zeigten die analysierten Kinderschreibungen, dass die Schüler auf das sprachstrukturelle und schriftstrukturelle Wissen, das sie in den verschiedenen Domänen und Sprachen erworben haben, zurückgreifen und es systematisch nutzen konnten.

3 Die Methode der orthographischen Analyse marokkanischer Texte

Die Orthographieanalyse betrachtete die Frage, welche Funktionen die jeweiligen Sprachen für ihre Sprecher haben, aus einer anderen Perspektive. Voraussetzung für die Teilanalyse war, dass die Kinder Französisch und Marokkanisch sprechen. Sie hatten die orthographische Systematik des Französischen auf dem Niveau der dritten Klasse[149] gelernt und konnten die französischen Sprachstrukturen schriftlich abbilden. Arabisch dagegen konnten sie (trotz des seit zwei Jahren besuchten Hocharabisch-Unterrichts) nicht schreiben.[150]

Für die Untersuchung verschriftlichten die Kinder eine Bildergeschichte[151] auf Französisch und, um einige Tage zeitversetzt, auf Marokkanisch. Die Aufgabenstellung, die ansonsten nur mündlich ausgeübte Sprache Marokkanisch schreiben zu lassen, ist ein Verfahren, welches besonders deutlich zeigt, in welchem Maße die Schülerinnen und Schüler Zugang zur Systematik von Schriftsprache im Allgemeinen und der französischen Orthographie im Besonderen haben. Denn die Buchstaben, die zur

---

[149] Dass die Schriftkompetenz der untersuchten Kinder im französischen Landesdurchschnitt lag, zeigte der Vergleich mit der jährlich erhobenen Kompetenzmessung „Evaluation diagnostique" der Klassenstufe CE2 in dem Fach Französisch. Die Studie wird vom *Ministère de l'Education nationale de la recherche* beauftragt und ihre Ergebnisse sind einzusehen unter: URL: http://evace26.education.gouv.fr/ Abruf: 31.08.2009.

[150] Vgl. zu den Besonderheiten des Herkunftssprachen-Unterrichts Reich (1995), Petek (2004).

[151] Es handelt sich um die Geschichte „Die Gegenmaßnahme" in der Reihe *Vater und Sohn* von E.O. Plauen (1998).

Repräsentation einer Wortform dienen, sind prinzipiell unabhängig von der Sprachstruktur, die graphisch symbolisiert wird. Erst die orthographische Repräsentation der strukturellen Elemente einer Sprache (d.h. die Wortausgliederung, die Schreibung von Silbenrändern sowie die Morphemkonstanz) zeigt, welche Schriftsprachen für den Schreiber potentiell zugänglich sind (vgl. Maas &Mehlem 2003). Die Schreibungen des Marokkanischen in lateinischer Schrift werden hier als „spontan" begriffen, da die Kinder ihre nur mündlich ausgeübte Familiensprache nie zuvor gelesen oder geschrieben haben. Ohne über orthographische Regeln der Varietät zu verfügen und mit nur rudimentären Kenntnissen des Schriftarabischen müssen sie auf ihr Wissen über die Schriftstrukturen des Französischen zurückgreifen, um die marokkanische Sprachstruktur abzubilden. Anders als beim Schreiben des Französischen können sie hierbei nicht auf memorierte Wortbilder zurückgreifen.[152] Die marokkanischen Texte sind – über den Umweg der Schriftanalyse hinsichtlich der marokkanischen Sprachstruktur und der Systematik der französischen Orthographie – also in Bezug auf die französische Schriftkompetenz der Kinder aussagekräftig. Sie zeigen, welche Möglichkeiten sie haben, die in der Schule erlernten schriftsprachlichen Strukturen als Ressource zu nutzen und welche Hypothesen sie unter den familiären und schulischen Bedingungen des Schrifterwerbs von der graphischen Symbolisierung ihrer Familiensprache ausbilden.

4   Ergebnisse der Orthographieanalyse marokkanischer Schreibungen

Zentrales Ergebnis der Textanalysen ist, dass die mehrsprachigen Kinder das Wissen erworben haben, dass Schrift Sprache phonologisch abbildet – und zwar ohne, dass sie die strukturierende Funktion von Orthographie im Unterricht explizit gelernt haben (vgl. auch schon Maas 1986). Die Texte machen die hohen Reflexionsleistungen von der lautlichen Variation der gesprochenen Sprache zur graphischen Repräsentation phonologischer Einheiten deutlich. Am Beispiel der graphisch symbolisierten Imperfektivmarkierung werden diese Ergebnisse im Folgenden dargestellt und anschließend im Zusammenhang mit den ethnographischen Beobachtungen diskutiert.

Imperfektiv und Perfektiv artikulieren im Marokkanischen eine Aspektopposition. Die perfektiven Formen werden verwendet, um eine abgeschlossene Handlung auszudrücken, während imperfektive Formen den prozessualen Charakter einer Situation in den Mittelpunkt rücken. In den Kindertexten wurden die perfektiven Formen als Default verwendet. Sechs der insgesamt zehn untersuchten Kinder verwendeten zusätzlich auch den Imperfektiv, wobei sich die Formen auf die dritte Person beschränkten. Sie wird durch das Präfix [i-] markiert. Stellt man imperfektive Formen der dritten Person und französische Verben, die ebenfalls in der dritten Person flektiert sind gegenüber, stellt man fest, dass der linke Rand der Phrasen phonetisch zumindest ähnlich ist, wobei zu beachten ist, dass Marokkanisch eine Null-Subjekt-

---

[152] Bei memorierten Wortbildern handelt es sich eben nicht um analytisch hergeleitete Schreibungen, sondern um als feststehendes Bild erinnerte Wörter.

Sprache ist, das Subjektpronomen phonetisch hier also nicht realisiert werden muss:[153]

Marokkanisch (Imperfektiv)   **Französisch (Präsens)**

[5i-rkb6]   [il-m&Ot]
                                                   <il monte>
IPF-aufsteig:3SM   PRON 3SM aufsteig-Präs.3SM

[i-rkb-u]   [il-m&Ot]
                                                   <ils montent>
IPF-aufsteig:-3P   PRON 3PM aufsteig-Präs.3PM

Die Merkmale der Präfixkonjugation stehen – nach französischem Orthographiemodell – in der Position von Personalpronomina. Daher lässt sich an diesem Beispiel anschaulich zeigen, wie die Kinder die marokkanische Sprachstruktur graphisch eigenständig symbolisieren bzw. wie sie versucht haben, in ihren Schreibungen möglichst der französischen Orthographie zu entsprechen. Zwei Muster ließen sich bei den Schreibungen unterscheiden:

Die graphische Symbolisierung entspricht der marokkanischen Sprachstruktur

Zwei Schüler symbolisierten die Imperfektivmarkierung graphisch als zum Wort zugehörig. Sie verschrifteten das Flexiv mit dem Buchstaben <i-> als linken Wortrand des Verbs und somit entsprechend der marokkanischen Sprachstruktur. Veränderungen des linken Wortrands sind hier die Regel und als Teil des Verbs wird das Präfix auch graphisch als Einheit mit dem Verbstamm symbolisiert. Dies entspricht zudem ebenfalls der graphischen Repräsentation des arabischen Standards.

Nora   [i-Zls]   Soufiane   [i-tsara]
                     <ijelise>   <itsara>
                     IPF-sitz:3SM   IPF-spazier: 3SM

Die graphische Symbolisierung entspricht der französischen Sprachstruktur

Alle anderen Kinder übertrugen das Prinzip der französischen Wortausgliederung auf das Marokkanische und trennten das Funktionselement [i-] vom Verb ab, indem sie es als eigenes graphisches Wort markierten. Denn im gesprochenen Französisch entstehen zwar zahlreiche Veränderungen des linken Wortrands durch Resyllabie-

---

[153] Die Transkription ist mit dem Zeichensatz der *International Phonetic Association* erstellt. Weiterhin symbolisieren eckige Klammern die transkribierte Lautung, wohingegen die orthographische Schreibung in spitze Klammern gesetzt ist. Die Bindestriche in der phonetischen Transkription zeigen die morphologischen Bestandteile des phonologischen Wortes an.

rung von Wörtern in der Äußerung,[154] Flexionsmarkierungen werden im Französischen generell aber nur als Suffixe, also am rechten Wortrand realisiert.

In den Texten ließen sich drei Möglichkeiten differenzieren, wie die Kinder die Systematik der französischen Orthographie nutzten, um Marokkanisch zu schreiben.

Drei Schülerinnen und Schüler schrieben das Morph als <i> und markierten es graphisch durch das Spatium als eigenes Wort:

Ayoub	[i-xad-u]	[j-xud]
	<i hadu>	<i houd>
	IPF-nehm:3P	IPF-nehm:3SM
Nesrine	[i-Sabbr͇-u]	
	<i cabru>	
	IPF-festnehm:3P	
Soukeina	[i-Zib-u]	
	<i gibout>	
	IPF-bring:3P	

Der Schüler Marouane schrieb das Präfix ebenfalls als <i>, symbolisierte durch das Apostroph zwischen der Imperfektivmarkierung und dem Verbstamm aber die starke Zusammengehörigkeit zwischen den beiden Wörtern.

Marouane [i-tsara]
<i'tsara>
IPF-spazier:3SM

Der Apostroph ist im französischen Schriftbild relativ häufig, wird hier allerdings nur bei bestimmten proklitischen Morphemen verwendet, wenn der auslautende Vokal des Klitikons vor vokalisch anlautender Basis getilgt wird. Der elidierte Vokal wird in der Schrift dann durch Apostroph ersetzt (z.B.: *l'ami* ‚der Freund‘, *j'arrive* ‚ich komme‘). Dies ist im Fall der Imperfektivmarkierung natürlich nicht der Fall.

Soukeina, eine Schülerin, die das Präfix in einem Fall als <i> geschrieben hatte, repräsentierte die Imperfektivmarkierung in drei weiteren Fällen als <Il>. Sie verwendete also die ihr vertraute graphische Form des französischen Personalpronomens und entlieh sie quasi, um die Imperfektivmarkierung des Marokkanischen zu symbolisieren.

---

[154] Die Äußerung *les amis invités* (‚die eingeladenen Freunde‘) beispielsweise wird gesprochen als [le.za.mi.z&E.vi.te] realisiert. Die Silbengrenzen stimmen hier nicht mit den Wortgrenzen überein, da der auslautende Konsonant des vorausgehenden Wortes zum konsonantischen Anfangsrand der ersten Silbe des folgenden Wortes wird. In der Graphie wird dieses prosodische Phänomen der *Liaison* nicht symbolisiert.

Soukeina	[i-rkb-u]	[i-énn-u]	[i-Zils-u]
	\<Il recdowe>	\<Il denout>	\<Il gildo>
	IPF-aufsteig:3.P	IPF-glaub:3.P	IPF-sitz:3.P

In fast allen Fällen zeigte sich, dass die Schülerinnen und Schüler die marokkanische Sprachstruktur – in der die Veränderung des linken Wortrands durch Flexionsmerkmale die Regel ist – nach dem graphischen Muster des Französischen symbolisierten. Die Kinder näherten sich also generell den in der Schule erworbenen französischen Schriftkonventionen stark an, um die ihnen vertraute Lautstruktur des Marokkanischen abzubilden.[155] Konventionen des in Familie und Schule ebenfalls präsenten und unterrichteten Schriftarabischen wurden von den Schülerinnen und Schülern dagegen kaum genutzt, um auf Marokkanisch zu schreiben. Einige unter ihnen symbolisierten die Lautstruktur des arabischen Standards in ihren Schreibungen.[156] Ihr schriftstrukturelles Wissen baut aber deutlich auf dem Französischen auf. Der Umgang mit dem Schriftarabischen im „Bildmodus" bietet den Kindern also keine Ressource im funktionalen Schrifterwerb, das zum Ziel hat, einen Text für den Leser möglichst leicht erfassbar zu machen (Maas 2003). Wie lässt sich der systematische Umgang mit formalen sprachlichen Strukturen vor dem Hintergrund der familiären und schulischen Schriftpraktiken erklären?

5   Diskussion der orthographischen Lösungen vor dem schriftkulturellen Hintergrund

Marokkanisch zu schreiben war eine unbekannte Aufgabenstellung, die die Kinder mit ihrem schriftkulturellen Wissen aus dem Französischen und Schriftarabischen lösen mussten. Dabei übertrugen sie das auf Französisch gelernte schriftstrukturelle Wissen auf ihre Familiensprache. Es gelang ihnen unterschiedlich gut, den Text für einen Leser verständlich zu fixieren: Fast alle Kinder strukturierten ihre marokkanische Version der Geschichte etwas weniger durch graphische Mittel (Interpunktion, Majuskel) als ihre französische. Weiterhin gab es Kinder, die das Prinzip der Stabilität von Schrift (morphologische Konstanz) beim Transfer in die andere Sprache nicht immer umsetzten. Alle Kinder aber grenzten Wörter aus, obwohl der Sprachfluss auf Wortgrenzen keine Hinweise gibt. Gerade an der graphischen Wortausgliederung – darunter der Symbolisierung der Imperfektivmarkierung – zeigte sich, dass sie vor allem auf die französische Orthographie zurückgriffen, um ihre Familiensprache graphisch zu repräsentieren. Zwar ergibt sich die Orientierung am Französischen schon aus der Aufgabenstellung, die lautete, eine Bildergeschichte auf Marokkanisch in lateinischer Schrift aufzuschreiben. Betrachtet man aber den familiären schriftkulturellen Hintergrund der Kinder, ist das hohe Maß an Regelmäßigkeit der sprachlichen Formen beachtlich.

---

[155] Dieses Ergebnis erhärtete sich in der Untersuchung noch auf einer weiteren Ebene: Dabei handelt es sich um die sehr unterschiedliche phonetische Ausprägung und phonologische Funktion des Schwas im Französischen und Marokkanischen und die Verwendung des \<e> in den marokkanischen Texten (vgl. dazu Weth 2007, S. 223-244).

[156] So beispielsweise das Wort ‚Mann', dass im Marokkanischen [raZl] und im Standardarabischen [raĕul] artikuliert wird. Einige Schüler verschrifteten das Wort als \<rajul>.

Die ethnographische Untersuchung des schriftkulturellen Hintergrunds zeigte, dass die Kinder vor der Einschulung und während des schulischen Schrifterwerbs unterschiedliche Hypothesen über die Funktion und den Gebrauch von Schrift ausbilden müssen. Das mit den Schriftpraktiken verbundene Wissen und die Strategien, mit den Wissensbeständen umzugehen, sind eng verbunden mit den sozialen Situationen, in denen Erstere verankert sind. So wurde Lesen und Schreiben in den untersuchten Familien vorwiegend mit der Religion assoziiert und die funktionalen Formen von Schrift ganz und gar an die Schule delegiert. Die schulische Alphabetisierung und Literalisierung schlug ihrerseits keinen Bogen zu den familiären Schriftpraktiken. Dennoch orientierten sich die untersuchten Kinder beim Verschriften der Familiensprache an den schulischen Anwendungssituationen und strukturierten ihre Texte graphisch in einer Weise, dass sie erlesen werden und der Inhalt der Geschichten somit aus dem Gelesenen erfasst werden konnte. Ein solcher Umgang mit (Schrift-)Sprache ist tendenziell dekontextualisiert, also nicht auf die unmittelbare Kommunikationssituation ausgerichtet. Demzufolge muss explizit dargelegt werden, was zur Interpretation erforderlich ist. Umgesetzt wird die Explizitheit durch größtmögliche grammatische Strukturierung der Äußerung. Die Spontanschreibungen aller Schüler zeigten, dass sie ihr schriftstrukturelles Wissen (in unterschiedlichem Maß) auf die Sprachstrukturen des Marokkanischen übertragen konnten. Dies erfordert sehr viel mehr analytische Systematisierung als die simple Koppelung von Buchstaben und Lauten. Denn im Gegensatz zu Graphemen treten Laute nicht als feste Größen auf, sondern sind im akustisch-artikulatorischen Kontinuum vielfältig variiert. Zudem sind die gesprochene und geschriebene Sprache unterschiedlich strukturiert. Im Französischen lässt sich entsprechend zwischen einer *grammaire phonétique* und einer *grammaire orthographique* sowie einer phonischen und graphischen Silbenstruktur (Catach 1986, Fayol & Miret 2005) unterscheiden. Diese strukturellen Unterschiede zwischen Graphie und Phonie, die generell zu den spezifischen Schwierigkeiten beim Schrifterwerb des Französischen führen, haben die Schülerinnen und Schüler in ihren marokkanischen Texten analysiert. Dies ist umso bemerkenswerter, als sie mit verschiedenen Vorstellungen und Traditionen von Schrift konfrontiert sind und sowohl in Schule als auch in Familie die Erfahrung machen, den Erwartungen des „richtigen" Schreibens nicht zu genügen. Die Spontanschreibungen waren somit ein Analyseinstrument, das die schriftsprachlichen Ressourcen der Kinder aufzeigte. Sie machten zugleich deutlich, dass schon Grundschüler den Charakter von Schriftsprache als „visualisiertes, zweidimensionales, manipuliertes und manipulierbares Objekt" (Röber-Siekmeyer 2003, S. 397) erkannt haben.

Literatur

Barton, David / Hamilton, Mary (1998): Local literacies: reading and writing in one community. London, New York: Routledge.

Catach, Nina (1986): L'Orthographe Française. Paris: Nathan.

Charef, Mohamed (2003): Des hommes passerelles entre l'Europe et le Maghreb. In: Hommes & Migrations. Nr. 1242.

Dayan, Jean-Louis / Echardour, Annick / Glaude, Michel (1997): Le parcours professionnel des immigrés en France: une analyse longitudinale. In: Old and New Minorities. eds. Jean-Louis Rallu, Youssef Courbage and Victor Piché. Paris: John Libbey EURO-TEXT/INED, S. 113-146.

Ennaji, Moha (2005): Multilingualism, cultural identiy, and education in Morocco. New York: Springer.

Fayol, Michel / Miret, A. (2005) : Écrire, orthographier et rédiger des textes. In: Psychologie Française. Volume 50, Issue 3, S. 391-402.

Heath, Shirley Brice (1983): Ways with words: language, life, and work in communities and classrooms. Cambridge: Cambridge University Press.

Holes, Clive (1995): Modern Arabic: Structures, Functions and Varieties. London, New York: Longman.

Kastenbaum, Michèle / Vermès, Geneviève (1996): Children of North African Immigrants in the French school system. In: Intercultural Education 6.3, S. 43-48.

Lahire, Bernard (1993): Culture écrite et inégalités scolaires: Sociologie de 'l'échec scolaire' à l'école primaire. Lyon: Presses Universitaires de Lyon.

Maas, Utz (1986): Zur Aneignung der deutschen Schriftsprache durch ausländische Schüler. In: Deutsch lernen 11.4, S. 23-31.

Maas, Utz (2003): Orthographie und Schriftkultur (nicht nur im Deutschen). Arbeitsskript zur Vorlesung im SS 2003. Osnabrück: Universität Osnabrück.

Maas, Utz / Mehlem, Ulrich (2003): Schriftkulturelle Ressourcen und Barrieren bei marokkanischen Kindern in Deutschland. Materialien zur Migrationsforschung. Osnabrück: IMIS Universität Osnabrück.

Maas, Utz (2008). Sprache und Sprachen in der Migrationsgesellschaft. Die schriftkulturelle Dimension. Göttingen: V & R unipress.

Maas, Utz / Mehlem, Ulrich / Schroeder, Christoph (2004): Mehrsprachigkeit und Mehrschriftigkeit bei Einwanderern in Deutschland. In: Migrationsreport 2004: Fakten - Analysen – Perspektiven. Eds. Klaus J. Bade / Michael Bommes / Rainer Münz. Frankfurt: Campus Verlag, S. 117-149.

Moatassime, Ahmed (1992): Arabisation et langue francaise au Maghreb. Un aspect sociolinguistique des dilemmes du développement. Paris: Presses Universitaires de France.

Owens, Jonathan (1995): Language in the Graphics Mode: Arabic among the Kanuri of Nigeria. In: Language Science, Vol.17, Nr.2, S. 181-199.

Pasa, Laurence / Armand, Françoise / Montésinos Gelet, Isabelle (2002): The didactic conditions of emergent literacy: a comparative study of curricula and teaching tools in France and Quebec. L1 - Educational Studies in Language and Literature 2, S.271-296.

Petek, Gaye (2004): Les Elco, entre reconnaissance et marginalisation. In: hommes & migrations 1252, S. 45-55.

Plauen, E.O. (1993): Die Gegenmaßnahme. In: Vater und Sohn. Konstanz: Südverlag Konstanz.

Reich, Hans H. (1995): Langues et cultures d'origine. Herkunftssprachenunterricht in Frankreich: Migrantenkinder in den Schulen Europas. Versuche und Erfahrungen. Münster / New York: Waxmann.

Röber-Siekmeyer, Christa (2003): Die Entwicklung orthographischer Fähigkeiten im mehr-sprachigen Kontext. In: Bredel, Ursula (Hrsg.): Didaktik der deutschen Sprache: ein Handbuch. Paderborn: Schöningh, S. 392-404.

Taylor, Danny / Dorsey-Gaines, Catherine (1988). Growing Up Literate. Portsmouth / New Hampshire: Heinemann.

Vermès, Geneviève (1998): Schrifterwerb und Minorisierung als psychologisches Problem. Über Schwierigkeiten des Eintritts in die französische Schriftkultur für ethno- und sozio-linguistische Minderheiten. In: Gogolin, Ingrid / Graap, Abine / List, Günther (Hrsg.): Über Mehrsprachigkeit. Tübingen: Stauffenburg Verlag, S. 3-19.

Wagner, Daniel A. (1993): Literacy, culture, and development: becoming literate in Morocco. Cambridge: Cambridge University Press.

Weth, Constanze (2008): Mehrsprachige Schriftpraktiken in Frankreich. Eine ethnographische und linguistische Untersuchung zum Umgang mehrsprachiger Grundschüler mit Schrift. Stuttgart: ibidem-Verlag.

Sandra Bußmann[157]

Literale Lernprozesse von Vorschul- und Grundschulkindern im Alltag ihrer so genannten benachteiligten Familien

1 Die Bedeutung des familiären Kontextes für die Schriftsprachentwicklung von Kindern

Nicht zuletzt die Ergebnisse der internationalen Schulleistungsstudien der vergangenen Jahre haben ins Bewusstsein gerückt, wie bedeutsam das kulturelle, soziale und ökonomische Milieu der Familie für die Kompetenz- und Leistungsentwicklung der Kinder ist (vgl. Böttcher 2003, S. 128; Merten 2007, S. 5; Speck-Hamdan 2007, S. 6). Auch aus sprachwissenschaftlicher Perspektive ist es nach Isler u.a. (2006, S.1) unbestritten, dass „insbesondere familiäre Praktiken für die Entwicklung komplexer literaler Kompetenzen und Motivationen eine zentrale Rolle spielen". Bezüglich des Zusammenhangs zwischen Kompetenz- und Leistungsentwicklung und den Einflüssen des familiären Milieus zählen das Bildungsniveau der Eltern, der sozioökonomische Status der Familie und die Komponente des Migrationsstatus zu den so genannten Strukturmerkmalen der sozialen Herkunft (vgl. Speck-Hamdan 2007, S. 7; vgl. auch Avenarius u.a. 2003, S. 9; Eckinger 2007, S. 19). Diese Strukturmerkmale stehen nach Watermann und Baumert (2006) in enger Verbindung mit den Prozessmerkmalen, über die direkte Einflüsse auf die Bildungsverläufe von Kindern vermutet werden. Ein besonderer Einfluss wird hierbei den Prozessmerkmalen der kulturellen sowie der kommunikativen und sozialen Praxis beigemessen (vgl. Speck-Hamdan 2007, S. 7). Speck-Hamdan weist darauf hin, dass „Eltern [...] über diese Praxen [der genannten Prozessmerkmale] bildungsrelevante Einstellungen, Gewohnheiten oder auch einfach nur Informationen weiter[geben], die von den Kindern in Bildungserfolge umgewandelt werden können." (Speck-Hamdan 2007, S. 7; Nickel 2001, S. 9). Nach Bergk (2002) zeigen Kinder aus einem schriftfernen Elternhaus durch deren mangelndes Anregungsmilieu im Schriftspracherwerb schlechtere Lernvoraussetzungen, da die Eltern es nicht schaffen dem Kind in häuslichen Lese-, Schreib- und Sprachsituationen Lust auf Schriftsprache zu machen.

Wie genau diese genannten Merkmale mit dem Bildungserfolg zusammenhängen und familiäre Kontexte auf die Kompetenzentwicklung von Kindern wirken, muss jedoch noch differenzierter als bisher untersucht werden (vgl. Speck-Hamdan 2007, S. 7; Brügelmann/ Heymann 2002; Büchner 2003; Rauschenbach u.a. 2004, S. 315). Von einer Prüfung der genannten Prozessmerkmale hinsichtlich ihrer Bedeutung für die Erziehung und Bildung innerhalb der Familie, hängen im Wesentlichen „Kindeswohl, Bildungschancen und Bildungsgerechtigkeit" ab (Lassek 2007, S. 2). Erkenntnisse darüber, wie sich die unterschiedlichen schriftsprachspezifischen Erfahrungen und Interessen von Kindern im familiären Rahmen entwickeln, könnten gezielte Hinweise darauf geben, wie vorschulische und schulische Fördermaßnah-

---

[157] Anmerkung der Herausgeberinnen: Sandra Bußmann (geb. Langer).

men – insbesondere für Kinder aus, wie oben bereits beschrieben, benachteiligten Familien – gestaltet werden sollten.

2 Fallstudien schriftsprachlicher Lernprozesse innerhalb benachteiligter Familien

Eine Rekonstruktion und Interpretation der Entstehung des genannten Einflusses familiärer Sozialisationsbedingungen auf die Entwicklung einer schriftbezogenen familiären Alltagspraxis[158] und komplexer literaler Kompetenzen und Interessen der Kinder, ist das Ziel der Studie, aus der im vorliegenden Beitrag erste Ergebnisse exemplarisch vorgestellt werden. In dieser wurden in detailliert rekonstruierten Fallstudien zweier Kinder und deren Familien[159], regelmäßig über einen Zeitraum von 16 Monaten hinweg, in der Zeit des Übergangs vom Kindergarten in die Grundschule, umfassende Daten erhoben. Über die Interpretation von Interaktionen zwischen den Familienmitgliedern und deren Aussagen über die familiäre Praxis wurde sowohl die Kinder- als auch die Erwachsenenperspektive erfasst. Von Interesse waren und sind dabei insbesondere die Handlungsstrategien und -muster der Beteiligten.[160]

Die folgenden exemplarischen Sequenzen eines das Datenmaterial verdichtenden und in ersten Schritten interpretierenden Textes, zeigen die die Handlungspraxis des Kindes und seiner Mutter prägenden, bisher identifizierten Handlungsmuster. Zurückgegriffen wird hierfür auf Ausschnitte[161] aus der Fallstudie von „Katja" und ihrer Familie, im Zeitraum von Mitte bis Ende November, d.h. zehn bis zwölf Wochen nach Katjas Einschulung.

2.1 Katja - Einblicke in die Entwicklung einer schriftkulturellen familiären Handlungspraxis

Die Mutter berichtet Mitte November aus einem Gespräch mit der Lehrerin, Katja habe bisher keine Fortschritte im Lesen gezeigt. Sie fokussiert daraufhin den von ihr als solchen dargestellten „Defizitbereich" und initiiert Leseübungen mit Katja. Durch diese erhofft sie sich, „dass sie [Katja] das endlich mal rausfindet, dat es klick macht bei ihr (.) der Schalter muss umgeschaltet werden." Die Mutter erweitert hierfür regelmäßig die Hausaufgabenbearbeitungen und greift auch, abgesehen von diesen, unabhängige Beschäftigungen Katjas mit Büchern auf. Dabei fordert sie die Beschäftigung mit diesen nun als etwas „Ernsthaftes" ein und diszipliniert Katja entsprechend. Eine spielerische, freudige Auseinandersetzung mit Büchern, wie sie bisher möglich war und von Katja häufig ausgeübt wurde, wird nun nicht mehr gebilligt. Katjas selbstbestimmter Raum für die Beschäftigungen mit Schrift wird so durch die Eingriffe der Mutter eingeschränkt.

---

[158] Diese bezieht auch die Mitkonstruktion des Kindes, seine aktive Teilnahme an diesem Prozess, ein.
[159] Begleitet werden zwei „Risikofälle", d.h. Familien von Kindern aus sozio-ökonomisch benachteiligten Familien, eine davon mit Migrationshintergrund.
[160] Für weitere Einblicke in das Design der Studie siehe Langer 2005.
[161] Diese wurden nach der Möglichkeit ausgewählt, möglichst viele der vorhandenen Handlungsmuster und Spannungsverhältnisse aufzuzeigen.

[...] Katja sitzt am Küchentisch. Sie beschäftigt sich mit einem in der Schule gelesenen Zauberspruch in ihrer Fibel. Die Mutter arbeitet nebenher im gleichen Raum.[162] [...]
K: [im singenden Ton eines Zauberspruchs, dabei die Hände im Takt bewegend:] Mora, mora, mori (.) alles ist rrrot! [zur I.:] Wo ist rot? Wo steht rot? Wo steht rot? (.) Ach hier! [Sie zeigt auf das Wort ´rot`] Mora, mora, mori (.) alles ist (.) rot, rot, rot (.) alles ist rot, rot, rot. [K. lacht laut, strahlt über das ganze Gesicht, legt dabei den Kopf in den Nacken. Sie sieht wieder auf den Text und hält den Finger an ein bestimmtes Wort] (...) Mmmm (.) das kann ich nicht lesen!
M: [K. den Rücken zuwendend, bei der Hausarbeit] Dann musst du **buchstabieren**, Katja! Und die zusammenhängen!
K: Mora, bora, dora, mori (.) M, aaa (.) nnnaaa. (.) Maaaaa, moriiii. [Sie setzt im langsamen, gedehnten „Lese"rhythmus fort, als ob sie lese:] Alles ist rot (.) Tom ist rot die [unverständlich] rot. [K. lacht, nun leiser]
M: [sich zu K. umwendend, mit angehobener Lautstärke und nach vorne geschobenem Kopf:] Katja, das ist kein Spiel! Das ist **Ernst**! [K. schürzt die Unterlippe und schiebt das Buch beiseite. Sie steht auf und packt das Buch weg.][...]

Katja zeigt zunächst noch offen, dass sie den Text nicht lesen kann und fordert Hilfe ein, um einen weiteren Zugang zum Geschriebenen zu bekommen. Lesen bedeutet hier noch, sich zu erinnern. Die Mutter fordert von Katja, ohne für deren derzeitigen Kompetenzen eine angemessene Hilfestellung zu geben, den Text selbst zu lesen. Diese ist hiermit jedoch noch überfordert: Sie nennt einzelne Buchstaben, zieht andere zusammen und rät die Worte schließlich. Letztendlich beendet sie die weitere Beschäftigung mit dem Buch.

Die Mutter gibt auch in von der Hausaufgabenbearbeitung ausgehenden, von ihr als solche initiierten Übungssituationen, Verhaltensmaßstäbe und Arbeitsweisen vor, die sie mittels direktiver Forderungen durchzusetzen versucht.

[...] M: [weist auf ein Wort, das K. innerhalb der Hausaufgabenbearbeitung abschreiben muss] Wat heißt dat jetzt?
K: Mami! (..) [K. schreibt weiter. Ein Wort rutscht aus den vorgegebenen Linien]
M: [halb schreiend] Du sollst dir Zeit lassen! (.) Fräulein! (...) Mach et lieber langsam und ordentlich! (...) Aha! (.) So wat heißt das jetzt? Das weiß ich immer noch nicht! Mama kann nicht lesen! Les mal vor Katja!
K: Na klar kannst du lesen!
M: Nee, kann ich net, dat kann ich net lesen! Wat ist das denn? Wat sind dat denn jetzt für Buchstaben, wat heißt dat denn jetzt? Hä? [K. schreibt weiter die Wörter ins Heft] (.) Sag mir mal die Buchstaben (.) hä?
K: Ich kann das nicht! (.)
M: [lauter:] Ja dann musst du dich bemühen! (.)
K: [weinerlich] Oh man, ich brauch ´ne Brille! (.)
M: Du brauchst keine Brille! (.) [steht auf und geht aus dem Raum.]
K: [zu sich selbst, weinerlich] Ich kann net das lesen, so alleine! (..) Ich kann das nicht! (.) [...]

Katja versucht den Forderungen der Mutter zunächst Folge zu leisten, indem sie auch hier ihr von dieser nicht akzeptiertes Nichtkönnen durch Raten zu kompensieren versucht. Wird dies nicht zugelassen, ignoriert sie die beharrlichen Forderungen

---

und wendet sich wieder den eigentlichen und für sie leistbaren Aufgaben zu. Durch diese Distanzierung schafft sie sich die Möglichkeit handlungsfähig zu bleiben. Die Mutter unterstellt Katja ein Nicht(genug)-Bemühen und eine zu geringe Kompetenz. Katja sucht nach einer außerhalb ihrer Person liegenden Begründung für ihr Nicht-Können und deutet damit ihre Hilflosigkeit an. Schließlich übernimmt sie jedoch, als dies von ihrer Mutter nicht zugelassen wird, die Ansicht dieser bzgl. ihrer ungenügenden Kompetenz und drückt daraufhin – wie in der folgenden Zeit in vielen gemeinsamen Arbeitssituationen - das starke Gefühl einer Überforderung, der Abhängigkeit von äußerer Hilfe und damit den Verlust ihrer Eigenständigkeit aus.

Die gemeinsamen Arbeitssituationen, die sich als eine Auseinandersetzung über Autorität und Selbstbestimmung gestalten, werden von der Mutter wie auch von Katja als ein ‚Gegeneinander‘ empfunden. Dabei ruft das Empfinden eines Affronts der jeweils anderen Person ein neues Entgegenhandeln hervor. So beschreibt Katja ihre emotionale Belastung durch das von ihr als aggressiv empfundene Verhalten der Mutter, welches zur Planung einer Art Gegenreaktion, einem zukünftigen ’Vergessen’, d.h. Verweigern der Hausaufgaben führt.

> [...] Katja sitzt im Kinderzimmer. Sie kämmt wortlos ihre Barbiepuppe.
> M: [laut rufend, aus der Küche, auffordernd:] Katja! (.) Wenn der Papa heut Abend kommt, will der deine Hausaufgaben nicht noch sehen!
> K: [zieht ihre Augenbrauen zusammen, spricht leise murmelnd, ihren Blick weiter auf die Puppe gerichtet:] Ich hasse Hausaufgaben, (..) weil die mich immer anbrüllt!
> I: Wer?
> K: [K. nickt mit dem Kopf in Richtung der Küche in der sich ihre Mutter aufhält. Sie hört auf ihre Puppe zu kämmen. Nun lauter:] Die brüllt immer gleich rum! Immer sagt die (...). Ich vergess die [Hausaufgaben] manchmal einfach! (.) [lauter und nachdrücklich:] Ich vergess die jetzt **immer**! [...]

Katja erkennt die Hausaufgaben zudem als ein Druckmittel in der Auseinandersetzung um ihre Selbstbestimmtheit, als Strategie (auch nicht-schulbezogene) Forderungen gegenüber der Mutter durchzusetzen und sich von dieser zu distanzieren. Der Inhalt der Hausaufgaben rückt dabei in den Hintergrund, Schule bzw. Hausaufgaben werden als Mittel des Aushandelns der Beziehung mit der Mutter interpretiert und genutzt.

> [...] Während der Hausaufgabenbearbeitung entsteht ein Streit: Katja möchte, wie zuvor auch die Mutter, einen frisch gebackenen Keks probieren, was ihr jedoch von dieser verweigert wird.
> [...]
> K: [beginnt schreiend zu weinen, wirft sich lang auf die Küchenbank und ruft:] Oh Mann! (.) Oh Mann! (.) Ich will einen (.)
> Ich weiß nicht mehr wie die schmecken, das ist gemein!
> M: [zur I.:] Siehste, dat is dat! Sie hat im Moment schwer ´ne Phase! Sie muss dat aber auch lernen, dass sie nicht alles bekommt! (.) Trotz ist das! (.) [an Katja gewandt:] Du weißt, dass zu dir der Weihnachts (.) das Christkind net kommt, wenn du so weitermachst! (.) Mach deine Hausaufgaben, dann ist gut! (...) [Katja reagiert nicht] [nun schreiend:] Soll ich einen Vermerk wieder unten drunter schreiben?! (.) Aber dieses Mal mach ich das mit Kugelschreiber, dann kannst du es nicht ausradieren wie dat letzte Mal! (..) Mach deine Hausaufgaben! (..)

K: [hört auf zu weinen, setzt sich auf und verschränkt die Arme] Dann mach ich eben nicht weiter! (...) Hab ich die [Hausaufgaben] halt morgen nich! (...)
M: [reagiert zunächst nicht. Nach rund einer halben Minute hält sie K. einen Keks hin] Nimm dir einen. (.)
[Katja nimmt sich wortlos einen Keks und begibt sich wieder an die Bearbeitung der Aufgaben.] [...]

Die Mutter reagiert zunächst mit heftigem emotionalem Gegendruck, indem sie Katja droht, ihr Verhalten über einen Vermerk der Lehrerin zu offenbaren und Katja infolge ihres Fehlverhaltens bloßzustellen. Hierbei nutzt sie den Wunsch Katjas nach Integrität in der Schule gegen diese. Auch Katja nutzt die von ihr erkannte Bedeutung der Zufriedenheit der Lehrerin für die Mutter, um dem eigenen Wunsch Nachdruck zu verleihen bzw. durchzusetzen. Letztendlich reagiert die Mutter mit hilflosem Nachgeben, durch das Einlassen auf Katjas Wunsch.

Auf eine so empfundene Front von Seiten Katjas, reagiert die Mutter in der Regel mit dem Aufbau einer Gegenfront, indem sie mittels verstärkter Drohungen und dem Darstellen einer stärkeren Position versucht, die Situation in den Griff zu bekommen.

[...] K: [packt Hefte in den Schulranzen, zur Mutter:] Hausaufgaben fertig!
M: Hast du sonst nichts auf? (.) Nee, nä?! Heute hattet ihr nur Deutsch! [die Mutter greift zum Schreibheft] Ich will mal gucken, Katja! (.) Macht ihr da überhaupt nichts oder wat!? (.)
K: [Katja zieht das Heft zurück und wehrt diesen Zugriff der Mutter laut ab:] Nein! (.) Nein! Nein!
M: [mit lauter Stimme:] Hast du Angst, dass ich irgendwat Schriftliches finde, hä? (..) Lass es sein Katja! Ich kontrolliere deine Hefte so wie es mir passt! Ja?! **Ich** hab hier das Sagen und nicht du, Fräulein! (..) Und wenn dir das nicht passt, dann kannst du hier heute drinnen bleiben! Dann gehst du heute nicht raus! (.) [Katja reagiert nicht, starrt in die Luft] Ja, gut! Dann bleibst du eben drinne, ist mir egal, die Lisa [die jüngere Schwester] kann gleich raus!
K: [verschränkt die Arme und zieht die Augenbrauen zusammen] Oh, Mann!" [...]

Die Mutter stellt über die Beschränkung der Freizeitgestaltung Konsequenzen für Katja dar, wenn diese die von ihr verdeutlichte Hierarchie nicht akzeptiert. Katja drückt ihre Entrüstung und hilflose Frustration aus.

Trotz der Äußerungen bzgl. des belastenden Gefühls einer nicht ausreichenden Kompetenz, zeigt Katja eine fortdauernde eigeninitiierte Beschäftigung mit Schrift und ihre Bereitschaft bzw. den eigenen Wunsch das Lesen und Schreiben zu erlernen. Diese Aktivitäten zeigt sie nur dann bzw. nur so lange, wie diese von einem strukturierenden Eingriff der Mutter unberührt bleiben. In ihren Aktivitäten wendet sie z.B. die bereits während der Kindergartenzeit genutzte Strategie des Abschreibens an oder setzt schulische Schemata wie die Kombination von Bild und Wort ein. Sie übt sich zudem darin, schulische Wörter wie „Oma" auswendig zu schreiben. Wenn nötig holt sie sich ihre Schulbücher als Vorlage zur Hilfe.

[...] K: [lacht, beginnt dann verschiedene Buchstaben zu schreiben:] Ein O (.) ich kann auch Oma schreiben! [Sie schreibt ein O, stockt dann und schlägt das Wort Oma in der Fibel nach] Ich kann gar net so Oma schreiben! (.) Ah ja (.) so, so geht Oma (.) und ich will mal Omi schreiben (..) Aber ganz schnell! [Ihr Bemühen zeigt sich im schweren Atmen und ihrem tiefem Ausatmen nachdem sie das Wort beendet hat. Sie schreibt das Wort anschließend noch einmal frei] Und jetzt mal ganz schnell! [...] Warte mal (...) Mama kann ich frei schreiben. [...] Mami! (.) Omi kann ich noch! (...) Das war jetzt nichts! [sie schreibt ´Omi´ auswendig, stolz:] Ohne frei!

I: Woher weißt du wie Omi geschrieben wird?

K: [sie wiegt leicht verlegen Kopf und Körper] Ich hab das nur gemerkt! (..) Ich lern das von der Lehrerin [unverständlich] und da (.) das nie vergessen hab! [...]

Ist sie zufrieden mit dem was sie geschafft hat, geht sie einen Schritt weiter, indem sie kleine, sinnvolle Änderungen an den Wörtern vornimmt - sie schreibt beispielsweise Mami statt Mama. Sie stellt sich selbst Herausforderungen und zeigt dabei freudige Anstrengungsbereitschaft. Ihre Schreibstrategie erklärt sie mit dem Memorieren von Wortbildern. Dabei trifft sie selbst – und anders als zuvor nun nicht nur mehr in fremdstrukturierten Schriftaktivitäten – eine Einordnung hinsichtlich des Niveaus, das sie wählt bzw. auf dessen Grundlage sie schreibt.

Abb.: außerhalb von schulischen Arbeitssituationen entstandene Schriftprodukte Katjas

2.2 Katja – Spannungsverhältnisse in der Entwicklung einer schriftkulturelle familiären Handlungspraxis

Aus den zuvor an einem Beispiel dargestellten verdichtenden und interpretierenden Analysen der schriftsprachlichen Handlungen von Katja und ihrer Mutter, wurden Spannungsverhältnisse herausgearbeitet, die sich durchgängig für diese schriftkulturelle familiäre Alltagspraxis als charakteristisch erweisen. Die Themen bzw. die Problematiken dieser Spannungsverhältnisse werden dabei in beiden Fallstudien deutlich, wenn auch partiell mit unterschiedlichen Hintergründen und Auswirkungen. Sie zeigen sich demnach von fortwährender Bedeutung für die gemeinsame Konstruktion der schriftkulturellen familiären Alltagspraxis und somit für die Schriftsprachentwicklung der Kinder. Dabei ist deren aktive Rolle als Ko-Konstrukteure dieser Alltagspraxis zu betonen, die sich auch in den dargestellten Spannungsverhältnissen zeigt, die sie mitkonstruieren.

So zeigen sich die **fremd- und selbststrukturierten schriftsprachlichen Aktivitäten** von Katja und ihrer Mutter in einem **Spannungsverhältnis von Belastung und Zufriedenheit**. Dies ist u.a. zurückzuführen auf die verschiedenen Vorstellungen des Zugangs zur und der Bedeutung der Schriftsprache im familiären Alltag.

Gemeinsame Schriftsprachsituationen werden dabei bestimmt durch ein **Spannungsverhältnis von emotionaler Distanz und Nähe** zwischen Katja und ihrer Mutter und werden so zu einem **Aushandlungskontext** und **Aushandlungsmittel innerhalb der familiären sozialen Beziehungen.**

Die fremd- und selbststrukturierten Schriftaktivitäten stehen dabei in einem **Spannungsverhältnis zwischen dem Wunsch Katjas nach Kompetenzanerkennung und der Fokussierung von „Defiziten" durch die Mutter.**

In den beiden Fallstudien, wie auch in den vorhergehenden Ausführungen, wird deutlich, dass der Einfluss der familiären Bezugspersonen auf das Kind nicht als nur in eine Richtung gehend und nicht von einer zeitüberdauernden Stabilität zu verstehen ist. Schriftkulturelle Praktiken der Eltern sind nicht unbedingt gleichzusetzen mit den Praktiken, Vorstellungen und Interessen des Kindes und ein „schriftferner" familiärer Kontext ist nicht gleichbedeutend mit einem geringen Schriftinteresse und geringen Schriftaktivitäten des Kindes.

3 Ausblicke – Forschungsergebnisse und Maßnahmen

Die beschriebene Bedeutung des familiären Kontextes für die Schriftsprachentwicklung von Kindern wird von Lassek (2007, S. 2) aufgegriffen, die fordert, Netzwerke zwischen Bildungs- und Sozialbereich zu knüpfen, u.a. durch die „Einbindung von Eltern in die Arbeit von Kindertagesstätten und Schulen, niedrigschwellige Elternbildungsangebote, die vor Ort und kostenfrei Eltern unterstützen, eine konsequente Vernetzung der an der Erziehung und Bildung beteiligten Institutionen, die Einstellung, dass Eltern gemeinsam mit den Pädagoginnen verantwortlich sind für Kontinuität in der Entwicklung der Kinder (gerade im Hinblick auf die in unserem System schwierigen Übergänge)."

Nach Böttcher (2003, S. 128) werden Förderkonzepte, die die Wichtigkeit des kulturellen, sozialen und ökonomischen Milieus der Familie für die Bildungschancen der Kinder berücksichtigen, in den USA bereits seit längerem umgesetzt, indem man sich „intensiv um eine Kooperation von Schule und Familie bemüht." Bestehe auch hierzulande „der Anspruch, alle Kinder zu besseren Leistungen zu führen, muss man sich fragen, wie Familien unterschiedlicher kultureller und sozioökonomischer Herkunft beteiligt werden können." (Böttcher 2003, S. 131) Bei der Gestaltung dieser Maßnahmen sollte man nach Böttcher (2003, S. 131) „Familien [...] nicht in gängige Modelle pressen, sondern bestehende kulturelle Muster aufspüren und entwickeln."

Aus den hier in Ausschnitten vorgestellten Ergebnissen zweier Fallstudien lassen sich bezüglich dieser Frage keine allgemeinen Antworten formulieren. Sie können jedoch durch das „Typische im Individuellen" (Binneberg 1997, S. 226) einen ersten Beitrag dazu leisten, die Wirkung möglicher Einflüsse einer schriftkulturellen familiären Alltagspraxis auf die Entwicklung literaler Kompetenzen von Kindern differenzierter als zuvor zu beschreiben und zu erklären, was Grundlage für die geforderte Gestaltung geeigneter Förderkonzepte sein sollte.

225

Literatur

Avenarius, Hermann / Ditton, Hartmut / Döbert, Hans / Klemm, Klaus / Klieme, Eckhard / Rürup, Matthias / Tenorth, Heinz-Elmar / Weishaupt, Horst / Weiß, Manfred (2003): Bildungsbericht für Deutschland 2003. ‚Erste Befunde'. Frankfurt am Main/Berlin: Deutsches Institut für Internationale Pädagogische Forschung (DIPF). URL: http://www.kmk.org/aktuell/bb_zusammenfassung.pdf, Abruf 26.03.2004.

Bergk, Marion (2002): Mehr Startchancen für „schriftfern" aufgewachsene Kinder. In: Grundschulunterricht. 49 Jg., H. 5, S. 4-6.

Binneberg, Karl (1997): Überlegungen zur Logik der kasuistischen Forschung in der Pädagogik. In: Binneberg, Karl (Hrsg.) (1997): Pädagogische Fallstudien. Frankfurt am Main: Peter Lang Verlag.

Böttcher, Wolfgang (2003): Die Kooperation von Familie und Schule – Forschungsbefunde aus den USA. In: Panagiotopoulou, Argyro / Brügelmann, Hans (Hrsg.) (2003): Grundschulpädagogik meets Kindheitsforschung. Zum Wechselverhältnis von schulischem Lernen und außerschulischen Erfahrungen im Grundschulalter. Jahrbuch Grundschulforschung 7. Opladen: Leske + Budrich, S. 128-132.

Brügelmann, Hans / Heymann, Hans Werner (2002): Pisa 2000: Befunde, Deutungen, Folgerungen. In: Pädagogik. 2002, H. 3, S. 40-43.

Büchner, Peter (2003): Stichwort: Bildung und soziale Ungleichheit. In: Zeitschrift für Erziehungswissenschaft. 6 Jg., H. 1, S. 5-24.

Eckinger, Ludwig (2007): PISA und IGLU: Der Anfang ist geschafft. In: Forum. Zeitschrift des Verbandes Bildung und Erziehung. Beiheft PISA aktuell. H. Dezember 2007.

Hellmich, Frank (2007): Bedingungen anschlussfähiger Bildungsprozesse von Kindern beim Übergang vom Kindergarten in die Grundschule. In: Bildungsforschung. 4 Jg., Ausgabe 1. URL: http://www.bildungsforschung.org/Archiv/2007-01/uebergang/, Abruf: 15.08.2007.

Isler, Dieter / Künzli, Sibylle / Leemann, Regula (2006): Lernwelten – Literacies: Bedingungen und Prozesse des frühen Schriftspracherwerbs im Kontext von Familie und Kindergarten. Symposium Deutschdidaktik 2006. URL: http://www.symposion-deutschdidaktik.de/cweb/cgi-bin-noauth/cache/VAL_BLOB/154/154/85/08LernweltenLiteraciesHandout0609.pdf, Abruf: 15.08.2007.

Langer, Sandra (2005): Schriftsprachentwicklung von Kindern aus sogenannten schriftfernen Familien beim Übergang vom Kindergarten in die Grundschule: Erste Ergebnisse einer qualitativen Längsschnittstudie. In: Götz, Margarete / Müller, Karin (Hrsg.) (2005): Grundschule zwischen den Ansprüchen der Individualisierung und Standardisierung. Jahrbuch Grundschulforschung. Wiesbaden: VS Verlag für Sozialwissenschaften, S. 177-183.

Lassek, Maresi (2007): Strukturen verändern, Netzwerke bilden, gemeinsam handeln. In: Grundschule aktuell. Zeitschrift des Grundschulverbandes: Arme Kinder. Kinderarmut und Bildungsgerechtigkeit. H. 97, 1. Quartal Februar 2007, S. 2.

Merten, Roland (2007): Armutszeugnis Kinderarmut. Kinderarmut in Deutschland – mehr als nur ein Randphänomen. In: Grundschule aktuell. Zeitschrift des Grundschulverbandes: Arme Kinder. Kinderarmut und Bildungsgerechtigkeit. H. 97, 1. Quartal Februar 2007, S. 3-5.

Nickel, Sven (2001): Prävention von Analphabetismus: vor, in, nach und neben der Schule. Alfa-Forum 47/ 2001, S. 7-10.

Rauschenbach, Thomas / Mack, Wolfgang / Leu, Hans Rudolf / Lingenauber, Sabine / Schilling, Matthias / Schneider, Kornelia / Züchner, Ivo (2004): Konzeptionelle Grundlagen für einen Nationalen Bildungsbericht – Non-formale und informelle Bildung im Kindes- und Jugendalter. Berlin: Bundesministerium für Bildung und Forschung.

Speck-Hamdan, Angelika (2007): Bildungsgerechtigkeit – ein hohles Versprechen? Wie Armut und Bildungsmöglichkeiten zusammenhängen und welche Rolle die Schule dabei spielt oder spielen könnte. In: Grundschule aktuell. Zeitschrift des Grundschulverbandes: Arme Kinder. Kinderarmut und Bildungsgerechtigkeit. H. 97, 1. Quartal Februar 2007, S. 6-10.

Norbert Kruse & Anke Reichardt

Rechtschreibförderung im sozialen Raum der Klasse – Ergebnisse eines Lehr-forschungsprojekts mit Studierenden

1   Vorbemerkung

Im folgenden Beitrag geht es um ein Förderprojekt in einer Kasseler Grundschule, das zugleich eine Ausbildungs- und Fortbildungsfunktion hat.[163] Die Hauptfrage des Projekts ist, unter welchen Bedingungen schwache Rechtschreiber in der Grundschule rechtschriftliche Lernprozesse als bedeutungsvoll für ihr schriftliches Handlungsvermögen erfahren. Zugleich sollen damit interpretative Verfahren für ein Konzept subjektwissenschaftlicher Rechtschreibförderung erprobt werden, mit denen Fähigkeiten im Rechtschreiben als Ergebnis subjektiver, unterrichtlicher und schriftkultureller Bedingungs- und Bedeutungsverhältnisse betrachtet werden können. Die Studie orientiert sich methodisch deshalb am Paradigma qualitativer Sozialforschung (vgl. u.a. Mayring 1996; Flick, von Kardorff & Steinke 2000) und an dem Ansatz subjektwissenschaftlichen Lernens, wie er von Klaus Holzkamp Mitte der 90er Jahre entwickelt wurde (Holzkamp 1993). Wenngleich es in den methodologischen Voraussetzungen dieser qualitativen Forschungsansätze gravierende Unterschiede gibt, lassen sich in den Prämissen ihrer jeweiligen „Aktualempirie" (Holzkamp 1983, S. 509ff.) durchaus gemeinsame Linien entdecken, so dass sich daraus Gesichtspunkte zur Untersuchung und Strukturierung von Lehr- und Lernprozessen in der Schule ableiten lassen.

Die folgenden Abschnitte behandeln die Konzeptdarstellung in zwei Schritten. Zuerst wird eine methodologische Begründung für die Entwicklung qualitativer Verfahren in der Rechtschreibförderung versucht. Darin eingeschlossen sind die kritische Auseinandersetzung mit vorfindlichen quantitativen Studien und die Diskussion der Grundkategorie ‚Rechtschreibkompetenz', von der Konzepte zur Entwicklung rechtschriftlicher Fähigkeiten in der Schule abgeleitet werden. Hieran schließt sich die Darstellung und Erörterung eines Einzelfalls im Kontext des schulischen Deutschunterrichts in der Jahrgangsstufe 3 an. Abschließend wird auf einige Bedingungen für erfolgreiche Lernprozesse im Konzept subjektwissenschaftlicher Rechtschreibförderung hingewiesen.

2   Methodologische Rahmenüberlegungen zur Begründung der qualitativen Vorgehensweise zur Rechtschreibförderung: Kritik am Anwendungsmodell des Lernens

Trotz häufiger Klagen über die methodischen Probleme vieler aktueller Vergleichsstudien stellen Panagiotopoulou/Brügelmann (2005, S. 72ff.) fest, dass das quantitative, psychometrisch orientierte Paradigma die Unterrichtsforschung dominiert.

---

[163] Das Projekt wurde im Rahmen der Seminarveranstaltung „Rechtschreibung und Rechtschreibunterricht" im Sommersemester 2008 unter Leitung von Prof. Dr. Norbert Kruse (Universität Kassel) entwickelt. Erste Vorüberlegungen zum Projekt finden sich bei Kruse 2006.

Fallstudien und die Anwendung interpretativer Verfahren seien im Feld der Schule seltener anzutreffen. In der Verbindung oft separierter Forschungszugänge und in der Kombination ihrer jeweils favorisierten Methoden liegt jedoch, so die beiden Grundschulforscher, der Schlüssel für ein besseres Verständnis der kindlichen Lebenswelten, der fachlichen und der persönlichen Entwicklung von Kindern.

Diese Einschätzung gilt nicht nur allgemein für die Unterrichtsforschung, sondern auch für den Rechtschreibunterricht und die Rechtschreibförderung. Zumeist orientieren sich Untersuchungen zur Entwicklung von Rechtschreibfähigkeiten methodisch an Verfahren aus der pädagogischen Psychologie und den Sozialwissenschaften.[164] Analysiert werden quantitative Beobachtungen bzw. Messungen, so dass Untersuchungspläne und die Datenerhebung bzw. Datenauswertung darauf ausgerichtet sind, die empirischen Größen in Zahlen überführen zu können. Zweifellos werden auf diese Weise Anhaltspunkte für Voraussetzungen einer sinnvollen Rechtschreibförderung gewonnen. Die Forderung nach mehr qualitativer Forschung im Grundschulunterricht ergibt sich für die Rechtschreibförderung in theoretischer Hinsicht aber aus dem Umstand, dass in der Folge der Verfahren meist ein spezifisches Konzept des Zusammenhangs von Lehren und Lernen konstruiert wird, das man als Anwendungsmodell des Lernens bezeichnen könnte. Rechtschreibförderung tritt Lehrkräften an der Schule und Studierenden an der Hochschule zumeist als ein Modell gegenüber, das im schulischen Unterricht umzusetzen ist oder in der Forschungspraxis angewandt wird. Lehrkräfte verstehen sich z.B. als Anwender von Förderkonzepten, mit denen sie für die Verbesserung der Rechtschreibfähigkeiten sorgen wollen. Unterrichtsforscher stellen dieses Anwendungskonzept nicht in Frage, weil sie an der Wirksamkeit eines Modells interessiert sind. In beiden Fällen stellt sich ein Fördermodell gleichsam als Muster von idealen Lernprozessen dar, mit dem sich orthographische Lernhandlungen messen lassen und das zugleich Handlungsschritte für die Förderung vorgibt.

Problematisch an diesem Verständnis von Modell und Anwendung ist, dass es eine spezifische methodologische Unterscheidung von Modell/Muster und Praxis/Gebrauch impliziert. Der Praxis wird stets nur soweit Bedeutung zugestanden, wie sie das Muster instantiiert bzw. repräsentiert. Wichtiges wird von Unwichtigem und Vernachlässigbarem mit Hilfe der Theorie getrennt, so dass die Förderpraxis allein dort wesentlich ist, wo sie Bestandteile der universellen Theorie repräsentiert. Fördermodell und die Praxis des Lehrens und Lernens stehen – im Prinzip – in einer Repräsentationsbeziehung, die sich als Beziehung von ‚reiner' Theorie und jedesmaliger praktischer Realisierung gestaltet. Zugespitzt formuliert: Die Vernunft rechtschriftlichen Lernens wohnt eigentlich in der Theorie, nicht in den praktischen Lernhandlungen der Subjekte, die sich vorgenommen haben, ein Handlungsproblem im Bereich des Textschreibens lernend anzugehen.

---

[164] Dies gilt vor allem für die Verwendung von Rechtschreibtests (vgl. den Überblick bei Herné 2003), aber auch für die theoretische Grundlage von Förderkonzepten bei Lese-/Rechtschreibschwierigkeiten (vgl. dazu zahlreiche Beiträge im Band von Hofmann & Sasse 2006).

In subjektwissenschaftlicher Perspektive nun muss sich der Zusammenhang von Lehren und Lernen hingegen als Form subjektiver Begründetheit beschreiben lassen (vgl. dazu Holzkamp 1993, S. 424ff.). Beispielsweise ist es ein Unterschied, ob mir in meiner Klasse jeweils bewertete und kontrollierte Handlungen, etwa zur Substantivierung von Verben abverlangt werden (Analyse der Aufgabe s.u.), oder ob ich für mich eine Vermittlungsebene finden kann zwischen einerseits dem grammatischen Phänomen, das demzufolge im Deutschen im Prinzip jedes Wort die Wortart wechseln kann und andererseits meiner Unfähigkeit, in Texten die satzinterne Großschreibung korrekt zu gebrauchen. Vernünftigerweise kann ich diese Vermittlung nur herstellen, wenn ich die satzinterne Großschreibung als mein Handlungsproblem beim Textschreiben erfahre und mich entschließe, mich lernend dem Problem zu nähern. Ich handle also nicht nach einem Muster, das mir vorgegeben wird, sondern aufgrund von ‚guten Gründen', die mir die Beschäftigung mit der satzinternen Großschreibung nahe legen.

Das Verständnis des Lernens, das über die Umsetzung eines theoretischen Fördermodells in eine Form praktischer Anwendung initiiert wird, macht das Lernen zugleich zu einer Bewegung des Lehrers, nicht des Lernenden. Lernen ist dieser Logik zufolge eine Aktivität, die von Lernenden deshalb unternommen wird, weil Lehrende Ziele, Lernschritte, Operationen für sie arrangiert haben, also Bedingungen, unter denen sich die notwendigen Lernschritte entwickeln. Der Gehalt dessen, was da erkannt werden kann, ist von vornherein festgelegt, vernünftig und wird deshalb gelernt, weil er gelehrt wird. Holzkamp hat das einen Lehr-Lern-Kurzschluss genannt, weil keineswegs davon ausgegangen werden kann, dass Lehren – selbst bei optimaler Unterrichtung – auch Lernen erzeugt (vgl. Holzkamp 1993, S. 391; Holzkamp 1991).

Das Anwendungsmodell des Lernens vernachlässigt anders gesagt den Vollzug möglicher Lernhandlungen als Aktivitäten von Individuen. Zeigt man beispielsweise Lernpsychologen oder auch Lehrern eine Videosequenz mit Ausschnitten aus der Lernbiographie eines einzelnen Kindes, fragen sie, ob dies alle Kinder in dem Alter so machen. Wird die Frage verneint, verliert die Sequenz ihre Relevanz, weil die individuellen Lernprozesse zufällig sind und damit nicht interessant für die Konstruktion cincr allgemeinen und in der Praxis brauchbaren Lerntheorie. Denn das lerntheoretisch konstruierte Modell der Anwendung ist an Verallgemeinerung und Häufigkeit interessiert.

Diese hier umrissenen theoretischen Vorannahmen führen zu einem Konzept subjektwissenschaftlich begründeter Rechtschreibförderung, das nicht angewandt wird, sondern als Handlungskonzept funktioniert, indem es an der subjektiv begründeten Erweiterung des rechtschriftlichen Handlungsvermögens interessiert ist. Es setzt deshalb nicht bei den diagnostizierten Defiziten eines einzelnen Kindes an, sondern am Kontext des Lernens. Die Bedeutungs- und Begründungszusammenhänge rechtschriftlichen Lernens entstehen wesentlich im Kontext des alltäglichen schulischen Deutschunterrichts. Damit ist aber die Qualität des Rechtschreibunterrichts eine wichtige Einflussgröße für die Initiierung (und Behinderung) rechtschriftlicher Lernprozesse.[165]

Methodologisch begründet sich also das qualitative Vorgehen aus der Kritik am Anwendungsmodell des Lernens. Diese Kritik führt dazu, den Kontext des Lernens im Blick zu halten. Das bedeutet aber nicht, dass qualitative und quantitative Methoden theoretisch gegeneinander ausgespielt werden sollen. Denn der Kontext des Lernens ist als Zusammenhang von Rechtschreibunterricht und Rechtschreibleistung selbstverständlich auch in quantitativ ausgerichteten Studien thematisiert worden, allerdings nur in sehr einseitiger Weise.

2.1 Rechtschreibleistung und Rechtschreibunterricht

Den quantitativ ausgerichteten Studien zufolge ist der Rechtschreibunterricht an Schulen seit langem vor allem wegen einer geringen Effizienz der Kritik ausgesetzt. Die Ergebnisse der IGLU-E-Studie bestätigen nur erneut die deutliche Diskrepanz zwischen dem hohen Zeitaufwand und dem mäßigen Erfolg vor allem in fortgeschrittenen Grundschulklassen (vgl. Valtin, Löffler, Meyer-Schepers, Badel 2004). Ebenso oft wiederholt ist die Kritik an den Methoden des Rechtschreibunterrichts, z.B. am Diktat, an kleinschrittigen Übungen und an der Darbietung sachlich falscher orthographischer Unterrichtsinhalte. An Vorschlägen für gute und sinnvolle Verfahren und Unterrichtskonzepte mangelt es nicht. Merkwürdig ist angesichts der zahlreichen empirischen Studien zum rechtschriftlichen Lernen allerdings, dass es bisher nur wenige Analysen zum Zusammenhang von unterrichtlichen Prozessen im Rechtschreibunterricht und der Rechtschreibleistung gibt.

Üblicherweise werden in quantitativ ausgerichteten Studien zur Entwicklung von Rechtschreibleistungen individuelle Merkmale (z.B. Alter, Geschlecht, kognitive Leistungsfähigkeit, Ablenkbarkeit und Konzentration), soziokulturelle Faktoren (z.B. Ein- und Mehrsprachigkeit, gute Sprachkenntnisse, Besuchsdauer in einer Betreuungseinrichtung, Ausbildungsniveau der Eltern) und soziographische Faktoren (z.B. Schul- und Klassenzugehörigkeit, Klassengröße) betrachtet. Determinanten in der Schule sind die Klassenzugehörigkeit, die Berufserfahrung der Lehrpersonen bzw. ihre Erfahrung mit sprachlichem Anfangsunterricht, die Vorkenntnisse der Schüler und die Bedeutung des Klassenlehrers (z.B. Probleme bei Lehrerwechsel) (vgl. Roos, Zöller & Fehrenbach 2005). Dabei sind „Qualitätsunterschiede des Unterrichts […] für die Schulleistungen und ihre interindividuellen Differenzen […] Determinanten von begrenzter, aber erheblicher Wichtigkeit" schreiben Weinert und Helmke in der SCHOLASTIK-Studie (Weinert & Helmke 1997, S. 126). Verschiedene Studien zum Zusammenhang von Rechtschreibunterricht und Rechtschreibleistung stellen außerdem fest, dass sich Leistungsunterschiede zwischen Schulklassen unabhängig vom gleichen oder verschiedenen sozialen Umfeld der Schule ergeben

---

[165] Vgl. dazu die Studie von Hüttis-Graff (1998, S. 44ff.). Die Autorin kommt bei der Auswertung der Rechtschreibleistung von 20 Klassen des BLK-Modellversuchs „Elementare Schriftkultur" an Hamburger Schulen u.a. zu dem Ergebnis, dass schwache durchschnittliche Schulleistungen durch Unterricht im Modellversuch kompensiert werden können, Lernrückstände am Ende der 2. Klasse jedoch kaum wieder aufgeholt werden.

(Hüttis-Graff & Widmann 1996; Klicpera & Gasteiger-Klicpera 1993; Schneider, Stefanek & Dotzler 1997; Schöler, Scheib, Roos & Link 2003; May 2001). Auch das ist ein Beleg für die Bedeutung des rechtschriftlichen Unterrichtskonzepts, das sich in Lehr-Lernsituationen in je eigener Weise gestaltet. Der Studie von Hanke (2005) zufolge sind für das Rechtschreibvermögen der Kinder offene Formen des Unterrichts zu Beginn der Schulzeit wirkungsvoller, während sich im zweiten Schuljahr lehrgangsgebundene Formen des Unterrichts als (ein wenig) wirkungsvoller erweisen (vgl. vor allem Kap. 9 bei Hanke 2005).

Die verschiedenen Studien im Rahmen des Schriftspracherwerbs weisen also durchaus den Einfluss des Unterrichts auf Rechtschreibleistungen von Schülerinnen und Schülern nach. Ihre Einseitigkeit zeigt sich darin, dass Merkmale des unterrichtlichen Prozesses, die die Lehrer-Schüler- und Schüler-Schüler-Interaktionen betreffen, nicht untersucht werden. Damit liegt bis heute einer der Kernpunkte rechtschriftlichen Lernens in der Schule im Dunkeln, nämlich der unterrichtliche Kontext, in dem sich die Lernprozesse ereignen und entwickeln. In einer Dissertationsschrift zum Zusammenhang von Rechtschreibunterricht und Rechtschreibleistung wird festgehalten, dass „Merkmale unterrichtlicher Prozesse in Rahmen von Schriftspracherwerbsstudien kaum erhoben und bei der Analyse der Rechtschreibentwicklung von Schülerinnen und Schülern selten berücksichtigt" (Hofmann 2008, S. 39) werden. Die vorliegenden Arbeiten müssten um Unterrichtsexpertisen ergänzt werden, die das vorhandene Wissen und die vorfindlichen Rechtschreibkompetenzen untersuchen.

Diese Situation in der Unterrichtsforschung zum Rechtschreibunterricht und Rechtschreiblernen ist für uns ein weiterer Grund dafür, bei der Beobachtung des Rechtschreiballtags in Klasse 3 anzusetzen und die Beschreibung des Umgangs der Förderkinder mit den Aufgaben, die sie in diesem Unterricht gestellt bekommen, zum Ausgangspunkt der Förderinitiativen zu machen. Diese Beobachtungen werden zur Entwicklung von passenden Aufgabenstellungen für das jeweilige Förderkind genutzt. Entgegen dem Anwendungsmodell des Lernens wird den Lehrerinnen der beteiligten Klassen also kein Programm zur Förderung der Rechtschreibleistung vorgeschlagen, dessen Wirksamkeit mit Hilfe von Kontrollgruppen überprüft würde. Perspektiven zur Förderarbeit ergeben sich also aus der subjektwissenschaftlichen Orientierung der Forschung, mit dem Anspruch, Deskriptionen zu erarbeiten, Interpretationen aller Beteiligten zu berücksichtigen und Verallgemeinerungen nur soweit zu versuchen, wie sich die Beteiligten darüber verständigen können (vgl. Mayring 1996, S. 9ff.; vgl. Holzkamp 1983, S. 545-583). Darüber hinaus muss bei diesem Anspruch aber auch die kategoriale Grundlage der Arbeit, die sich im Begriff der ‚Rechtschreibkompetenz' manifestiert, kontextbezogen bestimmt werden.

2.2 *Rechtschreibleistung und Rechtschreibkompetenz*

„Kompetente Schreiber zweifeln, besitzen eine Sensibilität für mögliche Fehler, fragen, bemerken Besonderheiten (und können sie schon deshalb merken). Sie können bewusst den Fokus von der inhaltlichen Seite des Schreibens auf die orthographische schalten und tun dies, wenn es nötig scheint" (Balhorn & Büchner 2009, S.

12). Diese leicht verständliche Definition von Heiko Balhorn und Inge Büchner definiert Rechtschreibkompetenz darüber, was Schreiber tun. Empirisch wird sich mit einer solchen Definition dann nicht arbeiten lassen, wenn es um die Beschreibung der kognitiven und innerpsychischen Vorgänge beim Schreiben und Rechtschreiben geht, um damit in Kompetenzmodellen unterschiedliche Niveaus bzw. Stufen abzubilden. Darum geht es nämlich vor dem Hintergrund des aktuellen bildungspolitischen Interesses an der Formulierung von Kompetenzen.[166]

Jedoch ist der Kompetenzbegriff, wie er seit der Klieme-Expertise aus dem Jahr 2003 (BMBF 2007) den meisten empirischen Untersuchungen zu Grunde gelegt wird, der Kritik ausgesetzt. Bremerich-Vos (2004, S. 86) hat z.b. darauf hingewiesen, dass die Kategorie durchaus unterschiedlichen Modellvorstellungen folgt. Einmal sei Kompetenz durch immer stärkere Prozeduralisierung des Wissens und Könnens modelliert, ein anderes Mal durch die Idee von der Vernetzung und Differenzierung von Wissenselementen (Bremerich-Vos 2004, S. 86). Als Grund vermutet er u.a., dass in der pädagogischen Psychologie zu wenig Wert auf die fachsprachliche Normierung des Kompetenzbegriffs gelegt werde.

Eine weitere Variante des Kompetenzbegriffs findet sich in der IGLU-Studie, weil hier der Kompetenzbegriff mit dem Leistungsbegriff synonym gesetzt wird. Leistung in der Schule ist aber die Lösung einer Aufgabe, die vorab definiert und auf unterschiedlichem Niveau gelöst werden kann. Zieht man hingegen die von Groeben für die Domäne des Lesens vorgenommene Definition heran, wird man jenseits von Wissensformen und Könnensbeschreibungen auf Voraussetzungen zur Bestimmung von Kompetenzen verwiesen. Danach geht es „[…] bei Kompetenzen um ein individuelles Potenzial dessen, was eine Person unter idealen Umständen zu leisten imstande ist, wobei sich dieses Potenzial in konkreten Situationen als spezifisches Verhalten bzw. Handeln manifestiert […]" (Groeben 2002, S. 13). Damit könnte dann die Definition von Balhorn und Büchner doch brauchbar sein, weil es um spezifisches Handeln und Verhalten in Situationen geht, das nicht nur die Fähigkeit zum Lösen von Aufgaben meint. Rechtschreibkompetenz schließt subjektive Erfahrung, in bestimmten Situationen spezifische Fähigkeiten zur Geltung zu bringen, ein. Für die Entwicklung von Kompetenzniveaus oder sogar Stufen sind solche situative und erfahrungsbezogene Erweiterungen nicht brauchbar, weil sie eine je spezifische Sicht erforderlich machen. Aus der Bestimmung von Groeben lässt sich aber, wie z.B. Mechthild Dehn das getan hat, folgern, dass sich die Kompetenz ändert, wenn sich der Kontext ändert (vgl. Dehn 2005, S. 14). Folgt man diesem Verständnis, ist es nahe liegend, sich auch bei der Entwicklung von Rechtschreibkompetenz methodisch vom Paradigma der qualitativen Sozialforschung leiten zu lassen, weil auf

---

[166] In der Expertise „Zur Entwicklung nationaler Bildungsstandards" aus dem Jahr 2003 heißt es: „Ein solches Kompetenzmodell unterscheidet Teildimensionen innerhalb einer Domäne (also z.B. Rezeption und Produktion von Texten, mündlichen und schriftlichen Sprachgebrauch), und es beschreibt jeweils unterschiedliche Niveaustufen auf solchen Dimensionen. Jede Kompetenzstufe ist durch kognitive Prozesse und Handlungen von bestimmter Qualität spezifiziert, die Schüler auf dieser Stufe bewältigen können, nicht aber Schüler auf niedrigeren Stufen" (BMBF 2007, S. 22).

diese Weise auf der kategorialen Ebene eine kontextbezogene Sicht des Lernens abgesichert wäre.

3 Rechtschreiblernen und unterrichtlicher Kontext – Begründung und Darstellung der Einzelfallanalyse

Mit der kontextbezogenen Beschreibung individueller rechtschriftlicher Lernhandlungen sind nichtstandardisierte Methoden der Datenerhebung und interpretative Verfahren der Datenauswertung verbunden. Kontexte lassen sich gut über Fallstudien in den Blick nehmen, wie Behnke, Brügelmann & Heymann (2008, S. 30) zeigen. Deshalb steht im Mittelpunkt der folgenden Darstellung nun beispielhaft die Analyse eines Einzelfalls, die nicht nur den Blick auf den Kontext des Lernens sichern, sondern ebenso Ergebnisse verschiedener – auch quantitativer – Studien plausibel machen soll (vgl. Mayring 1996, S. 16). Die Deskription entsteht im hier entwickelten Konzept subjektwissenschaftlicher Rechtschreibförderung auf Grund einer prozessnahen fachlichen Beobachtung des Kindes beim Textschreiben und beim Umgang mit rechtschriftlichen Problemen.

In einem anderen Begründungszusammenhang wird die Forderung nach unmittelbarer Beobachtung der Lernentwicklung eines Kindes auch in der aktuellen Legasthenie-Diskussion aufgestellt. So schreibt Gerheid Scheerer-Neumann: „Weit sinnvoller als die Vorhersage des Trainingserfolgs aus Intelligenzdaten ist die unmittelbare Beobachtung der Lernentwicklung eines Kindes, um daraus Maßnahmen für die weitere Beschulung und Förderung abzuleiten" (Scheerer-Neumann 2008, S. 112). Auch aus Sicht der LRS-Forschung ist mithin – so lässt sich Scheerer-Neumann lesen – gefordert, die Daten zur Förderung kontextbezogen zu ermitteln. Das ist für die vorliegende Studie ein weiterer Grund, über die Einzelfallanalyse zu Anhaltspunkten gelingender Förderung zu kommen.

Um den Bedingungen für erfolgreiche rechtschriftliche Lernprozesse auf die Spur zu kommen, sei nun ein Fall aus der Förderarbeit genauer beschrieben. Nach Absprache mit der Schulleitung und den interessierten Lehrerinnen war in den dritten Klassen einer Kasseler Schule im November 2007 die Hamburger Schreib-Probe (HSP) (May 1997) durchgeführt worden, auf deren Grundlage die Lehrkräfte der drei Klassen im Gespräch mit den Studierenden und dem Hochschullehrer entschieden, welche zwei Kinder aus der jeweiligen Klasse besonders gefördert werden sollten. Die Förderarbeit begann dann kurz nach Beginn des Sommersemesters 2008. Die Studierenden hatten im Rahmen ihrer Schulpraktischen Studien (SPS)[167] die Aufgabe, die Förderkinder im Unterricht zu begleiten, mit ihnen rechtschriftliche Aufgaben zu entwickeln und die einzelnen Unterrichtsphasen mit ihrer Förderarbeit sowie ihre Beobachtungen zu dokumentieren. Diese Deskriptionen wurden als Einblicke in die Lernprozesse der Förderschüler gelesen und daraus sinnvolle Annahmen über mögliche nächste Lernschritte abgeleitet.

---

[167] Die Schulpraktischen Studien (SPS) bilden an der Universität Kassel für die Grundschullehramtsstudierenden die dritte „Praxiseinheit" in ihrem Studium und sind in dieser Phase als fachpraktische Studien konzipiert.

Die Lehrerinnen waren gebeten worden, ihren alltäglich geplanten Deutschunterricht durchzuführen, aber darauf zu achten, dass während der Anwesenheit der Studierenden möglichst auch Texte geschrieben werden sollten. Welche Lernschritte lassen sich nun im Einzelnen beschreiben?

3.1 Ausschnitte aus der Lernentwicklung von Samir

Die folgende Übersicht zeigt die Rechtschreibleistungen, die das Förderkind Samir[168] im November 2007 (Eichwerte HSP 3, Mitte Klasse 3) vor Beginn und im Juni 2008 (Eichwerte HSP 3, Ende Klasse 3) nach der Förderung erreichte. Im Januar 2009 erfolgte eine erneute Überprüfung (Eichwerte HSP 4/5, Mitte Klasse 4), um die mittelfristige Entwicklung beobachten zu können.

Samir — Rechtschreibstrategien

	PR*	GT*	A*	O*	M*	WÜ*	ÜO*	OZ*
Nov 07	23	4,5	34	28	-		88	68
Juni 08	42	24	46	38	-		55	22
Jan 09	47	60	68	37	79		66	31

(* PR=Prozentrang, GT= Graphemtreffer, A= alphabetische Strategie, O= orthographische Strategie, M= morphematische Strategie. WÜ= wortübergreifende Strategie, ÜO= überflüssige orthographische Elemente, OZ= Oberzeichenfehler)

Die Tabellenwerte belegen den sprunghaften Anstieg der Rechtschreibleistungen Samirs nach Abschluss der Förderung. In der ersten Überprüfung schreibt er nur wenige Wörter richtig, zeigt unzureichende Graphemtreffer und verfügt mit einem PR 4,5 über eine stark unterdurchschnittliche alphabetische Strategie. Seine Stärke beweist er in der orthographischen Strategie, liegt aber damit ebenso wie mit der morphematischen Strategie im unterdurchschnittlichen Bereich. Die Werte der Oberzeichenfehler zeigen, dass er sorgfältig und konzentriert gearbeitet hat. Die HSP nach Beendigung der Förderung ergibt für die Graphemtreffer einen PR 42. In der alphabetischen Strategie kann er sich ebenfalls gut steigern und den vormaligen Wert auf PR 24 erhöhen, wenngleich in diesem Bereich immer noch der größte Förderbedarf besteht. Er kann die orthographische und morphematische Strategie sicherer anwenden als zuvor. Auch 7 Monate nach Abschluss der Förderung kann Samir seine Rechtschreibleistungen weiter verbessern. Mit einem Leistungsanstieg in der alphabetischen Strategie um insgesamt 55 Prozentpunkte zeigen die Resultate der HSP im Januar 2009, dass die Förderung auch mittelfristig erfolgreich war.

---

[168] Der Name ist aus Datenschutzgründen geändert, soll aber dennoch kenntlich machen, dass in diesem Falle das Kind einen Migrationshintergrund hat.

3.2 Grammatikaufgabe - Perspektivwechsel

Samirs bisherige Text- und Schrifterfahrung bildete die Grundlage für seine Förderung. Ausgangspunkt war die Analyse seiner bis zu diesem Zeitpunkt vorliegenden Textdokumente. Bis zur Einzelförderung arbeitete er u.a. mit dem Übungsheft „Zauberlehrling" (Diesterweg), das einzelne Orthographie- und Grammatikbereiche für die Klasse 3 thematisiert. Die Reproduktion von Lernstoff, Zuordnungen sowie die Klärung grammatischer Begriffe stehen im Vordergrund. Dabei werden ‚Lupenstellen' (May 1997), z.B. Dehnungs- und Schärfungsmarkierungen, ohne Bezug auf Texte fokussiert; eigenständiges Forschen und Systematisieren wird dadurch nicht unterstützt. Samir arbeitet zielgerichtet an der Aufgabenstellung und bildet Eigenregeln auf Grundlage vorhandenen grammatischen Wissens zur Wortbildung. Bei einem Aufgabenblatt zur Substantivierung von Verben sieht das wie folgt aus: aus ‚trinken' bildet Samir das Wort *'Getrink'.

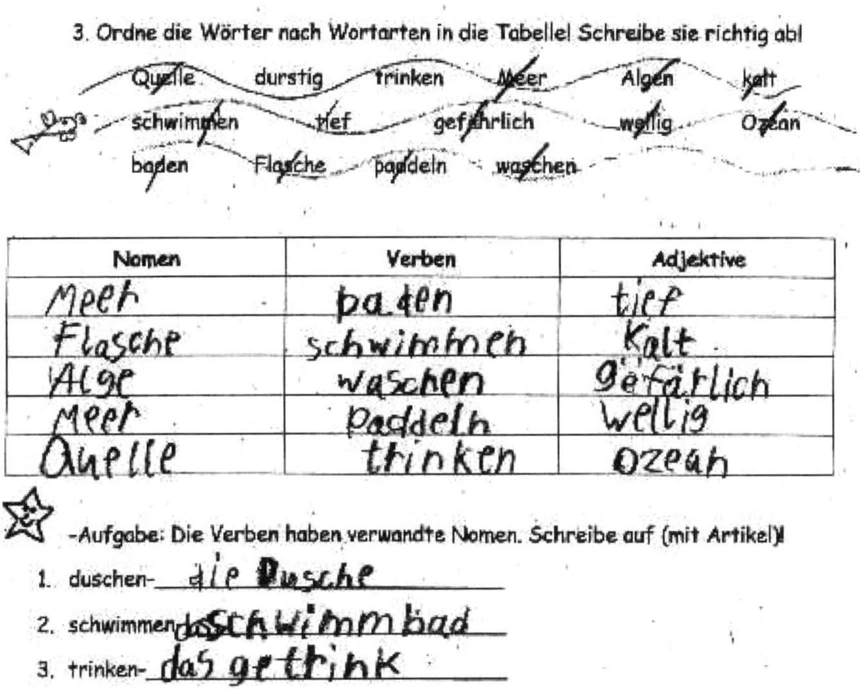

Abb. 1 Grammatik Arbeitsblatt

Die Analyse des Arbeitsblattes im Universitätsseminar erbrachte die Einschätzung, dass Samir dem Rechtschreib- und Grammatikunterricht in allen behandelten Regelbereichen aufgabenorientiert folgen konnte. Er hat einzelne orthographische Elemente übernehmen können und von vielen Rechtschreibphänomenen erfahren. Er ist in der Lage, die Aufgaben aus dem Übungsheft fast fehlerfrei zu lösen. Für die Ausgangsbeobachtung wurden über das Übungsheft hinaus auch seine freien Texte herangezogen. Dabei fällt auf, dass er sein Rechtschreibwissen beim Textschreiben nicht zu nutzen vermag. Zur Erklärung dieses Problems wurde im Universitätsseminar unter Bezug auf Augst & Dehn (2007, S. 186) davon ausgegangen, dass Anforderungen, Aufgabenstellungen und Lernangebote zu formulieren und zu inszenieren sind, die die Bildung von Eigenregeln fördern.

3.3 Pizza und Oskar: Textschreiben und Rechtschreiben

Unter Rückgriff auf die Schreibungen des Schülers ist eine Rekonstruktion der gebildeten Eigenregeln möglich. Die Ausgangsbasis für Samirs Förderkonzept bildet sein bereits vorhandenes Wissen über rechtschreibliche Strategien, das er beim Schreiben einer „Inhaltsangabe" zum Buch *Pizza und Oskar von Achim Bröger* zur Geltung bringt.

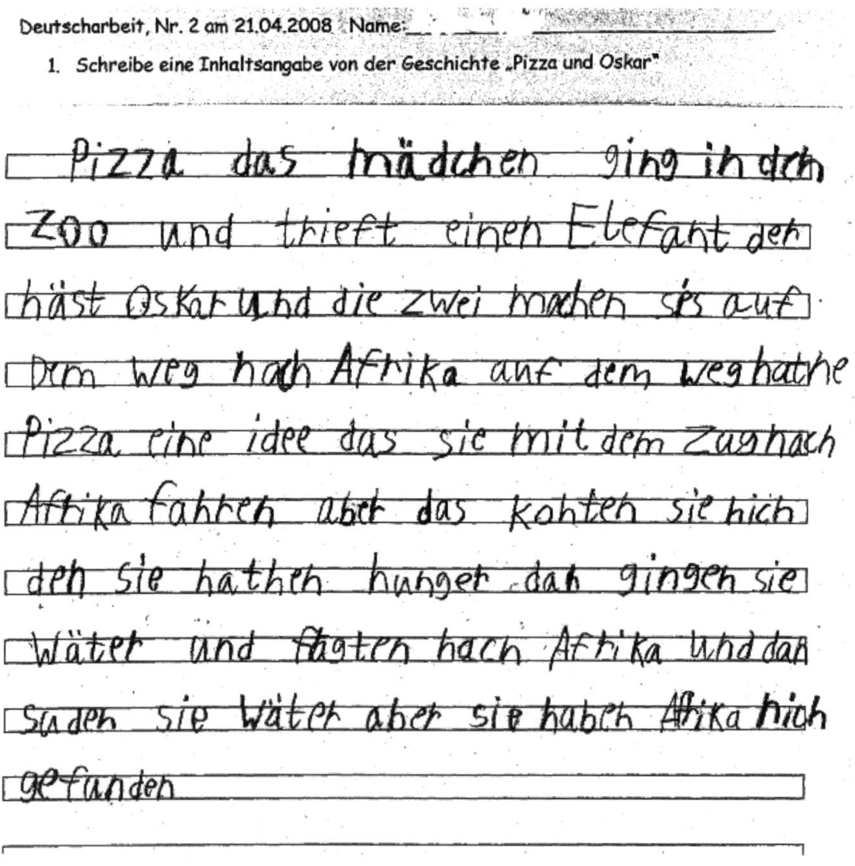
Deutscharbeit, Nr. 2 am 21.04.2008 Name:

1. Schreibe eine Inhaltsangabe von der Geschichte „Pizza und Oskar"

Pizza das mädchen ging in den Zoo und trieft einen Elefant der häst Oskar und die zwei machen sis auf Dem weg nach Afrika auf dem weg hathe Pizza eine idee das sie mit dem Zug nach Afrika fahren aber das konten sie nich den sie hathen hunger dan gingen sie wäter und fragten nach Afrika und dan suden sie wäter aber sie haben Afrika nich gefunden

Abb. 2 Inhaltsangabe zu „Pizza und Oskar"

Samirs Text lässt einen klaren Aufbau erkennen. Er verwendet kohäsive Mittel und verfügt über eine grundlegende Textkompetenz, wenngleich Samir noch keinen Gebrauch von Interpunktionsmitteln zur Strukturierung seines Textes macht. Es finden sich viele Wörter, die entgegen der Lautung (ohne Beachtung der Groß- und

Kleinschreibung) richtig notiert sind, wie z.B.: Pizza, *mädchen, *zoo, und, Elefant, Oskar, *weg, Afrika, *idee, *zug, fahren, *hunger, fragten. Dabei handelt es sich um Wörter aus dem Sichtwortschatz der Klasse. Dies wiederum macht deutlich, dass Samir in der Lage ist, Schreibschemata zu übernehmen. Wörter, bei denen er nicht auf vorhandenes Wissen zurückgreifen kann, versucht er über die Laut-Buchstaben-Zuordnung zu erzeugen. In diesem Fall orientiert er sich an seiner eigenen Artikulation, die hier nicht der Standardsprache entspricht. Samirs Migrationshintergrund könnte dafür ursächlich sein: *wäter (weiter), *häst (heißt), *nich (nicht).

Ferner kommt es auch zu Schreibungen, die mit ihrer Aspirierung Ergebnis von expliziten Lautierungen sein können – oder als Analogie zu erworbenen Schreibschemata (z.b. Mathe, Kathrin) entstanden sind: *hathe / *hathen.

Die Schreibung *trieft (trifft) verdeutlicht, dass Samir neben dem <i> auch die Buchstabenfolge <ie> entdeckt hat. Deutlich wird hier, dass er nicht von einem Unterricht profitiert, der auf die akustische Diskrimination von gespannten und ungespannten Vokalen setzt. Er weiß, dass es neben dem <i> auch <ie> gibt, aber ihm fehlen Entscheidungshilfen, die die richtige Verwendung anzeigen.

Im Seminar waren Entwicklungsmodelle des Rechtschreiberwerbs diskutiert worden. Festgestellt wurde, dass für das Verstehen der Schreibungen Samirs die Orientierung am Stufenmodell nach Frith (vgl. Augst & Dehn 2007, S. 59) außerordentlich schwierig ist. Einigkeit bestand darüber, dass dies nicht zwangsläufig auf Grenzen des Entwicklungsmodells zurückgeführt werden müsse, sondern ebenso ein Hinweis auf die spezifischen Schwierigkeiten und ungünstig verlaufenen Lernprozesse sein könne. Denn einerseits finden sich in Samirs Texten Schreibungen, die noch nicht standardsprachlich lautiert sind, etwa *karerhase (‚Carrera-Base'), *sis (‚sich'). Andererseits gibt es Schreibungen, die sowohl der alphabetischen, orthographischen und morphematischen Stufe entsprechen (Elefant, Pizza, fahren, Oskar, *idee, gefunden). Seine Stärke ist – und hier bestätigt der Blick auf Samirs Texte die Ergebnisse der HSP – offenbar die orthographische Strategie. Im Seminar wurde deshalb die Annahme formuliert, dass der Förderschwerpunkt für Samir in der Entwicklung der alphabetischen Strategie liegen müsse.[169]

3.4 Aufmerksamkeitssteuerung und theoretisches Vorverständnis

Die Studierenden im Seminar und im SPS planten die Stärkung der alphabetischen Strategie über die Arbeit mit Schreibschemata. Diese theoretische Vorannahme wurde aus einem Modell abgeleitet, mit dem Psycholinguisten erklären, wie es zur Fähigkeit, richtig zu schreiben, kommt. In Orientierung am „Zwei-Wege-Modell" (vgl. u.a. Augst & Dehn 2007) wurde davon ausgegangen, dass geübte Schreiber ein sich ergänzendes Verfahren beherrschen, nämlich Schreibschemata aus Lautschema-

---

[169] Dass solche Voraussetzungen zu problematischen Lernentwicklung führen können, zeigt Nickel in einer Untersuchung mit erwachsenen Analphabeten. Diese wiesen ausnahmslos eine orthographisch-morphematische Dominanz auf (Nickel 1998, S. 20f).

ta zu erzeugen und Schreibschemata aus einem orthographischen Speicher abzurufen:

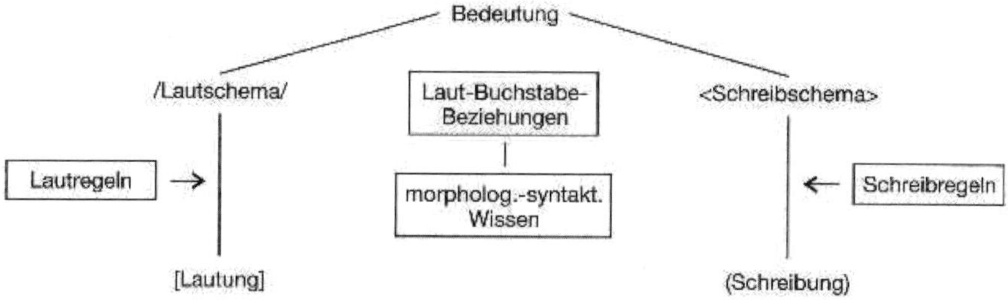

Abb. 3 2-Wege-Modell der Rechtschreibung nach Augst & Dehn 2007

Auf Grund der Analysen von Samirs Schreibungen war anzunehmen, dass die alphabetische Strategie nicht ausreichend entwickelt ist, weil er die Lautung nicht über die Schreibung erschließt. Daher sollte von den Schreibschemata her die Lautung analysiert werden. Eine passende Aufgaben könnte sein: ‚Sammle Wörter mit Buchstaben, die man nicht hören kann!'.

3.5 Unterricht und Funktion der Wörterliste

Samir erhielt im Laufe seiner Einzelförderung dreimal den Auftrag: „Suche Wörter aus dem Text, bei denen du etwas Besonderes entdeckst! Begründe, was du an diesem Wort besonders findest! Schreibe anschließend die Wörter aus deiner Tabelle in dein Wörterbüchlein, die du bis zu den Sommerferien lernen möchtest." Die Aufzeichnungen der SPS-Studierenden dokumentieren, dass Samir nachfragt und die Studentin ihm erläutert: „Für mich ist das Wort Lehrerin besonders, weil ich später einmal Lehrerin werden möchte oder das Wort Portmonee, weil ich unsicher bin, wie man das Wort schreibt." Samir stellt daraufhin an diesem Tag in seiner „Liste der besonderen Wörter" diese nach verschiedenen Gesichtspunkten zusammen: an vier Wörtern fallen ihm besondere Rechtschreibphänomene auf, die Wörter „Tiger" und „Elefant" wählt er aus, weil er diese Tiere mag:

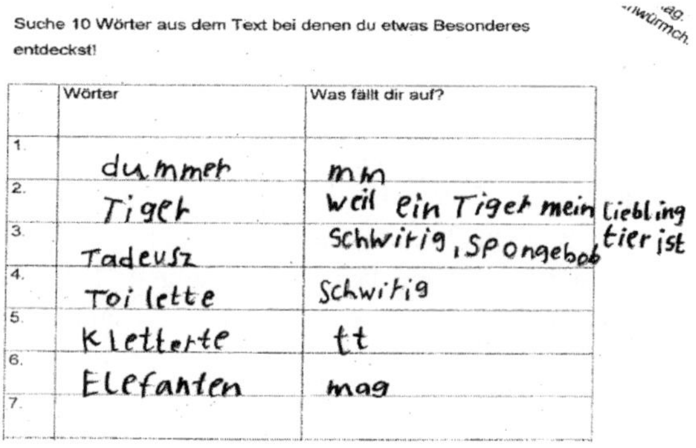
Suche 10 Wörter aus dem Text bei denen du etwas Besonderes entdeckst!

	Wörter	Was fällt dir auf?
1.	dummer	mm
2.	Tiger	weil ein Tiger mein Liebling tier ist
3.	Tadeusz	schwirig, Spongebob
4.	Toilette	schwirig
5.	Kletterte	tt
6.	Elefanten	mag
7.		

Abb. 4 Liste der besonderen Wörter

Samir darf sowohl inhaltlich aus dem Wortbestand auswählen, als auch die Perspektive auf den Gegenstand selbst bestimmen. Es bleibt ihm überlassen, ob er nach orthographischen oder semantischen Gesichtspunkten Wörter aussucht. Die Bedeutung des eigenen Textes wird erkennbar an einer Szene während des regulären Unterrichts: Alle Schüler sollen den Fotos ihrer selbst gestalteten Puppen einen Namen geben und diesen aufschreiben. Samir holt sein Wörterbüchlein der bedeutsamen Wörter aus dem Schulranzen und schaut nach, wie man den Namen ‚Tadeusz' schreibt. Er nennt seine Puppe ‚Tadeusz Teewurst'. Samir findet eine Verwendung für seine persönlich bedeutsamen Wörter, der Identifikationsprozess schließt gleichzeitig Lernprozesse mit ein.

Samir ist es darüber hinaus gelungen, sich selbst bestimmt für eine Lernstrategie zu entscheiden und diese erfolgreich anzuwenden: er erhielt für das Lernen der besonderen Wörter aus seinem Wörterbüchlein keine Vorgaben. Er allein sollte entscheiden, auf welche Weise er sich die Richtigschreibungen einprägen möchte. Als die Studentin am letzten Tag mit Samir seine besonderen Wörter kontrolliert, schreibt er diese fehlerfrei. Auf ihre Nachfrage antwortet er, dass er die Wörter immer wieder aufgeschrieben habe, um sie zu lernen. Samir hat einen Weg gefunden, handelnd nach einer Problemlösung zu suchen und Lernprozesse zu ermöglichen.

Die Wörterliste ermöglicht es Samir, produktiv mit optischen Vorgaben umzugehen. Die beobachteten orthographischen Elemente modifizieren seine Eigenregeln und führen zu einem Prozess der Verallgemeinerung und Abstraktion. Erst dieser führt zu einer Annäherung der individuellen Schreibung an die Norm. So stellen Augst & Dehn fest, dass in den Klassen, in denen deutliche Schreibvorgaben gemacht werden Kinder in freien Texten mehr Wörter sowie mehr richtige Wörter schreiben und sie orientieren sich mehr an orthographischen Elementen (vgl. Augst & Dehn 2007, S. 192).

3.6 Schriftfunktion erfahren

Am letzten Tag der Einzelförderung gibt Samir der betreuenden Studentin seinen Text über die Klassenfahrt und sagt: „Ich weiß ganz genau, warum du das willst. Du willst wissen, was ich auf der Klassenfahrt gemacht habe. Lies aber den Text erst, wenn du Zuhause bist!"[170] Mit diesem Schlüsselsatz fasst Samir unwillkürlich all seine Denk- und Lernprozesse, die im Folgenden aufgeschlüsselt werden sollen, prägnant in einer Aussage zusammen. Samir ist es wichtig, dass Romina seinen Bericht über die Klassenfahrt örtlich und zeitlich von ihm getrennt lesen kann. Das Kind hat Interesse an der Herstellung einer Kommunikationssituation, die Ehlich (1983, S. 24) als „zerdehnte Sprechsituation" bezeichnet hat, also zwei „[…] unvollständige Sprechsituationen, denen einmal der Hörer, das andere Mal der Sprecher fehlt […]" (Ehlich 1983, S. 38).

Samir entwickelte das Bedürfnis, Kontakt zu Romina, die ihn über Wochen hinweg begleitet hat, aufzunehmen. Auch wenn er seine Gedanken der Studentin gegenüber

---

[170] SPS-Dokumentation aus dem WS 08/09 an der Universität Kassel.

nicht aussprechen möchte, so nutzt er jetzt die Gelegenheit, diese schriftlich zu formulieren. Das Schreiben ermöglicht es ihm, mit ihr zu kommunizieren.

Der einleitend wiedergegebene Schlüsselsatz Samirs entstand im Zusammenhang einer Unterrichtsstunde, die von den Studentinnen gestaltet wurde. Die Aufgabenstellung für alle Schüler lautete:

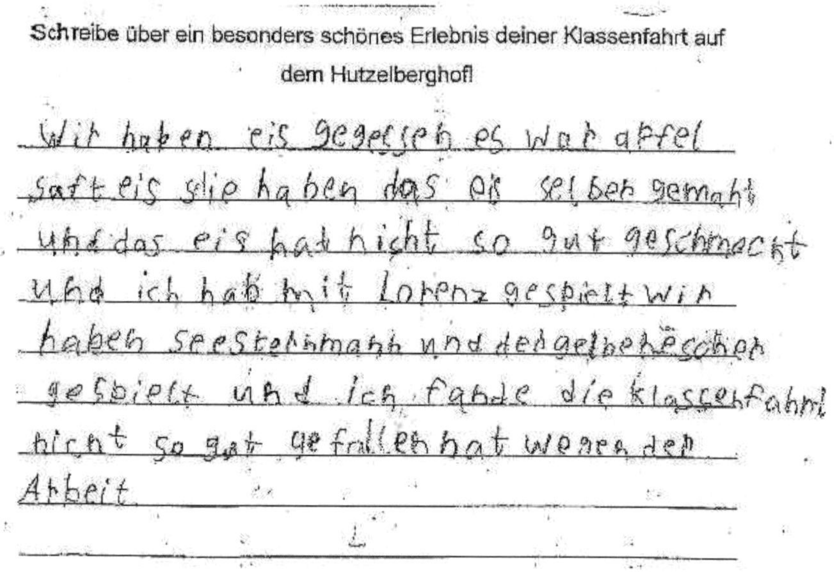

Schreibe über ein besonders schönes Erlebnis deiner Klassenfahrt auf
dem Hutzelberghof!

Wir haben eis gegessen es war apfel saft eis slip haben das eis selber gemaht und das eis hat nicht so gut geschmeckt und ich hab mit lorenz gespielt wir haben seestehmann und der gelbe schön gespielt und ich fande die klassenfahrt nicht so gut gefallen hat wegen der Arbeit

Abb. 5 Aufgabenstellung und Text „Hutzelberghof"

Samir berichtet zunächst über die Herstellung von Apfelsafteis, stellt jedoch zugleich fest, dass ihm dieses Eis nicht geschmeckt hat. Nach der Aufzählung von Spielen mit Lorenz betont er abschließend, dass ihm die Fahrt nicht so gut gefallen hat. Die Aufgabenstellung jedoch suggeriert, dass die Klassenfahrt ein besonders schönes Erlebnis enthielt. Samir aber erzählt hier ehrlich über seine Gefühle, auch wenn die Aufgabenstellung etwas ganz anderes von ihm verlangt, und setzt sich damit über eine ihm unsinnig erscheinende Forderung hinweg. An diesem Text wird deutlich, dass er nicht mehr für die *Schule* schreibt. Schreiben ist für Samir nun zu einer Form der subjektiv bedeutsamen Übermittlung von Gedanken geworden.

Es fällt auf, dass Samir in diesem letzten Text seine Fehlerquellen erheblich reduzieren konnte. Wenngleich er in seinem neuen Text immer noch Probleme mit der Interpunktion und teilweise der Groß- und Kleinschreibung hat, gelingen ihm alle Schärfungs- und Dehnungsmarkierungen jetzt fehlerfrei. Hier könnte der gezielte Schriftgebrauch Ursache für seine an diesem Tag gezeigten guten Leistungen sein. Es war ihm augenscheinlich wichtig, dass der Text über die Klassenfahrt von der Studentin verstanden wird. Der Inhalt war für ihn bedeutsam, er richtete seine Aufmerksamkeit daher auch auf die ‚Richtigschreibung', um eine ‚Richtiglesung' zu ermöglichen. Doch ist nach wie vor unklar, wie Kinder von sich aus auf bewusst eingesetzte Lösungsstrategien zugreifen, da in Forschungen Kinder diesbezüglich weder kontinuierlich befragt noch langfristig beobachtet wurden.

Samir lernte während der acht Wochen, in denen die Studentin ihn begleitete, eine veränderte Lernsituation kennen. Es ist anzunehmen, dass es sich dabei um den entscheidenden Auslöser für seinen weiteren Umgang mit Schriftsprache handelte. Allerdings dürfte sich dieser Effekt wieder abschwächen, wenn Samir zukünftig keine Gelegenheit bekommt, den funktionalen Aspekt der Schriftsprache weiter zu verfolgen. Er muss den Wunsch entwickeln, Texte zu schreiben, die gelesen werden. Um das ‚Richtiglesen' seiner Botschaften zu ermöglichen, wird er sich zwangsläufig um die ‚Richtigschreibung' bemühen. Die Aufgabe der Lehrerin besteht nun darin, kontinuierlich Anlässe zu schaffen, die Samir zum Schreiben herausfordern.

4 Rechtschreiblernen in den Klassen und Einzelförderung

Die Lehrerinnen der beteiligten Klassen waren über zwei Lehrerfortbildungen in das Förderkonzept involviert. Die Fortbildung sollte den Lehrkräften die Möglichkeiten geben, ihre Sicht auf den Rechtschreibunterricht zu verändern. Legt man für diese veränderte Sicht auf den Rechtschreibunterricht die durchschnittlichen Klassenergebnisse der HSP im November und Juni in Klasse 3 und im Januar in Klasse 4 zu Grunde, dann konnten in gewisser Weise alle Klassen von der Rechtschreibförderung profitieren. Denn die Auswertungen verdeutlichen, dass die Lehrerfortbildung und die Anwesenheit der Studierenden in den Klassen zunächst einen kurzzeitigen positiven Effekt auf die Rechtschreibleistungen hatten. Dieser war jedoch nicht von Dauer. Nach Beendigung des Projekts kann keine der drei Klassen die unmittelbar nach der Förderung erzielten Ergebnisse halten. Es erweist als schwierig, dieses Ergebnis auch langfristig zu halten. Mitte der Klasse 4 verfügen alle drei untersuchten Grundschulklassen über ein angeglichenes, durchschnittliches Rechtschreibniveau.

Dagegen zeigen die HSP-Werte der sechs ausgewählten Schüler, dass sie auch über den Abschluss der Förderung hinaus von der spezifischen Arbeit mit den Studierenden profitierten. Am Ende der Förderung nach 8 Wochen verbesserten sie ihre Rechtschreibleistungen (betrachtet werden die Graphemtreffer) um durchschnittlich 24 Prozentpunkte[171] und auch 7 Monate nach Beendigung der Förderung lag der Leistungsanstieg 19 PP über dem Testergebnis der Ausgangserhebung.

5 Bedingungen für erfolgreiche rechtschriftliche Lernprozesse

Wenngleich aus diesen Untersuchungen keine allgemein gültigen Rückschlüsse zur Entwicklung und Gestaltung des Rechtschreibunterrichts gezogen werden können, haben sich mit der Suche nach Erklärungen für die erstaunlichen Resultate in der Einzelförderung doch interessante Ansätze ergeben. Rechtschreibförderung muss die Qualität des Unterrichts, die Aufgabenstellungen und das Textschreiben im Blick haben, wenn schwache Rechtschreiber rechtschriftliche Lernprozesse als bedeutungsvoll für ihr schriftliches Handlungsvermögen erfahren sollen.

---

[171] Gemessen wurden die Leistungen mit der Hamburger Schreib-Probe (HSP 3 und HSP 4-5).

Die Qualität des Unterrichts ist dabei durch ein hohes Maß an Selbstbestimmung gekennzeichnet. Die Ausschnitte aus der Förderarbeit zeigen deutlich, dass es dem Förderkind gelingt, Lernen als einen selbstständigen Entscheidungsakt zu verstehen. Dies ermöglicht es Samir, die Form des ‚defensiven Lernens' (Holzkamp 1993, S. 187) als ein Lernen für die Schule aufzugeben. Es ist anzunehmen, dass mit dem Wunsch nach schriftlicher Kommunikation als authentischem Handlungsziel es offenbar zu einer veränderten Wahrnehmung des Phänomens Rechtschreibung kam. Der soziale Kontext war darüber hergestellt, dass die Förderkinder die Übungs- und Schreibaufgaben bearbeiteten, die alle Kinder der Klasse zu erledigen hatten und die besonderen Erweiterungen sich aus diesem Schreibkontext ergaben. Die Erweiterungen richteten sich vor allem auf optische Vorgaben und boten so die Möglichkeit, damit produktiv umzugehen (vgl. dazu Augst & Dehn 2007, S. 192).

Aufgabenstellungen in der Schule müssen sich stärker am sinnvollen, bedeutsamen Schriftgebrauch der Kinder orientieren. Mit der Auswahl persönlich bedeutsamer Wörter erhält Samir die Gelegenheit, seine Aufmerksamkeit sowohl auf das Schriftsystem wie auch die Textsemantik zu lenken. Mit der impliziten Ausbildung von Wahrnehmungs- und Behaltensstrategien gelingt ihm die Entwicklung von Schreibschemata durch innere Regelbildung (Augst & Dehn 2007, S. 186). Das Textschreiben schließlich war dadurch im Blick, dass aus den Textdokumenten der Kinder, die mit Blick auf das Schriftsystem des Deutschen grammatisch analysiert wurden, die Entwicklung von passenden Rechtschreibaufgaben erfolgte.

Literatur

Augst, Gerhard / Dehn, Mechthild (2007): Rechtschreibung und Rechtschreibunterricht. Eine Einführung für Studierende und Lehrende aller Schulformen. Stuttgart, Leipzig: Klett.

Balhorn, Heiko / Büchner, Inge (2009): Lehrerkommentar. Denkwege in die Rechtschreibung. Seelze: Friedrich.

Behnke, Imbke, Brügelmann, Hans & Heymann, Hans Werner (2008): Das Kind hinter PISA. Wie die junge Generation fühlt, was sie denkt, wie sie lernt. In: extrakte. Auszüge aus der Wissenschaft. H. 4/2008, S. 28-32.

BMBF (Hg.) (2007): Zur Entwicklung nationaler Bildungsstandards. Expertise. URL: http://www.bmbf.de/pub/zur_entwicklung_nationaler_bildungsstandards.pdf, Abruf: 16.10.2009.

Bremerich-Vos, Albert (2004): Rechtschreibstandards, Kompetenzstufen und IGLU. Einige Anmerkungen. In: Bremerich-Vos, Albert / Löffler, Cordula / Herné, Karl-Ludwig (Hg.): Neue Beiträge zur Rechtschreibtheorie und -didaktik. [Festschrift für Carl Ludwig Naumann zum 60. Geburtstag]. Freiburg im Breisgau: Fillibach, S. 85-104.

Dehn, Mechthild (2005): Schreiben als Transformationsprozess. Zur Funktion von Mustern: literarisch - orthographisch - medial. In: Dehn, Mechthild / Hüttis-Graff, Petra (Hg.): Kompetenz und Leistung im Deutschunterricht. Spielraum für Muster des Lernens und Lehrens. Ein Studienbuch. Freiburg im Breisgau: Fillibach, S. 8-32.

Ehlich, Konrad (1983): Text und sprachliches Handeln. Die Entstehung von Texten aus dem Bedürfnis nach Überlieferung. In: Assmann, Jan / Assmann, Aleida / Hardmeier, Christoph (Hg.): Schrift und Gedächtnis. Archäologie der literarischen Kommunikation I. München: Fink.

Flick, Uwe / von Kardorff, Ernst / Steinke, Ines (Hg.) (2000): Qualitative Forschung. Ein Handbuch. Reinbek: Rowohlt.

Groeben, Norbert (2002): Zur konzeptionellen Struktur des Konzepts „Lesekompetenz". In: Groeben, Norbert / Hurrelmann, Bettina (Hg.): Lesekompetenz: Bedingungen, Dimensionen, Funktionen. Weinheim, München: Juventa, S. 11-21.

Hanke, Petra (2005): Öffnung des Unterrichts in der Grundschule. Lehr-Lernkulturen und orthographische Lernprozesse im Grundschulbereich. Münster: Waxmann.

Herné, Karl-Ludwig (2003): Rechtschreibtests. In: Bredel, Ursula / Günther, Hartmut / Klotz, Peter / Ossner, Jakob / Siebert-Ott, Gesa (Hg.): Didaktik der deutschen Sprache. Ein Handbuch, Teilband 2. Paderborn: Schöningh, S. 762-801.

Hofmann, Bernhard / Sasse, Ada (Hg.) (2006): Legasthenie. Lese-Rechtschreibstörung oder Lese-Rechtschreibschwierigkeiten? Theoretische Konzepte und praktische Erfahrungen mit Förderprogrammen. Berlin: Dt. Ges. für Lesen und Schreiben (DGLS-Beiträge 5).

Hofmann, Nicole (2008): Unterrichtsexpertise und Rechtschreibleistungen. Eine empirische Untersuchung in Heidelberger Grundschulen. URL: http://opus.bsz-bw.de/phhd/volltexte/2008/7502/, Abruf: 13.03.2009.

Holzkamp, Klaus (1983): Grundlegung der Psychologie. Frankfurt/Main: Campus.

Holzkamp, Klaus (1991): Lehren als Lernbehinderung? In: Forum Kritische Psychologie. H. 27, S. 5-22.

Holzkamp, Klaus (1993): Lernen. Subjektwissenschaftliche Grundlegung. Frankfurt/Main: Campus.

Hüttis-Graff, Petra / Widmann, Bernd-Axel (1996): Elementare Schriftkultur als Prävention von Lese-/Rechtschreibschwierigkeiten und Analphabetismus bei Grundschulkindern. Abschlussbericht des Modellversuchs der Bund-Länder-Kommission für Bildungsplanung und Forschungsförderung. Amt für Schule, Hamburg.

Hüttis-Graff, Petra (1998): Rechtschreiblernen und Unterricht: Der Blick auf die Klassen. In: Osburg, Claudia (Hg.): Textschreiben - Rechtschreiben - Alphabetisierung. Initiierung sprachlicher Lernprozesse im Bereich der Grundschule, Sonderschule und Erwachsenenbildung. Baltmannsweiler: Schneider-Verlag Hohengehren, S. 44-71.

Klicpera, Christian / Gasteiger-Klicpera, Barbara (1993): Lesen und Schreiben. Entwicklung und Schwierigkeiten. Bern: Huber.

Kruse, Norbert (2006): Schreiben und Schreibnorm. Überlegungen zu einer subjektwissenschaftlichen Perspektive beim Textschreiben und Rechtschreiben in der Schule. In: Rihm, Thomas (Hg.): Schulentwicklung. Vom Subjektstandpunkt ausgehen…Wiesbaden: VS-Verlag, S. 331-347.

May, Peter (2001): Lernförderlicher Unterricht. Teil 1: Untersuchung zur Wirksamkeit von Unterricht und Förderunterricht für den schriftsprachlichen Lernerfolg. Frankfurt/Main: P. Lang.

May, Peter (1997): Diagnose orthographischer Kompetenz. Zur Erfassung der grundlegenden Rechtschreibstrategien mit der Hamburger Schreib-Probe (HSP). Handbuch/Manual. Hamburg: vpm.

Mayring, Philipp (1996): Einführung in die qualitative Sozialforschung. München: Psychologie-Verlags-Union.

Nickel, Sven (1998): Zugriffe funktionaler Analphabeten auf Schrift. Eine Untersuchung von Schreibstrategien mit der „Hamburger Schreibprobe". In: Alfa-Forum. 13 Jg., H. 38/1998, S. 20-24.

Panagiotopoulou, Argyro / Brügelmann, Hans (2005): Kindheits- und Grundschulforschung – Versuch eines Brückenschlags im Projekt „Lernbiografien im schulischen und außerschulischen Kontext". In: Breidenstein, Georg / Prengel, Annedore (Hg.): Schulforschung und Kindheitsforschung – ein Gegensatz? Wiesbaden: VS-Verlag, S. 71-94.

Roos, Jeanette / Zöller, Isabelle / Fehrenbach, Carmen (2005): Lese- und Rechtschreibleistung am Ende der 2. Klasse: Testleistungen, Einflussfaktoren und Urteile der Lehrkräfte („E-VES"-Arbeitsberichte Nr. 3). Heidelberg: Pädagogische Hochschule, Erziehungs- und Sozialwissenschaftliche Fakultät.

Scheerer-Neumann, Gerheid (2008): Die Definition von Lese-Rechtschreibschwäche und Legasthenie. Eine unendliche Geschichte. In: Hofmann, Bernhard / Valtin, Renate (Hg.): Checkpoint literacy. Berlin: Dt. Ges. Für Lesen und Schreiben (DGLS-Beiträge 8), S. 108-121.

Schneider, Wolfgang / Stefanek, Jan / Dotzler, Hans (1997): Erwerb des Lesens und Rechtschreibens. Ergebnisse aus dem SCHOLASTIK-Projekt. In: Weinert, Franz Emanuel / Helmke, Andreas (Hg.): Entwicklung im Grundschulalter. Weinheim: Beltz Psychologie-Verlags-Union.

Schöler, Hermann / Scheib, Kristin / Roos, Jeanette / Link, Michael (2003): EVES - Lese- und Rechtschreibleistungen am Ende der 1. Klasse. Lehrerurteile, Testleistungen und Einflussfaktoren. Arbeitsbericht EVES Nr. 2. URL: http://www.ph-heidelberg.de/wp/schoeler/EVES_Nr2.pdf, Abruf: 13.03.2009.

Valtin, Renate / Löffler, Ilona / Meyer-Schepers, Ursula / Badel, Isolde (2004): Was Sie schon immer über den Rechtschreibunterricht wissen wollten und aus IGLU-E erfahren können. In: Grundschulunterricht, 51. Jahrgang, Heft 4, S. 2-5.

Weinert, Franz Emanuel / Helmke, Andreas (Hg.) (1997): Entwicklung im Grundschulalter. Weinheim: Beltz Psychologie-Verlags-Union.

Sabine Dorow & Georg Breidenstein

Die Praxis der Wochenplanarbeit an einer Freien Schule – Eine Fallstudie

1 Einleitung

Die Wochenplanarbeit stellt eine inzwischen weit verbreitete und populäre Form des „offenen Unterrichts" dar, mit deren Hilfe häufig versucht wird, jener Individualisierung und Differenzierung des Unterrichts Rechnung zu tragen, die als Hauptziel einer Weiterentwicklung des Grundschulunterrichts gelten kann und die auch in den Bildungsplänen und Rahmenrichtlinien der Länder gefordert wird.

Im Folgenden geht es darum, anhand von Beobachtungen und Interviews sowie durch Einsicht in persönliche Wochenpläne von Grundschulkindern Erkenntnisse darüber zu gewinnen, wie offener Unterricht in Form von Wochenplanarbeit realisiert wird. Die alltägliche Praxis der Wochenplanarbeit wurde detailliert beobachtet und analysiert, um die Bedeutung des Wochenplans für die Kinder selbst und den Einfluss auf ihr individuelles Lernen und Arbeiten herauszuarbeiten. Im Fokus standen hierbei vor allem die Planung der Arbeit zu Beginn der Woche und dann der Einfluss, den der Plan auf das Arbeiten der Schüler nimmt. Das Forschungsinteresse richtete sich also darauf, wie Kinder im Wochenplanunterricht arbeiten, wie sich ihr Lernverhalten in den offenen Lernsituationen gestaltet und wie sie mit den ihnen gewährten Freiräumen umgehen.

Das Besondere an dem Unterrichtskonzept der beobachteten Schule liegt darin, dass die Schülerinnen und Schüler sich hier ihre Wochenpläne selbst schreiben. Es gibt zwar Vorgaben und Vorgehensweisen, die den Einfluss der Lehrpersonen auf den Inhalt der Wochenpläne sichern (dazu weiter unten), aber im Prinzip beruhen die Eintragungen im Wochenplan auf den freien Entscheidungen und selbstständigen Planungen der Kinder. Damit unterscheidet sich diese Konzeption grundlegend von jener weit verbreiteten Form des Wochenplans, in der die Lehrperson die Aufgaben stellt und die Schüler lediglich darüber entscheiden, in welcher Reihenfolge und manchmal auch mit welchen Partnern sie die Aufgaben bearbeiten wollen. Brügelmann und Brinkmann (1998) etwa unterscheiden je nach den Freiheitsgraden, die der Wochenplan gewährt, vier Typen von Wochenplanunterricht: Von festgelegten Aufgaben, die lediglich Bearbeitungszeit und –reihenfolge freistellen (Typ A), über das Angebot von Zusatz- oder Alternativaufgaben, die den Schwierigkeitsgrad variieren (Typ B) und die Möglichkeit, zwischen verschiedenen Aufgaben, Materialien und Bearbeitungsformen zu entscheiden (Typ C) bis hin zu Wochenplänen, die die Schüler selbst entwerfen, sie also auch hinsichtlich der Lerninhalte und Aufgaben selbst entscheiden (Typ D). Der hier untersuchte Wochenplanunterricht entspricht also diesem letztgenannten Typ D, der den größten Grad an „Öffnung" bietet, aber selten praktiziert wird (vgl. auch Sehr 2007, S. 71).

Der weit verbreitete Wochenplan vom Typ A oder B, der ein Pflichtprogramm von Aufgaben enthält, das die Kinder in einer vorgegebenen Zeit erfüllen müssen, zieht

die Kritik Claussens (1997, S. 155) auf sich, „in nur sehr begrenztem Maße ‚offen'"
zu sein. „In den meisten Fällen wäre allenfalls eine gewisse Offenheit hinsichtlich
der Organisationsform festzustellen (...). Von einer Offenheit im kognitiven und im
sozio-emotionalen Bereich ist unter dem Vorzeichen einer ‚Didaktik der Lernbefeh-
le' wenig festzustellen. Die zumeist eindeutigen Aufgabenstellungen und Arbeits-
anweisungen – vorgeschrieben, vorgeplant und vorstrukturiert – (...) die ohne Mitwirkung der Kinder in den Wochenplan gekommen sind, könnten eher mit dem
Merkmal ‚geschlossen' charakterisiert werden". Erste empirische Studien zur praktischen Handhabung eines eher „geschlossenen" Wochenplans weisen darauf hin,
dass die Logik der Planerfüllung hier eine starke Eigendynamik entwickelt, die die
Auseinandersetzung mit dem Lerngegenstand, mit der „Sache" des Unterrichts deutlich überlagern kann. Die Maxime des Arbeitens scheint für die Schülerinnen und
Schüler in der möglichst effektiven und schnellen Bewältigung des im Wochenplan
geforderten Pensums zu bestehen (vgl. Huf 2006; Huf 2008; Huf & Breidenstein
2009). Wiesemann (2008, S. 170f) erinnern die Verfahren der Wochenplanarbeit an
„Verwaltungsmechanismen (…). Lernen erscheint als die Selbstverwaltung schulischer Tätigkeiten". Labede und Reh (2009) arbeiten als ein Charakteristikum der
Ordnung des Wochenplanunterrichts die Ermöglichung der genauen wechselseitigen
Beobachtung aller am Unterricht Beteiligten heraus, die sowohl eine Voraussetzung
für Formen der Selbstkontrolle ist, als auch in einer sozialisatorischen Perspektive
der Herstellung einer bestimmten Arbeitshaltung dient.

Diese ersten Befunde zur Praxis des Wochenplanunterrichts lassen also aufhorchen
hinsichtlich möglicher nicht-intendierter Effekte des Wochenplans, die im Wesentlichen auf dem Charakter des vorgegebenen Pensums beruhen. Huf (2006, S. 220)
formuliert den Verdacht, dass die konkrete Vorgabe von Pensen im Wochenplan
einen Kreislauf in Gang setzt, „in dessen Verlauf eine über die unmittelbaren Anforderungen des Wochenplans hinausgehende Leistungsbereitschaft von SchülerInnen
umso drastischer abnimmt, je stärker das Lernen durch die Vorgabe von Pensen
fremdbestimmt ist". – Doch wie steht es um den „offenen", den von Schülern selbst
entworfenen Wochenplan? Lassen sich die skizzierten eher problematischen Effekte
vermeiden, wenn Kinder selbst über die Inhalte des Wochenplans entscheiden? Wie
wirkt sich ein selbst entwickelter und zudem jederzeit revidierbarer Plan auf die
konkrete Praxis der Schülerinnen und Schüler aus? Dazu liegen bislang noch keinerlei empirische Beobachtungen vor, vermutlich nicht zuletzt darum, weil die in Rede
stehende Praxis relativ selten ist und nicht viele Schulen den Mut aufbringen, die
„Öffnung" des Unterrichts so weit voran zu treiben. Insofern betreten die hier präsentierten Beobachtungen Neuland und stellen nur erste Schritte in der Untersuchung eines relativ weitgehend individualisierten Unterrichts dar (vgl. auch Breidenstein 2008).

2   Das Forschungsfeld

Die Beobachtungsschule ist eine staatlich anerkannte, nach reformpädagogischen
Grundsätzen arbeitende freie Ganztagsschule für Kinder im Alter von fünf bis zehn
Jahren. Die Lerngruppen umfassen ca. 20 Kinder und sind jahrgangsübergreifend

zusammengesetzt, wobei in den fünf Gruppen verschiedene Formen der Jahrgangsmischung umgesetzt werden (von 1 und 2 bis hin zu 1 und 4), außerdem ist in jeder der Gruppen auch mindestens ein Kind mit diagnostiziertem Förderbedarf vertreten. Die Lerngruppen werden jeweils von mindestens zwei Erwachsenen unterschiedlicher Professionen betreut (Lehrerinnen, Integrationshelferinnen, Sozialpädagogen u.a.).

Der Tag wird durch drei neunzigminütige Arbeitsphasen strukturiert, von denen acht bis neun wöchentlich für die individuelle Arbeit der Kinder an ihren Wochenplänen vorgesehen sind. Die Schülerinnen und Schüler bestimmen am Montagmorgen eigenverantwortlich, welche Aufgaben und Lernmaterialien über die Woche von ihnen bearbeitet werden sollen, schreiben sich selbstständig ihren individuellen Plan in ihr dafür vorgesehenes Wochenplanbuch und entscheiden dabei, welche Lerninhalte sie wiederholen, vervollständigen oder beginnen wollen. Die Planung ist dann einer der Lehrpersonen vorzulegen und kann von dieser ergänzt oder modifiziert werden. So entstehen tatsächlich ganz unterschiedliche, individuelle Arbeitspläne.

Die Kontrolle der Arbeitsergebnisse erfolgt in erster Linie mit Hilfe der Selbstkontrollfunktionen der Materialien, so ist es bei vielen Aufgaben möglich, auch die Fehlerkontrolle selbstständig vorzunehmen. Erledigte Vorhaben aus dem Wochenplan werden von den Kindern im Wochenplanbuch abgekreuzt, für vollständig ausgeführte Wochenpläne gibt es in einigen der Lerngruppen einen anerkennenden Stempel. Das erfolgreiche Durcharbeiten von Lernmaterialien oder Themenkomplexen wird mit „Diplomen" honoriert, welche den Inhalt der Arbeiten beschreiben und die Kinder für ihre Leistungen auszeichnen.

Gegen Ende des Beobachtungszeitraums wurden „Pensenlisten" eingeführt, die in den Gruppenräumen aushängen und alle vorhandenen Lernmaterialien auflisten und zugleich auch verzeichnen, wer welche Materialien bislang bearbeitet hat. Neben den laufenden Rückmeldungen zu den Arbeiten und Lernprozessen der Schüler und Schülerinnen finden halbjährlich so genannte „Lernberatungen" statt, bei denen die Kinder in Einzelgesprächen den beiden zuständigen Lehrpersonen ihre Arbeitsergebnisse vorlegen und längerfristige Vorhaben und Vorgaben angesprochen werden. Herkömmliche Zeugnisse sind durch Lernentwicklungsberichte ersetzt, welche die Kinder am Ende eines jeden Halbjahres erhalten. Sie beschreiben ausführlich den aktuellen Lernstand der Schüler und deren individuelle Entwicklung.

Die Planung findet stets am Montagmorgen statt, kann allerdings auch im Laufe der Woche durch neu hinzukommende Planungspunkte ergänzt werden. Innerhalb der beobachteten Lerngruppe gibt es einige Vorgaben zum Schreiben des Wochenplans: Drei Spalten werden zum Eintragen der Planaufgaben für die Woche, zur Nummerierung derselben und zum Markieren der fertiggestellten Planungspunkte vorbereitet. Die Anzahl der geplanten Aufgaben und Materialien steht den Kindern frei, jedoch sollten mindestens drei Punkte für eine Woche vorgesehen werden. In die oberste Zeile werden die Überschrift „Wochenplan" und das aktuelle Datum der Woche eingetragen.

Wir werden sehen, dass die konkrete Planungstätigkeit sich nicht unbedingt an diese Vorgaben hält, interessant erscheint aber vor allem die Frage, nach welchen Kriterien die Kinder ihre Vorhaben auswählen und von welchen Überlegungen sie sich dabei leiten lassen. Mit Blick auf die Umsetzung der Planung stellte sich vor allem die Frage, ob der Wochenplan zur Auswahl der Arbeitsmaterialien und Aufgaben herangezogen wird, wie diese Auswahl stattfindet und welche konkrete Bedeutung der Wochenplan für das Arbeiten der Kinder hat.

3   Fallauswahl und Methoden

Die Untersuchung erstreckte sich über einen Zeitraum von insgesamt vier Wochen. Dreimal wöchentlich wurde vorwiegend in den ersten beiden Arbeitsphasen das Geschehen beobachtet und aufgezeichnet. Die einzelnen Kinder der Lerngruppe waren der Beobachterin mit ihren spezifischen Vorgehensweisen und Arbeitswegen im Rahmen der Wochenplanarbeit bereits aufgrund eines Praktikums bekannt. So war es möglich, den Fokus der Betrachtung von Anfang an auf zwei Kinder zu legen. Dabei erschien es interessant, die Handhabung des Wochenplans durch Kinder mit sehr unterschiedlichen Lernvoraussetzungen und Lernprozessen zu untersuchen. So wurden Max, ein Drittklässler, und Lina, eine Viertklässlerin, ausgesucht, wobei weder Geschlecht noch Jahrgangsstufe für die Auswahl ausschlaggebend waren, sondern ausschließlich die bereits vor Beginn der Untersuchungen beobachteten sehr unterschiedlichen Arbeitsweisen: Während Lina wie selbstverständlich ihre Aufgaben plant und diese im Laufe der Woche „abarbeitet", scheint es Max Schwierigkeiten zu bereiten, selbstständig zu planen und seine Vorhaben auszuführen. Die kontrastierende Beobachtung zweier so unterschiedlicher Kinder sollte einerseits die mögliche Varianz in der Handhabung dieser besonderen Variante der Wochenplanarbeit in den Blick nehmen und andererseits ermöglichen, nach übergreifenden Merkmalen dieser Praxis zu fragen.

Die Daten der vorliegenden Studie wurden mit Hilfe von Beobachtungen und Interviews erhoben. Zudem wurden alle vorhandenen Wochenpläne aus den Wochenplanbüchern der beiden Kinder fotografiert, um den Prozess ihres Planens und Arbeitens zu dokumentieren. Damit stehen drei sehr unterschiedliche Datensorten zur Verfügung, die es aufeinander zu beziehen gilt. Während die Kinder in den Interviews über die Prinzipien und Überlegungen, die ihre Planungen leiten, Auskunft geben können, erschließen sich die meisten routinisierten und alltäglichen Vorgehensweisen und Abläufe nur der Beobachtung – sie ruhen zu tief in der Selbstverständlichkeit des Alltagswissens, als dass die Beteiligten dazu auskunftsfähig wären (vgl. Breidenstein 2008). Durch die Dokumentation der Wochenplanbücher der beiden fokussierten Kinder lassen sich längerfristige Verläufe beschreiben. Zudem liefern die Wochenplanbücher interessante Einblicke in wiederkehrende Muster und Eigenheiten beim Vorbereiten und Schreiben der Pläne, lassen Vergleiche zu und ermöglichen Aussagen über die Ausgewogenheit der Fächerwahl und die Dauer der Bearbeitungszeit eines Materials beziehungsweise Lehrgangs.

Die Beobachtungen richteten sich auf zwei Bereiche der Wochenplanarbeit: Die eigentliche Planung als Voraussetzung für die Arbeit der anstehenden Woche und die Umsetzung dieses Plans und seinen Einfluss auf das Arbeiten im Verlauf der Woche.

4 Fallbeispiel Max

Der Drittklässler Max, zum Zeitpunkt der Beobachtungen das erste Jahr an der Freien Schule, besuchte zuvor eine reguläre staatliche Schule. Die Gründe für seinen Schulwechsel benennt er im Interview selbst:

> „Na, (…) Mama hat gedacht, ich kann in der Schule hier besser lernen, weil in der anderen, da mussten wir alle gleich machen und hier machen wir ja nicht immer alle das Gleiche. Das war da verschieden. Ich hatte da Probleme, weil wenn alle da so zusammen arbeiten, da komm ich nicht durch. Mama hat gedacht, dass ich hier dann vielleicht auch ins Gymnasium, ein gutes, komme. Ich will ja auch unbedingt in die Sportschule."

Im Untersuchungszeitraum gestaltet sich das Schreiben des Wochenplans bei Max recht unterschiedlich. In der ersten Beobachtungswoche steht das Vorbereiten und Gestalten selbst sehr im Vordergrund: Max verbringt fast eine halbe Stunde damit, Zeilen und Spalten zu ziehen, Datum und Überschrift einzutragen und den Plan Zeile für Zeile und Spalte für Spalte farbig zu gestalten. In der zweiten Beobachtungswoche hingegen erledigt er sowohl das Schreiben des Plans als auch das Eintragen der Materialien und Aufgaben innerhalb von fünf Minuten. In diesem Falle nicht bunt, aber dennoch übersichtlich und genau:

 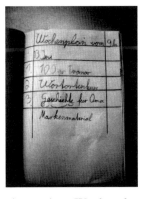

Im Interview antwortet Max auf die Frage, wie er seinen Wochenplan erstelle:

> „Na, erst mal mache ich Zeilen, dann muss ich Zahlen hinschreiben: 1, 2, 3, 4, am besten, wenn ich bis 5 zähle und dann kann man da was rein schreiben. Wochenplan oben. Ja, erst mal mach ich Zeilen, dann Wochenplan oben, Datum und dann schreib ich ein."

Obwohl Max jeden Montag einen Wochenplan schreibt, entspricht dieser oft nicht den von ihm selbst erläuterten Vorgaben, wie die Durchsicht seines Wochenplanbuches ergibt: Mal schreibt er die Überschrift doppelt, benutzt mehrere Zeilen für die Überschrift, lässt das Datum vollständig weg, schreibt es nachträglich unter den Plan oder trägt es nicht vollständig ein. Die Orthografie von Max ist häufig derart mangelhaft, dass sich einzelne Planaufgaben nur erahnen lassen. Korrekturen durch die Lehrerinnen finden sich lediglich in wenigen vereinzelten Plänen.

Die Maßgaben seiner Planung für die Woche erläutert Max im Interview wie folgt:

„Man kann das alles planen, wie man will, aber Mathe und Deutsch muss dabei sein.
Man kann dreimal Deutsch und einmal Mathe oder auch andersrum machen. Das ist e-
gal."

In der Auswahl der Materialien sieht Max sich relativ frei:

„Na, ich kann mir einfach auch mal andere Dinge aussuchen, irgendwelche anderen, die
ich noch nie gemacht habe. Einfach mal rein schreiben und dann mal ausprobieren. A-
ber eigentlich muss man auch mal Dinge weitermachen, die man angefangen hat. Aber
man kann eigentlich alles mal ausprobieren."

Anhand seiner Wochenpläne lässt sich tatsächlich feststellen, dass er im Verlauf des
Schuljahres vielerlei Materialien begonnen und ausprobiert und sich zumeist über
längere Zeiträume mit ihnen beschäftigt hat. Er wählt seine Aufgaben hauptsächlich
durch Vergleichen des Wochenplans der Vorwoche und knüpft somit an die begon-
nenen Arbeiten und Materialien an. Die Pensenlisten, die zu Beginn der Beobachtungen eingeführt wurden und für jeden Schüler im Raum ersichtlich alle verbindli-
chen Materialien aufzeigen, erwähnt Max nicht.

Es liegen allerdings Wochenpläne vor, die der Vorgabe, mindestens drei Planungspunkte zu notieren und somit auch Max´ Angabe innerhalb des Interviews, stets vier
bis fünf Materialien auszuwählen, nicht entsprechen. Es finden sich etwa Pläne mit
ausschließlich ein bis zwei Planungspunkten oder auch gar keinen Eintragungen:

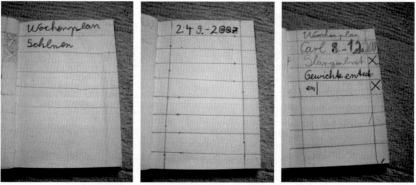

Im Interview am Ende der Woche bemerkt Max dann zum Beispiel, dass für die
laufende Woche gar kein Plan existiert:

„Ich hab, glaube ich, diese Woche meinen Wochenplan vergessen zu schreiben. Ich
weiß nicht ganz genau, aber ich glaub es."

Max hat bis dahin den Wochenplan also gar nicht vermisst, er kommt offenbar auch
ohne zurecht.

Auf die Frage, ob er seinen Wochenplan alleine schreibe oder „mit Hilfe", antwortet
Max:

„Na, das erste Mal, also, die ersten zwei Wochen habe ich immer von Anne Hilfe bekommen, aber dann konnte ich schon allein. Ich schreibe komplett allein. Nur manchmal muss ich fragen wegen verschiedenen Wörtern."

Die Beobachtungen zeigen allerdings ein anderes Bild: In beiden Wochen beginnt
Max erst nach Aufforderungen durch die Lehrerinnen, sich dem Schreiben des Wo-

chenplans zu widmen, das sich in einem Fall dann auch als eine intensive Aushandlung zwischen Max und der Lehrerin gestaltet:

> Max möchte am Computer des Lernraums seine Geschichte abschreiben und drucken, da die Schuldruckerei montags geschlossen ist. Evas (der Lehrerin) Nachfrage, ob er seinen Wochenplan bereits geschrieben hat, muss er verneinen, woraufhin sie ihn auffordert, dies nachzuholen. Anschließend benötigt Max fast eine viertel Stunde für das Vorzeichnen der Zeilen und Spalten und das Eintragen der Überschrift „Wochenplan". Eva kommt zu Max: „Schreib deinen Wochenplan!" (auffordernd) „Ich muss erst denken." (genervt) „Ich helfe dir.",„Ich mache das selbst!" (gereizt, Eva bleibt bei ihm stehen) „Schreib das Datum. 2. Juni…" (auffordernd) „Ich mache das!" (gereizt) „Ich schau dann nach dir. Du kannst vieles beenden, was du vor den Ferien begonnen hast!" Eva lässt ihn allein weiterarbeiten, er trägt das Datum selbst ein.

In diesem kleinen Dialog kommt die ganze Ambivalenz der `verordneten Selbstständigkeit´ zum Ausdruck (vgl. Heid 1996). Max insistiert auf dem *Anspruch* der selbstständigen Planung, der zugleich ein Anspruch an ihn ist und sein Anspruch gegenüber der Lehrerin. Es gibt die Pflicht, einen Wochenplan zu schreiben, der er auf Aufforderung auch nachkommt, aber in den Details der Ausführung bzw. der Vorbereitung strapaziert Max die Geduld der wartenden Lehrerin. Auf ihr Drängeln hin erklärt Max „*ich muss erst denken*" – womit er sich vollständig konsistent auf die Logik des Planens bezieht, denn eine sinnvolle Planung will wohl überlegt sein. Den Sprechakt der Lehrerin „*ich helfe dir*", der weniger ein Angebot als eine Feststellung darstellt, weist Max zurück, indem er auf die Norm der Selbstständigkeit rekurriert. Auch eine zweite, ganz konkrete Aufforderung der Lehrerin weist er mit dem Verweis auf die Selbsttätigkeit ab. Da die Selbstständigkeit und Selbsttätigkeit der Schüler die obersten Leitbilder bei der Wochenplanarbeit darstellen, muss die Lehrerin nachgeben und sich zurückziehen. Dies tut sie allerdings nicht ohne den Verweis auf ihre Kontrollfunktion („*ich schaue dann nach dir*") und nicht ohne einen – allerdings sehr vagen – Hinweis auf ein Kriterium für seine Planungen („*du kannst vieles beenden, was du vor den Ferien begonnen hast*").

Max hat einen Teilsieg erreicht, aber das Ringen um Autonomie und Kontrolle ist noch nicht beendet. Als Eva einige Zeit nach diesem ersten Dialog sieht, dass Max seine Planungstätigkeit noch nicht beendet hat, kommt sie zurück und wird konkreter:

> Eva blättert im Wochenplanbuch zur Vorwoche. „Da steht Hundertertrainer. Hast du den fertig?",„Nein." „Also schreib das auf!" (Max schreibt)
> Was hast du für Deutsch drin stehen?",„Ich will meine Geschichte schreiben.",„Das kannst du machen, wenn du die anderen Sachen hast! Was steht noch drin für Deutsch?" (Eva blättert zur Vorwoche zurück) „Kann ich mal an den Computer? Ich muss dringend was nachschauen!" (unruhig, aufgeregt) „Ich kann dir vorschlagen, wenn du diese Woche den Wortartenkurs machst, dann kannst du nächste Woche am Computer arbeiten."

Jetzt gestaltet sich die Wochenplanung als eine ganz konkrete Aushandlung, wobei die Lehrerin in die Position der Anweisenden bzw. Genehmigenden rückt. Die Norm der Selbstständigkeit scheint suspendiert. Hat Max durch seine zu zögerliche und zeitaufwändige Planungstätigkeit das Recht auf Selbstständigkeit in dieser Situation verwirkt? Ist seine „Hilfsbedürftigkeit" erwiesen, weil er nach einer gewissen Zeit keine eigenständige Planung vorweisen kann? Jedenfalls beansprucht die Lehrerin jetzt unwidersprochen die Rolle der Entscheiderin. Max´ Wunsch am Computer etwas *„nachzuschauen"* benutzt die Lehrerin für einen Handel, indem sie ihm ein Angebot macht, das die Arbeit am Computer als Belohnung für den Wortartenkurs enthält. Dieses Angebot verkennt allerdings zum einen die Aktualität des Wunsches von Max (es geht darum *„dringend was nachzuschauen"*; nicht darum, am Computer zu arbeiten), zum anderen wird hier implizit eine deutliche Wertigkeit der Tätigkeiten etabliert: Die Pflicht des Wortartenkurses wird durch das Zugeständnis der Computerarbeit belohnt.

Max ist also jetzt in der Rolle desjenigen, der sich die Realisierung seiner eigenen Planungen erst durch die Erfüllung eines vorgegebenen Programms „verdienen" muss. Eine kleine Pointe allerdings verkneift er sich nicht: Als die Lehrerin von einem Mitschüler gerufen wird und ihn verlässt, schreibt er seinen Planungspunkt „Geschichte" noch auf – so nimmt er sich wenigstens einen Teil der ihm genommenen Planungshoheit zurück.

Was lässt sich nun über die Bedeutung des Wochenplans für Max´ tatsächliches Arbeiten sagen? Schaut er in seinem Wochenplan nach, was er sich vorgenommen hat? Im Interview erläutert Max zu dieser Frage:

> „Nee, das brauch ich eigentlich nicht machen, weil ich weiß, was in meinem Wochenplan steht. Weil's doch nur ´ne Woche ist. Ich arbeite dann auch nur an den Sachen, die im Wochenplan stehen."

Die Beobachtung seines Arbeitens bestätigt, dass er von sich aus während der Woche nicht in das Wochenplanbuch schaut. Er führt durchaus einige der Vorhaben aus seiner Planung durch, greift aber auch immer wieder zu anderen Lernmaterialien, die sein Interesse wecken und die nicht im Plan stehen. Die Tätigkeiten außerhalb seines Wochenplans trägt er in der Regel auch nicht nachträglich ein, wie es andere Kinder zum Teil tun.

Gelegentlich wird Max allerdings von den Lehrerinnen aufgefordert, sein Wochenplanbuch zu Rate zu ziehen, wie es der folgende Protokollausschnitt dokumentiert:

> Max beendet die Arbeit an einem Material und sitzt unschlüssig an seinem Platz. Anne, die Lehrerin, fordert ihn dazu auf, in seinem Wochenplanbuch nachzuschauen, was er sich weiterhin vorgenommen hat. Max holt sein Wochenplanbuch, lässt dieses jedoch, ohne einen einzigen Blick hinein zu werfen, geschlossen auf dem Tisch liegen. Schließlich räumt er es zurück in das Regal, da Anne zu einer Besprechung ruft.

Das Wochenplanbuch wird in dieser Szene zur Instanz, auf die die Lehrerin sich beruft, als Max so wirkt, als fehle ihm die Orientierung. Max entzieht sich dem Versuch der Lehrerin, indem er das Wochenplanbuch zwar holt, aber nicht benutzt. Offenbar handelte es sich bei Max´ Phase der Untätigkeit weniger um ein Problem der Orientierung als um eines der Motivation. Interessant erscheint an dieser Szene, dass das Wochenplanbuch zwar keine sichtbare Relevanz in der Organisation der laufenden Arbeit für die Kinder selbst hat, dass es aber als Instanz in der Kommunikation zwischen Lehrerinnen und Schülern dient: Dort steht geschrieben, was sie sich vorgenommen haben, darauf können die Schüler auch verpflichtet werden. Ist die Funktion des Wochenplans möglicherweise stärker in der Interaktion zwischen Lehrerinnen und Schülern zu suchen als in der Organisation der eigenen Arbeit durch die Kinder?

Auch um fertiggestellte Aufgaben abzuhaken, nimmt Max nur selten das Wochenplanbuch zur Hand, wie er selbst im Interview feststellt:

> „Ich mach das nicht immer. Ich bin da ´n bisschen faul.“

Das bestätigt sich anhand der Kopien der Wochenpläne – oft fehlen jene Kreuze, die das Erledigen einer Arbeit kennzeichnen:

Auch wenn Lehrerinnen ihn daran erinnern, markiert Max die Erledigung von Vorhaben im Wochenplanbuch oft nicht. Das hat zur Folge, dass er gelegentlich nicht mehr nachvollziehen kann, welche Aufgaben fertiggestellt wurden und welchen er sich erneut widmen muss. Jedenfalls ist festzuhalten, dass das `Abhaken´ von Aufgaben im Wochenplan als solches Max keine besondere Befriedigung zu verschaffen scheint; dies ist ein interessanter Kontrast im Vergleich zu dem Befund aus der Beobachtung der Arbeit mit vorgegebenen Wochenplänen, wonach ebenjenes Abhaken der Aufgaben bisweilen als eigentliches Ziel des Arbeitens angesehen wird (vgl. Huf 2006, Huf & Breidenstein 2009).

Max´ Handhabung des individualisierten Wochenplanunterrichts wirft Probleme auf. Er nimmt selbstbewusst die Rolle desjenigen in Anspruch, der seine eigene Arbeit plant. Aber sowohl seine Planungstätigkeit als auch der konkrete Vollzug seines Arbeitens unter der Woche sind oft dergestalt, dass die Lehrerinnen sich genötigt fühlen, einzugreifen, Max zu ermahnen, ihn auf seine (eigenen) Vorhaben zu verpflichten oder ihm (ungefragt) Unterstützung anzubieten. Welche Handlungsprobleme und Paradoxien sich daraus für die Handhabung der Lehrerrolle ergeben, kann hier nicht weiter diskutiert werden. Dies ist aber auf jeden Fall eine eigene Betrachtung Wert. – Ein ganz anderes Bild ergibt die Befragung und Beobachtung von Lina.

5 Fallbeispiel Lina

Lina, Viertklässlerin, besucht seit der ersten Klasse die Freie Schule und ist von daher vertraut mit der Wochenplanarbeit, weil diese in der beschriebenen Form bereits ab der ersten Klasse stattfindet.

Lina wirkt beim Vorbereiten ihres Planes sehr routiniert und scheint nach konkreten Mustern vorzugehen. Im Interview erklärt sie:

> „… also erst mach ich das Lineal quer und dort sozusagen einen Zentimeter zum Rand und dann noch einen Zentimeter für die Zahlen und auf der anderen Seite noch einen Zentimeter für den Rand und einen zum Abkreuzen und dann verbinde ich die und dann kommt das andere eben. Ja, und dann schreib ich ein."

An dieses feste Muster hält Lina sich bereits seit Anfang der dritten Klasse, wie ein Blick in ihr Wochenplanbuch erkennen lässt:

Die linke Spalte wird generell von 0 bis 9 durchnummeriert, unabhängig von der Anzahl der Planungsaufgaben. Da Lina die Zeilen der Tabelle zwei Zentimeter hoch einzeichnet, finden sich zehn Zeilen in ihren Plänen. Die erste, mit 0 gekennzeichnete Zeile beinhaltet die vorgegebene Überschrift „Wochenplan", ergänzt durch die finnische Bezeichnung für Woche: Wiikko und das aktuelle Datum. Zudem nutzt Lina bisweilen die untere verbleibende Zeile, um zusätzliche Informationen einzutragen. Das Zeichnen des Planes beginnt Lina im Beobachtungszeitraum bereits vor Beginn der Arbeitsphase. So kann sie zu Beginn der Stunde unverzüglich mit dem Eintragen ihrer Aufgaben beginnen. In einem Gespräch erklärt sie ihre Aufgabenwahl der anstehenden Woche:

> „Also, die Mathekartei muss ich machen, weil mir meine Mami gesagt hat, dass ich zu wenig Mathe gemacht habe und zu viel Deutsch, obwohl ich das schon gut kann. War auch so. (lacht) Aber bis zum Ende des Schuljahres werde ich die nie schaffen. Naja und die Deutschkartei muss ich eigentlich nicht machen, aber das macht eben so viel Spaß. Das ist eher so mein Hobby. Für das Sternenbrett brauche ich eigentlich noch eine Einführung von Anne, aber die ist krank und Eva kann das noch nicht. Ich hab trotzdem schon mal angefangen. Geht auch so ganz gut. Ja und Lesen ist für mich Freizeit, das mach ich einfach nur gern und um zu entspannen und so. Wie die Deutschkartei."

Lina geht die verschiedenen Eintragungen ihres Wochenplans durch und erläutert sehr differenziert den jeweiligen Hintergrund. Dabei wird deutlich, dass in ihrer Planung ganz unterschiedliche Instanzen und Kriterien eine Rolle spielen. So zeigt sich, dass außer den Lehrerinnen auch ihre Mutter ein Auge auf ihre Planungen hat und korrigierend eingreift. Der Hinweis der Mutter bezog sich auf das Gleichgewicht zwischen Mathematik und Deutsch bzw. auf den Verdacht, dass Lina das von ihr bevorzugte Fach Deutsch auch in ihrer Planung privilegiert. *„War auch so"* sagt Lina lachend – damit zeigt sie sich als einsichtsvolle, selbstreflexive und selbstkritische Schülerin, die sich souverän auf kleine Korrekturen von außen einlässt.

Interessant ist dann die Kategorie des „Spaßes" und des „Hobbys". Damit eröffnet sie für ihre Planungen das Reich der Freiheit, sie kennzeichnet spezifische Vorhaben (die Deutschkartei) als nicht notwendig, sondern eher als eine Form des Sich-Selbst-Belohnens. Befragt nach ihrem Vorgehen bei der Auswahl ihrer Aufgaben für den Wochenplan erklärt Lina:

> „Manche, die meisten Sachen, hab ich auch aus dem vorigen Wochenplan und den davor auch wieder aus dem vorigen Wochenplan, aber das eine schaff ich immer nicht und, ja…"

Lina erstellt demnach ihre Wochenpläne überwiegend mit Blick auf die Vorwoche. Nicht fertiggestellte Aufgaben und Materialien werden übertragen. Sie scheint folglich ihr Pensum der Wochenaufgaben nicht nach dem Aspekt zu erwählen, ob sie im Rahmen einer Woche erfüllbar sein werden. Sie ist sich darüber bewusst, dass bestimmte Materialien einen längeren Zeitraum einnehmen und sie mehrere Wochen daran arbeiten muss. Lina nimmt eine sehr langfristige Perspektive auf ihre Planungen ein und erläutert entsprechend im Interview die Bedeutung der „Lernberatung" für ihre Arbeitsplanung:

> „Bei der Lernberatung wird das immer so gemacht, dass bis zur nächsten Lernberatung gesagt wird, was man da machen sollte. Das ist einmal vor dem Halbjahreszeugnis und einmal vor dem Ganzjahreszeugnis."

Hier ist also neben der Lehrerin, der Mutter und ihren eigenen Vorlieben und Bedürfnissen eine weitere Instanz angesprochen, die es in der Planung zu berücksichtigen gilt. Lina scheint es aber keine Schwierigkeiten zu bereiten, diese unterschiedlichen Kriterien und Instanzen unter einen Hut zu bringen. Ihre Planung führt sie, wie sie im Interview kurz und knapp bekundet, *„allein"* durch. Zudem ergänzt sie zur Frage, seit wann sie Wochenpläne schreibt:

> „Also wir haben von Anfang an selbst geplant und entschieden, was wir machen wollen die Woche."

Es ist also für Lina selbstverständlich, in Bezug auf die Planung ihrer Arbeit selbstständig zu entscheiden und auf Hilfestellungen der Lehrerinnen zu verzichten. Sie beginnt unaufgefordert bereits vor Anfang der Arbeitsphase und benötigt auch während der Aufgabenwahl keine Aufmerksamkeit durch die Lehrerinnen. Ihre Pläne legt sie regelmäßig der Lehrerin zur Kenntnisnahme vor, eine Modifikation oder Ergänzung ist jedoch nicht beobachtet worden.

Ihre Planung setzt sie im Beobachtungszeitraum ziemlich genau entsprechend der für die Woche gewählten Vorhaben um. Den aufgezeichneten Plan nimmt sie nach eigenen Aussagen gelegentlich zur Hand:

„Meistens weiß ich, was ich hab, aber manchmal vergesse ich es auch wieder. Also, manchmal, da hab ich ja überhaupt keine Ahnung. Da schau ich dann in den Wochenplan. Aber wann ich welche Aufgabe mache, hängt davon ab, wie ich Lust habe. Das kann ich mir ja auch aussuchen, wie ich das mache und wie lang und so."

So scheint ihr der Plan zeitweise eine Gedankenstütze zu ihren selbstgewählten Aufgaben zu sein und sie an ihre Vorhaben zu erinnern. Sie ist sich ihrer Entscheidungsfreiräume bewusst und kann ihr Vorgehen bei der Umsetzung ihrer Vorhaben sehr prägnant beschreiben – dass dabei auch ihre aktuelle *„Lust"* eine Rolle spielt ist selbstverständlich und legitim.

Nach der Beendigung von Teilaufgaben vermerkt Lina diese sofort auf dafür vorgesehenen Listen, die jeder Schüler zu jenen Materialien bekommt und die mehrere Teilaufgaben enthalten. Hierfür betreibt sie bisweilen großen Aufwand, indem sie die vorgezeichneten Kästchen bemalt und ausgestaltet. Dabei scheint sie sich über fertiggestellte Teilaufgaben sehr zu freuen, zählt diese ab und vergleicht ihr Vorankommen mit dem anderer.

Den Abschluss von Vorhaben markiert sie jedoch oft nicht sogleich in ihrem Wochenplan. Im Interview bemerkt sie dazu:

„Naja, wenn ich in den Wochenplan gucke und ich grad keine Lust habe und meinetwegen schon Donnerstag ist und ich Deklination der Substantive drin hatte und auch überhaupt keinen Bock mehr habe, dann hake ich einfach, also kreuze ich einfach Deklination ab und aber eben auch wenn ich, naja, vor allem auch am nächsten Montag. Außerdem wenn ich zum Beispiel Mathekartei drin stehen habe und ich mach es Montag und ich hake es ab, ich mach das ja eigentlich mehrere Male in der Woche, mindestens alle zwei Tage."

Lina folgt der Regel, dass erledigte Vorhaben auf dem Wochenplan zu kennzeichnen sind, demnach meist erst am Ende der Woche oder am darauf folgenden Montag beim Schreiben des neuen Wochenplans. Überraschend ist vielleicht, wie selbstbewusst Lina bekennt, auch Vorhaben im Wochenplan abzukreuzen, die sie gar nicht ausgeführt hat. – Die Bedeutung des Abkreuzens wird dadurch stark relativiert. Eine solche Relativierung ergibt sich aber auch daraus, dass einige der Planungspunkte mehrfach im Laufe der Woche bearbeitet werden. Soll man dann das Kreuz schon beim ersten Mal machen oder erst am Ende der Woche? Zudem sagt das Kreuz ja auch nichts über die Beendigung eines Lernmaterials – manche Materialien tauchen schließlich über viele Wochen hinweg im Wochenplan auf.

Der Wochenplan stellt für Lina also, insgesamt betrachtet, zwar eine wichtige und verbindliche Orientierung für ihre Arbeit, aber keineswegs eine unumstößliche und unverrückbare Instanz dar. Im Verlauf einer (Arbeits-)Woche kann sich durchaus ergeben, dass das eine oder andere Vorhaben nicht ausgeführt wird oder, dass die eine oder andere Tätigkeit hinzukommt. Zusätzliche, über die ursprüngliche Planung hinausgehende Arbeiten trägt Lina meistens nachträglich noch in ihren Plan ein. Im Großen und Ganzen kann Lina ihr eigenes Lern- und Arbeitstempo gut einschätzen, sie plant in aller Regel realistisch und schafft es, im Laufe der Woche alle Vorhaben und Materialien planmäßig zu bearbeiten.

6 Resümee

Was lässt sich nun aufgrund dieser beiden Fallstudien über die Handhabung offener, selbst geschriebener Wochenpläne durch Kinder sagen? Welchen Maximen folgt eine Wochenplanarbeit, die den Schülern und Schülerinnen weit reichende Freiheiten bei der Planung ihrer eigenen Tätigkeiten einräumt? Selbstverständlich handelt es sich bei den folgenden zusammenfassenden Bemerkungen nur um allererste, vorsichtige Überlegungen, die in weiteren ausführlicheren Beobachtungen zu bestätigen und zu differenzieren wären.

Es gibt, wie wir gesehen haben, eine Reihe von sehr signifikanten Unterschieden in der Praxis der Wochenplanarbeit der beiden fokussierten Kinder, es gibt aber auch ein paar übergreifende Merkmale. Beide, Max und Lina, nehmen die Möglichkeit und das Recht der selbstständigen Planung selbstbewusst und souverän in Anspruch, auch wenn Max dieses Recht in der Auseinandersetzung mit der Lehrerin verteidigen muss und schließlich sogar verliert. Beide sprechen dem Wochenplan eine zentrale Funktion in der Organisation und Steuerung der eigenen Arbeit zu, was aber nicht heißt, dass man den Plan ständig konsultieren müsste, denn man hat die Planungspunkte in der Regel im Kopf. Der selbst erstellte Plan stellt für beide Kinder eine Instanz dar, auf die sie sich selbst verpflichten und auch verpflichten lassen. Der Wochenplan als schriftliche Fixierung der Vorhaben für eine Woche dient auch in Interaktionen und Aushandlungsprozessen mit den Lehrpersonen als entscheidende Referenz, auf die sich beide Seiten berufen. Der Wochenplan dokumentiert zudem langfristig die unterrichtsbezogenen Tätigkeiten der Kinder, auch wenn das Wochenplanbuch von Max erhebliche Lücken aufweist.

Interessanterweise stellt weder für Max noch für Lina das Abkreuzen vollbrachter Aufgaben eine herausgehobene oder auch nur regelmäßig vollzogene Praxis dar. Dieser Befund kontrastiert deutlich mit Beobachtungen zum Umgang von Schülerinnen und Schülern mit vorgegebenen Plänen, wo das Abhaken von Wochenplanaufgaben in den Vordergrund rückt und zum Ausdruck der Logik der „Planerfüllung" wird (vgl. Huf & Breidenstein 2009). Dieses scheinbar kleine Detail scheint Zeichen einer grundlegenderen Differenz in der Organisation und Steuerung der (Lern-)Arbeit von Kindern zu sein: der Differenz zwischen der Außensteuerung durch einen vorgegebenen Plan und der zumindest so empfundenen Selbststeuerung mithilfe eines selbst entwickelten Plans.

Die Steuerungsfunktion, die der selbst geschriebene Wochenplan für das Arbeiten der Kinder übernimmt, ist nun allerdings stark zu differenzieren: Bei Max erscheint die Planungstätigkeit oft als lästige Pflicht, die bisweilen sogar „vergessen" wird; bei Lina erscheint sie als lässige Routine, die zwar gewissenhaft ausgeführt wird, aber auch keinen herausgehobenen Stellenwert besitzen oder eine besondere Herausforderung darstellen würde. Die Kriterien ihrer Planungsentscheidungen können beide benennen: Es geht um die Ausgewogenheit der Lernbereiche; es geht um Kontinuität, die Fortsetzung bereits begonnener Arbeiten; und es geht um das Ausbalancieren von „Pflicht" und „Kür" – die Planung soll Bestand haben auch vor weiteren Instanzen, der Lehrerin und, in Linas Fall, auch der Mutter. Die selbstständige Wochenplanung stellt durchaus komplexe Anforderungen an die Schüler und Schülerinnen: Sie müssen konkrete Tätigkeiten in Aufwand und Dauer einschätzen können; sie müssen die Lernmaterialien insoweit kennen, dass sie wissen, was als nächstes für sie in Frage kommt bzw. vorgesehen ist; und schließlich müssen sie Strategien für den Umgang mit Unvorhergesehenem und Ungeplantem entwickeln.

Literatur

Breidenstein, Georg (2008): Offenen Unterricht beobachten – konzeptionelle Überlegungen. In: Zeitschrift für Grundschulforschung. Bildung im Elementar- und Primarbereich. 1. Jg., H. 1, S. 110-121.

Brügelmann, Hans / Brinkmann, Erika (1998): Die Schrift erfinden. Beobachtungshilfen und methodische Ideen für einen offenen Anfangsunterricht im Lesen und Schreiben. Lengwil am Bodensee: Libelle Verlag.

Claussen, Claus (1997): Unterrichten mit Wochenplänen. Kinder zur Selbständigkeit begleiten. Weinheim und Basel: Beltz Verlag.

Heid, Helmut (1996): Was ist offen im offenen Unterricht? In: Zeitschrift für Pädagogik. 34. Beiheft, S. 159-171.

Huf, Christina (2006): Didaktische Arrangements aus der Perspektive von SchulanfängerInnen. Bad Heilbrunn: Verlag Julius Klinkhardt.

Huf, Christina (2008): Ein befremdender Blick auf die Wochenplanarbeit – Lernprozesse im Anfangsunterricht aus der Perspektive von Schulanfängerinnen. In: Breidenstein, Georg / Schütze, Fritz (Hrsg.): Paradoxien in der Reform der Schule. Ergebnisse qualitativer Sozialforschung. Wiesbaden: VS Verlag für Sozialwissenschaften, S. 113-125.

Huf, Christina / Breidenstein, Georg (2009): Schülerinnen und Schüler bei der Wochenplanarbeit. Beobachtungen zur Eigenlogik der „Planerfüllung". In: Pädagogik. 61. Jg., H. 4, S. 20-23.

Labede, Julia / Reh, Sabine (2009): Soziale Ordnung im Wochenplanunterricht. In: de Boer, Heike / Deckert-Peaceman, Heike (Hrsg.): Kinder in der Schule. Zwischen Gleichaltrigenkultur und schulischer Ordnung. Wiesbaden: VS Verlag für Sozialwissenschaften, S. 159-176.

Sehr, Angelika (2007): Potentiale selbstgesteuerten Lernens im Rahmen von Wochenplanarbeit in der Grundschule. Dissertationsschrift zur Erlangung des Doktorgrades. München.

Wiesemann, Jutta (2008): Was ist schulisches Lernen? In: Breidenstein, Georg / Schütze, Fritz (Hrsg.): Paradoxien in der Reform der Schule. Ergebnisse qualitativer Sozialforschung. Wiesbaden: VS Verlag für Sozialforschung, S. 161-176.

Doreen Weide & Sabine Reh

Freizeit in der Schule ist doch gar keine *freie Zeit* – oder: Wie nehmen Kinder ihre Zeit in der Ganztagsschule wahr?

„Ganztagsschule heißt: mehr Zeit haben" (Burk 2005, S. 66). Der erweiterte Zeitrahmen an der Ganztagsschule soll – so wird oft legitimiert – zu einer besseren und intensiveren Förderung der Schülerinnen und Schüler beitragen (vgl. z.B. Holtappels 2005, S. 11). Durch die Ausdehnung der Zeit der Kinder und Jugendlichen in der Schule steht diesen allerdings zwangsläufig weniger Zeit außerhalb der Schule zur freien Verfügung: „Auf der anderen Seite geht die zunehmende Bindung persönlicher Zeitressourcen durch die Institution Schule und die Ausdehnung der Bildungszeit [...] zulasten außerschulischer Erfahrungs- und Entwicklungsmöglichkeiten und droht zu einer Verschulung des Individuums zu führen [...]" (Nießeler 2008, S. 20). Folgt man den Ergebnissen der StEG-Studie[172], besteht aber auch innerhalb der Ganztagsschulen Zeit für eine selbstgestaltete Freizeit der Schülerinnen und Schüler. Dabei spiele eine Rolle, welches Ganztagsmodell die Schülerinnen und Schüler besuchen[173]: „Je mehr Zeit Kinder in der Ganztagsschule verbringen, desto häufiger nutzen sie dort offene Freizeitangebote bzw. gestalten Freizeit dort eigenverantwortlich" (Züchner 2007, S. 339). Besonders in den offenen, also auf freiwilliger Basis beruhenden Freizeitangeboten gehe es „[...] um den selbstbestimmten und selbstgestalteten, weitgehend nicht pädagogisierten und kontrollierten Freiraum, welcher in ganztägig geführten Schulen ein bedeutendes Element wider die Verschulung darstellt" (Holtappels 2005, S. 16f.). Doch selbst wenn der erweiterte Zeitrahmen an der Ganztagsschule den Schülerinnen und Schülern Freizeit verschafft, wird diese von den Schülerinnen und Schülern möglicherweise anders beurteilt als ihre freie Zeit außerhalb der Schule (vgl. auch Züchner 2007, S. 340).

Wir fragen vor dem Hintergrund dieser unterschiedlichen und möglicherweise sich widersprechenden Befunde, wie Schülerinnen und Schüler selbst über ihre Zeit und Freizeit sprechen, die ihren Schulalltag an einer – reformerischen Vorstellungen

---

[172] Die vom BMBF geförderte Studie zur Entwicklung von Ganztagsschulen ist initiiert als gemeinsames Forschungsprojekt von Wissenschaftlern des Deutschen Instituts für Internationale Pädagogische Forschung (DIPF), des Deutschen Jugendinstituts (DJI) sowie des Institutes für Schulentwicklungsforschung an der Universität Dortmund (IFS). Diese Längsschnittstudie mit insgesamt drei Erhebungswellen zwischen 2005 und 2009 untersucht u.a. die Perspektive von Ganztagsschülerinnen und -schülern sowohl der Primarstufe als auch der Sekundarstufe I mittels schriftlichen Befragungen. Vgl. www.projekt-steg.de. An dieser Stelle wird jedoch nur auf Ergebnisse von Schülerbefragungen in der Sek. I referiert.

[173] Züchner unterscheidet zwischen einer 1- bis 2-tägigen und 3- bis 5-tägigen Teilnahme an Ganztagsangeboten (vgl. Züchner 2007, S. 339).

entsprechenden – Ganztagsgrundschule verleben, an der „rhythmisiert"[174] und in flexibel gestaltbaren Zeiteinheiten, d.h. in Blöcken, unterrichtet wird[175].

Im Rahmen des Forschungsprojektes „LUGS" („Lernkultur- und Unterrichtsentwicklung an GanztagsSchulen"), in dessen Mittelpunkt die Rekonstruktion von Praktiken der schulischen Akteure im Unterricht und in anderen, ganztagsschulspezifischen Lern- bzw. Freizeitangeboten, d.h. ihrer spezifischen Lernkultur stand[176], wurden auch Gruppendiskussionen mit Schülerinnen und Schülern durchgeführt. So sollten die Sichtweisen und Erfahrungen der Schüler und Schülerinnen in den videographierten Unterrichts- und Lernangeboten rekonstruiert werden. Regelmäßig wurde dabei auch das Thema „Zeit" angeschnitten; das ermöglicht uns eine Beantwortung der Frage nach dem Erleben der Freizeit in der Ganztagsschule durch die Schülerinnen und Schüler.

Wir werden im Folgenden nach einem Überblick über den Forschungsstand zur SchülerInnensicht auf Ganztagsschule (1) aus unserem Forschungskontext zwei Gruppendiskussionen mit Schülerinnen und Schülern aus einer Berliner Grundschule auswerten. Hierbei werden nacheinander die Perspektive von Schülerinnen und Schülern der jahrgangsübergreifenden Lerngruppe 1-3 und der ebenfalls jahrgangsübergreifend zusammengestellten Lerngruppe 4-6[177] auf die Zeitstrukturen der Schule dargestellt und interpretiert (2). Am Ende des Beitrags sollen mögliche Verbindungen zwischen der SchülerInnensicht auf die Zeit in der Ganztagsschule und den zugrunde liegenden Zeitrahmen der Schule vorgenommen und mögliche Konsequenzen für die zeitliche Ausgestaltung von Ganztagsschulen aufgezeigt werden (3).

1   Forschungsstand: SchülerInnensicht auf Ganztagsschule

Die Perspektive der Schülerinnen und Schüler im Hinblick auf den Aus- und Aufbau von Ganztagsschulen stellt bislang ein Forschungsdesiderat dar; „aber gerade eine Reform, mit der der Zeitrahmen ausgeweitet wird, den Kinder und Jugendliche in der Schule verbringen, ist in besonderem Maße auf die Akzeptanz der Heranwachsenden angewiesen. Für die Forschung folgt daraus, die Sichtweisen der Schülerinnen und Schüler stärker in die Untersuchungen einzubeziehen" (Arnoldt & Stecher 2007, S. 42). Arnoldt und Stecher konstatieren, dass in den meisten Studien, die die Sichtweisen von Ganztagsschülerinnen und -schülern rekonstruieren, auf vier Themenbereiche eingegangen wird: Ganztagsschule im Allgemeinen, Hausaufgaben,

---

[174] Zur Problematik des Begriffs „Rhythmisierung" vgl. Kolbe, Rabenstein & Reh 2006, Rabenstein 2008. U.a. verweist Nießeler auf den Zusammenhang zwischen den Zeitstrukturen der Schule – auch der Rhythmisierung des Schultages – und dem Erleben von Schulzeit als „sinnvoll strukturierte Zeit" (vgl. Nießeler 2008, S. 15).

[175] Vgl. bspw. die Ausführungen des BMBF zur zeitlichen Ausgestaltung von Ganztagsschulen unter www.ganztagsschule.org/_downloads/Broschuere.pdf (S. 97f.).

[176] Das vier Jahre lang vom BMBF und durch den ESF geförderte Forschungsprojekt wurde von F.-U. Kolbe und S. Reh, unter Mitarbeit von T.-S. Idel, B. Fritzsche und K. Rabenstein geleitet und in Mainz und Berlin koordiniert. Es waren insgesamt zwölf Schulen in den Bundesländern Berlin, Brandenburg und Rheinland-Pfalz an der Studie beteiligt; davon sind sechs Grundschulen, zwei Gymnasien, zwei weiterführende Schulen sowie zwei Förderschulen. Zum Projekt und Thema „Lernkultur" vgl. Kolbe, Reh, Fritzsche, Idel & Rabenstein 2008, sowie Kolbe, Reh, Idel, Rabenstein & Weide 2008..

[177] Die Grundschule im Bundesland Berlin dauert (ebenso wie in Brandenburg) sechs Schuljahre.

Mittagessen und Beziehungen zum pädagogischen Personal. Auffallend sei dabei, dass die befragten Schülerinnen und Schüler ihren Besuch einer Ganztagsschule vorwiegend positiv beurteilen; das führen die Autoren u.a. darauf zurück, „[...] dass die Heranwachsenden trotz verlängerter Schulzeit nach eigenen Angaben immer noch genügend Zeit für ihre Freunde haben bzw. in der Ganztagsschule sogar neue Freundschaften knüpfen können" (ebd.).

Diese Annahme steht im Gegensatz zu früheren, allerdings im Sinne des quantitativen Paradigmas nicht repräsentativen, Untersuchungen. Beispielsweise hat der Schulleiter einer Realschule mit Ganztagsangebot im Rahmen einer Selbstevaluation nach der Meinung seiner Fünft- und Sechstklässler zur Ganztagsschule gefragt und bei mehr als 86% der befragten Schülerinnen und Schüler eine ablehnende Haltung gegenüber dem Ganztagsangebot ausgemacht (vgl. Hepting 2001, S. 29). Als Gründe gegen die Ganztagsschule wurden von den befragten Schülerinnen und Schülern u.a. genannt: „Weil ich nicht den ganzen Tag in der Schule sein will", „Ich will nicht den ganzen Tag von Lehrern betreut sein" und „Weil ich kann dann nicht mehr in die Stadt gehen, nichts mehr mit Freunden ausmachen" (ebd., S. 30). Hier werden drei mögliche Problembereiche in Bezug auf die Ausweitung der täglichen Schulzeit erkennbar: Zum einen spielt offenbar die Einschränkung des Bewegungsraumes für die Schüler und Schülerinnen auf die Örtlichkeiten der Schule eine Rolle. Zum anderen – resultierend aus dem ersten Punkt – sind sie in der Schule permanent unter Aufsicht. Schließlich wird als Drittes angesprochen, dass die Pflege von Freundschaften in der Schule nicht möglich sei. Auch wenn diese für die Akzeptanz der Ganztagsschule von Seiten der Schülerinnen und Schüler negative Bilanz als einzelfallspezifisch angesehen werden könnte, wird hier deutlich, dass die persönliche, individuell gestaltete Freizeit und in diesem Zusammenhang auch die freie Zeit mit Freunden eine große Rolle für die Heranwachsenden spielen.

Die Bedeutung der sozialen Kontakte sowie das Freizeitverhalten von Schülerinnen und Schülern an Ganztagsschulen wurden in der Eingangserhebung der oben schon erwähnten StEG-Studie untersucht. Die Einstellung der Heranwachsenden zur Ganztagsschule verändert sich mit zunehmendem Alter: „Je älter die Befragten sind, desto kritischer beurteilen sie den Nutzen der Angebote – sei es in Bezug auf soziale Kontakte, sei es in Bezug auf das Lernen (Radisch, Stecher, Klieme & Kühnbach 2007, S. 254). Vor dem Hintergrund einer mit dem Alter zunehmenden Bedeutung von Peerkontakten und den möglicherweise einschränkenden Bedingungen in Ganztagsschulen, diese zu pflegen, ist ein solches Ergebnis erklärbar. Nach Züchner gibt es jedoch keine grundlegenden Unterschiede bei den Inhalten der Freizeitgestaltung von Ganztagsgrundschülerinnen bzw. -schülern und Halbtagsgrundschülerinnen bzw. -schülern (vgl. Züchner 2007, S. 336). Dafür kristallisieren sich Abweichungen in der persönlichen Bedeutung und der Häufigkeit einzelner Freizeitaktivitäten heraus. So würden sich die Halbtagsgrundschülerinnen und -schüler signifikant häufiger mit Freunden treffen und würde die Ausübung von Hobbys bei ihnen einen höheren Stellenwert einnehmen. Es zeige sich, so Züchner, dass Ganztagsgrundschülerinnen und -schüler im Rahmen der ihnen verfügbaren, freien Zeit am ehesten bei der „Cliquenzeit"[178] Einschränkungen sähen oder sie auch vornähmen; sie hätten einfach weniger Zeit, sich außerhalb der Schule mit Freunden zu treffen (vgl. ebd., S. 337).

Die Befürchtung, durch den Besuch der Ganztagsangebote weniger Zeit für Freunde zu haben, wird von Halbtagsschülerinnen und -schülern häufig auch als Argument für die Nicht-Teilnahme am offenen Ganztagsbetrieb der Schule genannt:[179] Über 86% gaben an, dass sie lieber mit ihren Freunden zu Hause oder auf der Straße zusammen sein wollen (vgl. Arnoldt & Stecher 2007, S. 44). Über 80% betonen, dass sie am Nachmittag lieber allein sein wollen. Gleichzeitig gab allerdings ein Großteil der befragten Ganztagsschülerinnen und -schüler (61%) in der Befragung an, dass sie am Ganztagsbetrieb teilnehmen würden, weil sie mit ihren Freunden zusammen sein wollten (vgl. ebd., S. 43) und es seien gerade die Mitschülerinnen und Mitschüler auch die wichtigsten Freizeitpartner außerhalb der Schule[180] (vgl. Züchner 2007, S. 340). Wenn Ganztagsschülerinnen und -schüler in den Erhebungen der StEG-Studie ihre Mitschülerinnen und Mitschüler als die wichtigsten Freizeitpartner angeben, so könnte dieses natürlich auch daran liegen, dass sie kaum Zeit für andere Freunde, also für Freunde außerhalb der Schule, haben. Einer solchen Auslegung kann sich auch Züchner nicht verschließen: „Dies könnte man vorsichtig in die Richtung interpretieren, dass die Ganztagsschule die Reichweite offener sozialer Kontakte neben der Nachbarschaft und der organisierten Freizeit etwas einschränkt" (Züchner 2007, S. 342).

In einer anderen Studie, in der Gruppenbefragungen mit Ganztagsschülerinnen und -schülern geführt wurden[181], zeigte sich, dass „die freie Zeit in der Schule [...] von den SchülerInnen aller Altersstufen anders erlebt [wird] als die freie Zeit nach den Pflichtveranstaltungen in oder außerhalb der Schule" (Kolbe, Rabenstein & Reh 2006, S. 28). Bei den älteren Schülerinnen und Schülern scheint der entscheidende Unterschied nicht nur der der freien Wähl-, sondern auch der freien Gestaltbarkeit der Freizeit außerhalb der Schule zu sein; bei den jüngeren Schülerinnen und Schülern spiele eine Rolle, dass sie sich zu Hause wohler fühlten.

2 Darstellung und Diskussion der Ergebnisse aus den Gruppendiskussionen

Der Darstellung und Diskussion der SchülerInnenperspektive, wie sie sich uns in den Gruppendiskussionen des Forschungsprojektes präsentierte, sollen kurz einige methodische Überlegungen zum Einsatz von Gruppendiskussionen mit Kindern vorangestellt werden. Im Anschluss daran wird die Zeitstruktur, also der Tagesablauf, wie er an der untersuchten Grundschule gestaltet ist, erläutert, um die Äuße-

---

[178] Züchner unterteilt die freie Zeit der Schülerinnen und Schüler außerhalb der Schule in drei Rubriken: 1) „Individualzeit" (allein verbrachte Zeit), 2) „Cliquenzeit" (Zeit mit Freunden und Peers) und 3) „Gruppenzeit" (Zeit in organisierten Angeboten) (vgl. Züchner 2007, S. 335).
[179] Diese Ergebnisse beziehen sich auf die gesamte StEG-Schülerbefragung, beinhalten somit auch die Antworten der SchülerInnen aus der Sek. I.
[180] Diese Angabe bezieht sich nur auf die Auswertung der Antworten der SchülerInnen der Sek. I.
[181] An den Gruppenbefragungen waren GanztagsgrundschülerInnen der 3. und 6. Klasse sowie Zehntklässler einer Ganztagsschule beteiligt; diese Gespräche stellen tatsächlich keine selbstläufigen Gruppendiskussionen dar, sondern waren als Befragungen zu einem gegebenen Thema geplant.

rungen der Schülerinnen und Schüler besser nachvollziehen und abschließend etwaige Konsequenzen für die zeitliche Ausgestaltung von Ganztagsschulen andeuten zu können.

2.1 Methodisches Vorgehen

Das Verfahren der Gruppendiskussion zur Erforschung der SchülerInnenperspektive ist in der Forschungspraxis, zumindest für das Schulkindalter noch nicht weit verbreitet, wie bereits Heinzel festgestellt hat (vgl. Heinzel 2000, S. 117). Dennoch sei diese Methode besonders geeignet, um die Auffassungen von Kindern zu erheben, da das sonst eher hierarchisch geprägte Verhältnis zwischen Erwachsenen und Kindern zumindest durch die rein zahlenmäßige Überlegenheit der Kinder gemildert werde. Das ist auch bei Gruppeninterviews und Gruppengesprächen der Fall. Die Besonderheit von Gruppendiskussionen letzteren gegenüber besteht allerdings darin, kollektive Erfahrungen und Meinungen, teilweise auch ein implizites Wissen und einen besonderen Habitus zur Geltung bringen zu können (vgl. z.B. Bohnsack 2003, S. 108). Es soll in unserem Falle also nicht die Realität der Zeitgestaltung durch die Schülerinnen und Schüler erhoben werden, sondern es soll rekonstruiert werden, *wie* diese Realität in der Diskussion dargestellt bzw. gedeutet wird.

Da in einer Gruppendiskussion die Selbstläufigkeit des Gesprächs (vgl. Nentwig-Gesemann 2002, S. 46) angestrebt wird, müssen die Forschenden eine passive Rolle einnehmen. Es zeigte sich in unseren bisherigen Gruppendiskussionen, dass die jüngeren Schülerinnen und Schüler zunächst weniger von sich aus und kaum miteinander redeten. Diese Erfahrung einer mangelnden Diskussionskultur wird oft als Argument gegen den Einsatz von Gruppendiskussionen mit Kindern angeführt (vgl. z.B. Heinzel 2000, S. 121). Nentwig-Gesemann merkt an, dass die Herstellung von Selbstläufigkeit in einer Gruppe, deren Mitglieder sich nicht kompetent für die Bearbeitung der Eingangsfrage fühlten, schwierig sei (vgl. Nentwig-Gesemann 2002, S. 52). Um das Erzählen der Kinder in unseren Gruppendiskussionen anzuregen, haben wir ihnen als Eingangsstimulus einen kurzen von uns gedrehten Videofilm aus einer anderen Schule gezeigt. Die Kinder zeigten ein großes Interesse am Film, redeten meist schon während des gemeinsamen Anschauens über das Gesehene, mussten jedoch trotzdem nach Parallelen und Unterschieden zu ihrer eigenen Schul- bzw. Unterrichtspraxis gezielt gefragt werden. Ein solches Vorgehen ist durchaus zulässig bei Gruppendiskussionen, wenn sich die Redebeiträge der Gruppenmitglieder in Bezug auf einen bestimmten Diskurs erschöpft haben (vgl. Bohnsack 2003, S. 209).

Ferner stellte sich eine weitere Schwierigkeit heraus. Die Schüler und Schülerinnen sprachen – wenn sie denn erzählten – oft sehr konkret über bestimmte MitschülerInnen oder LehrerInnen und „verloren" sich gewissermaßen im Schimpfen über diese. Die Beteiligten – so ja auch der Ansatz und die Annahme der Dokumentarischen Methode – lenken das Gespräch auf Themen, über die sie reden möchten bzw. die für sie in der Interaktion mit den Peers bedeutsam sind: „In Gruppeninteraktionen verarbeiten Kinder Gemeinsamkeiten und suchen nach Zugehörigkeit" (Heinzel 2000, S. 120). Bohnsack spricht im Hinblick auf diese Situationen von einer „[...] in gewissem Sinne paradoxen [...] Aufgabe, einen Diskurs (denjenigen der Erforschten untereinander) zu initiieren, ohne diesen nachhaltig zu strukturieren" (Bohnsack 2003, S. 208).

2.2 Die Zeitstruktur der Berliner Ganztagsgrundschule

Da die Grundschule in Berlin sechsjährig ist, konnte an den von uns beforschten Grundschulen auch immer die Perspektive älterer Schülerinnen rekonstruiert werden. Die beiden hier zu interpretierenden Gruppendiskussionen wurden einmal mit einer Gruppe von Schülerinnen und Schülern der jahrgangsübergreifenden Lerngruppe der Klassenstufen 1-3 und zum anderen einer solchen mit Schülerinnen und Schülern der Jahrgangsstufe 4-6 geführt. Das ist im Kontext der uns hier interessierenden Fragestellung nach dem Erleben von Zeitstrukturierungen und Freizeit wichtig, da – wie der Blick auf die Forschungsergebnisse gezeigt hat – für ältere Schülerinnen und Schüler eine individuell ausgestaltete Freizeit bzw. Zeiten ohne pädagogische Aufsicht, aber mit den Peers in den Vordergrund zu rücken scheinen.

Neben der Altersdifferenz zwischen diesen beiden SchülerInnen-Gruppen gibt es zudem Unterschiede im besuchten Ganztagsangebot: Zum Zeitpunkt der Erhebung wurden die Schüler und Schülerinnen der Lerngruppe 1-3 sowie bereits die ViertklässlerInnen im geschlossenen Ganztagsmodell unterrichtet. Die Fünft- und SechsklässlerInnen dagegen konnten sich für oder gegen die Teilnahme an den offenen Ganztagsangeboten entscheiden.

Um die Äußerungen der Schülerinnen und Schüler in den Gruppendiskussionen im Hinblick auf den Tagesablauf an der Schule nachvollziehbar zu machen, soll ein Blick auf die Zeitstruktur dieser Ganztagsgrundschule gegeben werden.

7.45 h	**Offener Anfang**	
	(Frühstücksmöglichkeit)	
8.00 h	**1. Unterrichtsblock – Wochenplanarbeit**	
10.00 h	**Hofpause**	
10.30 h	**2. Unterrichtsblock – Wochenplanarbeit**	
12.00 h	Lerngruppen 1-3:	Lerngruppen 4-6:
	Mittagessen	**Hofpause**
12.30 h	**Freizeit**	**3. Unterrichtsblock – Wochenplanarbeit**
	(an manchen Wochentagen	
	3. Unterrichtsblock)	
13.10/	**Freizeit**	**Mittagessen,**
13.50 h		**dann auch Freizeit**
15.00 h	**Freizeit**	**Hausaufgabenbetreuung**

16.00 h	**Schulschluss**

(freitags offener Abgang ab 14 Uhr)

Zunächst ist auffallend, dass die Schule statt 45-Minuten-Stunden Unterrichtsblöcke eingerichtet hat, die insbesondere für Wochenplanarbeit, aber auch für bestimmte Unterrichtsfächer genutzt werden. Während die jüngeren Schülerinnen und Schüler (Lerngruppe 1-3) schon um 12 Uhr Mittag essen gehen und im Anschluss Freizeit haben, steht für die älteren (Lerngruppe 4-6) die Mittagspause erst nach einer halbstündigen 2. Hofpause und einem weiteren Unterrichtsblock an. Im Anschluss haben auch sie Freizeit bis zur Hausaufgabenbetreuung um 15 Uhr.

Die Zeit nach dem Unterricht – die Freizeit – wird von den Erzieherinnen gestaltet und unterteilt sich in gebundene und ungebundene Freizeit. Während der Gebundenen Freizeit werden die Schülerinnen und Schüler zur durchgehenden Teilnahme an den initiierten Aktivitäten verpflichtet. Die Ungebundene Freizeit gibt den Schülerinnen und Schülern die Möglichkeit, sich ihren eigenen Interessen zu widmen, es handelt sich demnach um sog. offene Freizeitangebote (vgl. Züchner 2007, S. 339). Einmal pro Woche werden am Nachmittag zudem AGs angeboten, an denen die Schülerinnen und Schüler teilnehmen können. Insgesamt wird deutlich, dass die Schultage durch die Unterrichtsblöcke und Freizeitphasen in ihrem zeitlichen Ablauf stets gleich bzw. ähnlich strukturiert sind, auch wenn sie innerhalb der einzelnen Blöcke eine flexible Ausgestaltung erlauben.

2.3 Interpretation der SchülerInnenäußerungen in den Gruppendiskussionen

In den im Folgenden interpretierten Gruppendiskussionen ging es uns zunächst um die Erfahrungen und Meinungen der Schülerinnen und Schüler zur von uns, mehrfach in zeitlichen Abständen, videographierten Wochenplanarbeit in der Lerngruppe 1-3 und zur ebenfalls mehrfach videographierten Hausaufgabenstunde der Lerngruppe 4-6. Das Gespräch mit den Kindern der Lerngruppe 1-3 dauerte ca. eine halbe Stunde und war damit nur halb so lang wie die einstündige Gruppendiskussion mit den Kindern der Lerngruppe 4-6. Die unterschiedliche Länge ist allein mit der zur Verfügung stehenden Zeit und nicht mit dem Konzentrationsvermögen bzw. der Gesprächswilligkeit der Kinder zu erklären.

„vor acht in der schule sein"

Diese Äußerung und der folgende Auszug stammen aus der Gruppendiskussion mit den jüngeren Schülerinnen und Schülern (Lerngruppe 1-3), an der Mona, Anna und Tim[182] beteiligt waren. Alle drei waren zu diesem Zeitpunkt Drittklässler. Dazu angeregt zu erzählen, wie sie ihren Tag an der Schule verbringen und was denn da alles passieren würde, beginnt Mona wie folgt:

---

[182] Alle in diesem Beitrag erwähnten Namen sind anonymisiert.

„Mona: um acht müssen wir mindestens immer so da sein

Anna: da sein

Mona: und dann und dis man kann runtergehen zum frühstücken in die mensa.
und dann (schluckt) kann man da halt bis zehn nach acht frühstücken.
und dann is halt der morgenkreis so denn also so n bisschen später jetz
und

Anna: ja und

Tim: und dann um viertel vor neun is der morgenkreis

Mona: mmh ja und und ähm man muss auch also man muss vor acht in der
schule sein auch weil wenn man nach acht in der schule ist dann
kommt man zu spät und dann muss man sich entschuldigen und das
steht auch auf dem zeugnis wie oft man zu spät gekommen ist

[...]

Mona: danach ist dann halt englisch und singen .. und

Anna: (unverständlich) ist dann wieder arbeitszeit und denn um zwölf ham
wir denn Mittagessen und danach dürfen wir spielen

Tim: ja also um zehn also zehn nach gehen wir zum essen

Anna: ja

Tim: weil dann lesen wir noch dann liest frau (name) noch zehn minuten vor

Anna: ja. irgend ne geschichte und um zwölf geht der tischdienst schon runter
weil der deckt denn dort den tisch und ähm ja da ham wir dann danach
spielezeit"

Auffällig in dieser Gruppendiskussion mit den jüngeren Kindern ist, dass sie kurz
und bündig ihren Tagesablauf wiedergeben. Die einzelnen „Tagesstationen" werden
mit Sprecherwechsel aneinander gereiht; dabei beginnen die Kinder mit dem Morgen – der vorgeschriebenen Ankunftszeit – und arbeiten sich von hier bis zum
Nachmittag vor. Ganz anders die Kinder in einer von Kolbe, Rabenstein und Reh
durchgeführten Gruppenbefragung mit Kindern derselben Jahrgangsstufe: „Gebeten,
ihren Tagesablauf in der Schule zu schildern, strukturieren die Kinder der dritten
Klasse ihre Berichte vom Ende her, der Zeit, zu der sie nach Hause gehen dürfen"
(Kolbe, Rabenstein & Reh 2006, S. 27), und nicht der chronologischen Folge abs-
trakt messbarer Zeitabschnitte folgend. Bei dieser Gruppenbefragung entstanden
ferner Auseinandersetzungen unter den Schülerinnen und Schülern über den genau-
en Zeitpunkt bestimmter Angebote. Dagegen zeigt sich in der von uns hier durchgeführten Gruppendiskussion, dass sich die Kinder gegenseitig korrigieren, wenn die
Uhrzeiten nicht genau wiedergegeben werden – und im Anschluss daran kein Disput
darüber ausbricht. Vor dem Hintergrund, dass Kinder erst ein Verständnis für Zeit
im Sinne der „linearen", d.h. messbaren Zeit entwickeln müssen (vgl. Weide 2005,
S. 6), bedarf diese Feststellung besonderer Aufmerksamkeit.

In der programmatisch und praktisch auf Selbständigkeit und Selbstverantwortung
der Schüler und Schülerinnen ausgerichteten Lernumgebung dieser Grundschule –
so die von uns rekonstruierte lernkulturelle Besonderheit dieser Schule (vgl. Reh &
Labede 2010) – dient der geregelte und immer gleiche Tagesablauf und damit die
Durchsetzung einer institutionellen Zeit als deutliche Rahmen-Orientierung für die
Schülerinnen und Schüler. Der zeitliche Ablauf ist – auch oder gerade weil es Möglichkeiten der flexiblen Ausgestaltung innerhalb von Zeitblöcken gibt – durchaus,

und von den Schülerinnen und Schülern auch so erlebt, stark strukturiert. Das ist also eine Schule, so ließe sich formulieren, in der Kinder, gerade weil auf Selbständigkeit im Sinne selbst verantworteter Nutzung der Lern-Räume – Räume hier nicht nur metaphorisch verstanden – gesetzt wird, explizit „[...] an vorstrukturierte Zeiten gewöhnt" (Götz, Fölling-Albers, Heinzel, Kammermeyer, Müller & Petillon 2008, S. 8) werden, indem möglicherweise mit der Durchsetzung einer Zeitordnung diszipliniert wird.

Diese These von der gleichzeitigen Notwendigkeit, aber auch den günstigen Bedingungen der Durchsetzung bzw. Akzeptanz institutionell geprägter Zeitstrukturen durch die Schülerinnen und Schüler an dieser Schule soll im Folgenden anhand der Interpretation einer kurzen Gesprächssequenz, geäußert von der Schülerin Mona, überprüft werden[183]:

„mmh ja und und ähm man muss auch also man muss vor acht in der schule sein auch weil wenn man nach acht in der schule ist dann kommt man zu spät und dann muss man sich entschuldigen und das steht auch auf dem zeugnis wie oft man zu spät gekommen ist"

Mit dem Gebrauch von „müssen" artikuliert die Sprecherin einen von außen oder innen gegebenen Zwang und das, was „man muss", ist „vor acht in der schule sein". Das ist nun zunächst irritierend – der Erwartung nach hätte die Angabe *um acht* lauten müssen: dass man zu einem bestimmten Zeitpunkt irgendwo sein muss, weil dann etwas stattfindet oder anfängt: Die Schule beginnt. Für die von der Sprecherin gewählte Formulierung *vor acht* sind zwei Lesarten denkbar: Entweder – so Lesart eins – müssen die Schülerinnen und Schüler *vor acht* im Schulgebäude sein, um pünktlich zu ihrem Klassenraum zu gelangen, die Straßenschuhe gegen Hausschuhe auszutauschen, ihre Arbeitsmaterialien zusammenzusuchen etc. oder gar bereits an ihrem Platz zu sitzen, damit dann, Punkt acht, der Unterricht beginnen kann. Oder – so Lesart zwei – man muss vor acht da sein, um noch etwas anderes zu machen, was man tun möchte, um acht aber nicht mehr tun kann, wenn das eigentliche Ereignis, die Schule, beginnt. Nur bei Erscheinen *vor acht* ist dann das etwas andere möglich. Als Beispiel ließe sich anführen: „Man muss vor acht in der Schule sein, wenn man vorher noch in Ruhe frühstücken oder mit den anderen Kindern sprechen oder spielen möchte".

Im Anschluss setzt die Sprecherin ohne Angabe des stattfindenden Ereignisses gleich zu einer Konsequenz für das Eintreffen *nach acht* an: „auch weil wenn man nach acht in der schule ist dann kommt man zu spät". Hier wird nun deutlich, dass die oben angeführte Lesart zwei eher nicht den Kern der Aussage trifft; wahrscheinlich wäre dann ein Anschluss gewesen, in dem erläutert wird, was man dann noch

---

[183] Dabei arbeiten wir sequenzanalytisch in Anlehnung an die Methode der Objektiven Hermeneutik. Aufgrund der Annahme eines sequentiellen Sinnaufbaus erfolgen hier die Interpretationen eines Textprotokolls in kleinen Sequenzen, Schritt für Schritt. Zunächst werden zu einem Textausschnitt Geschichten aus verschiedenen Kontexten erzählt, die im Anschluss zu Lesarten sortiert werden. In einem letzten Schritt wird der Textausschnitt mit dem tatsächlichen Kontext der Äußerung konfrontiert, um die Fallspezifik herauszuarbeiten. Zur Methodik vgl. Oevermann 2002; Wernet 2000.

tun kann oder wann man dieses dann erst wieder tun kann. Vielmehr wird dem Eintreffen *vor acht* der Zeitpunkt *nach acht* und damit das Zu-Spät-Kommen gegenübergestellt. „Zu-Spät-Kommen" ist das Gegenteil von „pünktlich sein". Die Schülerinnen und Schüler sind nur pünktlich, wenn sie *vor acht* in der Schule sind. Damit Schule um acht beginnen kann, müssen die Schülerinnen und Schüler vorher eintreffen, ohne dass dieser Zeitpunkt noch genau festgelegt wäre. Mona artikuliert also einen zeitlich vorverlegten Schulbeginn, denn die Schülerinnen und Schüler müssen bereits *vor acht* in der Schule sein, obwohl der erste Unterrichtsblock erst *um acht* beginnt. Dem Unterricht geht ein „offener Anfang" voraus, in dem die Schülerinnen und Schüler im Klassenraum eintreffen und sich für die dann stattfindende Arbeitsphase vorbereiten, indem sie sich beispielsweise ihre Aufgaben und Materialien beschaffen. Wie lange dieser Zeitraum dauert, wann oder besser wie lange vor acht sie also da sein müssen, ist offen und von jedem selbst zu entscheiden – je nachdem, wie lange er für seine Vorbereitungen benötigt.

Folgt man der Aussage von Mona, ist Pünktlichkeit, hierbei sogar unter Verlagerung der institutionellen Zeitgrenze nach vorn, also gewissermaßen in gesteigerter Form, eine zentrale Forderung der Schule. Die Fortsetzung der Äußerung von Mona verweist auf die Konsequenz: „dann muss man sich entschuldigen". Man wird nicht ermahnt, sondern muss selbst etwas tun. Im Normalfall ist eine Entschuldigung dann angebracht, wenn man eine – möglicherweise falsche – Handlung bedauert, wenn man schuldig ist, etwas getan zu haben, was einen anderen verletzt oder geschädigt hat. Im vorliegenden Fall wird die Entschuldigung eingefordert – ob es der Verspätete nun bedauert oder nicht. Mit der erneuten Wahl der Formulierung „man muss" erwähnt Mona zugleich eine weitere Regel, die in Kraft tritt, wenn die oberste Regel – die der Pünktlichkeit – nicht eingehalten wurde: Die Schülerinnen und Schüler müssen sich bei Verspätung – was dann eintritt, wenn die Schülerinnen und Schüler nicht *vor acht* in den Örtlichkeiten der Schule angekommen sind – persönlich entschuldigen. Solche Entschuldigungen werden normalerweise in der Grundschule schriftlich von den Eltern eingereicht. Hier jedoch scheinen die Schülerinnen und Schüler eine gewisse Form von Verantwortung für das pünktliche Erscheinen frühzeitig übernehmen zu müssen – indem sie sich nämlich selbst entschuldigen.

Nachdem nun schon zwei Konsequenzen aufgezählt wurden, die zu gewärtigen sind, wenn man nicht *vor acht* in der Schule ist, erstens das Zu-Spät-Kommen und zweitens die Pflicht der Entschuldigung, wird eine dritte angeführt: „und das steht auch auf dem zeugnis wie oft man zu spät gekommen ist". Die Entschuldigung führt damit nicht tatsächlich zur Befreiung von „Schuld", sondern die Verfehlung wird schriftlich fixiert – zudem auf einem Dokument, in dem die Leistung des Schülers beurteilt wird. Es ist hier nicht relevant, dass der Eintrag von Fehlzeiten auf dem Zeugnis einer gängigen Praxis in der Institution Schule entspricht. Wichtig ist vielmehr, dass die Drittklässlerin dieses weiß und formuliert. Die von der Schülerin vorgenommene Reihung von Konsequenzen bringt zum Ausdruck, welche Bedeutung die Einhaltung von rahmenden Regeln, die Beachtung der institutionellen Zeit an dieser Schule hat bzw. wie für die Schülerin Mona die Einhaltung solcher Regeln und damit hier die institutionelle Zeit Bedeutung gewinnt, wie ein entsprechendes Zeitbewusstsein geschaffen wird.

Freizeit – „eigentlich nur inner hofpause und dann ganz am ende"

Bei den älteren Schülerinnen und Schülern – denen der Lerngruppe 4-6 – ist das Bestehen auf genau zu benennende Zeitpunkte, eine solche „Zeitpunkte-Reiterei" nicht (mehr) auszumachen, vielmehr lassen sie im Sprechen darüber Zeiträume und Zeitpunkte bestimmter Angebote geradezu offen oder diffus. Auf unsere Frage, ob die Schülerinnen und Schüler Zeit hätten, in der sie miteinander spielen könnten, was sie wollen, antworten Ferdi (Viertklässler) und Guido (Fünftklässler) folgendermaßen:

„Ferdi: na ja/Guido: ja
Ferdi: eigentlich nur inner hofpause und dann
Ferdi: ganz am ende/Guido: im ganztag"

Auf den ersten Blick gesehen, sind sich Ferdi und Guido in ihrer Wahrnehmung von freier Zeit in der Schule nicht einig. Ferdi antwortet zunächst zurückhaltend, geradezu skeptisch klingend mit „na ja", was weder eine klare Verneinung noch Bejahung der Frage ist. Guido dagegen antwortet deutlich mit „ja". Diese beiden Antworten müssen jedoch nicht zwingend einen Widerspruch darstellen, sondern könnten durch die noch folgende Aufzählung von Zeiten, in denen die Schülerinnen und Schüler freie Zeit füreinander zum Spielen haben, spezifiziert werden. Genau genommen ist die uneingeschränkte Bejahung der eingangs gestellten Frage in diesem Kontext – der Institution Schule – kaum zu erwarten. Ein uneingeschränktes „ja" Guidos müsste folgendermaßen lauten: „Ja, wir dürfen immer spielen, wenn wir dazu Lust haben". Es entsteht also die Erwartung, dass im weiteren Verlauf des Textprotokolls eine Präzisierung der Antwort, also ein Hinweis auf Einschränkung frei verfügbarer Zeiten erfolgen wird.

Im Anschluss nennt Ferdi dann auch einen ganz konkreten Zeitraum, in dem die Schülerinnen und Schüler miteinander spielen können, was sie wollen: „eigentlich nur inner hofpause". Dabei bleibt Ferdis bereits verhaltener Ansatz der Formulierung seiner Antwort auf die eingangs gestellte Frage auch hier beibehalten: So bestärkt das Wort „eigentlich" den Eindruck einer vorsichtigen Äußerung; im eigentlichen Sinne könnte es bedeuten, dass es mehr Zeit gibt, die als Freizeit erscheint oder so genannt wird; „uneigentliche" Freizeit, aber solche Freizeit, die diesen Namen verdient, ist nur in der Hofpause auszumachen. Aber obgleich es entsprechend der Ausführung Zeiten gibt, die frei genutzt werden können, antwortet Ferdi im Gegensatz zu Guido dennoch nicht klar mit „ja". Hier könnte sich andeuten, dass der Schüler die freie Zeit nicht als frei, durchaus als eingeschränkt, also nicht als tatsächlich frei gewählt und gestaltbar, wahrnimmt und dieses auch mehr oder weniger deutlich – im Unterschied zu Guido etwa – äußert. Zu beachten ist, dass Ferdi sehr konkret und direkt die Hofpause benennt und nicht etwa Pausen im Allgemeinen. Die Hofpause birgt womöglich größere Freiräume – vielleicht weil die Schülerinnen und

Schüler hier ihre freie Zeit auf dem Hof und damit weniger aufsichtsgebunden bzw. mit größeren Freiräumen oder Bewegungsmöglichkeiten als in den Klassenräumen verbringen können.

Im Folgenden führt Ferdi einen weiteren Zeitraum an, in dem die Schülerinnen und Schüler offenbar frei miteinander spielen können: „und dann ganz am Ende". Hieran knüpft sich aufgrund der offenen Formulierung die Erwartung, dass diese Zeitspanne näher spezifiziert wird. Jedoch erfolgt durch Ferdi keine weitere Konkretisierung, was dieses „Ende" sein soll. Guidos zunächst merkwürdig anmutende Ergänzung „im ganztag" offenbart mindestens für Guido eine Unterscheidung zwischen Schule und „Ganztag", möglicherweise auch zwischen Schule, „Ganztag" und Freizeit – unklar bleibt, ob für Guido der ganze „Ganztag" Freizeit ist oder nur das Ende des „Ganztags". Vermutlich wird die Hausaufgabenstunde der Lerngruppe 4-6 von Guido „Ganztag" genannt, weil er nur für diejenigen älteren Schüler und Schülerinnen verbindlich ist, die sich für dieses ganztägige Angebot entschieden haben. Aufgrund der von uns in diesem Angebot durchgeführten Videographien wissen wir, dass in der Hausaufgabenstunde, die in der Zeit von 15 bis 16 Uhr stattfindet und damit bis zum Schulschluss für die Kinder im Ganztagsangebot reicht, die Erzieherin mit der Lerngruppe 4-6 in den letzten fünfzehn Minuten ein Spiel spielt, das ausdrücklich von den Schülerinnen und Schülern ausgewählt wird. Unter Umständen meint Ferdi genau diese letzten Minuten im „Ganztag", obwohl auch hier niemals alle Schülerinnen und Schüler mit der Auswahl eines Spiels zufrieden gestellt werden können.

Zusammenfassend kann anhand dieses Ausschnittes der Gruppendiskussion mit den älteren Schülerinnen und Schülern aufgezeigt werden, wie ein gleiches Angebot von Ferdi und Guido unterschiedlich wahrgenommen wird: Ferdi ist im Gegensatz zu Guido vorsichtig und bedacht auf seine Äußerungen; er kann nicht klar bejahen, dass es freie Zeiten gibt. Unter Umständen könnte hierbei von Bedeutung sein, dass Ferdi als Viertklässler zum Zeitpunkt der Erhebung bereits im geschlossenen Ganztagsmodell der Schule unterrichtet wurde und Guido am offenen Ganztagsangebot teilnahm[184]. Hier offenbart sich eine unterschiedliche Wahrnehmung der ganztägigen Angebote, die möglicherweise beeinflusst ist durch die Gewährung von Wahlmöglichkeit für die Schüler und Schülerinnen.

Ein weiterer Diskurs in der Gruppendiskussion mit der Lerngruppe 4-6, der das Erleben von Einschränkungen freier Zeiträume anreißt, ist das Thema Mittagessen:

> „Guido: [...] und oft isses dann auch so dass na ja und dann noch beim essen gehen dis is dann immer ne ganze hetze weil manchmal sind dann auch welche einfach draußen wie Luis der spielt dann draußen einfach ohne zu stoppen Fußball muss man ihn holen gehen und meistens versteckt er sich dann auch oder kommt einfach gar nich und

---

[184] Der Unterschied zwischen dem geschlossenen und dem offenen Ganztagsmodell liegt darin, dass die Schülerinnen und Schüler bei letzterem einmal im Schuljahr entscheiden können, ob sie am Ganztagsangebot teilnehmen – dann wird der Besuch für das laufende Schuljahr verpflichtend – oder ganz regulär die Halbtagsschule besuchen wollen.

Ferdi:	und Frau Wassermann hat uns immer versprochen aber dis macht sie eigentlich gar nich dass wir auch alleine essen können aber (Guido: na ja) dis hat sie noch gar nich gemacht
	[...]
DW:	und wie viel zeit habt ihr fürs Mittagessen (?)
Guido:	na ja manche die schlingen dis auch schnell runter manche essen gar nich und dann drängeln sie dauernd oah guck mal da is wer fertig dabei is holt er nur was nach und da so und dann mh wollen die Erzieherinnen halt nich mehr länger warten wenn dann welche so drängeln"

Die „ganze hetze" beim Mittagessen, die Guido anspricht, entsteht scheinbar, weil manche Kinder nicht pünktlich zum Essen erscheinen und sogar regelrecht gesucht werden müssen. Bedenkt man, dass die einzelnen Lerngruppen eine bestimmte Zeit für das Mittagessen haben (ca. eine halbe Stunde) und alle geschlossen essen gehen, beklagt Guido hier, dass einzelne Kinder mit ihrem Verhalten über die Zeit der anderen verfügen. Eine Möglichkeit, dieses Problem zu lösen, nämlich die Schülerinnen und Schüler „alleine essen" zu lassen, wurde von der Erzieherin „immer versprochen", aber nicht eingelöst. Die Zeit für die Mahlzeiten ist in bestimmtem Sinne also nicht von jedem einzelnen unabhängig von PädagogInnen verfügbare Zeit, sondern unterliegt einer Art Gruppenzwang.

Bei der Nachfrage, wie viel Zeit die Schülerinnen und Schüler für das Mittagessen haben würden, wird von Guido keine Zeitangabe mitgeteilt, sondern die Situation im Essensraum, der kleinen Mensa der Schule, geschildert: „manche die schlingen dis auch schnell runter manche essen gar nich und dann drängeln sie dauernd" und dann „wollen die erzieherinnen halt nich mehr länger warten wenn dann welche so drängeln". Ebenso, wie die Gruppe geschlossen zum Essen geht, wird das Essen auch zusammen beendet, scheinbar u.U. auch dann, wenn Einzelne noch nicht fertig sind. Erst wird also Zeit, über die die Schülerinnen und Schüler nach dem Essen verfügen können, genommen, weil manche Kinder nicht pünktlich zum Essen erscheinen und die anderen warten müssen. Zudem werden manche Kinder anscheinend gedrängt, ihr Essen schnell zu beenden, wodurch ebenfalls Druck erzeugt und über Zeit der Schülerinnen und Schüler verfügt wird.

Hier wird erkennbar, dass das von Ganztagsgrundschulen oft verfolgte Anliegen, das Mittagessen in Gemeinschaft ähnlich der Praxis der Mahlzeiteneinnahme in der Familie zu zelebrieren, in der Schulpraxis aufgrund der SchülerInnenanzahl einer Klasse bzw. Lerngruppe nur schwer durchzusetzen ist – zumindest nicht zur Zufriedenheit aller: Diejenigen, die fertig sind, möchten nicht länger am Tisch sitzen – auch wenn sie in einer gemütlichen Mensa im Kreise ihrer Freunde und sonstigen Mitschüler und Mitschülerinnen sitzen. Sie möchten nicht auf ihre freie Zeit warten, die sich dem Mittagessen anschließt, oder ihr gar ganz beraubt werden. Die anderen möchten in Ruhe zu Ende essen, ohne gedrängelt zu werden – das steht einem gemütlichen Beisammensein bei Tisch so ganz und gar entgegen. Das Problem wird deutlich: Die Zeit, die hier für alle Schülerinnen und Schüler für das gemeinsame Mittagessen verbindlich gemacht wird, könnte eigentlich deren freie Zeit sein. Durch die Art der Organisation des Essens wird sie von den Schülerinnen und Schülern aber nicht als frei erlebt, sondern als weitere Station in dem von der Schule strukturierten Tagesablauf.

3 Fazit: Freizeit in der Schule – keine freie Zeit für die Schülerinnen und Schüler

Lüders verweist auf die Tatsache, dass „[...] ohne eine zeitliche Abstimmung des Verhaltens der Beteiligten, und das heißt ohne eine zeitliche Normierung [...]" (Lüders 1995, S. 157) die allgemeine Schulerziehung, wie wir sie praktizieren, nicht funktionieren könnte. Die Beteiligten stehen unter einem hohen Anpassungsdruck, da das individuelle Verhalten an die vorliegenden institutionellen Zeitstrukturen angepasst werden muss (vgl. ebd., S. 158). Tatsächlich ist es nicht möglich, Schule ohne feste und verbindliche Zeiten öffentlich für alle Kinder und Jugendlichen abzuhalten – auch eine reformorientierte Schule wie in unserem Beispiel kann nicht auf eine Strukturierung ihrer Schul- und Unterrichtszeit verzichten. Wenn Schule zeitlich verlängert wird, wird auf jeden Fall institutionell geregelte Zeit erhöht. Daraus resultiert immer auch ein Zwang für alle Beteiligten. Über die Rekonstruktion der Sichtweisen von Ganztagsschülerinnen und -schülern, die in erhöhtem Maße zur Anwesenheit in der Schule verpflichtet sind, lassen sich zusätzliche Zwänge aufdecken, die nur in begrenztem Umfang durch je aktuelle und einzelfallspezifische Lösungen der Schulen selbst gelockert werden können.

Die in diesem Beitrag vorgestellten und interpretierten Gruppendiskussionen lassen im Wesentlichen zwei Feststellungen zu: Schon die jüngeren Kinder (Lerngruppe 1-3) können detailgenau ihren Schultag in seinem Ablauf rekonstruieren. Sie haben ihn scheinbar verinnerlicht bzw. sind bereits an die institutionellen Zeitstrukturen gewöhnt. Möglicherweise kann mit der Einführung von dem, was üblicherweise „Rhythmisierung" des Schultages genannt wird und häufig an Ganztagsschulen stattfindet, mit der immer gleichen Rahmengestaltung der Tage also, das Bewusstsein für die institutionelle Zeit bei den Schülern und Schülerinnen besonders schnell und gut verankert werden. Der stets ähnlich strukturierte Tagesrhythmus dient vor allem den jüngeren Schülerinnen und Schülern als Orientierung und ist möglicherweise für sie als Struktur eher nachzuvollziehen als an einer Schule, in der im 45-Minuten-Rhythmus ein Unterrichtsfach an ein nächstes gereiht wird. Gleichzeitig – so unsere zweite Feststellung – wird die Zeit der Schülerinnen und Schüler, über die sie innerhalb der Institution in gewissem Grade selbst verfügen können, derart stark mit unterschiedlichen Anforderungen aufeinander zu achten, also mit ausgeprägter gegenseitiger Beobachtung und Beobachtung durch beaufsichtigende Pädagogen verbunden, dass sie zumindest von den älteren Kindern (Lerngruppe 4-6) nur bedingt oder, man kann sagen, kaum mehr als individuell frei verfügbar erlebt wird. Zwar beklagen die an den Gruppendiskussionen beteiligten Schülerinnen und Schüler die von ihnen in der Schule verbrachte Zeit nicht, aber ihre Freizeit in der Schule wird nun einmal auch institutionell organisiert und ist im weiteren Sinne ein institutionalisiertes pädagogisches Angebot. Entscheidender Unterschied gerade für die Älteren ist offensichtlich die Möglichkeit, ein Angebot wirklich und ernsthaft, das heißt überhaupt als Angebot ablehnen zu können.

Das konnte am Beispiel der Gruppendiskussion mit den älteren Schülerinnen und Schülern (Lerngruppe 4-6) zugleich an mehreren Zeiträumen aufgezeigt werden: an der zur freien Verfügung stehenden Spielzeit in den Hofpausen, an einer Phase ganz am Ende des Ganztags sowie der Mittagspause. Auffallend waren dabei die verhaltenen Äußerungen eines Schülers, der die Freizeit in der Schule nicht als eigentlich frei wahrnimmt. Zudem wurde am Beispiel des Mittagessens deutlich, dass durch den Zwang einer gemeinschaftlichen Praxis der Mahlzeiteneinnahme, orientiert an einem Idealbild von Familie, über freie Zeit der Schülerinnen und Schüler verfügt wird. Die Schulklasse oder Lerngruppe ist eben nun einmal keine Familie – schon allein nicht durch die Größe der Gruppe. Sowohl in Bezug auf die Wahrnehmung der Hofpausen wie auch in Bezug auf die anderen zur freien Verfügung stehenden Zeiträume deutet sich – wie von Radisch u.a. beschrieben – auch in den von uns geführten Gruppendiskussionen an, dass die Schülerinnen und Schüler mit zunehmendem Alter, mit zunehmender Bewusstheit für die Institutionalisierung und für institutionelle Zeit, kritischer gegenüber den Angeboten werden (vgl. Radisch, Stecher, Klieme & Kühnbach 2007, S. 254). Züchners Vermutung, wonach freie Zeit in der Schule besonders von älteren Schülerinnen und Schülern anders erlebt wird als freie Zeit außerhalb der Schule (Züchner 2007, S. 340), können wir mit einem Blick auf individuelle Bedeutungsgebungsprozesse und geteilte, kollektive Erfahrungen bestätigen.

Planer und Gestalter von Ganztagsschulen kommen also unserer Ansicht nach nicht umhin zu akzeptieren, dass in der Ganztagsschule verbrachte Zeit, zu der die Schüler und Schülerinnen verpflichtet sind, eben eine andere Zeit ist als die Freizeit, die außerhalb von verpflichtenden Institutionen gestaltet wird. Dennoch können Unterschiede und Differenzierungen zwischen unterschiedlichen pädagogischen Angeboten gemacht werden und PädagogInnen könnten darüber nachdenken, ob gerade für die Älteren nicht auch zu einigen Zeitpunkten Möglichkeiten geschaffen werden, sich u.U. gegen Angebote überhaupt zu entscheiden. Ernst genommen werden könnte der Anspruch der Schüler und Schülerinnen, nicht immer unter Aufsicht stehen und sich unter den Peers auch einmal unbeobachtet von PädagogInnen erleben zu wollen. Das ist sicherlich vor dem Hintergrund, dass sie als Mitglieder der Institution Ganztagsschule in ihren Sozialkontakten ohnehin auf die anderen Mitglieder dieser eingeschränkt sind, von besonderer Bedeutung. Möglicherweise könnten Ganztagsschulen zugunsten der Zeiträume freier Verfügung über Aufenthaltsort und Tätigkeit auf einen Teil ihrer Gemeinschaftsorientierung verzichten, indem sie – zumindest den älteren Schülerinnen und Schülern – die Zeit des Mittagessens freistellen, zumal dann wenn sie ein langes Mittagsband eingerichtet haben und die Mensa auf Grund ihrer Größe eine solche Regelung erlaubt. Die Gemeinschaft der Schülerinnen und Schüler muss u. U. gar nicht durch zeitliche Regelungen erzwungen werden, sondern ergibt sich in anderer Form womöglich von selbst.

274

Literatur

Arnoldt, Bettina / Stecher, Ludwig (2007): Ganztagsschule aus der Sicht der Schülerinnen und Schüler. In: Pädagogik. 59. Jg., H. 3, S. 42-45.

Bohnsack, Ralf (2003⁵): Rekonstruktive Sozialforschung. Einführung in qualitative Methoden. Opladen: Leske + Budrich.

Burk, Karlheinz (2005): Zeitstrukturmodelle. In: Höhmann, Katrin / Holtappels, Heinz Günter / Kamski, Ilse / Schnetzer, Thomas: Entwicklung und Organisation von Ganztagsschulen. Anregungen, Konzepte, Praxisbeispiele. Dortmund: IFS-Verlag, S. 66-71.

Götz, Margarete / Fölling-Albers, Maria / Heinzel, Friederike / Kammermeyer, Gisela / Müller, Karin / Petillon, Hanns (2008): Editorial. In: ZfG (Zeitschrift für Grundschulforschung). 1. Jg., H. 1, S. 7-10.

Heinzel, Friederike (2000): Kinder in Gruppendiskussionen und Kreisgesprächen. In: Behnken, Imbke / Zinnecker, Jürgen (Hrsg.): Methoden der Kindheitsforschung. Ein Überblick über Forschungszugänge zur kindlichen Perspektive. Weinheim/München: Juventa, S. 117-130.

Hepting, Roland (2001): Die Ganztagsschule – ein attraktives Angebot für Schüler und Eltern? Darstellung der Ergebnisse einer Schüler- und Elternbefragung an der Realschule im Bildungszentrum Markdorf, einer Schule mit dem Angebot einer Ganztagsbetreuung. In: Lehren und lernen. 27. Jg., H. 4, S. 26-32.

Holtappels, Heinz Günter (2005): Ganztagsschulen entwickeln und gestalten – Zielorientierungen und Gestaltungsansätze. In: Höhmann, Katrin / Holtappels, Heinz Günter / Kamski, Ilse / Schnetzer, Thomas: Entwicklung und Organisation von Ganztagsschulen. Anregungen, Konzepte, Praxisbeispiele. Dortmund: IFS-Verlag S. 7-44. URL: http://www.ganztagsschule.org/_downloads/Broschuere.pdf.

Kolbe, Fritz-Ulrich / Rabenstein, Kerstin / Reh, Sabine (2006): Expertise „Rhythmisierung". Hinweise für die Planung von Fortbildungsmodulen für Moderatoren. Berlin u. Mainz. URL: http://www.lernkultur-ganztagsschule.de/html/publik_voll.html, Abruf: 3.7.2008.

Kolbe, Fritz-Ulrich / Reh, Sabine / Fritzsche, Bettina / Idel, Till-Sebastian / Rabenstein, Kerstin (2008): Lernkultur. Überlegungen zu einer kulturwissenschaftlichen Grundlegung qualitativer Unterrichtsforschung. In: Zeitschrift für Erziehungswissenschaft. 10. Jg., H. 1., S. 125-143.

Kolbe, Fritz-Ulrich / Reh, Sabine / Idel, Till-Sebastian / Rabenstein, Kerstin / Weide, Doreen (2008): LUGS – ein Forschungsprojekt zur Lernkultur- und Unterrichtsentwicklung in Ganztagsschulen. In: Appel, Stefan / Ludwig, Harald / Rother, Ulrich / Rutz, Georg (Hrsg.): Jahrbuch Ganztagsschule 2008. Leitthema Lernkultur. Schwalbach/Ts.: Wochenschau-Verlag, S. 30-41.

Lüders, Manfred (1995): Zeit, Subjektivität und Bildung. Die Bedeutung des Zeitbegriffs für die Pädagogik. Weinheim: Dt. Studien-Verlag.

Nentwig-Gesemann, Iris (2002): Gruppendiskussionen mit Kindern. Die dokumentarische Interpretation von Spielpraxis und Diskursorganisation. In: ZBBS (Zeitschrift für Qualitative Bildungs-, Beratungs- und Sozialforschung). H. 1, S. 41-63.

Nießeler, Andreas (2008): Bildungszeit der Grundschule – Pädagogisch-anthropologische Befunde und Ergebnisse der Zeitforschung. In: ZfG (Zeitschrift für Grundschulforschung). 1. Jg., H. 1, S. 11-22.

Oevermann, Ulrich (2002): Klinische Soziologie auf der Basis der Methodologie der objektiven Hermeneutik – Manifest der objektiv hermeneutischen Sozialforschung. URL: http://www.ihsk.de/publikationen/Ulrich_Oevermann-Manifest_der_objektiv_hermeneutischen_Sozialforschung.pdf, Abruf: 3.7.2008.

Rabenstein, Kerstin (2008): Rhythmisierung. In: Coelen, Thomas / Otto, Hans-Uwe (Hrsg.): Grundbegriffe Ganztagsbildung. Das Handbuch. Wiesbaden: VS Verlag für Sozialwissenschaften, S: 548-556

Radisch, Falk / Stecher, Ludwig / Klieme, Eckhard / Kühnbach, Olga (2007): Unterrichts- und Angebotsqualität aus Schülersicht. In: Holtappels, Heinz Günter / Klieme, Eckhard / Rauschenbach, Thomas / Stecher, Ludwig (Hrsg.): Ganztagsschule in Deutschland: Er- gebnisse der Ausgangserhebung der „Studie zur Entwicklung von Ganztagsschulen" (StEG). Weinheim u. München: Juventa, S. 227-260

Reh, Sabine / Labede, Julia (2010): Lernkultur einer Ganztagsgrundschule – Pädagogische Praktiken zwischen Familialität und schulischer Arbeitsorientierung. Opladen u. Farming- ton Hills: Barbara Budrich Verlag (i.Dr.).

Weide, Doreen (2005): Freiarbeit, Kinder und Zeit – Kinderbeobachtungen in der Primarstu- fe. Examensarbeit Universität Potsdam.

Wernet, Andreas (2000): Einführung in die Interpretationstechnik der Objektiven Hermeneu- tik. Opladen: Leske & Budrich.

Züchner, Ivo (2007): Ganztagsschule und die Freizeit von Kindern und Jugendlichen. In: Holtappels, Heinz Günter / Klieme, Eckhard / Rauschenbach, Thomas / Stecher, Ludwig (Hrsg.): Ganztagsschule in Deutschland: Ergebnisse der Ausgangserhebung der „Studie zur Entwicklung von Ganztagsschulen" (StEG). Weinheim u. München: Juventa, S. 333- 352.

Autorinnen und Autoren

Brandt, Birgit, Jun. Prof. Dr.; Hochschullehrerin an der Johann Wolfgang Goethe-Universität Frankfurt; E-Mail: brandt@math.uni-frankfurt.de.

Breidenstein, Georg, Prof. Dr.; Hochschullehrer an der Martin-Luther-Universität Halle-Wittenberg; E-Mail: georg.breidenstein@paedagogik.uni-halle.de.

Brenne, Andreas, Prof. Dr.; Hochschullehrer an der Universität Kassel; E-Mail: brenne@uni-kassel.de.

Bußmann, Sandra (geb. Langer); Förderschullehrerin; E-Mail: sandra_langer@gmx.de.

Christmann, Nadine, Grundschullehrerin; Lehrbeauftragte und Doktorandin an der Universität Koblenz-Landau, Campus Koblenz; E-Mail: nadinechristmann@web.de.

Cuhls, Anna Rebecca; hat an der Universität Koblenz-Landau, Campus Koblenz, Grundschullehramt studiert und absolviert zurzeit ihr Referendariat; E-Mail: enjoyhim@gmx.net.

Diehm, Isabell, Prof. Dr.; Hochschullehrerin an der Universität Bielefeld; E-Mail: isabell.diehm@uni-bielefeld.de.

Dorow, Sabine; hat an der Martin-Luther-Universität Halle-Wittenberg Grundschullehramt studiert und ihre Examensarbeit über Wochenplanunterricht geschrieben; E-Mail: sabine.dorow@paedagogik.uni-halle.de.

Freudenberger-Lötz, Petra, Prof. Dr.; Hochschullehrerin an der Universität Kassel; E-Mail: freudenb@uni-kassel.de.

Friebertshäuser, Barbara, Prof. Dr.; Hochschullehrerin an der Johann Wolfgang Goethe-Universität Frankfurt; E-Mail: B.Friebertshaeuser@em.uni-frankfurt.de.

Graf, Kerstin; Pädagogische Assistentin an der Universität Koblenz-Landau, Campus Koblenz; E-Mail: kerstingraf@gmx.de.

Heinzel, Friederike, Prof. Dr.; Hochschullehrerin an der Universität Kassel; E-Mail: heinzel@uni-kassel.de.

Hortsch, Wiebke, Dipl.-Päd.; Wissenschaftliche Mitarbeiterin an der Universität Koblenz-Landau, Campus Koblenz; E-Mail: hortsch@uni-koblenz.de.

Huf, Christina, Dr.; Wissenschaftliche Mitarbeiterin an der Johann Wolfgang Goethe-Universität Frankfurt; E-Mail: huf@em.uni-frankfurt.de.

Jancsó, Julia; Wissenschaftliche Mitarbeiterin an der Johann Wolfgang Goethe-Universität Frankfurt; E-Mail: Jancso@em.uni-frankfurt.de.

Kelle, Helga, Prof. Dr.; Hochschullehrerin an der Johann Wolfgang Goethe-Universität Frankfurt; E-Mail: h.kelle@em.uni-frankfurt.de.

Kruse, Norbert, Prof. Dr.; Hochschullehrer an der Universität Kassel; E-Mail: norbert.kruse@uni-kassel.de.

Kuhn, Melanie, Dipl.-Päd.; Wissenschaftliche Mitarbeiterin an der Universität Bielefeld; E-Mail: melanie.kuhn@uni-bielefeld.de.

Machold, Claudia, Dipl.-Päd.; Wissenschaftliche Mitarbeiterin an der Universität Bielefeld; E-Mail: claudia.machold@uni-bielefeld.de.

Naujok, Natascha, Dr.; Wissenschaftliche Assistentin an der Freien Universität Berlin; E-Mail: natascha.naujok@fu-berlin.de.

Panagiotopoulou, Argyro, Prof. Dr.; Hochschullehrerin an der Universität Koblenz-Landau, Campus Koblenz; E-Mail: apgp@uni-koblenz.de.

Prengel, Annedore, Prof. Dr.; Hochschullehrerin an der Universität Potsdam; E-Mail: aprengel@uni-potsdam.de.

Reichardt, Anke; hat an der Universität Kassel Grundschullehramt studiert und absolviert dort nun den Masterstudiengang „Empirische Bildungsforschung"; E-Mail: m-rei@gmx.de.

Wagner-Willi, Monika, Dr.; Wissenschaftliche Assistentin an der Universität Zürich; E-Mail: mwagner@ife.uzh.ch.

Weth, Constanze, Dr.; Wissenschaftliche Mitarbeiterin an der Pädagogischen Hochschule Freiburg; E-Mail: constanze.weth@ph-freiburg.de.